12 vol.

33.322

HISTOIRE
D'ELBEUF

par H. SAINT-DENIS

TOME Ier

(Depuis les temps les plus reculés
jusqu'à l'année 1450)

ILLUSTRÉ DE 12 PLANCHES HORS TEXTE

PAR DÉLIBÉRATION DU CONSEIL MUNICIPAL D'ELBEUF,
EN DATE DU 9 MAI 1894

Elbeuf. — Imprimerie H. Saint-Denis
1894

HISTOIRE D'ELBEUF

CHAPITRE Ier

TEMPS PRÉHISTORIQUES. — LES FOSSILES DE NOS ROCHES. — ANIMAUX DE L'AGE DU DILUVIUM. — ANTIQUITÉ DE L'HOMME SUR LE TERRITOIRE D'ELBEUF. — ARMES ET OUTILS DE PIERRE. — L'AGE DU BRONZE. — LA TOURBIÈRE D'ELBEUF. — LE TROGLODYTE D'ORIVAL.

La contrée d'Elbeuf, ainsi que les pays environnants, a été habitée à une époque si reculée qu'aucune tradition de ses peuples primitifs n'est parvenue jusqu'à nous. Aussi dans l'impossibilité de reconstituer quelques pages de l'histoire de ces hommes, dont les ossements ont même disparu, nos prédécesseurs ont-ils laissé de côté ce passé où tout n'était que mystère pour eux.

Mais, après les admirables découvertes de M. Boucher de Perthes, la curiosité s'éveilla, et des savants se livrèrent à des recherches et à des observations qui toutes vinrent corroborer avec celles du maître : l'homme existe sur la terre depuis des milliers de siècles.

Dans l'archéologie préhistorique, cette nouvelle branche de connaissances humaines, la science ne compte donc ni par jours ni par années, et, comme l'a fort bien dit sir John Lubbock, les six mille ans qui, tout dernièrement encore, représentaient la somme totale de l'âge du monde, ne sont, pour les géologues, qu'une unité de temps dans la succession des époques passées.

Notre canton a la bonne fortune de posséder plusieurs géologues et archéologues distingués, tous observateurs consciencieux et que nous aurons bientôt l'occasion de citer, car c'est à eux que nous devons les éléments qui nous ont permis de faire remonter l'étude de notre petit coin de terre bien au-delà des temps historiques.

Il serait hors de notre sujet de parler des phénomènes de toutes sortes qui se produisirent sur notre globe après son refroidissement, et de rechercher les transformations démontrées par la science dont Darwin fut l'un des plus grands apôtres, mais nous devons au moins mentionner l'incommensurable période qui précéda l'époque où l'homme acquit l'intelligence de fabriquer des engins de guerre, de chasse ou de pêche et des instruments pour ses usages domestiques.

Cependant, avant que l'homme primitif fit son apparition sur le territoire qui nous occupera dans les chapitres suivants, il y existait d'autres êtres organisés, dont on retrouve parfois des traces, mais que l'on rencontre ailleurs en quantités beaucoup plus grandes. Ces restes de la faune et de la flore préhistoriques sont même tellement considérables, en certains endroits, que l'on est stupéfait de la puissance vitale et de reproduction que possédaient les animaux et les plantes au premiers âges de notre globe.

Les falaises d'Elbeuf appartiennent surtout à la série sénonienne, avec un peu de turonien à la base. Le sénonien inférieur et le sénonien moyen ont procuré aux chercheurs des espèces intéressantes de fossiles appartenant surtout à la classe des échinides.

M. Bucaille a signalé ces espèces ; elles font partie de sa collection, que l'on pourra bientôt voir dans les galeries du Muséum de Rouen. Plusieurs de ces mêmes espèces sont représentées au Musée Noury, à l'Hôtel-de-Ville d'Elbeuf ; l'agrandissement de la section paléontologique permettra de les étudier lorsqu'elles seront classées.

Parmi le butin commun, il convient de mentionner :

Inoceramus problematicus d'Orb. Turonien.
Micraster cor-anguinum Ag. Sénonien.
Terebratula carnea Sow. Sénonien.
Terebratula semi-globosa Sow. Sénonien.
Ananchytes ovata, L. Sénonien et variétés.
Spondylus spinosus Desh.

Et parmi les espèces plus rares, celles qui suivent, dont nous devons la liste à M. L. Coulon :

Salenia granulosa Forbes. Sénonien moyen.
Cidaris sceptrifera Mantell. Sénonien inférieur et moyen,
C. cretosa Mantel. S. inf. et moyen. (Un seul exemplaire).
C. subvesiculosa d'Orb. Turonien et sénonien.

C. perlata Sorignet. Sénonien moyen.
C. perornata Forbes. Sén. inf. et moyen.
C. serrifera Forbes. Sénonien moyen.
C. clavigera Kœnigh. Sén. inf. et moyen.
C. Pennetieri E. Buc. (radioles). Sén. m.
C. pseudo-hirudo Cotteau (radioles). S. m.
Diadema Ebroïcense Caffin. Sén. moyen.
Cyphosoma radiatum Agass. Turonien supérieur, sénonien inférieur et moyen.
C. corollare Agass. Sénonien moyen.
C. Kœningi Désor. Sénonien inf. et moyen.
C. granulosum Geinitz. Sén. inf. et moyen.
C. remus Cotteau (radioles). Sén. moyen.
Echinoconus circularis E. Buc. Sén. moyen.
Micraster rostratus E. Buc. Sén. moyen.
M. intermedius E. Buc. Sénonien moyen.

On a également trouvé dans les roches d'Elbeuf, des dents de squale, des polypiers, des spongiaires, etc.

Ceci dit, nous admettrons, avec les savants, la division en quatre périodes des temps de l'homme primitif et des animaux qui furent ses contemporains.

La période du diluvium, pendant laquelle l'homme se partageait le globe avec le mammouth, l'ours des cavernes, le rhinocéros à toison et d'autres animaux dont les espèces n'existent plus depuis longtemps, est la première de ces divisions. On la désigne sous le nom d'époque « paléolithique ».

On sait que le nom de diluvium est appliqué aux dépôts formés par des déluges ou d'immenses inondations ; que ces dépôts ont pour principaux caractères de n'être pas stratifiés, de contenir des blocs arrondis ou peu anguleux, et de n'être jamais recouverts par un autre dépôt.

L'épaisseur du diluvium varie beaucoup ; ici il n'est que de quelques centimètres, et là sa profondeur atteindra cinquante mètres et parfois davantage ; il constitue presque partout la terre végétale. Le territoire d'Elbeuf a fourni différends objets trouvés dans le diluvium ; nous en noterons quelques-uns :

Pendant les travaux du chemin de fer d'Orléans à Rouen, on rencontra, sur le côté occidental de la rue du Neubourg, au-dessus de la passerelle, dans l'argile, les ossements complets d'un énorme mammouth. M. Noury, prévenu trop tard, n'en put retirer qu'un tronçon de défenses et une belle molaire supérieure qui figurent dans notre collection municipale. Le reste avait été déjà transporté, avec les terres provenant du nivellement, dans la vallée de l'Oison, et c'est le remblai de Saint-Pierre qui recèle maintenant ces ossements qu'il aurait été si intéressant de réunir pour reconstituer ce pachyderme.

Un autre squelette d'éléphant *(Elephas primigenius)* ou mammouth a été rencontré près de la route du Pont-de-l'Arche, au-dessus de la rivière d'Oison et conséquemment sur le territoire de Saint-Pierre-lès-Elbeuf, dans un terrain appartenant à M. Lécallier ; mais ces ossements étaient dans un tel état de désagrégation que l'on ne put les retirer, sans les briser, de la carrière de sable où ils étaient. Dans cette même carrière, on a recueilli également un squelette de renne *(Cervus tarandus)*.

Le mammouth, dans ces temps reculés, était un animal fort répandu ; on en trouve les restes en Europe, en Asie et en Amérique. Le groupe des îles Lachowski et la Nouvelle-Sibérie sont presque entièrement composées, suivant Beechey, d'ossements d'animaux disparus et particulièrement d'ossements de mammouths. On rencontre, dans ces contrées, une telle quantité d'ivoire fossile qu'il forme un article de commerce régulier.

Quant au renne, il a vécu dans nos climats très longtemps après la disparition du mammouth et même aux temps historiques. Il continua à vivre en Ecosse jusqu'au xie siècle ; depuis, on a essayé souvent, mais sans succès, à l'acclimater dans ce pays.

Le mammouth et le renne ne sont pas les seuls animaux dont les restes ont été rencontrés dans notre canton. Les sablonnières de Saint-Aubin ont fourni, et l'on y rencontre encore fréquemment, des ossements d'éléphant *(Elephas antiquus)*, dont l'habitat paraît avoir été toujours plus méridional que celui du mammouth.

Un hippopotame, dont il été recueilli des dents à Saint-Aubin également, semble avoir appartenu à la même variété que celle existant de nos jours.

Ces carrières ont aussi donné un cheval sauvage *(Equus fossilis* ou *Equus spelœus)*. Ces quadrupèdes différaient un peu de la race actuelle ; ils ont été décrits par le professeur Owen.

Nous citerons encore de la même provenance : trois cerfs, un bœuf *(Bos primigenius)* dont l'espèce subsista dans notre contrée jusqu'aux premiers siècles de l'ère chrétienne, et enfin, une belle mâchoire de rhinocéros qui figure également au musée d'Elbeuf.

Des habitants de Saint-Aubin et nous-même avons recueilli dans le sable, à une profondeur de quatre ou cinq mètres, d'autres débris d'animaux de la période paléolithique. Nous citerons particulièrement une molaire et une prémolaire de mammouth. Les découvertes continuent toujours, dans ces carrières ; malheureusement, les ossements que l'on y rencontre sont dans un tel état de décomposition qu'il est excessivement rare que l'on puisse en obtenir un entier.

Une des plus curieuses découvertes que nous ayons à signaler est celle récemment faite, dans les argilières de Saint-Pierre-lès-Elbeuf, de deux crânes de marmottes. Nous devons ce renseignement à M. Chèdeville, ingénieur à Pacy-sur-Eure.

Les animaux dont nous venons de parler ont vécu dans les régions qui nous environnent, et presque toujours à l'endroit où l'on découvre leurs restes, où ils ont été surpris et enfouis par des inondations, des déluges si l'on veut, qui, à des époques différentes, charrièrent, à Saint-Aubin, des sables, des graviers et des grès, et, près de la lisière de la forêt d'Elbeuf, des terres argileuses qui, là comme ici, s'amassèrent en dépôts considérables dans les vallons ou dépressions de terrains existant lors de ces catastrophes, lesquelles se produisirent plusieurs fois et à de grands intervalles de temps.

A l'époque où ces animaux vivaient sur le territoire de notre canton, quelques hommes y existaient aussi. Ces hommes, longtemps restés nus et sans défense, comprirent enfin, par une intelligence bien limitée cependant, qu'ils pourraient tirer parti de ces quadrupèdes, tant pour se nourrir de leur chair que pour se couvrir de leur peau.

Les cailloux qu'ils rencontraient sous leurs pas furent leurs premières armes ; plus tard, ils fixèrent ces cailloux à des bâtons, afin de pouvoir frapper plus fort ou de plus loin. Plus tard encore, l'idée leur vint de fendre des silex et d'en recueillir les éclats tranchants ou aiguisés, pour s'en servir dans leurs chasses et dans les combats qu'ils se livrèrent les uns les autres.

C'est aussi avec des silex taillés qu'ils raclaient la peau des animaux, qu'ils découpaient les viandes, travaillaient le bois, duquel ils se firent des instruments. En 1889, on a trouvé dans l'argile, à une profondeur de trente mètres, sur le territoire de la Haye-Malherbe, une pièce de bois qui, certainement, avait été travaillée anx premiers temps de l'âge de pierre.

Les outils et les armes de ces hommes primitifs ne sont donc pas perdus ; on en découvre, en effet, tous les jours et dans les lieux les plus divers.

En 1885, des membres de la *Société d'étude des sciences naturelles* de notre ville ont recueilli, dans la forêt d'Elbeuf, aux abords de la Saussaye, plusieurs silex taillés, notamment des pointes de lance ou d'épieu et une belle pièce de forme très régulière, mais restée à l'état brut, ayant sans doute servi de hache.

Sur le territoire de Caudebec, dans les épais dépôts d'argile qui bordent le chemin de fer et la forêt d'Elbeuf, M. Joseph Drouet a trouvé une infinité d'armes et d'outils en pierre : pointes de lance ou de flèche, perçoirs, couteaux, racloirs, scies, etc., dont une partie est conservée au Musée de notre ville.

C'est aussi à l'âge de la pierre éclatée que remontent les beaux silex et quartzites taillés trouvés par M. Th. Lancelevée, à Radepont, et mentionnés dans le *Bulletin* du 15 mars 1893 de la Société d'étude des Sciences naturelles d'Elbeuf. Comme toutes les autres personnes qui ont étudié cette intéressante question, M. Lancelevée conclut à l'existence de l'homme, dans notre région, à une époque excessivement reculée ; il hasarde même l'hypothèse, basée sur la grande quantité des objets déjà recueillis, qu'une importante population préhistorique paraît s'être condensée sur la rive droite de la Seine depuis la vallée de l'Andelle jusqu'à Saint-Aubin-Jouxte-Boulleng.

Nous parlions, il y a quelques instants, des découvertes de pierres travaillées faites dans les limons argileux de Saint-Pierre-lès-Elbeuf. Au point de vue de l'histoire locale, nous ne saurions, non plus, passer sous silence les très nombreuses trouvailles d'objets préhistoriques faites par M. Lancelevée au Petit-Essart, commune de Grand-Couronne, trouvailles qui ont fait l'objet de communications spéciales à la Société d'étude des sciences naturelles d'Elbeuf, le 4 janvier 1888, et à la Société des amis des sciences naturelles de Rouen, le 12 janvier de la même année, suivant les notices insérées dans les *Bulletins* de ces sociétés.

Les silex travaillés que l'on rencontre en très grand nombre dans le gisement du Petit-Essart, se trouvent enfouis dans les limons argileux, à une profondeur variant entre 2^m50 et 4 mètres.

Nous ne pouvons entrer dans tous les détails des explications scientifiques auxquels ces trouvailles donnent lieu ; nous nous contenterons donc de les signaler en renvoyant les lecteurs que ces questions peuvent intéresser aux ouvrages spéciaux sur l'archéologie préhistorique.

Avant d'aller plus loin, il est bon de noter que, si la présence d'armes ou d'outils en pierre éclatée n'est pas une preuve indéniable de l'existence de l'homme près des endroits où ils sont rencontrés, on peut au moins en conclure que l'habitat humain n'en était pas très éloigné ; car, dans les dépôts d'argiles, ces instruments ont conservé des arêtes vives ou tranchantes, ce qui démontre que les eaux ne les ont pas charriés sur un long parcours ; c'est le cas des objets trouvés dans les argilières de Saint-Pierre-lès-Elbeuf, du Petit-Essart et Radepont.

Les sablonnières de Saint-Aubin ont fourni quelques rares pièces quaternaires. C'est par erreur qu'un auteur a dit récemment qu'elles étaient très abondantes ; ce qui se rencontre en quantités considérables, ce sont les silex néolithiques de la surface.

Depuis que l'homme existe dans notre contrée, de profondes modifications du sol se sont produites, ainsi que l'atteste la profondeur à laquelle on retrouve ses armes et ses outils.

Le climat s'étant aussi modifié, la faune s'est en partie transformée. Par exemple, disparurent l'hippopotame et l'éléphant d'Afrique, qui autrefois vécurent dans notre canton. Les causes principales de leur disparition, suivant M. John Lubbock, furent la diminution de nourriture et surtout la présence de l'homme, qui dut leur faire de rudes chasses.

Peut-être, ajoute ce savant auteur, l'extinction « du mammouth, de l'*Elephas antiquus* et du *Rhinoceros tichorhinus* est-elle due aux mêmes influences ; mais la retraite du renne provient probablement du changement de climat ». Bien que ces faits et des faits semblables ne nous donnent aucun moyen de mesurer les temps, ils n'en impliquent pas moins l'idée d'une vague et effrayante antiquité. Tous les géologues sont actuellement prêts à admettre que l'homme a vécu beaucoup plus longtemps sur la terre qu'on le croyait tout récemment encore.

A l'appui de cette opinion, rappelons que l'infatigable abbé Bourgeois a trouvé dans le calcaire de la Beauce, près de Pontlevoy, beaucoup de silex qui ont subi l'action du feu et d'autres où ce savant croit voir la trace de l'industrie humaine à l'époque tertiaire. Des observations de même nature ont été faites ailleurs, en France et à l'étranger.

Mais nous n'en sommes toujours qu'à la période paléolithique, qui embrasse, il est vrai, une telle quantité de siècles que plusieurs auteurs ont, avec quelque raison, proposé de la subdiviser.

La seconde période établie par les géologues est celle dite de la pierre polie. Cette époque est caractérisée par de belles armes, par des instruments faits de silex ou autres variétés de pierres, mais pendant laquelle encore l'homme ne connaissait aucun métal, sauf l'or, peut-être, qui paraît avoir été employé en ornements. Cet âge est généralement désigné sous le nom d'époque « néolithique ».

C'est à cette période qu'appartient la belle hache en pierre polie, trouvée rue du Neubourg, à Elbeuf, pendant les travaux du chemin de fer de Rouen à Orléans, qui figure au nombre des objets les plus curieux du Musée Noury à l'Hôtel-de-ville.

Il en est de même d'une hache en silex blanc trouvée rue de l'Hospice, en 1864, et qui appartenait à M. Gosselin, pharmacien à Caudebec.

Au mois de mars 1882, M. Th. Lancelevée a recueilli dans les bois voisins d'Elbeuf, le long de la route de la Londe, une jolie hachette polie en « serpentine », roche qui n'existe pas dans notre région. Cette pièce provenait donc d'un importation faite par des peuples préhistoriques ; elle est classée dans sa collection sous le numéro 523.

Sur le territoire de Thuit-Anger, M. Lancelevée a aussi ramassé plusieurs pointes de flèche, des couteaux, quelques ébauches de haches et même des hachettes, appartenant à l'époque néolithique.

M. G. Grandin, décédé en 1891, a possédé une arme curieuse, qui, aujourd'hui, fait partie de la collection de M. R. Blay. C'est une hache en jadéite, d'un fort beau travail ; elle avait été recueillie dans la Seine pendant des travaux de dragage.

Notons également comme pouvant appartenir à l'âge de la pierre polie, la couronne de cerf que, entre tant d'autres objets, M. Noury a déposée au Musée municipal, qui chacun le sait, est en très grande partie composé de sa collection privée qu'il a généreusement abandonnée à notre ville. Cette couronne, trouvée également dans la Seine, présente une particularité fort intéressante. Elle est percée d'un trou aussi régulier que si l'opérateur se fut servi d'une tarière. On ignore à quel usage a pu être utilisé ce curieux ossement.

Nous venons d'apprendre qu'une intéressante découverte a été faite en février dernier (1893), au triège du Tertre, à Saint-Aubin, par M. Riberprey.

Elle consiste en de nombreux silex taillés, accompagnés de débris de poterie très grossière, portant des traces de feu, et d'une pierre aplatie et piquée d'un côté comme si elle eût été destinée à l'écrasage des grains. Ces objets ont été trouvés, pour la plupart, à 50 ou 70 centimètres de profondeur, en creusant des trous pour la plantation d'arbres.

C'est, à notre connaissance, la première fois que l'on rencontre, dans la région d'Elbeuf, des produits céramiques pouvant être de l'âge dit de la pierre polie.

Si nous ne commettons point d'erreur dans l'appréciation que nous donnons, qui est, du reste, celle de personnes compétentes, il y a là une curieuse confirmation du séjour que firent autrefois les hommes dans cette presqu'île, où il a été recueilli tant d'instruments néolithiques, surtout au triège de Fourneaux.

La troisième époque des temps préhistoriques est désignée sous le nom d'âge du bronze. Ce fut la période pendant laquelle on employa ce métal à la fabrication des armes et des instruments tranchants de toutes sortes.

Nous avons dit que l'or est, de tous les métaux, celui qui a dû attirer le premier l'attention des hommes ; mais le cuivre semble avoir été le premier métal utilisé, rarement à l'état pur, presque toujours en alliage avec l'étain.

Feu M. G. Grandin avait recueilli, dans les dragages de la Seine, des épées et des poignards en bronze ; mais ce n'est pas la seule découverte faite dans nos environs.

Un dépôt considérable de haches de bronze a été rencontré, il y a quelques années, à Thuit-Simer, et recueilli par M. Giraut, de Caudebec-lès-Elbeuf.

Enfin, il a été trouvé plusieurs de ces objets dans cette dernière commune même, notamment une hache aiguisée, rencontrée sur la place de l'Hôtel-de-Ville, et qui appartient à M. J. Drouet.

Nous arrivons à la quatrième époque, celle du fer, au début de laquelle ce métal remplaça le bronze dans la fabrication des armes, des haches, des couteaux, etc. L'alliage du cuivre et d'étain ne fut guère employé, dès lors, que pour les ornements, les poignées d'épée et autres armes, mais jamais pour les parties tranchantes.

Il faut remarquer, cependant, que l'on continua à se servir des armes en pierre après la découverte des métaux. M. Lubbock a observé, très judicieusement, que la seule présence de quelques instruments en pierre n'est pas une preuve suffisante pour qu'une trouvaille, quelle qu'elle soit, appartienne à l'âge de la pierre.

Hésiode, qui vivait environ neuf siècles avant Jésus-Christ, affirme positivement que le fer ne fut connu qu'après le cuivre et l'étain ; et Homère nous prouve que le fer, il y a trois mille ans, était connu et apprécié à sa valeur.

Au début de cette quatrième période, qui est celle où nous vivons, se rattache la formation de beaucoup de tourbières, dans lesquelles il a été trouvé des quantités d'armes et d'instruments les plus divers.

Des parties d'Elbeuf, de Caudebec et de Saint-Pierre-lès-Elbeuf reposent sur une ancienne tourbière, parallèle à la Seine, qui s'étendait depuis les environs de la place du Bassin, à Elbeuf, jusqu'à Martot et peut-être beaucoup au-delà.

L'hôtel-de-Ville d'Elbeuf est bâti sur des terrains tourbeux, qui furent découverts lorsqu'on pratiqua des tranchées pour en asseoir les fondements. Malheureusement, l'architecte ne fit point descendre les fondations jusque sur le sol solide ; aussi, après la construction de ce monument, des lézardes se produisirent dans les murailles et, pendant un moment, firent craindre pour l'édifice tout entier.

Cette tourbière a été également reconnue lors des travaux de construction de l'usine à gaz de Caudebec et de quelques fabriques et maisons de cette ville. Elle semble n'avoir eu qu'une largeur d'une centaine de mètres environ.

On sait que la tourbe est une sorte de terre combustible, brune ou noirâtre, formée de débris de plantes, marécageuses généralement, mais souvent aussi d'arbres de forêts détruites par des convulsions du globe et recouvertes ensuite par les eaux. On considère volontiers, et avec une certaine raison, la tourbe comme étant de la houille à son premier état de transformation.

Les tourbières de la Normandie et de la Picardie sont situées dans des vallées arrosées par des rivières ou des fleuves. Elles se sont formées à la faveur de la stagnation des eaux, par deux végétations, l'une à la surface et l'autre au fond. Le sol tourbeux est généralement superposé à une couche d'eau, ce que l'on reconnaît à son élasticité.

La tourbière la plus rapprochée d'Elbeuf est celle d'Heurteauville, bien connue des naturalistes de notre région ; elle est située entre la forêt de Brotonne et la Seine, et s'étend sur environ trois cents hectares. Une partie en a été exploitée jusqu'au moment où le charbon de terre vint détrôner la tourbe, combustible populaire, mais encombrant, qui se vendait autrefois à Elbeuf et à Rouen.

Ce sont les tourbières et les stations lacustres qui ont fourni le plus d'objets de la période du fer ; mais la constitution chimique de la tourbe n'a souvent laissé parvenir jusqu'à nos jours que les parties qui, précisément, n'étaient pas en fer, telles que les poignées en bronze et les hampes en bois. Il est à noter que le bois se conserve indéfiniment dans la tourbe.

Cependant, dans les fouilles pratiquées tant sur l'emplacement de l'Hôtel-de-Ville d'Elbeuf que sur celui de l'usine à gaz de Caudebec, il n'a été trouvé aucun instrument de l'époque du fer. Nous croyons, du reste, que l'ancienne tourbière d'Elbeuf était de formation relativement récente.

Quelques-uns de nos lecteurs se demanderont, peut-être, comment il se fait qu'à Elbeuf et à Caudebec, pas plus qu'à Saint-Aubin et presque partout ailleurs, on n'ait jamais rencontré de débris humains contemporains des âges de la pierre et du bronze, alors que l'on a recueilli les ossements d'assez nombreux animaux.

Cette question a été étudiée par d'érudits naturalistes. Il a été remarqué que certaines stations, ayant cependant fourni 24.000 pièces travaillées incontestablement par l'homme, n'ont pas donné le moindre ossement humain. On connaît soixante-dix villages lacustres en Suisse ; l'un d'eux est supporté par 50.000 pilotis, et pourtant il n'y a été rencontré que six fois des ossements d'hommes.

On en a conclu que les peuples de ces temps éloignés brûlaient leurs morts, ou au moins qu'ils les enterraient loin de leurs habitations. Mais les eussent-ils abandonnés ou recouverts d'une couche de terre, il ne serait pas encore surprenant que leurs restes eussent disparu ; car il faut noter que non seulement ceux des animaux préhistoriques qui sont journellement recueillis sont presque toujours dans un état de désagrégation très avancée, mais encore qu'ils appartiennent à des espèces plus fortes que l'espèce humaine.

Les os de l'éléphant, de l'hippopotame, du cheval et du bœuf sont, en effet, plus solides et de dimensions plus grandes que ceux de l'homme ; ils ont donc pu mieux se conserver dans la terre. On remarquera d'ailleurs qu'il existait dans ces temps reculés d'autres animaux de grosseur égale ou inférieure à celle de l'homme ; or, on n'en retrouve point les restes, sauf, pourtant, des ossements de cerf, qui doivent leur conservation à une compacité et à une densité exceptionnelles, qui font encore rechercher les bois de renne et de cerf par certains peuples pour en fabriquer des armes.

La découverte des crânes de marmottes dans les argiles de Saint-Pierre est donc une curieuse exception. Leur conservation s'explique par leur protection contre le contact de l'air ; aussi avons-nous la conviction que des ossements d'hommes seront un jour découverts dans de semblables conditions.

Mais si, dans notre ville, on n'a pas rencontré de débris humains appartenant à ces temps primitifs, M. Noury nous a dit en avoir recueilli dans l'un des trous de roche d'Orival, que l'on pourrait rapporter à l'époque du bronze. Ces ossements étaient accompagnés de pointes de flèche et autres pierres taillées, et de fragments d'une poterie très grossière, ne pouvant avoir appartenu qu'à une civilisation encore peu développée, c'est-à-dire aux derniers temps, peut-être, de la période anté-historique.

La conclusion à tirer de cette intéressante découverte c'est qu'une famille de troglodytes aurait habité cette caverne, et nous sommes persuadé que si l'on déblayait le sol de quelques-uns des trous ou galeries souterraines d'Orival et de la forêt de la Londe, on y rencontrerait d'autres témoins d'une population qui vivait là il y a des milliers d'années, ainsi qu'il en a été recueilli ailleurs dans des endroits identiques.

Avant de clore ce premier chapitre, rappelons qu'il n'y a qu'un demi-siècle à peine, quand M. Boucher de Perthes annonça ses trouvailles d'instruments humains dans des couches appartenant à l'âge du diluvium, il fut considéré, par les géologues et par tout le monde de son temps, comme un farceur ou un fou, et ce fut peut-être dans l'intention de se gausser de l'éminent observateur que le docteur Rigollot consentit à examiner sa collection. Cependant celui-ci, après avoir vu, resta confondu et fut promptement converti à la nouvelle doctrine, dont les plus ardents propagateurs, il faut le reconnaître, furent des Anglais, qui, ainsi que l'a dit fort justement le docte abbé Cochet, « élevèrent à la dignité de fait scientifique la découverte de M. Boucher de Perthes ».

Et puisque sous notre plume revient le nom de ce savant, qui a d'autres droits à notre vénération, car ce fut un des bienfaiteurs de la ville dont nous allons écrire l'histoire, payons à sa mémoire un tribut de reconnaissance et honorons son souvenir par la transcription d'une des pages de son *Homme antédiluvien*, ouvrage empreint d'une grande philosophie et qui mériterait d'être dans toutes les mains :

« En considérant ces révolutions de notre terre, ces races y succédant à d'autres races, ces alternations de dépopulation et de repeuplement séparées par des époques de solitude qu'indiquent assez ces couches dépourvues de débris organiques, on se demande si ces révolutions sont les premières ; si, sous le sol exploré, il n'y a pas un autre sol, et sous celui-là, un sol plus vieux encore.

« Le rayon de la terre a 6.777 kilomètres ; si notre œil pouvait seulement en percer 10, quel vaste champ d'étude s'ouvrirait devant nous ! La géologie, qui, depuis 60 ans, a fait tant de progrès, n'en est pourtant qu'à la surface, et nous n'en savons pas plus sur la composition intérieure de notre planète que sur celle de la lune : nul de nous ne peut dire si son enveloppe nous cache une mer centrale, une immense fournaise, ou une suite de cavernes habitées par des êtres dont nous n'avons pas même l'idée, êtres ayant aussi leur air respirable et leur jour relatif. De cette terre connaissons-nous toutes les issues, tous les soupiraux, toutes les communications sous-marines ? C'est donc un monde que nous avons à découvrir, et quand nous ne sommes encore qu'à l'enveloppe, quand nous avons à peine levé un petit coin du voile, il y aurait un singulier orgueil à déclarer qu'il n'y a rien dessous, et que cette couche de trois à quatre kilomètres, sur la formation et la composition de laquelle nous ne sommes même pas d'accord, représente tout ce que contient la masse entière du globe.

« La réflexion nous dit qu'il n'en peut être ainsi ; qu'il est évident que la terre a été habitée dès qu'elle a été habitable ; que l'homme y vivait lorsque des convulsions terribles l'ont entièrement bouleversée ; qu'il y vivait également lorsque sa surface a été modifiée par un effet plus lent ou un mouvement successif ; que, depuis son principe et aujourd'hui encore, cette terre croît en volume par l'adjonction de ces myriades d'aérolithes dont, ainsi qu'un anneau, une zône l'enveloppe ; que ce volume s'accroît aussi de ces couches produites par la substance impalpable et par ces germes que nous apportent la lumière, la chaleur, l'électricité, accroissement insensible mais incessant et tendant à enfermer tous les jours davantage ce sol, le premier peuplé, à le compresser, à le tasser vers le centre.

« En présence de ces faits, qui de nous peut affirmer que là, sous nos pieds, à quelques

cents mètres plus bas que les quelques cents mètres que nous connaissons, nous ne retrouverions pas la nature primordiale avec d'autres formes, d'autres espèces, d'autres hommes, enfin cette ancienne superficie couverte des débris d'une humanité et peut-être d'une civilisation oubliées ?
....

« Lorsque l'éternité et l'espace sont là, devant nous, ne craignons plus de regarder en arrière; remontons dans le passé : c'est seulement ainsi que nous pourrons mesurer l'avenir. De cette terre dont nous connaissons l'enveloppe, voyons ce qu'elle nous cache ; ne nous bornons pas, comme la poule, à gratter la poussière pour en extraire un vermisseau ; interrogeons ses entrailles : le sondage des mers, le percement des montagnes, le creusement des isthmes, enfin ces travaux d'art, les plus grands que l'industrie humaine ait peut-être jamais conçus, offrent aux antiquaires et aux géologues des moyens d'études.

« C'est aux amis des sciences à en profiter.»

CHAPITRE II

Les Gaulois. — Ce qu'était le sol elbeuvien. — Légendes du Chêne a la Vierge et du dolmen druidique. — Les Thuits. — Monnaies et poteries gauloises. — Le Puchot. — Les Ecameaux.

Les plus anciens peuples historiques ayant habité notre contrée et, conséquemment, le territoire où la ville d'Elbeuf s'éleva plus tard, étaient originaires de l'Asie ; cela est démontré par les langues que parlaient ces hommes, par certains de leurs dogmes religieux et par plusieurs de leurs lois.

Ils se composaient de tribus nomades, dont la principale richesse consistait en troupeaux, et c'est d'étape en étape que ces tribus se transportèrent des confins de la Chine jusqu'à l'extrême Occident, toujours à la recherche de nouveaux pâturages; elles ne se seraient même pas arrêtées dans nos contrées si la mer n'eût mis un terme à leur marche vers le Couchant.

Ce mouvement considérable et ininterrompu pendant dix siècles eût pour résultat d'amener une population très nombreuse dans l'Europe occidentale, et elle y devint d'une telle densité qu'il fallût qu'une partie des immigrants retrogradât ou se dispersât au-delà des Alpes et des Pyrénées. D'autres tribus poussèrent des pointes sur la Manche et s'établirent dans les grandes îles désignées depuis sous les noms d'Angleterre et d'Irlande ; mais malgré ces migrations, notre contrée resta encore extrêmement peuplée, car Strabon, qui vivait au premier siècle avant J.-C., rapporte que les peuples s'étendant le long de l'océan, entre le Rhin et la Loire, comptaient anciennement jusqu'à 300.000 hommes pouvant prendre les armes.

Ces peuples se faisaient la guerre ou contractaient des alliances, entre eux et même avec l'étranger, comme le font les états souverains ; mais ils ne recevaient le mot d'ordre d'aucune organisation centrale, car ils n'avaient pas d'unité nationale, ne parlaient pas tous le même langage et n'étaient pas assujettis aux mêmes lois. Ils étaient, aux derniers temps, divisés en 90 états environ, dans la contrée qui s'étend des Pyrénées au Rhin.

Ces immigrants, pris dans leur ensemble, portaient plusieurs noms ; les plus connus sont les Galls et les Kymris, confondus sous la dénomination générique de Celtes ou Gaulois.

Les Armoriques, l'un de ces peuples, occupèrent la contrée qui s'étend entre la Seine et et la Loire, mais principalement la Bretagne, où l'on voit beaucoup de monuments mégalithiques.

Il y aurait bien quelques observations à faire sur l'origine des dolmens et autres monuments de ce genre que, jusqu'ici, l'on a attribués trop volontiers et exclusivement aux populations celtiques ou aux druides ; mais cela nous entraînerait hors de notre sujet.

Contentons-nous de dire qu'il est aujourd'hui démontré que des pierres, les dolmens et les allées couvertes principalement, furent élevés sur les restes d'hommes ayant vécu avant l'arrivée des Orientaux dans l'Europe occidentale. Ils appartiendraient donc à des peuples des âges préhistoriques, peut-être contemporains — en donnant à ce mot une très large extension — du troglodyte d'Orival cité par M. Noury.

Une tribu ou au moins des familles gauloises paraissent s'être établies de bonne heure sur le territoire actuel d'Elbeuf, aux abords de la belle et abondante source qui donne naissance au Puchot ; elles semblent avoir affectionné plus particulièrement le promontoire sur le versant duquel est aujourd'hui l'église Saint-Etienne et dont la base est circonscrite par la profonde cavée des Ecameaux, la vieille rue Meleuse et l'ancien lit du fleuve. C'est dans cet arc de cercle, en effet, que l'on a recueilli la presque totalité des objets, peu nombreux il est vrai, que les Gaulois du territoire elbeuvien ont légués aux générations suivantes.

Mais, quel était l'aspect du sol de notre localité au temps de l'autonomie gauloise ? C'est une question que nous nous sommes posée bien des fois et à laquelle nous allons essayer de répondre.

Par l'examen des fouilles qui ont été faites depuis quarante ans, soit pour la construction des aqueducs, ou pour les fondations de maisons et d'usines, il est établi que les eaux de la Seine couvraient, au moins pendant une grande partie de l'année, toute la portion du territoire de l'Elbeuf actuel s'étendant au nord-est d'une ligne partant de la rue de la Rochelle et se prolongeant, presque exactement de l'Ouest à l'Est, dans la direction de l'église de Caudebec, qui, elle, est bâtie sur une très ancienne île.

La ligne séparative des eaux ou marécages de la terre exondée, après avoir quitté le bas de la rue de la Rochelle, où il paraît avoir existé un quai aux derniers temps de la période gauloise, traversait la rue du Nord près de la place du Bassin, et la rue du Glayeul près le carrefour dit du Bout-du-Couvent. A partir de ce point, la limite suivait presque exactement le côté septentrional des rues de la République et de la Barrière, couvrant toutes deux l'emplacement d'une chaussée qui longeait les eaux et les terres marécageuses. La place actuelle du Calvaire était immergée ainsi que la rue du Cours et les vastes quartiers s'étendant maintenant de cette voie jusqu'au fleuve.

Mais, à la suite des temps, cette partie du sol de notre ville fut conquise sur les eaux par un colmatage naturel auquel les hommes aidèrent, sans doute. De siècle en siècle, des prairies furent créées là où il n'y avait précédemment que des marais dangereux, semés de quelques îlots, réunis depuis à la terre ferme, de sorte que le lit de la Seine finit par se rétrécir, sur sa rive gauche, jusqu'au point où nous le voyons aujourd'hui.

Ces îlots que nous supposons avoir existé, mais, avec plus de certitude, les îles de la Seine, notamment celles qui s'étendaient sur le sol actuel de Caudebec, servirent sans doute parfois de refuge aux populations celtiques. Voici un passage de Strabon qui pourrait s'appliquer aussi bien à notre localité qu'à d'autres de la Gaule :

« Les familles de ce pays se retirent dans l'épaisseur des bois et dans de petites îles entourées de marais ; mais aussitôt que la sécheresse arrive, on s'empare facilement de ces peuples »

César parle aussi des marécages entourant les lieux habités par les Gaulois, où, en cas de danger, ils plaçaient leurs vieillards, leurs femmes et leurs enfants ; et quand Ambiorix, vaincu, prévint ses compatriotes des malheurs qu'ils avaient à redouter des Romains, les Gaulois se retirèrent, les uns dans les forêts ou les montagnes, les autres dans les marais ou dans les îles.

Entre autres preuves de l'existence de marécages sur l'emplacement où est aujourd'hui bâtie la ville d'Elbeuf, nous mentionnerons des observations faites par M. Sainte-Marie Regnoult, ancien secrétaire de la mairie, pendant les travaux de canalisation souterraine commencés en 1859.

« Partout, dit-il, les ouvriers ont rencontré une épaisse couche de remblais aux abords de la Seine, rues Saint-Jean, de Paris, du Cours, Constantine, Desmonts, etc. »

A partir de la place du Coq, dans la rue de la République jusqu'au Bout-du-Couvent, les remblais ont un mètre et demi d'épaisseur ; mais, rue de l'Hospice, la couche est moins épaisse ; elle n'atteint qu'un mètre vingt ou trente centimètres à partir de la rue Saint-Louis.

M. Parfait Maille reconnaît aussi l'existence de marais sur notre sol, et s'exprime ainsi :

« Avant qu'on les eût canalisées et fait écouler à la Seine, qu'on se figure épanchées et stagnantes toutes les sources qui surgissent sur le territoire d'Elbeuf, et on jugera facilequ'elles devaient former un marécage ou un lac d'autant plus immense qu'il était grossi par le torrent dont les flots n'inondent Elbeuf que par trop souvent encore, malgré la promesse contraire ». — Notre auteur fait ici allusion aux ravines des cavées du Buquet, des Ecameaux et du Thuit-Anger.

« Ce qui confirme l'existence de ces marais, ce sont les demeures des premiers habitants, bâties à mi-côte ; c'est la construction, sur un tertre, de Saint-Etienne, sa première église ; ce sont les trois couches de remblais qui recouvrent le sol primitif d'Elbeuf, notamment dans les endroits où se trouvent les sources et fontaines ; ce sont les noms mêmes de ces endroits : Meleuse, Moilleuse et Moiteuse, rue qui fut le berceau de notre ville ; Glayeul, Elbeuf même, noms donnés sous l'inspiration des lieux, noms qui en retracent la conformation, et ont, tous, rapport à des terres baignées par des eaux ».

Enfin, s'il fallait une autre preuve de l'existence de marais sur le sol elbeuvien, nous citerions un arrêt de l'année 1333, où ils sont encore mentionnés, bien qu'ils eussent alors perdu une grande partie de leur étendue. Ces marais, avec des landes qui les avoisinaient, appartenaient, au xive siècle, à la communauté des habitants d'Elbeuf et de Caudebec.

Les marais d'Elbeuf ne recevaient pas seules eaux des sources existant sur son territoire et celles du Puchot, dont nous parlerons bientôt, mais aussi celles d'une petite rivière qui prenait naissance à Caudebec, au bord de la forêt, à l'endroit nommé encore de nos jours « les Fontaines », près de la Mare aux Bœufs, où ont été rencontrées d'importantes substructions antiques. C'est cette ancienne rivière qui a donné son nom à Caudebec, et son souvenir nous a été également conservé par celui de la sente du *Bec* qui le traversait. Ce *bec*, après avoir suivi la direction de la rue aux Chevaliers, gagnait l'un des bras de la Seine, vers l'endroit où se trouve le Champ-de-Foire d'Elbeuf, ou peut-être même plus en aval.

On comprendra qu'il est fort difficile, sinon impossible, de faire, pour ces temps reculés, une restitution de la topographie de ce qui devait devenir le territoire d'Elbeuf ; aussi nous bornons-nous à des hypothèses. Cependant, par l'examen du sous-sol, nous croyons volontiers qu'une île existait à l'endroit où se trouvent la place Lemercier et les rues Curmer et Colvée.

Le Glayeul, c'est-à-dire l'espace circonscrit par les bras du Puchot et actuellement traversé par la rue du Glayeul, était aussi un « hom » ou île, émergeant des marais qui couvraient toute cette partie du territoire elbeuvien. De ce mot « hom », d'origine scandinave, sont dérivés les noms de Duhomme, Delommel, etc., très communs en Normandie.

Il y avait environ mille ans que les Celtes s'étaient établis dans l'Europe occidentale quand les aigles romaines parurent dans la Gaule ; ce long séjour avait quelque peu modifié les croyances religieuses des Gaulois, et leurs pratiques étaient devenues un mélange de polythéisme grec et de métempsychose asiatique.

On sait que les mœurs des Celtes étaient cruelles ; ils se plaisaient aux sacrifices humains, mais affichaient un profond mépris de la mort, et la vertu était chez eux en grand honneur, surtout la chasteté des femmes.

Notre intention étant de suivre à travers les âges la condition des habitants de notre contrée, et particulièrement des générations qui peuplèrent le sol elbeuvien, nous croyons devoir noter déjà quelques détails qui, bien que s'appliquant à la Gaule en général, nous serviront de point de départ pour l'étude que nous nous proposons de faire.

Le pouvoir politique chez les Celtes était entre les mains d'une multitude de grandes familles qui, par des élections faussées, perpétuaient leur autorité avec la connivence des druides. Aussi le défaut d'organisation politique fut-il la cause de la perte des Gaulois.

Au bas de l'échelle de ces peuples, se trouvaient les esclaves, que plusieurs auteurs ont niés, mais que César et Diodore de Sicile mentionnent plusieurs fois. Quand un maître mourait, on brûlait quelques-uns de ces malheureux avec lui. Les esclaves avaient si peu de valeur en Gaule, que leurs propriétaires s'en défaisaient volontiers pour une mesure de vin.

Une autre classe d'hommes était celle des « débiteurs ». M. Fustel de Coulanges pense que la dette menait à une sorte d'esclavage, et qu'on voyait de riches Gaulois traîner après eux des troupes nombreuses de débiteurs, qui leur obéissaient comme des esclaves obéissent à un maître.

Quant aux hommes libres, il existait entre eux de profondes inégalités. Il y avait une noblesse de naissance presque entièrement composée de guerriers.

Les druides formaient le corps sacerdotal. Ils enseignaient l'éternité de la matière et le passage de l'âme d'un corps dans un autre ; ils croyaient aussi à un autre monde. Ces prêtres avaient le monopole de la science et de la médecine. Le gui était la panacée universelle, et ils le recueillaient solennellement, avec une faucille d'or, sur le chêne, qui, pour tous les Gaulois, était l'arbre par excellence.

En résumé, la société gauloise se composait de beaucoup de paysans et très peu de classe urbaine, de beaucoup d'hommes attachés au sol et très peu de maîtres, d'une plèbe qui ne comptait pas, d'un clergé très vénéré et d'une aristocratie guerrière très puissante.

La population gauloise, au moment où César la connut, dit aussi M. de Coulanges, était une société très agitée. Elle possédait, à la vérité, un régime légal et régulier, qui était ordinairement la république aristocratique, sous la direction d'une classe habituée au commandement. Mais à travers ce régime légal se dressaient, d'une part, la clientèle, qui créait dans chaque Etat quelques hommes plus puissants que l'Etat, et, d'autre part, un parti démocratique, qui travaillait à fonder la monarchie ou la dictature populaire.

A propos de druides et de chênes, M. Guilmeth prétend que le Chêne à la Vierge de la côte Saint-Auct remonte à l'époque celtique : « Chacun de nous, dit-il, doit donc éprouver un bien vif sentiment d'intérêt en apprenant qu'on rencontre encore aujourd'hui sur le territoire elbeuvien, après plus de deux mille années de révolutions et de désastres, le chêne national et sacré ; car c'est à cette haute te que remonte la génération du chêne *dédié à la Vierge*, qui se trouve au penchant de la côte Saint-Auct, tout au milieu de l'ancienne route de Bourgtheroulde. »

M. Parfait Maille s'est beaucoup amusé de cette opinion fantaisiste, née peut-être du désir qu'avait M. Guilmeth de flatter l'amour-propre des Elbeuviens d'il y a cinquante ans ; mais M. Gadeau de Kerville, qui a fait une consciencieuse étude des *Vieux Arbres de la Normandie*, l'accueille d'une autre façon :

« Si, dit-il, on peut excuser un auteur d'avoir commis une erreur de plusieurs siècles dans l'évaluation de l'âge d'un très vieil arbre, on a, je crois, tous les droits de taxer de trop grande ignorance, en matière de botanique, un auteur qui attribue deux mille ans d'existence à un chêne ne pouvant, en rien, faire croire à un âge considérable, et n'ayant certainement pas quatre siècles d'existence. »

M. Gadeau de Kerville a publié une photographie du Chêne à la Vierge, prise le 25 avril 1890. Il y ajoute cette description :

« Ce beau chêne, vigoureux, présente de grosses racines au ras de terre. Son tronc a une circonférence de 3 m. 80 à un mètre du sol, et la hauteur totale de l'arbre est d'environ 14 m. 93. Le tronc est creux. L'une des branches présente, dans sa partie basilaire, une cavité où l'on a mis une statuette de la Vierge... Un grillage ferme la cavité où se trouve cette icône.

« D'après mon calcul, basé sur la circonférence du tronc de cet arbre, à un mètre du sol, et sur la formule de l'accroissement annuel moyen du diamètre du tronc des chênes à fruits longuement pedonculés de la Normandie, ce chêne avait, au minimum, 247 ans en 1890. On peut donc admettre que son âge actuel est de 250 à 350 ans. »

Nous ajouterons que la célébrité du Chêne à la Vierge nous paraît être très moderne, car dans les milliers d'actes de toute nature que nous avons compulsés, nous n'avons pas rencontré une seule fois, dans les siècles antérieurs au XIXe, la mention de cet arbre.

Les archives municipales conservent un « Plan à vue des maisons, terres, bois, etc., situés dans la limite de la bourgeoisie de Saint-Etienne d'Elbeuf, fait au mois de janvier 1773 » ; mais on n'y voit point figurer le Chêne à la Vierge, qui, certainement, n'avait aucune notoriété à cette époque, autrement le géomètre l'eût indiqué. Le chemin, actuellement très large en cet endroit, n'avait que sa largeur ordinaire. Le chêne se trouvait donc sur la lisière du bois, très près de la route, et rien n'appelait l'attention sur lui.

Mais s'il fallait absolument un chêne antique pour prouver que les druides exercèrent leur ministère dans notre contrée, nous proposerions — avec toutes sortes de réserves, bien entendu — le Chêne-Fourchu, que l'on voyait autrefois dans la forêt d'Elbeuf, entre Caudebec et Saint-Cyr, à peu de distance d'une fosse qui a la réputation de remonter à la période gauloise et que l'on désigne dans les environs sous le nom de Fosse-Aline, Fausse-Lune ou Fosse-Line ; car c'est peut-être à ce chêne que le triège mentionné dans un compte de 1501 doit le nom de « Fourquet de Saint-Cir »… à moins que ce fourquet n'ait été que la bifurcation de deux chemins, et, alors, nous retirerions notre timide proposition.

LE CHÊNE A LA VIERGE, DE LA COTE SAINT-AUCT

MONOLITHES PRÉHISTORIQUES DES ENVIRONS D'ELBEUF
La Pierre-d'Etat, à Petit-Couronne. — La Pierre-qui-Tourne, à St-Didier-des-Bois

M. Guilmeth assure encore qu'il existait, au hameau de Candie, un dolmen druidique, qui aurait été abattu à la fin du siècle dernier :

« Il se trouvait au penchant de la côte, tout en face et à peu de distance d'un ancien hôpital pour les lépreux, connu sous le nom de chapelle Sainte-Marguerite :

« Ce dolmen ou autel était formé de deux pierres plantées debout et d'une troisième couchée transversalement sur le sommet des deux autres. La situation de ce monument au versant de la colline était cause que les éboulements annuels de terrain l'avaient en partie caché sous des fragments de marne, des éclats de roche et des masses de gazon : mais comme il décrivait de lui-même, par le seul et propre effet de sa construction, une espèce de petite porte ou portique écrasé, il en était résulté une antre ou galerie dont les lapins et les renards avaient fait tour à tour leur asile. C'est en voulant atteindre quelques-uns de ces animaux, que des chasseurs détruisirent, vers 1798, le plus précieux monument qui, dans cette contrée, nous fût resté du culte des Celtes. Les trois pierres ont été enlevées depuis ; elle ont dû être employées, à Elbeuf, dans les fondements d'une usine ou d'une maison de la rue la Barrière, à l'autre extrémité de la ville »

M. Guilmeth part de là pour émettre la supposition que le nom de Candie fut donné à ce triège, par les Gallo-Romains, sinon à cause de la couleur naturelle de la falaise, du moins à cause de la blancheur de ce dolmen, « et peut-être aussi à cause de celle des vêtements des prêtres ou prêtresses qui venaient cueillir le gui sur le chêne sacré » de la côte Saint-Auct.

Chacun sait que M. Guilmeth ne fut jamais embarrassé, et que les crocs-en-jambe donnés à la vérité ne lui coûtaient pas ; aussi convient-il de n'accepter ses explications qu'avec la plus grande réserve, d'autant plus que le prétendu dolmen, qu'il place en face de la léproserie d'Orival, n'était pas précisément voisin du Chêne à la Vierge.

A propos de ce pseudo-monument mégalithique, M. J. Drouet nous fait une remarque judicieuse :

On sait aujourd'hui que les dolmens antiques, sur lesquels on a tant brodé autrefois, étaient tout simplement des sépultures, et que c'est toujours en plaine ou au moins loin de côteaux abruptes qu'on les rencontre. Le dolmen du versant de la côte Saint-Auct aurait donc été une exception ; mais elle n'avait aucune raison d'être, car si les anciens élevaient des monuments funéraires dans certaines contrées, c'est parce qu'ils n'y trouvaient point d'abris naturels pour leurs morts. La pensée n'a pu donc leur venir de bâtir une grotte artificielle à Candie, où il existait et existe encore de nombreux trous et surplombs dans les roches.

Des hachettes en silex poli auraient également été trouvées, suivant M. Guilmeth, soit au versant de la côte Saint-Auct, à peu de distance du Chêne à la Vierge, soit au hameau de Candie, à quelques pas du dolmen, près duquel encore des monnaies gauloises auraient été recueillies pendant le siècle dernier.

Cet auteur ajoute que les hachettes étaient des objets consacrés au culte druidique ; mais il paraît que, de son temps même, il rencontra un grand nombre de contradicteurs qui ne partagèrent point sa croyance et combattirent ses opinions.

Les pierres dites druidiques sont d'ailleurs peu nombreuses dans notre contrée. L'une des plus rapprochées d'Elbeuf est celle qui se trouve sur la lisière de la forêt de Rouvray, vis-à-vis de la commune de Petit-Couronne. Il y en avait une seconde autrefois au même endroit ; elle en a été enlevée pour être placée sur la tombe de M. Hyacinthe Langlois, au cimetière Monumental à Rouen.

Une autre pierre dite druidique existe sur les pâtures communes de Saint-Didier-des-Bois. Une légende prétend qu'elle fait un tour sur elle-même pendant la nuit de Noël ; on la nomme pour cette raison « la Pierre-qui-tourne ».

A l'extrémité de la forêt de la Londe, dans le bois de Malesmains, sur le territoire de de Bosgouet, à quelques centaines de pas d'une ancienne voie romaine, se trouve, au milieu d'une légère dépression de terrain, une autre pierre brute, couchée sur le sol, ayant environ deux mètres carrés et deux pieds d'épaisseur, qui passe, avec quelque apparence de raison, pour être aussi un monument élevé par de très anciens habitants de la contrée.

Cette pierre est connue dans le pays sous le nom de « Pierre-tournante », parce que, comme celle de Saint-Didier, elle est supposée faire une révolution sur elle-même pendant la messe de minuit. On prétend, en outre, qu'un ancien propriétaire du sol l'ayant enlevée de l'emplacement à l'aide de « trois cents chevaux », elle y revint d'elle-même la nuit suivante.

Les dolmens, menhirs ou pierres levées, en quelque endroit qu'ils se trouvent, sont, comme ceux que nous venons de mentionner, l'objet de légendes qui se sont perpétuées à travers les âges. Or, quoique nous ayons consulté des vieillards qui seraient aujourd'hui âgés d'un siècle, nous n'avons pu recueillir aucune histoire de ce genre concernant le dolmen que M. Guilmeth dit avoir existé à Candie, en face de la chapelle Sainte-Marguerite.

Comme preuve de la présence d'une population celtique sur le territoire où s'élève notre ville, cet auteur fait aussi remarquer le nom de plusieurs communes et hameaux voisins : Thuit-Anger, Thuit-Bénard, Thuit-Signol, Thuit-Agron, etc., qui, suivant lui, sont d'origine gauloise et signifieraient : toit, habitation.

A la rigueur, on pourrait accepter la signification, mais le mot n'est pas d'origine celtique. Et s'il est vrai que le savant Auguste Le Prevost a proposé le mot « thuit » comme un dérivé du latin *tectum*, toit, il n'est pas moins vrai qu'à côté de cette supposition, il en a émis une autre que nous préférons, car elle fait venir « thuit » de *thwaite* qui, en langue scandinave veut dire essart, défrichement.

M. Charles Joret voit aussi dans le mot « thuit » et ses dérivés une corruption du norois-anglais *thweit*, pièce de terre ou bois défriché. *Tweit*, dans les dialectes norwégiens et suédois, signifie « un abattis d'arbres » et s'emploie fréquemment dans les noms de lieu de la Scandinavie. D'autres auteurs sont du même avis.

Cependant, nous devons mentionner entièrement l'opinion de M. Le Prevost, notre maître, et voir comment il appuie la supposition d'origine romaine du mot qui nous occupe. Dans les anciennes chartes latines, dit-il, on trouve *teutum*, bien voisin de *tectum*. On peut penser aussi que de *tot* s'est fait *tuit*, par le changement de l'*o* en *ui*, fort commun dans notre langue, comme de *coctus*, cuit; de *nocte*, nuit; de *ostium*, huis, de *post*, puis. Mais, nous l'avons déjà dit, l'opinion que le mot *thuit* est d'importation normande est beaucoup plus rationnelle et généralement admise par les étymologistes.

Il n'est donc nullement établi que l'agglomération des *Thuits*—qui, pour nous, doivent leur nom à des défrichements opérés par des nommés Anguier, Bernard, Signol, Agron et autres — aux environs d'Elbeuf, soit une démonstration évidente que ces lieux aient été habités par les Celtes; et cela le fût-il, il ne s'ensuivrait pas que le territoire d'Elbeuf ait lui-même été occupé par ces peuples. Nous préférerions nous appuyer, pour le démontrer, sur des découvertes, authentiques celles-ci, faites à Caudebec, localité contiguë à la nôtre, qui a fourni beaucoup d'objets gaulois remontant à l'époque de l'autonomie.

Le Musée d'antiquités de Rouen possède un assez grand nombre de pièces d'or ou d'argent « provenant des environs d'Elbeuf »; cette désignation, quoique assez vague, permet cependant de supposer qu'une station celtique a existé sur le sol elbeuvien.

Parmi les pièces de monnaie gauloises trouvées dans notre ville ou aux environs, nous citerons, en première ligne, celle en or qui a été publiée dans les *Mémoires de la Société des Antiquaires de Normandie:*

« Tête barbare à gauche, diadémée, avec une branche garnie de baies dans la partie supérieure de la tête ; une croix à branches recourbées occupe le derrière de la joue. — Revers : Cheval attelé à un char, galopant, à droite, dirigé par un personnage nu, accroupi au-dessus du cheval et tenant le *peplum* ; au-dessous, un monstre à gueule béante, à droite ». Cette pièce, du poids de 65 grammes, appartient aux Eburoviques ; elle figure au Musée d'antiquités de Rouen.

En 1843 et en 1846, le musée de Rouen avait acquis déjà deux monnaies gauloises, l'une en argent et l'autre en or, toutes deux recueillies sur le territoire d'Elbeuf.

M. J. Drouet présenta à ses collègues de la Commission des Antiquités de la Seine-Inférieure, le 20 juillet 1888, une monnaie d'or gauloise trouvée aux environs d'Elbeuf, et qu'il considérait comme inédite. C'était un demi-statère, du poids de 3 grammes 20, qui fut publié dans le *Bulletin* de la Commission de l'année 1889. M. Drouet l'attribue aux Eburovices, à cause de la similitude des symboles et du style avec la monnaie décrite plus haut. Quant à la date d'émission, notre savant ami la fixerait à environ 100 ans avant J.-C., en raison du travail barbare de cette médaille et de son faible poids ; car on a bien souvent constaté qu'à mesure que l'on se rapproche de la conquête de la Gaule par les Romains, la monnaie gauloise diminue constamment de poids, en même temps que son travail dégénère. Un second exemplaire de cette pièce s'est, depuis, rencontré à Oissel, au triège des Câteliers.

Ajoutons qu'il a été trouvé rue de l'Hospice, en 1886, une hache en silex attribuée à l'époque gauloise.

Les poteries gauloises, d'après Diodore de Sicile, étaient des vases de terre fort épais. M. le docteur Ravin, de Saint-Valery-sur-Somme, l'un des premiers qui les étudia en France, en fixa les caractères, que les découvertes postérieures ne démentirent pas et que confirmèrent surtout, en ce qui concerne notre région, les cimetières celtiques de Moulineaux et de Caudebec-lès-Elbeuf, décrits par l'abbé Cochet et par M. J. Drouet.

Disons, en passant, qu'il est assez facile de distinguer les poteries gauloises antérieures à la conquête romaine, de celles qui furent fabriquées pendant les siècles de l'occupation. De même, les vases en terre de la période gallo-romaine sont tout à fait différents de ceux des temps mérovingiens.

Les poteries gauloises sont de terres grossières, mal pétries, celluleuses, pleines de graviers et fabriquées à la main ; conséquemment elles sont difformes et il n'en existe guère dont le contour soit régulier.

Les vases gallo-romains sont de terre plus fine et mieux travaillée, et faits *au tour* : les Gaulois ayant appliqué les principes de fabrication qu'ils tenaient des Latins.

Les vases romains sont presque toujours en pâte très fine, quelquefois rouges par suite de leur fabrication avec la terre dite de Samos ; et leur forme gracieuse, souvent même d'une élégance extrême, indique que l'art du potier était porté au plus haut degré chez les conquérants.

Après le départ des Romains, cette branche industrielle retomba dans un état quasi primitif ; aussi les poteries franques redevinrent grossières comme celles des Gaulois de l'autonomie, mais on continua l'usage du tour pour leur fabrication ; généralement ces poteries sont ornées de dessins exécutés sans goût et sans art.

Il y a évidemment d'autres indications qui servent à fixer l'origine des vases antiques ; cependant, ce que nous venons de dire suffit généralement pour les classer.

Nous ne connaissons aucune poterie gauloise bien authentique, trouvée sur le territoire elbeuvien. A Caudebec, il en a été recueilli beaucoup, notamment dans le cimetière gaulois de la rue Alfred.

Entrons maintenant dans un autre ordre d'idées.

Le territoire formant actuellement le canton d'Elbeuf, divisé en deux parties séparées par la Seine, appartenait à deux des trois grandes divisions de la Gaule.

Au nord du fleuve, était la Belgique, dans laquelle, conséquemment, se trouvait compris l'emplacement occupé par les communes de Saint-Aubin, Cléon, Freneuse, Tourville et Sotteville-sous-le-Val, lieux habités par les Véliocasses, c'est-à-dire les peuples du Vexin, lesquels avaient *Rotomagus* (Rouen) pour chef-lieu.

Au sud de la Seine, était la Celtique, pays occupé par plusieurs peuples, notamment par les Aulerques Eburoviques, dits aussi Eburovices, dont le chef-lieu était *Mediolanum Aulercorum* (Evreux).

Disons tout de suite que les cités de la Gaule romaine ne furent pas autre chose que les anciens peuples gaulois.

Ce qu'on appela une cité était bien plus qu'une ville et sa banlieue ; c'était un territoire où l'on trouvait une capitale, plusieurs *pagi*, quelques petites villes, un certain nombre de villages *(vici)* et une très grande quantité de propriétés rurales. Le régime municipal n'était donc pas celui que nous avons de nos jours ; il avait plus de points de ressemblance avec celui qui fut établi en France pendant la une période de la Révolution qui prit fin au Consulat.

Cependant, après l'invasion romaine, lorsque l'empereur Octave Auguste donna à la Gaule une nouvelle organisation, les Véliocasses furent distraits de la Belgique pour être incorporés à la Lyonnaise qui remplaça la Celtique.

Plus tard, la partie du canton actuel d'Elbeuf située sur la rive gauche de la Seine se trouva appartenir à deux pays, le *pagus Rotomagensis* (pays de Rouen), et le *pagus Ebroïcensis* (pays d'Evreux).

La limite de ces deux territoires était le le cours d'eau du Puchot. Cette rivière, longue seulement de quelques centaines de mètres de nos jours, avait, alors, un parcours encore moins étendu du côté de son embouchure.

Nous avons entendu dire, sérieusement, que c'est parce que ce cours d'eau sortait du Mont-Duve, qui, avec la petite rivière, servait de limite commune aux pays de Rouen et d'Evreux, qu'il reçut le nom de Puchot. Ce mot pourrait, en effet, en apportant un peu de bonne volonté, être accepté comme une altération de *puech*, c'est-à-dire de tête, hauteur, point de départ.

Voici, à ce sujet, un passage des Mémoires de la société des Antiquaires de la Normandie, que nous avions déjà entendu appliquer au Puchot, par un ancien habitant de notre ville qui, précisément, se nommait Pech :

« La Normandie fut d'abord habitée par des hommes errants et sans civilisation, si j'en juge par les premiers noms de lieu, noms bien plus communs qu'on ne pense.

« Ces premières dénominations n'ont d'autre signification que celle d'un lieu près de l'eau, d'une hauteur, de rochers...

« Parmi les noms qui signifient montagne, pointe de terre, je choisirai ceux qui sont les plus connus. Le mot *Puy* est très commun dans le midi de la France ; c'est celui que les Italiens traduisent par *Poggio* et les Latins par *Podium* ; on le connaît chez nous dans le mot *Pou*. Il y en a deux dans l'arrondissement de Cherbourg, le *Pou* du *Rosel* et le *Pou de Flamanville*, tous deux dans le canton des Pieux; ce nom même des *Pieux* en est le pluriel.»

Mais voici une seconde explication du nom que nous étudions qui, pour être moins scientifique, est cependant plus vraisemblable :

Notons d'abord que nous n'avons trouvé le nom de Puchot que dans des pièces relativement modernes. Au moyen âge et longtemps après, ce cours d'eau était désigné tout simplement sous le générique *duit, dour* ou *douet* ; il avait cela de commun avec une infinité d'autres petites rivières. Cependant, comme c'était dans son lit que l'on allait puiser, *pucher* l'eau nécessaire aux besoins domestiques, au moyen d'un *pucheux* ou *puchoir*, la rivière reçut le nom de *Puchot*, et cela à la fin du XVIIIe siècle seulement.

Il est à remarquer aussi que c'est à l'aide d'une *puchette* que nombre d'hommes, de femmes et d'enfants recueillaient autrefois les loquets de laine qui s'échappaient des teintureries et des lavoirs établis sur ce ruisseau. A l'appui de notre étymologie, nous ajouterons qu'au siècle dernier les bras de ce cours d'eau étaient nommés « les puchots ». Pendant la Révolution, on ne trouve même que cette seule dénomination : Le maire ordonne le curage « des puchots » ; les boues et autres matières provenant « des puchots » seront enlevées, etc. Un arrêté municipal, en date du 10 juin 1806, ordonne la mise en adjudication « du parfait curage des courants d'eau de la ville, dits les puchots, depuis la fontaine du Sur jusqu'au pré Basile ».

En tous cas, et quelle que soit l'origine du mot Puchot, il est certain que la ligne séparative dont ce cours d'eau était le point de départ se dirigeait vers le Midi, laissant Saint-Ouen-du-Tilleul dans le Roumois ou pays de Rouen, et Thuit-Anger dans l'Evrecin ou pays d'Evreux.

Après l'introduction du christianisme dans notre contrée, on établit des lignes de démarcation entre les évêchés ; les anciennes limites des divisions romaines furent conservées en bien des endroits, notamment sur le territoire actuel d'Elbeuf, de sorte que toute la portion se trouvant à l'ouest du Puchot entra dans le diocèse de Rouen et la portion orientale dans celui d'Evreux.

La fontaine d'où *sourd* le Puchot portait au moyen âge le nom de fontaine du *Sourd* dont on a fait *Sur*, puis *Sud*, par corruptions successives. Ce mot signifie donc source, endroit d'où *sourdent* des eaux ; il vient du latin *surgere*, s'élever, jaillir.

Il est probable que le Puchot avait jadis d'autres sources, plus élevées, dans le vallon des Ecameaux, qui disparurent par suite des déboisements successifs opérés dans les cantons des Thuits et des Boscs, ainsi que disparurent aussi, aux siècles derniers, les sources qui prolongeaient le cours de l'Oison jusqu'au delà de Saint-Amand-des-Hautes-Terres.

Quoi qu'il en ait été, le vallon des Ecameaux continua à limiter les pays de Rouen et d'Evreux, et nous croyons que le nom du hameau et du vallon signifie « les limites ». Il aurait alors une origine grecque et viendrait de *scamma* : je creuse. Les Latins auraient conséquemment importé ce mot chez nous, avec celui de « scamonée », plante purgative de la famille des convolvulacées, qui paraît avoir été ainsi nommée parce qu'elle creuse en quelque sorte les intestins.

Chez les Grecs, le scamma était originairement une partie de l'arène ; c'était dans le scamma, fosse profonde, que les lutteurs se livraient à leurs combats.

Plus tard, on donna le nom de scamma à la ligne creusée dans l'arène pour marquer la limite fixée aux concurrents dans le premier des exercices du pentathle ; cet exercice était le saut. La ligne qu'il fallait atteindre et non dépasser pour mériter le prix n'était pas appelée scamma, mais *escammène*. De là vint le proverbe : « sauter au-delà des escammènes » pour dire : franchir les bornes.

Au moyen âge, le mot « escames » signifiait encore limites, au moins dans le nom d'un bois, triège de la commune de Quittebeuf, appelé, au xii⁰ siècle, le bois des Escames, et aujourd'hui Escambosc, parce que dans le traité de l'an 1200, par lequel Jean-sans-Terre abandonna à Philippe-Auguste le pays d'Evreux, des bornes furent plantées à moitié chemin, entre Evreux et le Neubourg, tout près de ce lieu, qui dès lors prit le nom de bois des Escames, c'est-à-dire le bois des limites, laissant ainsi Quitteboeuf dans le territoire abandonné au roi de France.

On peut encore rapprocher du mot qui nous occupe celui de *scalme*, provenant lui-même d'anciens mots signifiant creuser, limiter, diviser, séparer.

L'étymologie du nom Ecameaux, qui s'écrivait Escamialx ou Escamiaux au moyen âge, nous paraît donc venir du mot « escammènes », limites. Les Romains ayant conservé les anciennes limites gauloises comme ligne séparative des pays de Rouen et d'Evreux, leur donnèrent naturellement ce nom.

Jusqu'à la Révolution, le vallon des Ecameaux limita donc les deux diocèses. La ligne se prolongeait sur le plateau et passait entre la Haye-du-Theil et le Gros-Theil ; la première de ces deux localités dépendait de l'évêché d'Evreux et la seconde de l'archevêché de Rouen. Aujourd'hui encore, on considère comme étant du Roumois, c'est-à-dire de l'ancien pays de Rouen, la contrée située à droite de cette ligne, et de la plaine du Neubourg toutes les communes placées à sa gauche.

Le cours du Puchot, au moins en partie, limite aussi de nos jours les paroisses Saint-Etienne et Saint-Jean qui, jusqu'à la Révolution, étaient dans deux diocèses différents ; et c'est encore à lui que l'on doit la largeur exagérée et l'irrégularité de la rue Saint-Jean, pour des raisons que nous donnerons plus tard.

Pour terminer, disons que le Puchot jouit de tout temps d'une réputation très grande, excessive, à cause de la vertu que l'on attribuait exclusivement à ses eaux pour le dégraissage des laines ; et quand M. Victor Grandin établit des lavoirs sur la Seine, on le taxa presque de folie, car personne ne supposait, alors, que les eaux du fleuve pussent remplacer celles du Puchot.

CHAPITRE III

Période Gallo-Romaine. — Influence des Latins sur la civilisation en Gaule. — La voirie elbeuvienne. — Monnaies et édifices romains d'Elbeuf. — Un quai antique.

Caius-Julius César, consul romain, l'un des plus grands capitaines de l'antiquité, naquit à Rome, l'an 100 avant J.-C. Il grandit au milieu des guerres civiles et, plus tard, s'attacha à gagner la faveur populaire par des flatteries habiles. Il fut successivement nommé tribun militaire, questeur, édile, et exploita l'affection de la plèbe et des soldats pour le souvenir de Marius.

A son retour de la guerre d'Espagne, il fut nommé consul par le crédit de Pompée et de Crassus, avec lesquels il forma ce que l'on a nommé le premier triumvirat. Aussitôt, il agit à peu près souverainement.

Pendant que Pompée et Crassus s'usaient dans des luttes mesquines, il alla préparer sa destinée dans un pays neuf, la Gaule, dont la conquête devait lui donner la gloire, des soldats et des richesses.

Pendant les neuf ans que dura cette entreprise hardie, César accomplit des choses prodigieuses, en profitant habilement des dissensions des peuples gaulois, de leur défaut d'organisation politique et parfois de leur indifférence. En effet, plusieurs des ces peuples ne virent pas des conquérants dans les Romains, dont les légions entrèrent chez eux en auxiliaires plutôt qu'en ennemis, et quand César eut chassé les Helvètes des Etats gaulois, les députés de ces Etats supplièrent le vainqueur de ne pas les abandonner. Mais il n'en fut pas ainsi dans notre contrée.

En l'an 57 avant J.-C., Publius Crassus fut chargé par César d'aller à la tête d'une légion établir la domination romaine dans les populations armoricaines, parmi lesquelles les Aulerques sont indiquées. Les Aulerques Eburoviques, qui, nous l'avons dit, s'étendaient au nord jusqu'à la Seine et conséquemment sur le territoire d'Elbeuf et de Caudebec, se coalisèrent contre les envahisseurs.

Deux ans après, en l'an 55, ces mêmes Eburoviques prirent la part la plus active au soulèvement des cités armoriques; ainsi que les Lexoviens, leurs voisins, ils égorgèrent leur Sénat, qui ne voulait pas se mettre à la tête de l'insurrection, et allèrent se joindre à Viridovix, chef de l'armée insurgée.

Dans l'automne de la même année, César fit prendre les quartiers d'hiver à ses troupes chez les Aulerques, les Lexoviens et autres cités qui avaient tenté de secouer son joug.

En l'an 52 avant J.-C., les Eburoviques prirent encore part au soulèvement dirigé par le célèbre Vercingétorix, et fournirent à son armée un contingent de 3.000 hommes, comme leurs voisins les Lexoviens et les Véliocasses, c'est-à-dire les habitants du Vexin, qui, nous le répétons, s'étendait alors sur toute la presqu'île de Saint-Aubin-Jouxte-Boulleng.

Après la pacification complète de leur pays, les Gaulois renoncèrent à leurs habitudes belliqueuses. Strabon remarque que, trente ans après la conquête, ils ne pensaient plus à la guerre, que tous leurs soins se portaient vers l'agriculture et les travaux paisibles.

Hirtius, lieutenant de César, assure que le vainqueur ne chercha qu'à maintenir les cités gauloises dans l'amitié de Rome, et à ne leur donner aucun motif de révolte ; elles furent traitées avec honneur, et leurs principaux citoyens furent comblés de bienfaits. César n'imposa à la Gaule aucune charge nouvelle ; il s'attacha à relever le pays épuisé par les guerres ; et, en lui assurant tous les avantages de l'obéissance, il n'eût pas de peine à en maintenir la paix.

On a la preuve, dit M. Fustel de Coulanges, auquel la science doit tant d'éclaircissements sur l'époque gallo-romaine, que la propriété privée ne fut pas abolie en Gaule par la domination romaine. L'empereur fit le cens du pays, c'est-à-dire que, par l'inscription des terres sur les registres du cens, il reconnut légalement que ces terres étaient le domaine propre des familles, et nul obstacle fut opposé à la vente, au legs, à la donation de ces terres.

Néanmoins, l'empire conserva un domaine public immense dans la Gaule, et dans ce domaine Rome établit une infinité de colonies ; mais ces colonisations n'étaient elles-mêmes que la transformation du domaine public en domaine privé.

Ces colonies furent limitées par des « termes » : c'étaient des pierres, des troncs d'arbres, qui devinrent bientôt des objets très respectés et furent consacrés par la religion. On considéra bientôt ces termes comme des être divins ; on leur offrit des sacrifices, on leur adressa des prières. Il y avait une grande impiété à les heurter du soc de la charrue, et la législation romaine punit ce crime de peines cruelles.

Il existe, dans la plaine de Caudebec, une pierre nommée le Gros-Borne, sur laquelle on raconte des légendes, et que nous supposons avoir été un ancien dieu Terme, en raison du respect que lui portait encore la dernière génération.

En mars de l'année présente (1893), dans un champ situé à quelques mètres et à gauche de la route de Thuit-Hébert à Bourgachard, en pleine terre argileuse, on mit à découvert une grosse pierre qui dut, autrefois, servir de limites à deux vastes propriétés, séparées par le vallon où cette pierre fut rencontrée. Nous ne sommes pas très éloigné de croire qu'elle était aussi un ancien terme.

La Gaule adopta avec beaucoup de facilité et même de plaisir les usages, le mode d'existence et jusqu'au goût des Romains. Les villes prirent la physionomie des villes d'Italie ; elles eurent des temples, des basiliques, des théâtres, des cirques, des thermes, des aqueducs ; les découvertes faites à Lillebonne, à Saint-André-sur-Cailly, à Evreux, à Pîtres, à Caudebec-lès-Elbeuf et à Elbeuf même sont là pour le prouver.

COUPE DU SOL, AVANT LES FOUILLES

PERSPECTIVE

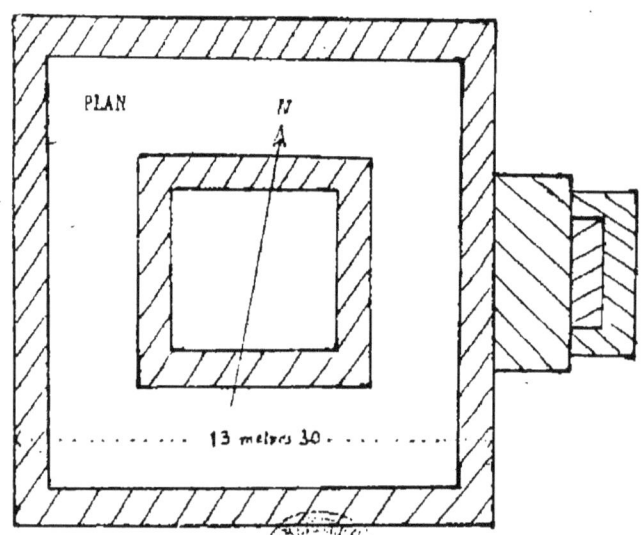

ANCIENNE HABITATION GALLO-ROMAINE
De la forêt de La Londe
Découverte en 1890, par M. de la Serre

Tous ces monuments furent élevés, non pas par des hommes de race romaine, mais par les Gaulois eux-mêmes, à leur frais, par leur propre volonté. Les maisons changèrent d'aspect ; au lieu de ces vastes et grossières constructions cachées au milieu des bois où résidaient les riches Gaulois de l'indépendance, ils eurent des villas aux brillants portiques, avec des peintures, des salles de bains. Des restes de ces constructions, d'où l'on a retiré des fragments de murs peints, des ornements, des statues, etc., ont été découverts à Caudebec et à Elbeuf. Il y a quelques années, M. de la Serre, conservateur des forêts, en a mis au jour une autre, dans la forêt de la Londe.

« Les populations de la Gaule devinrent donc romaines, non par le sang, mais par les institutions, par les coutumes, par la langue, par les arts, par les croyances, par toutes les habitudes de l'esprit. Cette conversion ne fut l'effet ni des exigences du vainqueur ni de la servitude du vaincu. Les Gaulois eurent assez d'intelligence pour comprendre que la civilisation valait mieux que la barbarie. Etre Romain, à leurs yeux, ce n'était pas obéir à un maître étranger : c'était partager les mœurs, les arts, les études, les travaux, les plaisirs de ce qu'on connaissait de plus cultivé et de plus noble dans l'humanité.

« Il ne faut pas dire : les Romains civilisèrent la Gaule, la mirent en culture, défrichèrent les forêts, assainirent les marais, construisirent des routes, élevèrent des temples et des écoles. Mais il faut dire : sous la domination romaine, par la paix et la sécurité établies, les Gaulois devinrent cultivateurs, firent des routes, travaillèrent, et, avec ce travail, connurent la richesse et le luxe ; sous la direction de l'esprit romain et par l'initiative louable du mieux, il élevèrent des temples et des écoles. »

Dans le chapitre précédent, nous avons parlé des marécages qui couvraient la partie basse du territoire actuel d'Elbeuf, et d'une chaussée longeant ces marais.

C'est sur l'emplacement ou très près de ce sentier que, sous la conduite des Romains, nos populations firent passer la grande route de Rouen à Paris par Evreux, mentionnée dans l'Itinéraire d'Antonin.

Mais comme, dans la traversée de l'Elbeuf d'alors, le sol n'était pas absolument à l'abri des inondations, ce chemin fut surélevé et dallé. Ces dalles subsistèrent longtemps ; elles finirent par être enlevées et employées dans la construction de maisons, tant à Elbeuf qu'à Caudebec.

On donne le nom d'Itinéraire d'Antonin au plus précieux et au plus important travail géographique que le monde ancien nous ait transmis. Ce n'est pourtant qu'une sèche énumération de stations et de distances ; mais elle fournit une série de renseignements que l'on chercherait vainement ailleurs. Cet Itinéraire a été enrichi successivement pendant plusieurs siècles ; il parait avoir eu pour point de départ le travail géodésique décrété par tout l'empire romain en l'an 44 avant J.-C. Ses deux sections nous développent les routes militaires et les routes maritimes de l'Empire, dont elles précisent les principaux points et leurs distances réciproques avec une exactitude remarquable.

PÉRIODE GALLO-ROMAINE

Voici le passage de ce colossal travail où la route qui traversait Elbeuf est mentionnée :

Iter a Rotomago Lvtitiam vsqve. m. p. lxxvii
sic

Vggade	m. p. ix
Mediolano Avlercorvm	m. p. xiiii
Dvrocasis	m. p. xvii
Diodvro	m. p. xxii
Lvticia	m. p. xv

Ces noms de *Rotomago, Uggade, Mediolano Aulercorum, Durocasis, Dioduro*, et *Luticia*, désignent Rouen, Caudebec-lès-Elbeuf, Evreux, Dreux, Jouarre et Paris.

L'antique route de Rouen à Paris, par la rive gauche de la Seine, et celle de Rouen à Brionne, le *Breviodurum* de l'Itinéraire, avaient un même parcours du faubourg Saint-Sever jusqu'à la Bergerie, hameau du Buquet. Cette route se dirigeait en droite ligne, par les Essarts, jusqu'au Nouveau-Monde à Orival ; après avoir traversé le vallon, elle gravissait la côte, gagnait le Rond-de-la-Lune, puis la Bergerie.

La voie romaine de Rouen à Paris, après avoir dépassé le lieu où se trouve maintenant le Chêne à la Vierge, suivait à peu près le chemin actuel de la côte Saint-Auct, jusqu'au dessus du tunnel de la ligne d'Orléans à Rouen, où elle se divisait en deux branches, l'une descendant presque en droite ligne jusque vers la Fontaine du Sud, l'autre se dirigeant vers le lieu où fut élevée, plus tard, l'église Saint-Etienne. On voit encore de nos jours le reste de ce chemin du côté méridional de l'église ; un second embranchement traversait la rue Saint-

Etienne et se dirigeait vers les eaux, qui alors baignaient l'extrémité d'une impasse existant toujours et que l'on peut considérer comme ayant fait partie de la voirie romaine. Le chemin public qui passait près de l'église ne fut bouché qu'en 1312.

De l'église Saint-Etienne, la principale voie suivait approximativement la ligne parcourue aujourd'hui par les rues Saint-Etienne, de la République et de la Barrière. A la hauteur de la rue Percière, suivant une probabilité basée sur des observations que nous avons pu faire, venait se souder l'autre branche, qui, après avoir passé au moyen d'un ponceau sur le Puchot, ou à côté de la fontaine du Sud, suivait la rue aux Bœufs, le bas de la rue des Echelettes et la rue du Marché-Saint-Louis ; elle se soudait à la rue de la Barrière après avoir traversé diagonalement la cour de l'hôtel de l'Univers.

En 1887, une tranchée faite rue de la Barrière, entre les rues Lafayette et Percière, mit à découvert des dallages qui ne pouvaient être que des restes de cette antique route, laquelle subsista jusqu'en 1619, ainsi que nous le verrons par la suite.

La voie romaine avait donc deux parcours sur le territoire d'Elbeuf ; l'un passait au nord et l'autre au sud-est de la place Saint-Louis actuelle.

Ces deux branches étaient, vraisemblablement, réunies par deux chemins secondaires. L'un était le prolongement de la rue Meleuse, depuis la fontaine du Sud jusqu'au « Bout-du-Couvent ». M. Sainte-Marie Regnoult a noté que dans la partie inférieure de la rue de l'Hospice (ancienne rue Meleuse), à une profondeur d'un mètre cinquante, les ouvriers trouvèrent, en 1859, un pavage usé, formé de pavés inégaux, uniquement en silex, « comme une voie romaine ; mais cette voie ne se continuait que jusqu'à la hauteur de la fontaine du Sud ».

Le deuxième chemin secondaire était le prolongement de la rue des Echelettes par le côté oriental de la place Saint-Louis et la rue du Centre.

Après avoir dépassé l'ancien Elbeuf, la voie romaine se dirigeait, à travers champs et marais, vers l'endroit où se trouve aujourd'hui l'église de Caudebec.

Tout le monde sait, et nous l'avons rappelé tout à l'heure, que notre Caudebec est bâti sur l'emplacement d'Uggade ou Uggate, station romaine qui eut une assez grande importance, si l'on en juge par la multitude d'objets très divers qui y ont été trouvés, les édifices temples, bains, laraires, dont les substructions existent toujours, et la vaste étendue du cimetière qui reçut les restes des habitants de cette cité.

Il y aurait de la témérité à vouloir décrire, après M. Joseph Drouet, ce que fut l'antique Uggate ; car il a observé cette station avec le soin le plus minutieux et a consigné le résultat de ses travaux dans une conciencieuse et savante étude ; aussi y renvoyons-nous les lecteurs que cette cité intéresserait. Disons seulement qu'à la faveur de la proximité d'Uggate, il s'éleva sur le territoire qu'Elbeuf occupa plus tard, diverses constructions, et que plusieurs de ces édifices laissèrent des traces qui subsistent encore dans le sol de la ville moderne.

Après Jules César, Auguste gouverna le monde romain de l'an 30 avant J.-C. à l'an 14 de notre ère. L'empire s'étendait alors jusqu'à la Manche et à la mer du Nord.

Lorsque le Sénat romain organisa l'empire, vers l'année 27 avant notre ère, il conféra à Auguste le pouvoir proconsulaire sur la moitié des provinces, et un droit de surveillance sur les gouverneurs de toutes les autres.

Cette innovation fut le germe d'un nouveau système administratif. Il arriva, en effet, dit M. de Coulanges, que les chefs des provinces, au lieu d'être de vrais monarques gouvernant en leur nom propre, ne furent plus que les agents et les lieutenants du prince. Ce fait, si simple et en apparence insignifiant, introduisit en Europe les centralisations administratives.

Tibère fut empereur de 14 à 37 après J.-C. Sous son règne, des routes furent construites dans notre province, et plusieurs localités lui doivent leur nom ; par exemple Thiberville, Tibermont, Tibermare, Tibertot, etc. Des médailles de ce prince ont été recueillies à Elbeuf, notamment au triège du Vallot et à la côte Saint-Auct ; mais il n'en faudrait pas conclure qu'une agglomération romaine existait déjà sur le territoire elbeuvien, car ces monnaies peuvent y avoir été apportées postérieurement.

Il a été également trouvé à Elbeuf, sur le penchant de la côte Saint-Auct, des monnaies à l'effigie de Caligula, dont le règne dura quatre ans ; une était en cuivre, une autre en bronze, une troisième en argent.

Mais comme les médailles de Claude Ier, qui gouverna l'empire de 41 à 54, ont été rencontrées en assez grande quantité sur notre sol, nous ne nous refusons pas à croire à l'existence d'édifices romains dans l'enceinte elbeuvienne, dès le milieu du premier siècle de notre ère, si même il n'en exista pas plus tôt. M. Victor Grandin a possédé une quarantaine de monnaies de Claude ; la plus grande partie provenait de Caudebec.

M. Guilmeth croit que, sous le règne de cet empereur, on érigea un temple romain au sommet de la côte Saint-Auct, c'est-à-dire vers l'endroit où se trouve le calvaire. Cela est possible ; mais l'on n'en possède d'autre preuve que la découverte, sur ce point, des médailles dont nous avons parlé : deux de Tibère, trois de Caligula et environ quinze de Claude Ier.

Néron succéda à Claude en l'an 54. Elbeuf a fourni de nombreuses médailles de cet empereur. Il en a été trouvé au versant de la côte Saint-Auct, près de la fontaine du Sud et sur la lisière méridionale de la rue de la Barrière ; l'une d'elles était en argent.

On a une dizaine de monnaies de Galba, qui n'occupa le trône que quelques mois, en 68 et 69, et moins encore d'Othon ; l'une de ces dernières est en argent. Vitellius a fourni deux spécimens, dont l'un fut trouvé tout près de l'église Saint-Etienne.

Othon et Vitellius ne firent que passer par la pourpre romaine, car Vespasien fut empereur à partir du 1er juillet de cette même année 69. Les médailles à l'effigie de ce prince, trouvées à Elbeuf, sont peu nombreuses ; on n'en connaît que sept ou huit seulement, dont une recueillie au triège du Tapis-Vert, mais il est certain que, de son temps, une circulation active existait entre Caudebec et Rouen.

La meilleure partie de l'ouvrage de M. Guilmeth est celle qui concerne la période de l'occupation romaine; aussi lui ferons-nous encore d'autres emprunts. Notons toutefois que cet auteur se trompe en faisant arriver par Orival et le bas des roches, la voie romaine de Rouen à Caudebec. La route d'Orival à Oissel, par le bord de la Seine, ne date que d'un siècle.

La route de Rotomagus à Uggate était très fréquentée. C'était en partie par elle que se faisait le trafic entre les Véliocasses, dont Rouen était le chef-lieu, et Lyon, capitale des Gaules. Un monument funéraire, conservé dans cette dernière ville, porte l'épitaphe d'un marchand de toile des Véliocasses, admis à la liste des colons romains et incorporé parmi les utriculaires de Lyon. Cette inscription nous apprend que les Gaulois du nord, et notamment ceux de Rouen, allaient faire le commerce des toiles à Lyon, et qu'ils y jouissaient d'une certaine considération. Telle est, du moins, l'opinion de l'auteur d'un article publié par le *Magasin pittoresque* en juillet 1879.

Cependant, M. Thaurin, de Rouen, qui ne parait point avoir eu connaissance de la traduction donnée par cette publication, ne trouve pas que le nouveau colon fut un marchand de toile — ce dont il ne parle point du reste — mais un batelier.

En effet, on se figure difficilement qu'un marchand de toile ait été admis dans la corporation des utriculaires, c'est-à-dire des bateliers. L'auteur de l'article du *Magasin pittoresque* aurait donc fait une mauvaise lecture de l'inscription du cippe funéraire dont il s'agit, et au lieu de *lintiari*[i], marchand de toile, il conviendrait de lire *lintrari*[*i*], batelier, et traduire ainsi cette épigraphe :

« Aux Dieux manes et à la mémoire éternelle d'Illiomarus Aprius, batelier, de la cité des Véliocasses, ajouté à la liste des colons de Lyon et incorporé parmi les utriculaires fixés à Lyon. Il vécut 85 ans, sans aucun affaiblissement d'esprit. Aprius Illiomarus, son fils, a fait élever ce monument à son père bien-aimé et l'a dédié *sub ascia* », c'est-à-dire sortant des mains de l'ouvrier, exprimant par là qu'il était neuf et fait exprès pour le mort.

Comme le remarque M. Thaurin, l'inscription ainsi traduite présente un intérêt nouveau, à cause de la qualité de batelier qui s'y trouve donnée à un Véliocasse.

Cette qualification a cela de remarquable que, sans fournir la preuve absolue de l'existence, chez les Véliocasses, d'une corporation de bateliers en possession du droit de naviguer sur la Seine, elle présente, au moins, une forte induction de plus en faveur de l'opinion émise par M. A. Chéruel, dans son introduction à l'*Histoire de Rouen pendant l'époque communale*.

On sait, du reste, par Strabon, que, dès les premières années de l'ère chrétienne, la Seine et plusieurs des ses affluents étaient l'une des grandes voies par lesquelles se pratiquait le commerce maritime important qui avait lieu entre la Gaule Belgique et les ports de la Grande-Bretagne.

Personne n'ignore non plus qu'une notable partie du trafic qui se faisait entre l'Angleterre et Rome avait lieu par la Seine, la Saône et le Rhône. L'espace compris entre le point que les bateaux de notre fleuve ne pouvaient dépasser et celui où la Saône devenait navigable était franchi au moyen de chariots ou à dos d'animaux.

Elbeuf et Caudebec, situés sur le parcours fluvial, furent certainement des points de station, mais pour des motifs différents. L'importance d'Uggate, peuplée d'environ 6.000 habitants, justifie assez les arrêts que faisaient les bateliers gallo-romains à son quai, qui, nous le supposons du moins, se trouvait à l'extrémité de la ruelle du Port, mais du côté du Cours, c'est-à-dire au bout de la rue de l'Eglise, en un point éloigné aujourd'hui de 5 à 600 mètres du fleuve ; car la Seine ou l'un de ses bras couvrait encore, à cette époque, les terres situées au nord de la route actuelle de Pont-de-l'Arche. Nous dirons bientôt le motif qui pouvait faire stationner les mariniers devant le territoire d'Elbeuf.

Le monument élevé à la mémoire d'Illiomarus Aprius est intéressant à un autre point de vue.

Par le géographe grec Ptolémée, l'on savait déjà que *Rotomagus* était la capitale des Véliocasses, mais jusqu'à la découverte de ce cippe funéraire, on n'avait jamais rencontré le nom de ce peuple gravé sur une pierre, et jamais on ne l'avait trouvé accompagné d'accessoires aussi intéressants.

En effet, le nom des Véliocasses, antiques fondateurs de Rouen, n'avait été rencontré jusque-là que grâce à une petite médaille de bronze, sur laquelle M. A. Deville avait lu *Veliocathi*.

Etablissons maintenant le rapport que nous trouvons entre la navigation du Rhône et notre localité :

Aux temps des premiers empereurs, se rapporte un moyen bronze trouvé par M. Morin, en 1891, dans un jardin situé vers le milieu et à l'orient de la rue Victor-Grandin. Cette pièce est très fruste et aux effigies d'Auguste et d'Agrippa, surmontées des initiales IMP; elle montre, au revers, un crocrodile attaché à des palmiers, au-dessus desquels se trouve la légende COL NEM, marque des monnaies coloniales en usage à Nîmes. Au-dessous du saurien, on voit la contre-marque IMP, appliquée plus tard. Cette curieuse pièce a fait l'objet d'un rapport de M. J. Drouet à la Commission des Antiquités de la Seine-Inférieure. Nous le reproduisons succinctement :

« Ces sortes de monnaies furent émises par la colonie de Nîmes, sous le consulat d'Auguste et d'Agrippa, mais comme coloniales; elles n'avaient qu'un cours restreint. Plus tard, après la suppression du monnayage gaulois, et pour éviter une refonte toujours onéreuse, toutes celles qui passèrent par les caisses publiques reçurent l'estampille du gouvernement impérial qui leur donnait un cours légal, ce qui explique leur diffusion si considérable dans toute l'étendue de l'empire. Ce fut d'abord la marque des décurions (D. D.) plus tard la marque IMP, celle qui nous occupe, et enfin quand Octave reçut du Sénat le titre d'Auguste, en substitution aux précédentes, la contre-marque AVG. »

Ce qui nous intéresse particulièrement dans cette médaille, outre sa contre-marque, c'est le lieu où elle a été trouvée ; car il nous paraît avoir été, dès le premier siècle de notre ère, le quai de l'agglomération elbeuvienne.

Ce que nous avons dit des marécages de notre sol aux temps de la période gauloise a suffisamment démontré, croyons-nous, que les navires ne pouvaient accoster le territoire elbeuvien en aucun point de ceux que l'on pourrait supposer en examinant l'état actuel.

A l'occident d'Elbeuf, il n'en était pas de même, et c'est là qu'aboutissait l'antique sente des Rouvalets, par laquelle arrivaient les bois de la forêt et probablement aussi une partie des ravitaillements dont les mariniers avaient besoin.

Ce quai subsista longtemps ; aux siècles derniers, il était désigné sous le nom de la Brigaudière : nous aurons souvent l'occasion d'en reparler ; mais nous noterons dès à présent que M. Ledran, chaudronnier, a retrouvé, en creusant un puits, en 1890, une partie des pilotis de ce quai elbeuvien dont l'origine, ainsi que l'on vient de le voir, remonterait à plus de 1.800 ans. Son souvenir s'était perpétué par le nom de la rue de la Brigaudière, actuellement fermée, mais dont le cartouche se voyait, il y a quelques années encore, à l'angle qu'elle formait avec la rue de Rouen.

« A Elbeuf, dit M. Guilmeth, la voie romaine était bordée dans toute son étendue, soit de sarcophages en pierre, soit d'urnes cinéraires. »

Ici nous avons encore une remarque à faire : c'est que ces tombeaux en pierre, s'il en a été trouvé, n'appartenaient probablement pas à l'époque gallo-romaine, mais plutôt à la période mérovingienne. Généralement, les Gallo-Romains n'inhumaient pas leurs morts dans des cercueils en pierre ; cette coutume, dans nos contrées, ne commença guère avant le iv° siècle.

Il est donc difficile d'accepter sans réserve l'opinion émise par M. Guilmeth, d'autant plus qu'à l'époque où il écrivait, la critique archéologique, encore dans sa première enfance, ne permettait point de discerner les tombeaux gallo-romains d'avec ceux de la période mérovingienne.

« Quant aux urnes cinéraires, continue cet auteur, il en a été trouvé entr'autres, une fort belle, à peu de distance de la rue Royale et sur la propriété du sieur Charles Legouy, boulanger. Cette urne, entièrement remplie de cendres et d'ossements humains à demi-brûlés et concassés, parmi lesquels on remarquait un fragment de fémur ou de tibia, est en verre, de forme carrée, et présente, dans sa partie supérieure attenant au goulot, une petite anse ou oreille, également en verre.

« Sur ce même terrain, en poursuivant les fouilles, on trouva aussi des médailles romaines ; quelques-unes même accompagnaient l'urne. Toutes les propriétés voisines de celle-ci renferment dans le sol, ou des squelettes ou des tuiles romaines ». — Nous devons faire la même réserve pour ces squelettes que pour les cercueils en pierre cités plus haut.

« En face, écrivit aussi M. Guilmeth, et de l'autre côté de la rue Royale, en descendant vers la Seine, presque tous les terrains avoisinant le chemin romain sont également semés de briques, de tuiles, de poteries et de médailles antiques. Les anciens fossés de la forteresse du Glayeul sont littéralement remplis de tuiles à rebords et d'ossements humains.

« Dans la rue Saint-Jean, à peu de distance de l'ancienne prison féodale, on trouva, il y a environ vingt-cinq ans — c'est-à-dire vers 1817, — en défonçant une cave, les restes bien authentiques d'un établissement de bains romains. Près de là, on recueillit, il y a une douzaine d'années, plusieurs objets antiques, et notamment des médailles d'or.

« En reprenant l'alignement de la voie romaine, c'est-à-dire la rue de la Barrière, on a rencontré sous les fondements des maisons qui font face à l'Hôtel-de-Ville — aujourd'hui bureau des postes et télégraphes, — les restes d'un établissement de bains antiques beaucoup plus important que celui dont nous venons de parler, et presque entièrement conservé ».

Suivant les renseignement donnés à l'auteur par M. Laurent, ancien maire d'Elbeuf, les étuves, les conduites et les arcades cintrées de ce balnéaire, existeraient encore sous les constructions élevées sur ce point, vers 1835.

M. Guilmeth ajoute que derrière le pâté de maisons où s'élève le théâtre de la rue de la Barrière, on trouva les restes d'un autre établissement de bains romains, ou plutôt d'un *hypocaustum*, ainsi que l'indiquait l'état et la nature des pavés, « espèces de grands carreaux, ayant à peine quinze lignes d'épaisseur, formés d'une pierre blanche, douce et polie, assez semblable à la pierre de liais, et, au premier coup d'œil, à la pierre lithographique. Ces pavés ou carreaux étaient accompagnés d'une grande quantité de charbons et de quelques débris de tuyaux en terre cuite ».

Nous parlions tout à l'heure d'une urne cinéraire recueillie rue Royale ; elle fut donnée à M. Rondeaux par M. Join-Lambert. Au musée de Bernay, nous dit M. J. Drouet, on voit une belle urne en verre bleu, carrée, avec anse ou oreille, répondant au signalement de la première, comme elle trouvée à Elbeuf, en 1839, et donnée par M. Join-Lambert au musée de Bernay. Ces deux urnes ne seraient-elles pas un seul et même objet ?

Vers 1838, M. Fleury-Vinet trouva à l'extrémité méridionale du triège du Tapis-Vert, dans une argilière, plusieurs tuiles à rebords et une vingtaine de médailles romaines, dont une de l'empereur Vespasien, qui régna jusqu'en 79.

Est-ce à une persécution des chrétiens que Vespasien doit la déplorable réputation qu'on lui a faite dans notre contrée; ou plutôt, quand nos paysans disent d'un mauvais sujet qu'il est un « vespasien », est-ce à l'empereur romain qu'ils font allusion ?

M. Guilmeth répond affirmativement. Nous ne sommes point de son avis, par cette raison qu'au temps de Vespasien le christianisme était presque complètement inconnu dans notre région et, conséquemment, qu'il ne put y avoir de persécution contre ses adeptes. Sous le règne de cet empereur, du reste, les chrétiens ne furent point persécutés.

Titus, fils de Vespasien, régna de 79 à 81. Nous ne connaissons que de deux médailles de lui, et encore il n'est pas certain qu'elles aient été recueillies à Elbeuf même.

On sait que c'est au commencement du règne de Titus qu'une terrible éruption du Vésuve ensevelit les villes de Pompéï et d'Herculanum, dans laquelle Pline trouva la mort. A ce propos, nous noterons que ce fut un duc d'Elbeuf, le prince Emmanuel de Lorraine, qui découvrit les ruines de ces deux villes, d'où tant d'objets d'art ont été enlevés depuis. Voici dans quelles circonstances :

En 1711, le duc Emmanuel, général des galères de Naples, ayant besoin de marbre pour un château qu'il faisait bâtir à Portici, fit creuser autour d'un puits dans lequel les habitants de Resina en avaient, quelques années auparavant, trouvé en abondance. Les excavations pratiquées par ordre du prince d'Elbeuf mirent à découvert un temple antique, orné de colonnes et de statues de marbre.

Les fouilles furent poursuivies, interrompues et reprises plus tard ; elles amenèrent la découverte de deux villes, qui offrent aux temps modernes des spécimens parfaits des anciennes cités romaines.

Ajoutons que les fonds baptismaux et les autels latéraux de l'église Saint-Etienne passent pour avoir été envoyés par le duc Emmanuel, comme provenant des ruines d'Herculanum ; mais, jusqu'à présent, nous ignorons sur quoi repose cette opinion, accueillie par feu l'abbé Cochet.

CHAPITRE IV

Période gallo-romaine (suite). — L'industrie de la laine dans l'antiquité. — L'origine du drap. — Autres médailles et sépultures gallo-romaines trouvées a Elbeuf. — Invasions saxonnes. — Destruction de l'ancien Elbeuf. — Etat de la société aux IVe et Ve siècles.

Le nom de Pline, que nous avons cité dans le chapitre précédent, nous rappelle que ce célèbre naturaliste a laissé de fort intéressantes notes sur la fabrication des tissus de laine à l'époque où il vivait, et qui ne seront pas déplacées dans une étude historique sur Elbeuf et sa principale industrie. Mais nous mentionnerons d'abord une pierre trouvée, en 1847, à Evreux, conservée au musée de cette ville et dont un moulage en plâtre se voit au musée de Rouen, sur laquelle on lit l'inscription suivante :

* P. SVILLIVS * B. . . . .
OPVS PISCINAE. . . . .
VIRI CLARISSIMI . . . . . AC. AEI
LEGATI AVG ETEX OP[TATO DE]CRETO
VSSIBUS FVLLON[UM MEDIOL]AN
NENSIVM * [DE]DICAVIT

Cette inscription, très mutilée, provient de bains publics *(opus piscinœ)* ; elle paraît, de plus, concerner des personnages politiques d'un rang très élevé *(viri clarissimi..... legati Augusti)*. Elle tendrait à prouver, en outre, que l'industrie des foulons ébroïciens *(fullonum Mediolannensium)*, qui n'a cessé à Évreux qu'au siècle dernier, remontait à l'époque gallo-romaine.

La laine avait été, dès la plus haute antiquité, l'objet d'une industrie domestique, qui s'est perpétuée dans nos campagnes presque jusqu'à notre époque et existe encore dans les régions septentrionales de l'Europe.

Noéma, fille de Lameth, que la Bible fait vivre avant le déluge, savait filer la laine et la tisser ; et le Deutéronome et le Lévitique défendent le mélange frauduleux de matières différentes dans la même étoffe.

La Fable attribue l'invention du tissage à Minerve ; Pline dit qu'elle est dûe aux Egyptiens, et que le foulage fut pratiqué pour la première fois par Nicias de Mégare. Le poète Lucrèce (95-51 avant J.-C.) a écrit, dans son livre *la Nature*, que « le vêtement fut d'abord une natte grossière avant d'être un tissu proprement dit ».

Dès le temps de Jésus-Christ, les étoffes de laine étaient non seulement foulées, mais encore tirées à poil ou lainées ; Pline va nous apprendre par quel moyen :

« Le hérisson n'est pas, comme on le pense en général, inutile aux hommes : sans ses aiguillons, ce serait en vain que les molles toisons des troupeaux nous seraient données ; c'est avec cette peau qu'on laine les étoffes.

« La fraude et le monopole ont fait de gros profits sur cet objet ; il n'en est pas qui ait provoqué des sénatus-consultes plus fréquents, et tout empereur a reçu à ce sujet les doléances des provinces. »

Pline ajoute que la peau du hérisson n'était jugée bonne pour cet emploi que lorsque l'animal était mort de faim, suspendu par les pattes de derrière. Dans le cas contraire, il projetait sur sa peau une humeur âcre qui la rendait impropre à ce service.

Avant donc que l'on songeât à utiliser le chardon végétal, dont l'espèce fut améliorée par la culture et des sélections, c'est avec la peau du hérisson que les étoffes de laine étaient tirées à poil. Cet animal, très commun dans l'antiquité, fut l'objet de grandes chasses ; aussi finit-il par être fort rare, et ce fut probablement cette rareté qui amena les drapiers à substituer à ses aiguillons ceux du chardon cardère.

Les apprêts des tissus de laine n'allaient pas plus loin que le lainage ; le tondage, tel que nous comprenons cette opération maintenant, ne paraît avoir été pratiqué en grand que plus tard, bien que notre naturaliste parle d'étoffes de laine rasées. Nous trouvons encore dans *l'Histoire Naturelle*, de Pline, d'autres renseignements sur l'industrie lainière :

« La laine la plus renommée est celle d'Apulie ; en second lieu, celle qu'on appelle laine grecque en Italie, et ailleurs laine italienne ; en troisième lieu, la laine de Milet. La laine d'Apulie est courte, et n'est célèbre que pour la fabrication des *pænula* (manteaux contre la pluie). On estime le plus celle des environs de

Tarente et de Canusium ; et, en Asie, une laine de même espèce, celle de Laodicée. Aucune laine blanche n'est préférée à celle des environs du Pô.

« Jusqu'à présent, aucune laine n'a dépassé cent sesterces (21 francs) la livre. On ne tond pas partout les moutons ; on a conservé dans quelques lieux l'usage d'arracher la laine. Elle a différentes couleurs ; on n'a pas même assez de mots pour en dénommer les variétés. L'Espagne fournit plusieurs sortes de laines dites naturelles; la plus estimée vient de Pollentia près des Alpes ; l'Asie, ainsi que la Bétique, envoie la rousse, qu'on appelle Erythrée ; Canusium envoie la fauve, et Tarente la brune. Toutes les laines en suint ont une vertu médicamenteuse. La laine de l'Istrie et de la Liburnie ressemble plus à du poil qu'à de la laine ; elle ne peut servir à la fabrication des étoffes à longs poils, non plus que celle que Salacie en Lusitanie recommande pour les étoffes à carreaux. La laine de Pézénas, dans la province narbonnaise, est semblable ; semblable aussi est celle d'Egypte, avec laquelle on garnit les habits usés, et on les fait durer encore longtemps.

« La bourre de laine est, de toute antiquité, en faveur pour les tapis. Homère (xe siècle avant Jésus-Christ) nous montre que les anciens s'en servaient déjà. Les Gaulois et les Parthes ont chacun une manière de les broder.

« En foulant la laine on fait le feutre, étoffe qui, imbibée de vinaigre, résiste au fer même ; bien plus, la laine résiste au feu dans le dernier apprêt qu'elle subit, car elle sort des chaudières des dégraisseurs pour être employée à faire des matelas, invention qui, je crois, est gauloise ; du moins c'est par des noms gaulois qu'on distingue les espèces de matelas : je ne puis dire à quelle époque l'usage en a commencé. Les anciens couchaient sur une paillasse, comme celle dont on se sert encore aujourd'hui dans les camps. Les gausapes ont commencé du temps de mon père ; les amphimalles de mon temps, ainsi que les ceintures à longs poils. »

Les gausapes étaient une sorte de cape ou manteau, et les amphimalles des étoffes dont les deux faces étaient fourrées. Quant aux étoffes sororiculés, dont Pline nous entretiendra tout à l'heure, on ne sait ce qui les différenciait des autres. M. E. Littré fait remarquer, à ce sujet, que les anciennes éditions portent *soriculatas,* comme si cela venait de *sorex,* la souris. Nous reprenons notre auteur :

« Quant à la tunique laticlave en forme de gausape, c'est une mode qui ne fait que de naître. Les laines noires ne prennent aucune couleur ; quant à la teinture des autres, nous en parlerons en son lieu, lorsque nous passerons en revue les coquillages marins.

« M. Varon rapporte, comme témoin oculaire, que de la laine sur la quenouille et le fuseau de Tanaquil se voyait encore de son temps (IIe siècle avant J.-C.), dans le temple de Sangus ; et dans le temple de Fortune une robe royale ondée qu'elle avait faite, et que Servius Tullius avait portée. C'est pour cela que les jeunes filles qui se marient ont avec elles une quenouille garnie et un fuseau chargé.

« Tanaquil trouva l'art de faire une tunique droite (tissée de haut en bas), telle que celles que les jeunes gens et les nouvelles mariées prennent avec la toge sans bordure. Les étoffes ondées furent d'abord les plus estimées, puis vinrent les étoffes sororiculées. Fénestella dit que les toges à poil ras et les toges phryxianes commencèrent dans les dernières années du dieu Auguste....

« ... Alexandrie a inventé l'art de tisser à plusieurs lisses les étoffes qu'on appelle brocarts ; la Gaule, les étoffes à carreaux. Déjà, dans les accusations portées par Métellus Scipion contre Caton (IIe-IIIe siècles avant J.-C.) figurent des couvertures babyloniennes de lit, de table, vendues 800.000 sesterces (168.000 fr.) ; et, tout récemment, Néron a payé ces mêmes étoffes 4 millions de sesterces (840.000 fr.)... »

Dans l'antiquité grecque et romaine, on tissait les étoffes debout ; la chaine était placée verticalement comme celles des tapisseries dite de haute lisse. Cette méthode est indiquée, d'après Posidonius (135-49 av. J.-C.), par Sénèque, qui se plaint que le même Posidonius ait laissé en oubli la manière de tisser qui succéda à la précédente, celle de son temps, — celle encore en usage au siècle dernier — qu'Ovide, mort 18 ans après Jésus-Christ, a décrite avec tant d'exactitude :

« Elles étendent la chaîne de leurs toiles et l'attachent au métier. Un roseau sépare les fils. Entre les fils court la navette agile. Le peigne les rassemble sous ses dents, et les frappe, et les enserre. »

On croit que ce furent les Egyptiens qui inventèrent le métier sur lequel la chaîne était placée horizontalement et où les ouvriers travaillaient assis, un à chaque lisière, ainsi que le représente l'un des plus curieux vitraux de l'église Saint-Etienne d'Elbeuf.

Nous avons dit que la pierre trouvée à Evreux tendrait à faire remonter l'industrie du foulonnage en Normandie jusqu'à l'époque gallo-romaine ; mais une mention de foulon n'implique point absolument une fabrication industrielle de draps, beaucoup s'en faut.

A proprement parler, sauf Arras, Sens et peut-être quelques autres mais rares localités, il n'existait nulle part d'industrie lainière au temps de l'occupation. La laine était lavée, filée et tissée un peu partout : c'était l'une des occupations agricoles des populations.

A ce sujet, n'oublions pas de rappeler qu'une statuette excessivement curieuse, que M. Gustave Grandin montra à plusieurs personnes et qui avait été trouvée à Caudebec-lès-Elbeuf, représentait une esclave, nue, assise à terre et travaillant des tissus de toile ou de laine. Ainsi que l'a remarqué l'abbé Cochet, c'est là le plus ancien monument connu de l'industrie textile de la région elbeuvienne. On ne sait malheureusement point où passa cette statuette, qui ne fut pas publiée ; M. Grandin ne la possédait plus au moment de sa mort.

Les ouvriers foulons de l'antiquité n'étaient, pour la plupart, que des dégraisseurs et nettoyeurs d'étoffes ; mais leur industrie était plus importante que de nos jours.

La matière du vêtement était, en effet, presque toujours de laine blanche : on comprend combien ces vêtements avaient souvent besoin d'être nettoyés. La toge était d'une seule pièce, et les citoyens d'une fortune médiocre n'en changeaient que rarement : de là, la nécessité d'avoir fréquemment recours au dégraisseur-foulonnier.

Peu de personnes étaient assez riches pour avoir des esclaves, à la ville et à la campagne, exerçant le dégraissage et le foulage pour elles seules. Aussi, ne pouvait-on se passer de foulons publics travaillant pour tout le monde, et ils étaient si nombreux, ces artisans, qu'en beaucoup d'endroits ils formaient des corporations. Nous ne doutons pas que des foulons-dégraisseurs aient exercé leur profession à Caudebec et peut-être même à Elbeuf.

Le foulonnage était un métier populaire : il a fourni des types de comédie. Des foulons ont aussi été plusieurs fois représentés par l'art. On connaît les peintures, reproduites par le *Magasin pittoresque*, d'un établissement de foulons à Pompéï, qui représentent plusieurs des opérations par lesquelles ils faisaient passer les étoffes à eux confiées.

Dans une, on voit comment les vêtements étaient trempés et foulés aux pieds, par des hommes debout dans de larges cuvettes. Pline nous apprend que, pour cette opération, on se servait d'une terre spéciale, sans doute de la glaise, comme celle employée encore de nos jours dans la grande industrie.

Une autre peinture représente un vêtement, suspendu sur une longue perche et étalé dans toute sa largeur, qu'un ouvrier brosse ou tire à poil.

Plus loin, un autre homme porte une sorte de cage, ressemblant assez à l'armature d'une immense crinoline, sur laquelle on étendait l'étoffe ainsi nettoyée, afin de la blanchir au moyen de la vapeur de soufre; ce personnage

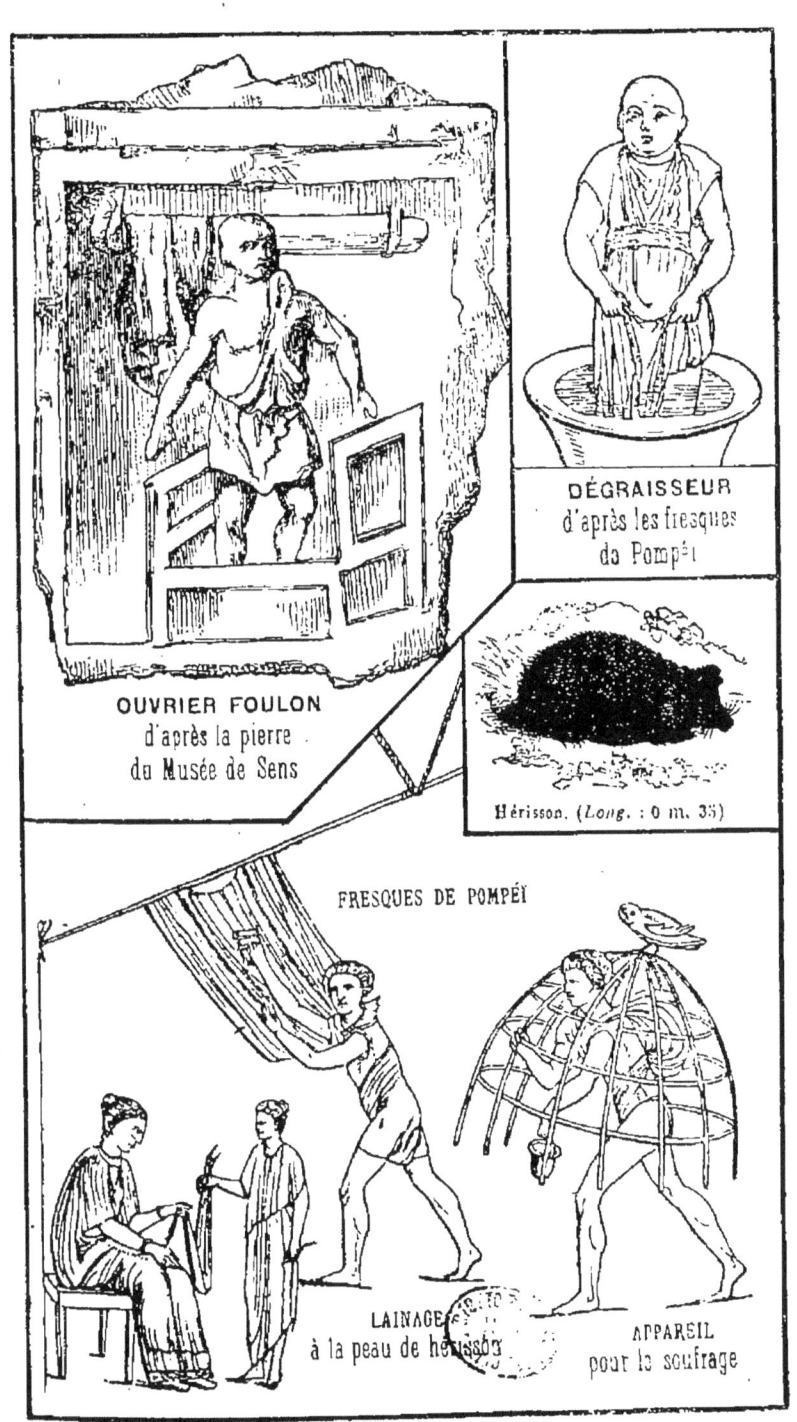

tient à la main le vase contenant les charbons sur lesquels le soufre sera brûlé. Près de ces hommes, des femmes examinent des tissus déjà nettoyés, ou reçoivent ceux qui leur sont apportés.

On aperçoit, enfin, la presse sous laquelle, après les avoir séchées, on mettait les étoffes pour leur donner le dernier apprêt.

Ces fresques ornaient la basilique d'Eumachia, personnage qui, ayant fait fortune dans l'industrie des tissus de laine, fit bâtir et décorer ce lieu de réunion, sorte de Bourse du Travail, de Chambre de Commerce ou de Halle aux étoffes de l'époque. — Il n'y a rien de nouveau sous le soleil, dit un proverbe qui se trouve encore justifié par cette découverte.

On peut rapprocher des peintures de Pompéï un monument gallo-romain du musée de Sens. C'est une pierre sculptée montrant l'opération du dégraissage ou du foulage : un homme vêtu d'une tunique, les jambes nues, se tient debout dans un baquet carré muni de montants et de barres qui peuvent lui servir d'appui. Au dessus et en arrière de sa tête, est fixé un barreau servant de séchoir et sur lequel une pièce d'étoffe est étendue.

Le musée de Sens montre une seconde pierre sculptée, plus intéressante encore que la précédente ; car elle prouve que les draps ou autres tissus de laine, de fabrication gallo-romaine, était soumis à l'apprêt du tondage dès le IIIe et même le IIe siècle de notre ère, et que, détail curieux, les instruments dont on se servait pour cela à Sens et probablement dans toute la Gaule, il y a dix-sept ou dix-huit cents ans, étaient exactement semblables aux « forces à tondre » qui subsistèrent, à

Elbeuf comme dans les autres centres de fabrication, jusqu'au commencement du xixe siècle.

Sur ce bas-relief, l'ouvrier tondeur est représenté debout, appuyant les forces sur sa poitrine au moyen de l'avant-bras et de la main droite. Il paraît pousser de l'avant-bras gauche sur l'instrument, que ses doigts de dextre font mouvoir, la portion d'étoffe qu'il travaille. Cette étoffe est étalée sur un tréteau en bois dont les montants sont percés de trous et qui peut se lever ou se baisser à volonté, comme dans les anciens rames à air libre que nous avons tous connus, car il en existe encore. — Nous mettons rame au masculin afin de conserver le cachet local. Rame est du même genre à Elbeuf qu'horloge à Rouen.

Les deux pierres dont nous venons de parler avaient été sculptées pour être placées sur des sépultures renfermant, l'une les restes d'un foulonnier ou dégraisseur, l'autre ceux d'un tondeur de draps.

Il est à peine besoin, dans une ville comme Elbeuf, de dire que le tondage est une des caractéristiques du drap de laine. Un auteur a ainsi défini le drap: Une étoffe ayant sa chaîne et sa trame en laine, dont le feutrage par le foulon a enchevêtré les fibres, desquelles fibres parties ont ensuite été tirées au dehors par le lainage et que le tondage a égalisées à la surface du tissu.

« Les anciens, Egyptiens, Grecs ou Romains d'avant notre ère, ne connaissaient pas le drap proprement dit. Il semble que Pline parle du tondage comme d'une nouveauté, et ce serait seulement de son temps que le drap aurait été inventé. On ne saurait dire dans quelle contrée de l'empire cette opération prit naissance, mais il est probable que ce fut dans les Gaules, car on n'en a trouvé aucune trace chez les Latins.

« Le terme *drap* lui-même n'existait pas. Le radical du mot, qui semble se retrouver en grec sous la forme de *drep* (dreps, drepanon), n'avait que le sens de couper, de faucher.

« *Trapus* et *drapus*, employé, dès le viiie siècle, dans les Capitulaires de Charlemagne, et qui se retrouve en anglais (*trapping*, tenture), en italien (*drappo*), et en espagnol *(trapo)*, doit être, comme M. Littré l'a conjecturé, une importation germanique plutôt que celtique. E. Burnouf le rapproche du mot zend *drafsja*, qu'il traduit par drapeau.

« Nulle part, il faut l'avouer, les langues n'auraient gardé la conscience de la valeur radicale du mot, à moins qu'elles ne lui aient attribué le sens de la pièce, morceau, ce que les Latins appelaient *pannus*. Drap et son diminutif drapeau *(drapel, drapelle)*, qui a pris un sens si relevé et joue dans l'histoire un rôle à la fois glorieux et triste, ont été très anciennement synonymes de linge ou lange, ce qui est la même chose. Villon a dit :

> Je croy qu'homme n'est si rusé
> Qu'il n'y laissast linge et drapelle
>
> Chausses, pourpoincts esguilletez
> Robes et toutes vos drapelles

« Et Regnier, satire X :

> . .Vieux langes, vieux drapelles

« Quoi qu'il en soit, la signification de faux, (instrument servant à faucher), conservée par le grec *drepanon*, permet de supposer que le tondage a été l'origine de l'expression drap. »

Le *Magasin pittoresque*, auquel nous empruntons le passage que l'on vient de lire, nous semble donner une étymologie acceptable du mot drap; mais il est moins heureux lorsqu'il dit : « Bien que, dès le ix° siècle, il existât en France des centres nombreux de fabrication, notamment à Elbeuf, l'industrie drapière ne prit qu'aux xii° et xiii° siècles des développements sensibles ». — Nous verrons plus tard que la fabrication industrielle des draps, à Elbeuf, ne remonte qu'au xv° siècle.

Nos lecteurs nous pardonneront certainement cette digression, car l'histoire de la draperie les intéresse tout autant que celle de leur ville ; mais nous ne nous étendrons pas davantage, du moins pour le moment, sur la fabrication des draps : nous aurons l'occasion d'y revenir. Nous reprenons donc l'inventaire de quelques-uns des objets de l'époque gallo-romaine découverts sur le territoire elbeuvien.

Le successeur de Titus fut Domitien, qui gouverna l'empire pendant quinze ans, jusqu'en 97. Il n'a fourni, à Elbeuf, qu'un petit nombre de monnaies, une dizaine environ.

Il en est à peu près de même de Nerva (96-98), duquel on n'a trouvé qu'une vingtaine de médailles, tant à Elbeuf qu'à Caudebec ; cependant, il convient de noter particulièrement un denier, remarquablement beau, à l'effigie de cet empereur.

Trajan régna quinze ans et demi. Sept ou huit médailles de lui ont été recueillies dans le sol elbeuvien, dont un bel *aureus* trouvé rue de la République, et une dizaine d'autres monnaies rencontrées à Caudebec ; l'une de ces dernières, en argent, est bien conservée.

Hadrian, Hadrien ou Adrien parvint à la pourpre romaine en l'an 117. Dans notre notice sur Caudebec-lès-Elbeuf, nous avons donné le dessin d'un fragment de pierre, qui paraît provenir du fronton d'un édifice élevé à sa mémoire, et avait été trouvé rue de Louviers, en 1884. Il porte les lettres IMP... HAD..., qui très probablement sont le commencement des mots *Imperatori Hadriano*.

Ce reste d'épigraphie gallo-romaine nous porte à émettre l'idée, avec beaucoup de réserve toutefois, qu'il n'est pas impossible que cet empereur soit venu à Uggate et conséquemment à Elbeuf.

En effet, Hadrien consacra une partie de son règne à visiter ses provinces ; ce fut même le premier césar romain qui voyagea, et l'on sait qu'il alla en Grande-Bretagne. Or, comme partout, sur son passage, il diminuait les impôts, corrigeait les abus, réformait l'administration, protégeait le peuple, faisait exécuter des travaux d'utilité publique, il se pourrait que les habitants d'Uggate aient voulu perpétuer le souvenir de la visite que leur fit cet empereur, par un monument dont le fragment de fronton dont nous parlons aurait fait partie. Ce n'est là qu'une simple conjecture, évidemment, mais elle nous paraît assez vraisemblable, d'autant plus qu'Uggate était située non seulement sur la voie romaine de *Lutecia* à *Rotomagus*, mais encore sur la Seine, par laquelle se faisait une grande partie du trafic entre la Grande-Bretagne et Rome.

Cette inscription, que MM. l'abbé Cochet

Lalun, Drouet et autres érudits ont reconnue comme s'appliquant bien à Hadrien, pourrait encore avoir été placée sur le fronton d'un édifice tout simplement par dévotion ; car c'était un usage alors de « se dévouer » aux empereurs ; une foule d'inscriptions du genre de celle qui nous occupe sont là pour le prouver ; des villes entières même prirent souvent cette sorte d'engagement religieux ; une des formules usitées en pareille circonstance est parvenue jusqu'à nous : c'est celle des habitants d'Aritium.

Pour revenir à notre localité, disons que six médailles d'Hadrien ont été trouvées à Elbeuf, dont une dans le quartier du Tapis-Vert.

Antonin succéda à Hadrien, en l'an 138 ; il reçut le surnom de Pieux. M. Victor Grandin eut en sa possession plusieurs monnaies de cet empereur, dont une trouvée en 1817, aux environs de la chapelle Saint-Félix et Saint-Auct, dans un vase de terre ; mais comme elle était accompagnée d'une autre médaille beaucoup plus moderne, il paraît évident que ce dépôt ne datait pas du IIe siècle.

A propos des sépultures rencontrées sur la côte Saint-Auct, M. Guilmeth dit que le nombre et la diversité des objets qui y ont été recueillis « ne laissèrent aucun doute sur l'importance de ce lieu à l'époque gallo-romaine ». Il y avait « des fragments de trépied en bronze, deux petites cuillers à encens en cuivre doré, plusieurs plaques en bronze argenté et des crochets de diverses dimensions, paraissant avoir servi à des ceintures. Les tombeaux, trouvés au dehors et à l'entour de cette chapelle, étaient au nombre d'environ cinquante. De même que les précédents, ils renfermaient des ossements humains, des sabres, des urnes, etc. ».

Ce mélange incohérent prouve une fois de plus que M. Guilmeth était peu expert en archéologie ; car en concluant à l'importance du lieu où fut élevée plus tard la chapelle-léproserie dite de Saint-Auct, par la découverte de tombeaux, sabres, etc , il fait preuve d'ignorance ou au moins de légèreté.

Nous avons dit déjà, et après beaucoup d'autres, que les Gallo-Romains n'inhumaient généralement pas leurs morts, mais qu'ils procédaient à l'incinération des corps, dont la cendre et les débris étaient ensuite placés dans une urne. Les cercueils qui contenaient des ossements humains et des sabres appartenaient à la période franque, c'est-à-dire à une époque postérieure, et ils ne furent placés dans la terre qu'après l'introduction du christianisme dans notre contrée.

Il est possible, cependant, que sur le bord de la voie romaine, à la côte Saint-Auct comme ailleurs, des urnes funéraires aient été déposées pendant la période d'occupation ; c'était dans les us du temps ; mais il nous paraît plus probable que le cimetière gallo-romain de l'agglomération à laquelle Elbeuf succéda était celui que l'on découvrit en 1864, rue de Bourgtheroulde, au pied du Mont-Duve, car on y trouva des vases en verre et de la poterie rouge dite de Samos.

Antonin fournit à M. Guilmeth l'occasion de parler de l'Itinéraire. A ce propos, il émet encore des erreurs, ainsi que l'a savamment démontré M. J. Drouet, dans ses *Recherches sur Uggate*

De Marc-Aurèle, qui gouverna l'empire à partir de 161, on a une vingtaine de médailles recueillies à Elbeuf et aux environs, et trois ou quatre seulement de Commode, qui régna de 180 à 193.

Aucune monnaie de Pertinax, qui siégea trois mois seulement, n'a été rencontrée à Elbeuf, mais il en a été trouvé à Caudebec.

Après la mort de ce prince (193), l'empire fut disputé par plusieurs compétiteurs, notamment par Julien et Niger, dont nous ne connaissons aucune monnaie dans notre région.

La grande trouvaille faite à Caudebec, en novembre 1846, qui fournit plus de huit mille monnaies romaines, donna plusieurs pièces de Gordien III, mort en 244 ; un certain nombre de Philippe père, proclamé césar la même année, et de son fils Philippe, associé à l'empire en 247.

On y rencontra également des Décius et des Etruscus Hérennius, fils de Dèce (249-251) ; des Trebonianus Gallus, l'un des assassins de Décius, qui administra l'empire de 251 à 253 ; des Valerianus, salué empereur par les légions des Gaules en 253, après la mort de Trébonien ; des monnaies de Gallien et de Salonina, sa femme, tous deux assassinés en 266.

Mais la plupart des pièces trouvées à Caudebec étaient de Postume, mort en 267 ; il y en avait six mille huit cents à cette seule effigie, pesant ensemble environ 27 kilogrammes.

Il faut citer particulièrement dans cette découverte un certain nombre de pièces rares : un Emilien (253) ; un Quiétus, mis à mort en 262 ; un Lelien, tué en 267 ; quatre Marius, assassiné en la même année, et celle de plusieurs autres des trente tyrans dont l'autorité s'exerça dans la Gaule ; deux Mariniana, que l'on croit avoir été la seconde femme de Valérien ; et surtout une rarissime Cornelia Supera, femme d'Emilien. Cette dernière pièce, après avoir été placée au Musée de Rouen, fut volée en 1876.

Parmi les médailles de cette époque qui furent trouvées dans d'autres parties d'Elbeuf, nous citerons un Volusien (251-253), en argent, et un autre, en cuivre, recueilli au Tapis-Vert ; ce dernier était percé d'un trou. Deux monnaies de Valérien furent rencontrées près de l'église Saint-Etienne.

MM. Grandin et Gosselin présentèrent à la Commission départementale des Antiquités, dans sa séance du 26 octobre 1872, une série de médailles argentées, frappées dans l'espace de vingt ans, à l'effigie de dix des dix-neuf ou vingt tyrans qui disputèrent le pouvoir à l'empereur Gallien. Un certain nombre de ces monnaies avaient été trouvées dans des travaux exécutés à l'église Saint Jean.

Ce dernier trésor était assez important : car, suivant l'expression d'un des ouvriers qui le découvrirent, il y avait des monnaies « plein un seau ». Elles furent réparties entre ceux qui les avaient ramassées, la ville d'Elbeuf et M. Duval, architecte. Ce dernier conserva jusqu'à sa mort plusieurs blocs de ces médailles, qui étaient soudées entre elles par l'oxyde ; l'un d'eux était gros comme les deux poings.

Notons, à propos de Gallien, la réponse qu'il fit à ceux qui lui annoncèrent que la Gaule se révoltait contre son autorité : « Eh quoi ! la République est-elle ruinée parce que nous n'aurons plus de draps d'Arras ? »

Les provinces, abandonnées à elles-mêmes, tentèrent presque partout l'établissement de monarchies nationales, et choisirent de vaillants chefs qui figurent sur les médailles dont nous venons de parler, mais auxquels l'histoire a donné le nom de tyrans.

D'Aurélien, parvenu à l'empire en 270, M. Guilmeth mentionne une médaille provenant de Caudebec, ainsi qu'un Dioclétien.

Pendant le règne de Probus (276-282), notre contrée reçut de grandes armées romaines. La trouvaille d'Evreux, faite vers 1889, composée d'environ 350 kilogrammes de monnaies en bronze et formant un total de plus 100.000 pièces, se rapporte à ces expéditions militaires. Voici un passage du Bulletin de la Commission des antiquités de la Seine-Inférieure à ce sujet :

« M. Drouet fait observer que cette découverte conduit à une conclusion historique digne d'attention. Cette énorme quantité de menues monnaies d'une valeur unique n'a pu servir qu'à payer la solde d'une armée. Elle confirme les chiffres, consignés par Vopiscus, sur les armées que l'on vit en Gaule au temps de Probus, chiffres que M. Duruy n'avait osé reproduire les croyant exagérés. La démonstration se complète par les amas monétaires semblables exhumés à Elbeuf, à Caudebec-lès-Elbeuf, à Heudreville, au bois du Fay près Ecouis, dans la Sarthe et dans la Bretagne. »

Il est probable que les constructions gallo-romaines du territoire elbeuvien furent saccagées, avec la ville d'Uggate, lors de la grande invasion saxonne de l'an 282, et que c'est de l'affollement des caissiers-payeurs des armées romaines que proviennent les enfouissements de trésors ci-dessus mentionnés, auxquels il faut ajouter celui trouvé dans la forêt d'Elbeuf, en 1884, dont les monnaies s'arrêtent à Postume (276). Les plus modernes de celles de l'église Saint-Jean étaient de Tacite et de Probus (276-282), et celles de la rue Leriche, de Claude-le-Gothique (270).

La plupart des monnaies romaines que nous avons mentionnées comme trouvées à Elbeuf, avaient été déjà citées par M. Guilmeth; mais après lui, il en a été ramassé une plus grande quantité encore. Généralement ceux qui les possédaient, éprouvant quelques difficultés pour les passer dans le commerce, les réservaient pour les quêtes qui se font dans les églises. Ce détail, parfaitement connu des collectionneurs, les fit rechercher dans les trésors paroissiaux de nos deux anciennes églises et de celle de Caudebec, de sorte que ces pièces se trouvèrent dispersées.

C'est sous le règne de Dioclétien (285) que la Lyonnaise fut divisée. La seconde Lyonnaise eût *Rotomagus* (Rouen) pour capitale. C'est alors que la partie d'Elbeuf qui devint plus tard la paroisse Saint-Etienne, fut enlevée du pays d'Evreux pour entrer dans celui de Rouen, avec le plateau qui, par suite, prit le nom de Roumois.

Maximien, dont il a été trouvé une grande quantité de monnaies à Elbeuf et à Caudebec, entreprit de protéger les provinces voisines des côtes de la Manche contre les invasions des Saxons et des Francs. Mais c'est surtout à Constance-Chlore que l'on doit le système de camps retranchés et de vigies, dont le souvenir s'est perpétué jusqu'à nous par les noms de Câtelier que l'on rencontre à Criquebeuf-sur-Seine, à Orival, à Oissel et dans tant d'autres localités, qui tous datent de la fin du IIIe siècle. Trois ou quatre médailles de Constance-Chlore ont été recueillies dans une argilière près de la forêt d'Elbeuf, vers le haut du Tapis-Vert.

Une des plus intéressantes découvertes faites à Elbeuf est un petit bronze du tyran Carausius, qui paraît avoir revêtu la pourpre en Angleterre comme associé à l'empire, avec Maximien et Constance-Chlore. Les pièces à cette effigie sont excessivement rares ; celle dont nous parlons vient appuyer notre opinion qu'Elbeuf fut un point de station pour les mariniers qui voyageaient de la Grande-Bretagne à Rome.

Les monnaies de Constantin-le-Grand sont nombreuses ; on en connaît une trentaine. De Constantin II (337), on n'en a recueilli que cinq ou six, et seulement une seule de Julien l'Apostat (361), trouvée rue Saint-Jean. Cette dernière, dit M. Guilmeth, « était percée d'un trou derrière la tête, ce qui prouve qu'elle avait été portée au cou ou sur les vêtements, et par conséquent qu'Uggate existait encore sous le règne de Julien ».

Mais la station romaine à laquelle nous devons toutes ces découvertes de monnaies était alors bien près de sa ruine. En effet, les dernières médailles trouvées furent une de Gratien (375-383) recueillie également au Tapis-Vert, et deux de Maximus Magnus, assassiné le 26 août 388. Il est à remarquer qu'Uggate ne figure pas sur la carte de Peutinger, dressée par ordre de Théodose le Jeune, vers 392 ; cependant, d'autres villes plus importantes que celle-ci n'y sont pas figurées non plus.

Il est absolument certain que les constructions romaines d'Elbeuf furent détruites en même temps et par les mêmes barbares que la ville d'Uggate, et c'est vers l'an 390 qu'il faut placer cette destruction. Tout au plus pourrait-on prolonger leur existence jusqu'en 406 ou 409, date de l'anéantissement d'Évreux ; mais il est probable que cette catastrophe eut lieu du vivant de Maximus Magnus, ou très peu de temps après sa mort. Ce que l'on peut affirmer, dit l'abbé Cochet, c'est qu'Uggate, comme toutes les villes de la Gaule romaine, périt dans les flammes. Les cendres et les charbons trouvés partout sur ses débris proclament bien haut cette vérité, à défaut de l'histoire.

C'est donc de cette époque que date, suivant nous, la ruine d'une construction antique dont les restes ont été découverts rue de la République, en 1859, pendant les travaux des aqueducs. Sous une couche de plus d'un mètre de remblai, on trouva l'aire de ce petit édifice ; il était dallé en pierres blanches de 35 centimètres carrés ; tout autour était une terre noire contenant des débris de cuivre et de bois, parmi lesquels on ramassa un étrier en fer oxydé.

Avant de quitter la période romaine, nous croyons que l'on s'intéressera à quelques observations, fruits de laborieuses recherches opérées par M. Fustel de Coulanges, sur l'état de la Gaule avant les invasions saxonnes. Ces notes, quoique ayant un caractère général, s'appliquent aussi au territoire d'Elbeuf, en observant, toutefois, que ce territoire, la forêt et leurs environs faisaient partie du fisc, c'est-à-dire étaient une propriété privée appartenant en propre à l'empereur régnant :

« Si nous nous plaçons par la pensée au début du ve siècle, c'est-à-dire à la veille des invasions germaniques, voici sous quel aspect la société se présente à nous :

« Dans les villes est une plèbe libre, mais qui depuis cinq ou six générations diminue en nombre et s'appauvrit. Dans les campagnes vivent deux classes très nombreuses, celle des esclaves ou serfs, et celle des colons ; ceux-là sont absolument assujettis au maître ; ceux-ci sont réputés libres, mais ils sont attachés à une terre qu'ils ne possèdent pas, et ils doivent au propriétaire une redevance et des corvées... Au-dessus de ces foules s'élèvent, si l'on ne tient pas compte du peu de petits cultivateurs libres qu'il reste encore, la classe riche et puissante des grands propriétaires fonciers.

« Chaque grande fortune est composée, en général, de plusieurs *villæ*, qui sont souvent fort éloignées les unes des autres... Chaque villa est ordinairement une grande ferme, entourée de ses champs, de ses prés, de ses vignes et de ses bois. A elle est attachée, à titre de « garniture du fonds », une troupe d'esclaves ou serfs de la terre. Il y a parmi eux des laboureurs, des bergers..., il y a aussi le boulanger, le charpentier, le maçon, les femmes qui tissent et celles qui cousent les vêtements ; c'est tout un petit peuple auquel le maître a préposé un chef, que l'on appelle intendant ou prévôt.

« Autour ou à côté de cette partie du domaine qui est cultivée par les esclaves au profit du maître, une autre partie du même domaine est divisée en tenures ; là habitent les « serfs casés », les colons, les affranchis ; chacun d'eux cultive sa parcelle, et, après qu'il s'est acquitté de ses corvées et redevances, il jouit des fruits ».

Nous avons déjà dit qu'à l'époque gallo-romaine, ce que l'on appelait une cité n'était pas seulement une ville, que c'était en même temps un territoire. Ce territoire pouvait être fort étendu, être plus vaste qu'un de nos départements, comprendre plusieurs villes et un grand nombre de villages ; il n'en était pas moins une unité municipale : il avait son chef-lieu, son administration, ses magistrats :

« Comme cette cité comprenait à la fois ville et campagne, ceux qui la composaient étaient aussi bien des hommes de la campagne que des hommes de la ville. Les premiers avaient même une grande supériorité sur les seconds. Ils étaient seuls considérés comme véritables membres du corps municipal, véritables curiales. Pour entrer dans cet ordre, il fallait posséder au moins 25 arpents de terre.

« La bourgeoisie de ce temps là ne ressemblait donc pas à celle de nos jours ; c'était surtout une classe de propriétaires ruraux. Peu importait qu'ils eussent leur domicile à la ville ou à la campagne ; mais il était nécessaire qu'ils possédassent une partie du sol de la cité. »

On parle beaucoup, à notre époque, de l'impôt sur le revenu, et nombre de personnes sont disposées à croire que ce système fiscal serait une nouveauté. Il n'en est rien cependant, car pendant l'occupation romaine et même après, l'impôt se payait non suivant l'étendue du sol ou sa valeur, mais d'après le revenu qu'il produisait. L'estimation en était faite par le propriétaire lui-même et contrôlée par le *censitor*.

Outre l'impôt foncier, il y avait la corvée pour l'entretien des chemins, des prestations en nature, des droits d'affranchissement, de douane, des péages divers, et notamment un impôt sur les successions, qui n'était établi qu'à partir d'une somme déterminée.

Ces quelques lignes suffiront pour donner un aperçu des conditions d'existence des habitants de notre contrée, lesquelles ne différaient peut-être même pas dans les détails de celles des autres peuples de la Gaule romaine.

CHAPITRE V.

Le christianisme. — Les deux cimetières mérovingiens d'Elbeuf. — Les premiers oratoires chrétiens. — Saint Étienne. — Saint Félix et saint Auct. — Le clergé et le peuple.

Dans les premiers siècles de l'empire, chaque cité romaine avait sa divinité particulière ; elle élisait son prêtre, comme elle élisait ses magistrats. Le gouvernement était ainsi associé à une religion. Les fêtes publiques étaient des cérémonies religieuses. Les magistrats municipaux n'avaient pas d'attribution plus importante que celle de veiller à tous les rites.

Mais, dans le cours du IIIe siècle, le christianisme grandit. Le nouveau culte se propagea surtout parmi les classes moyennes de la société. Or, dit M. de Coulanges, ces classes moyennes étaient précisément composées des propriétaires qui remplissaient les curies et qui étaient chargés d'administrer. La nouvelle religion interdisait à ses adeptes les actes du culte païen ; mais défendre de faire un sacrifice aux dieux, c'était défendre en même temps d'être magistrat. Il était donc impossible au chrétien de se mêler à la vie administrative.

Le chrétien ne voulut plus exercer les dignités municipales... Pour rester chrétien, il refusa d'être citoyen. C'est alors que les lois impériales redoublèrent de rigueur... Elles décidèrent que tous ceux qui étaient propriétaires de plus de 25 arpents de terre feraient partie de la curie.

Le chrétien vendit sa terre, il la donna, il se fit pauvre ; les lois interdirent alors ces ventes et ces donations... Cette lutte sourde se prolongea pendant quatre ou cinq générations successives. Il arriva, enfin, que les populations, de plus en plus chrétiennes, se détachèrent du gouvernement.

La victoire définitive du christianisme, au IVe siècle, termina cette longue et douloureuse crise. Les dieux des cités furent abandonnés et même renversés. Les fêtes, les repas publics, les jeux du cirque perdirent leurs anciens caractères d'actes obligatoires.

Alors, la cité et l'Eglise se réconcilièrent. Le christianisme ne combattit plus le régime municipal. L'évêque succéda à l'ancienne flamine, comme les fêtes chrétiennes se substituèrent aux repas sacrés et aux cérémonies du théâtre. Les prêtres siégèrent de plein droit dans les curies devenues chrétiennes, et l'évêque y fut le premier et le plus puissant personnage.

On ne saurait préciser à quelle époque le christianisme fut introduit dans l'Elbeuf des premiers siècles ; mais ce ne fut certainement point avant le IIIe, et il semble même difficile de faire remonter l'introduction de la nouvelle foi jusqu'au temps de saint Mellon. C'est donc plutôt aux successeurs de cet évêque, vers la fin du IIIe siècle et peut-être même au IVe seulement, qu'il convient d'attribuer l'évangélisation dans notre localité

M. l'abbé Billard, ancien curé de Caudebec aujourd'hui évêque de Carcassonne, a écrit qu'une fenêtre de l'église de Caudebec représente : « 1° Le pape saint Clément députant les premiers apôtres de la foi dans les Gaules : saint Denys, saint Nicaise et saint Taurin ; 2° Saint Taurin prêchant l'évangile dans notre contrée ».

Ce vitrail existe bien : c'est même l'un des plus remarquables de l'église ; mais il pèche par un point capital, car il représente des faits différents qui n'ont pu avoir lieu à la même époque.

En effet, saint Clément fut pape de l'an 91 à l'an 100, et saint Taurin ne se présenta chez les Ebroïciens qu'à la fin du IVe siècle ; il mourut vers l'an 440. Ces deux personnages n'étaient donc pas contemporains, et le premier évêque d'Evreux ne vint probablement jamais ni à Caudebec ni à Elbeuf.

On croit que le premier oratoire chrétien de notre localité fut établi sur la côte Saint-Auct, sinon sur les ruines, du moins très près d'une *cella* consacrée à quelque dieu de la mythologie païenne, que les Romains auraient bâtie près de la route de Rotomagus à Uggate.

Nous n'avons aucune preuve de l'érection d'une chapelle chrétienne en cet endroit, au IIIe-IVe siècle ; cependant nous ne combattrons pas une opinion qui prétend s'asseoir sur la tradition et que l'on appuie par la découverte de sépultures, mais qui, à la vérité, n'étaient pas de cette époque, quoi qu'en aient dit plusieurs auteurs. L'abbé Cochet, lui, ne s'y est pas trompé, et c'est de la période franque seulement qu'il date la soixantaine de cercueils trouvés à la côte Saint-Auct.

Dans une séance de la Commission départementale des antiquités de la Seine-Inférieure, tenue le 16 mars 1822, le secrétaire donna lecture d'une notice concernant ces sépultures. Voici comment il s'exprima dans son procès-verbal :

« Dans les fouilles intérieures d'une ancienne chapelle située sur la côte Saint-Auct, et tout à fait détruite aujourd'hui, furent trouvés douze cercueils en pierre, contenant chacun des ossements, un sabre de vingt pouces de long sur un pouce et demi de large, une petite urne en terre, et plusieurs chaînes en cuivre de diverses dimensions. Trois ou quatre de ces cercueils renfermaient une espèce de poignard de huit pouces de long.

« Autour et en dehors de la chapelle se trouvaient environ cinquante tombeaux semblables avec ossements, sabres et urnes. Dans l'une de ces urnes étaient deux pièces de monnaie, dont l'une en cuivre, d'Antonius Pius, et l'autre en argent, portant, selon la notice, le millésime de 400 ».

Il est évident, ainsi que le remarque une note écrite en 1864, qu'il s'agit de cercueils et de sépultures de l'époque franque, dont le caractère était loin d'être déterminé en 1822. L'expression d' « urnes », appliquée aux vases funéraires de ce temps, est très impropre. Ce mot, en effet, emporte avec lui l'idée d'ustion et d'incinération, tandis qu'il s'agit ici d'inhumation.

Nous ajouterons qu'après le départ des Romains, les chrétiens placèrent dans les cercueils des terrines, des vases funéraires. C'est du reste, un usage commun à presque tous les peuples.

Il n'est donc point surprenant que l'on ait trouvé des poteries dans les tombeaux du cimetière certainement mérovingien et non gallo-romain de la côte Saint-Auct ; et c'est une coutume qui s'est perpétuée, surtout dans plusieurs monastères, jusqu'au XVII° siècle. Pendant la période mérovingienne, ces vases étaient généralement placés aux pieds du corps. On y renfermait de l'encens et du charbon embrasé, parfois même une ou plusieurs pièces de monnaie ; ce dernier usage était un reste du paganisme.

Suivant M. l'abbé Durand, membre de la Société des antiquaires de Normandie, à partir de l'année 496, date du baptême de Clovis, mais surtout sous le règne de Chilpéric, plusieurs missionnaires étant venus prêcher la nouvelle foi dans nos contrées, les oratoires et les chapelles qu'ils bâtirent attirèrent un grand nombre de sarcophages. Cela devait être, ajoute-t-il, dans un temps où il n'y avait ni cimetière, ni congrégation religieuse ; et quoique ces églises, moins solidement bâties que celles qui furent édifiées plus tard, soient presque toutes détruites, elles conservèrent, ainsi que les lieux où elles avaient été élevées, la vénération que les premiers chrétiens de notre région avaient pour les apôtres du christianisme.

C'est aussi auprès de ces oratoires primitifs que les hauts personnages faisaient porter leur cercueil. De là vient que les sarcophages qui datent des Mérovingiens se trouvent souvent soit auprès des tombeaux des premiers prédicateurs de l'Evangile, soit auprès des oratoires et des chapelles qui avaient été bâties par ces personnages, oratoires détruits, à la vérité, mais dont la mémoire subsiste encore.

Quoique sous les Mérovingiens l'usage d'enterrer ainsi fut assez général, cette règle souffrit des exceptions, et, du temps de Grégoire de Tours, qui écrivait vers l'an 577, les usages romains n'étaient point complètement abandonnés ; car il cite plusieurs inhumations faites auprès de chemins publics.

Il est à remarquer que les cercueils de la côte Saint-Auct se trouvaient à la fois près d'une ancienne voie romaine et tout près d'un oratoire chrétien.

Mais l'Elbeuf de la période franque n'eût pas que le cimetière de la côte Saint-Auct. En un siècle que l'on ne peut préciser, peut-être dans un temps où la population était devenue plus dense aux environs des sources du Puchot, les habitants de notre localité réinhumèrent à l'endroit où un cimetière gallo-romain avait été précédemment établi, au pied du Mont-Duve.

C'est au printemps de 1864 que des ouvriers, travaillant à amener les eaux de la source du Mont-Duve à la ville, découvrirent les cimetières superposés de la rue de Bourgtheroulde. Le plus ancien était, naturellement, au-dessous du plus récent ; celui-ci donna des vases datant de l'époque mérovingienne.

Ce double cimetière démontre la haute antiquité du chemin des Ecameaux, considéré au temps des Romains comme l'une des principales voies donnant accès à Elbeuf, puisque la population des premiers siècles de notre ère inhumait près de ses bords.

Il est probable que les inhumations furent continuées en ce lieu jusqu'à la fondation de l'église Saint-Etienne, autour de laquelle, suivant un usage établi à Rouen depuis saint Mellon, il fut réservé un cimetière, qui subsista pendant de longs siècles.

Nous noterons ici que l'un des canons du concile de Lillebonne prescrivit que chaque nouvelle église établie loin des habitations devait être enceinte de cinq perches de cimetière, et que lorsque la nouvelle église était construite dans un village, le cimetière devait être à la commodité des seigneurs et des paroissiens.

Antérieurement, ainsi que cela a été démontré par les cimetières mérovingiens et carlovingiens d'Elbeuf, de la rue de Louviers à Caudebec, des coteaux d'Orival et autres, les inhumations avaient lieu un peu partout, mais surtout au bord des voies publiques et parfois sur l'emplacement d'anciennes nécropoles gallo-romaines. Nous croyons cependant que beaucoup de ces sépultures ne furent point celles de chrétiens, car il nous paraît probable que, dès les premiers temps du christianisme, ses adeptes enterrèrent tous leurs morts à l'entour des temples consacrés au nouveau culte.

A part les objets trouvés dans ses cimetières mérovingiens, le sol elbeuvien n'a fourni que peu d'objets de cette époque. A Caudebec, il en a été rencontré un plus grand nombre, ce qui, en confirmant l'opinion des archéologues, nous fait croire à une plus importante agglomération sur le territoire de Caudebec que sur celui d'Elbeuf, pendant les premiers temps du christianisme et même longtemps après.

Quant aux édifices mérovingiens, il n'en a été rencontré ni à Elbeuf ni Caudebec, car on ne bâtissait guère à cette époque. Au v° siècle et plus tard encore, le peuple, les serfs, s'abritaient où ils pouvaient, et les plus riches des habitants résidaient dans des constructions tellement légères que le temps ne les respecta point.

Est-ce aussi parce qu'une agglomération s'était formée aux environs de la source et du cours du Puchot, que les chrétiens songèrent à édifier un temple moins éloigné d'eux que celui de la côte Saint-Auct, si toutefois il en avait été établi sur ce point ?

Peut-être : mais en tous cas, et contrairement à ce qu'a écrit M. Guilmeth, la fondation de l'église primitive de Saint-Etienne fut plutôt l'œuvre des évêques de Rouen que celle des prélats d'Evreux. Le docte Auguste Le Prevost remarque, avec raison, que « ce n'était pas l'usage des premiers apôtres de s'aventurer au-delà d'un faible rayon, au milieu de populations fanatiques, qui ne permirent que beaucoup plus tard aux prédicateurs de l'Evangile de circuler parmi elles. Il est universellement reconnu, aujourd'hui, quoi qu'en aient pu dire les légendaires du ix° siècle, que la foi chrétienne ne pénétra que timidement et graduellement dans ces repaires de l'idolâtrie ». Partout, ce fut dans la banlieue de la ville épiscopale que le nouveau culte commença à rayonner, et c'est pour ce motif que, dans la plupart des diocèses, elle avait conservé le nom significatif de « chrétienté ». D'après le pouillé de l'archevêque

Eude Rigaud, les paroisses d'Oissel, Petit et Grand-Couronne et celle de Moulineaux étaient dans la chrétienté de Rouen. On y trouve aussi un Saint-Etienne, mais c'est celui du Rouvray.

La première église d'Elbeuf, à la dévotion de saint Etienne, ne fut bâtie ou tout au moins dédiée à ce martyr qu'après l'an 415, car c'est de cette année-là seulement que date son culte, lequel prit naissance à la suite de la découverte de ses reliques. Ajoutons qu'Etienne fut le premier auquel l'Eglise consacra une fête.

Etienne était né en Grèce, vers l'an deuxième de notre ère. Elu diacre à la faveur des veuves grecques, qui étaient négligées dans la distribution des aumônes, il se livra à la prédication, et bientôt fut accusé, par les Juifs, d'avoir blasphémé Dieu et Moïse. Il leur répondit dans une assemblée publique, par un discours que l'on trouve dans le VII° chapitre des *Actes des Apôtres*; mais il n'en fut pas moins condamné à mort, et tué à coups de pierres, à Jérusalem, le 26 décembre de l'an 33, c'est-à-dire environ huit mois après la mort de Jésus-Christ.

On représente souvent saint Etienne sous les vêtements que portent les diacres : c'est encore un anachronisme. La dalmatique et autres vêtements à l'usage de ces ecclésiastiques n'ont été adoptés que longtemps après le martyre de saint Etienne. L'église de Saint-Aubin-Jouxte-Boulleng possède un bon tableau représentant ce supplice, où la vérité du costume est mieux respectée.

Une autre erreur, commise également par les artistes, consiste à montrer Etienne regardant, pendant son martyre, le ciel ouvert et le Christ assis à la droite du Père. Cette vision, suivant certains hagiographes, avait eu lieu pendant que l'apôtre prêchait au milieu des Juifs. Orderic Vital assure, au contraire, que ce fut devant le Conseil. Nous le citons textuellement, d'après la traduction de M. Guizot :

« Enfin, il (Etienne) reprit les incrédules et ceux qui méprisaient la foi ; appela hautement cruels et incirconcis de cœur, comme d'oreilles, ceux qui résistent toujours au Saint-Esprit et persécutent les prophètes. Le Consul à ces mots frémit de colère au fond de l'âme et grinça des dents. Etienne, plein du Saint-Esprit, vit au ciel la gloire de Dieu, et dit : « Je vois les cieux ouverts, et Jésus placé à la « droite de Dieu ». Alors on se récria à haute voix, on se boucha les oreilles, on se jeta sur lui, et l'ayant entraîné hors de la ville, on le lapida. »

L'usage d'honorer les martyrs par la consécration d'oratoires remonte donc aux premiers siècles de notre ère; par la suite, il se répandit dans toute la chrétienté, et nous transcrirons ici une invocation que l'on trouve en tête des plus anciens manuscrits chrétiens, après que l'autorité de Clovis Ier fut assise dans la Gaule :

« Vive Christ !... Il aime les Franks !

« Qu'il conserve le royaume !... Qu'il remplisse ses chefs des lumières de grâce ! Qu'il nous donne le moyen de prouver notre foi !

« Que Jésus-Christ, le seigneur des seigneurs, nous accorde d'être pieux, car nous sommes cette nation brave et forte qui secoua de sa tête le dur joug des Romains, et qui, après avoir été baptisée, orna d'or et de pierres précieuses les tombeaux des saints martyrs que les Romains avaient livrés aux bêtes, déchirés par le fer ou brûlés par le feu ! »

Cette invocation nous amène à parler de saint Félix et de saint Auct, sous le patronage desquels fut placée la chapelle qui succéda au premier autel chrétien, que nous supposons — sans preuve, nous le répétons — avoir été établi sur la côte, par l'un des premiers évêques de Rouen.

Félix était un prêtre romain, qui, après avoir répandu la nouvelle doctrine aux environs de Rome, fut jeté en prison, d'où on le retira pour l'obliger à sacrifier aux faux dieux. Mais, suivant la légende, s'étant approché des statues de Minerve et de Diane, il souffla dessus et elles tombèrent en ruines. Un arbre consacré à d'autres divinités, sur lequel il souffla également, fut aussitôt déraciné et, dans sa chute, écrasa un temple païen.

C'en était assez pour que Félix fût condamné à mort. Un magistrat ordonna qu'on le décapitât et que son cadavre fût livré aux bêtes. Alors un jeune citoyen, saisi d'admiration pour un homme au souffle si puissant, s'élança vers lui, l'embrassa et cria au juge devant la foule assemblée : « Moi aussi, je suis chrétien ! » Cet audacieux fut immédiatement arrêté et conduit au supplice avec Félix.

Cependant, on ignorait le nom de ce jeune homme, et l'on ne put le spécifier que sous celui d'adjoint ou d'acolyte de Félix. C'est pourquoi les anciennes légendes désignent les deux martyrs ainsi : *Sanctus Félix et ejus Auctus* ou *Adauctus*, dont le peuple fit saint Auct ou Adauct.

L'un des vitraux de l'église Saint-Etienne montre :

« Comment saint Félix détruisit l'arbre et le temple des génies ;

« Comment un inconnu s'adjoignit à saint Félix allant au supplice ;

« Comment l'inconnu fut nommé saint Adauct ou Auct.

« Comment saint Félix fut pris par les soldats des empereurs ;

« Comment saint Félix souffla sur l'idole de Sérapis ;

« Comment saint Félix fut conduit devant le juge romain ».

Au tympan, se trouve une vue de l'ancienne chapelle Saint-Félix et Saint-Auct, à Elbeuf, vers laquelle on voit se diriger plusieurs ecclésiastiques.

Le prêtre Félix n'est pas le seul saint de ce nom reconnu par l'Eglise ; il y en a quatre ou cinq autres, notamment Félix de Nole, prêtre également, qui sauva l'évêque Maxime et que l'on pourrait bien avoir confondu avec le prêtre Félix de Rome. Nous n'attachons aucune importance à ce point ; ce qui est certain, c'est que le culte des saints du nom de Félix s'est peu répandu en France et ne dépassa guère les provinces du midi. En effet, à l'exception d'une commune de l'Oise et d'une autre du Loiret, on n'en trouve du nom de Saint-Félix ni dans le nord, ni dans l'ouest, ni dans l'est, ni dans le centre de la France.

Nous croyons donc que la dévotion à saint Félix et à son disciple saint Auct, malgré les dires de M. Guilmeth, était complètement inconnue dans notre région avant le XIIe siècle,

LA LÉGENDE DE SAINT-FÉLIX & DE SAINT-AUCT
(Vitrail de l'église Saint-Étienne)

et conséquemment, s'il y eût un autel chrétien sur la côte Saint-Auct, avant l'érection de l'église Saint-Étienne, il était placé sous un vocable autre que celui du prêtre romain, probablement sous celui de la Vierge, suivant la coutume des premiers chrétiens ; et c'est précisément parce que nous ne voyons point cette dédicace à la mère du Christ dans les premiers temples du territoire d'Elbeuf, que nous mettons en doute l'existence d'un oratoire chrétien, même au temps de saint Mellon.

La fondation de la chapelle Saint-Félix et Saint-Auct, n'aurait donc point dû nous occuper dans ce chapitre ; mais nous avions à combattre l'opinion de M. Guilmeth, qui fixe la consécration de cet oratoire aux deux martyrs entre les années 399 et 406. Nous reviendrons, d'ailleurs, sur la fondation de la chapelle dédiée à saint Félix, qui ne date que de l'an 1152.

Quoi qu'il en ait pu être, lorsque les Francs s'établirent en Gaule, ils y trouvèrent la religion chrétienne répandue presque partout et acceptèrent volontiers cette croyance : « Je ne sais s'il faut faire beaucoup de fond sur la légende qui s'est faite de leur conversion par saint Remi, dit M. Fustel de Coulanges ; ce qui est sûr, c'est que les documents, dès le début du vi[e] siècle, ne nous montrent pas de Francs païens ».

Il existait encore des coutumes païennes dans les campagnes ; mais c'étaient des coutumes populaires, comme celles qui persistent chez les peuples convertis, et les prêtres du Christ avaient eux-mêmes contribué à les perpétuer en les appropriant à la nouvelle foi qu'ils prêchaient. Certaines de ces pratiques subsistent même de nos jours dans les campagnes ; d'autres sont entrées dans le culte catholique.

Ce que nous appelons paroisse n'existait pas dans les premiers siècles de l'Eglise. Le christianisme ayant commencé dans les grandes villes — à Rouen, dans notre contrée — il ne fut d'abord qu'un organisme urbain. Mais à mesure que se fit la lente conversion des campagnes, on établit des oratoires ruraux, dont les desservants furent nommés par l'évêque : tel fut très probablement le cas de l'église primitive de Saint-Etienne.

Ces paroisses furent assez peu nombreuses, mais, par contre, il s'érigea beaucoup de chapelles dans les domaines privés, et ce fut autour de ces domaines et de ces chapelles que s'élevèrent peu à peu des villages qui, par la suite, prirent rang de paroisses.

M. Fustel de Coulanges dit que, du ve au viie siècles, il exista peu d'agglomérations semblables à nos villages modernes. Le plus souvent, le domaine, la *villa*, qui comprenait alors toute l'étendue du territoire formant aujourd'hui une commune, appartenait à un seul propriétaire : c'est ce mot *villa* que nous retrouvons, à la suite d'un nom d'homme, dans la dénomination d'une multitude de localités de notre région.

Chacun de ces domaines renfermait bien la population d'un village, mais les habitants étaient de simples tenanciers, les uns libres, les autres colons ou serfs, tous occupant la terre du maître à charge des redevances ou de services.

« Dans ce domaine ainsi constitué, il se trouvait ordinairement un oratoire. Il appartenait au propriétaire du sol, et il servait aux besoins religieux de tous les serviteurs et paysans. Le propriétaire était tenu d'attacher à cette chapelle une terre et un revenu suffisants pour l'entretien d'un ecclésiastique. Il devait aussi fournir le prêtre et les clercs, en les prenant ordinairement parmi les hommes de son domaine. Ces clercs, qui étaient les hommes du propriétaire, n'en étaient pas moins subordonnés à l'évêque pour tout ce qui touchait à la croyance, au sacrement et à la discipline.

« C'est de ces oratoires des domaines privés que sont venus les trois quarts de nos cures de village. De même que le village moderne est dérivé, le plus souvent, d'un ancien domaine, de même l'église paroissiale est dérivée très souvent de la chapelle privée d'un grand propriétaire. »

Les conditions d'existence du peuple qui vivait à cette époque sur le territoire d'Elbeuf n'avaient vraisemblablement rien de particulier; il nous faut donc, surtout à défaut de documents locaux et pour être fidèle au programme que nous nous sommes tracé, que nous cherchions dans des généralités ce qui peut aisément s'appliquer à notre canton.

A côté des colons, des fermiers et des serfs, il y avait le clergé, dont les membres étaient déjà très nombreux ; car au-dessous des prêtres, des diacres et des sous-diacres, il existait les clercs. Ces derniers quoique rattachés à l'église, vivaient dans la société civile, se mariaient, avaient une famille ; c'étaient à proprement parler plutôt des serviteurs de l'église que des ecclésiastiques. Beaucoup étaient marchands ou artisans, tout en paraissant aux offices revêtus de costumes semblables à ceux des prêtres. Les clercs jouissaient de divers avantages ; ils constituaient la bourgeoisie de l'époque.

Au-dessous des clercs, il n'y avait plus que les pauvres. Ces pauvres vivaient de l'église et se groupaient autour d'elle. A Elbeuf, ils habitaient ou de misérables cabanes, ou de ces trous de roche comme on en voit encore rue de l'Hospice.

Ces malheureux étaient inscrits sur un rouleau que l'on appelait *matricula*, gardé par l'église. Les *matricularii*, c'est-à-dire les pauvres, formaient corps entre eux et avec l'église ; l'évêque avait tout pouvoir sur eux.

Il existait aussi une classe d'affranchis, parmi lesquels se recrutaient la plupart des prêtres et des moines ; les autres étaient les sujets de l'évêque, car l'affranchissement avait presque toujours lieu par l'intervention du clergé. En fait, l'évêque était devenu le véritable souverain d'une grande partie de la population d'alors.

CHAPITRE VI

La période franque. — Condition du peuple. — Les assemblées publiques. — L'industrie de la laine. — Elbeuf domaine royal.

Au temps de Childéric Ier, qui succéda à Mérovée et régna jusqu'en 481, une grande partie de la Gaule, notre contrée notamment, était sous le commandement d'Ægidius, général romain à peu près indépendant.

En 486, Clovis Ier, roi des Francs, alors âgé de 20 ans, résolut d'arracher aux Romains les pays qu'ils possédaient encore entre la Somme, la Loire et la Mayenne, et que commandait Syagrius. Le mariage de Clovis avec Clotilde eut pour résultat de faire cesser la résistance que les habitants de Rouen et autres villes au nord de la Seine avaient opposée à ses idées de conquêtes.

La baptême de Clovis acheva la soumission des peuples neustriens. En 497, les cités de la rive gauche jusqu'en Bretagne, entraînées par les évêques, se tournèrent volontairement vers ce monarque.

M. Fustel de Coulanges ne partage pas l'opinion générale. Suivant lui, Clovis ne conquit la Gaule ni sur l'empire romain, ni sur la population gauloise ; il la conquit sur d'autres chefs qui lui ressemblaient. Pour Clovis, comme pour ses contemporains, l'empire romain existait encore, et Clovis ne fut qu'un dignitaire de l'Empire, ainsi que le furent ses fils et ses petits-fils. Mais, en 539, les rois francs laissèrent de côté les droits de l'Empire et gouvernèrent en leur nom propre.

Cependant la population gauloise persista à croire à l'existence de l'Empire et à considérer l'empereur des Romains comme son chef suprême. M. Fustel de Coulanges en donne plusieurs preuves qu'il croit concluantes.

Le gouvernement romain avait établi non seulement des douanes, mais encore des péages au passage des ponts et sur la navigation des rivières ; ces impôts furent maintenus par les rois mérovingiens, et se multiplièrent même, car des plaintes s'élevèrent contre leur grand nombre.

Un diplôme de Dagobert, daté de l'an 629, établit un marché annuel à Saint-Denis, et, pour encourager les marchands de tout le royaume à s'y rendre, le roi déclara exempter de douane pour deux ans les marchandises destinées à cette foire. Le diplôme mentionne les bureaux de douane créés à Rouen et au port de Wic. Nous verrons plus tard qu'une sorte de bureau de douane était établi sur le territoire d'Elbeuf au moyen âge ; peut-être remontait-il aux temps mérovingiens.

Puisque nous parlons de la Seine, notons qu'un chemin de halage existait à Elbeuf, il y avait déjà longtemps à cette époque, car un diplôme de Childebert Ier, mort en 558, rappelait aux riverains de notre fleuve qu'ils étaient tenus de laisser un espace libre entre leur propriété et la Seine pour le service de la navigation.

Le chemin de halage, sur la rive gauche et en aval d'Elbeuf, ne dépassait guère le quai de la Brigaudière, car alors la Seine baignait le pied des roches d'Orival. Au dessous d'Elbeuf, le halage des bateaux se faisait donc par Fourneaux, Cléon, Bédanne et Tourville, et en amont par Caudebec, Martot, Quatre-Ages, Criqueboeuf et Pont-de-l'Arche. Il est certain que, à cet effet, une chaussée avait été construite à travers les marais et peut-être même sur toute la longueur des quais actuels d'Elbeuf, depuis la Brigaudière jusque vers la rue du Port, et au-delà.

Il n'est pas inutile de dire quelques mots sur l'état de la province, au point de vue social, au temps de Clovis Ier.

Une aristocratie administrative comprenait tous les hommes chargés d'un service public. A leur tête se trouvaient les évêques, qui étaient élus par toute la population du diocèse ; puis venaient les défenseurs, élus par la curie seulement ; les chefs de la milice, et enfin les membres des assemblées municipales.

Une autre aristocratie était à la nomination du roi ; elle se composait de ducs, qui remplissaient les fonctions de général ; de comtes, préposés pris dans chaque cité, qui avaient l'administration judiciaire et financière ; les vicomtes étaient sous les ordres de ces derniers.

Il existait encore une autre aristocratie civile, comprenant de grands propriétaires fonciers, ayant sous leur dépendance des familles esclaves et des hommes libres, qui, ayant accepté leur patronage, jouissaient de portions de terre baillées à ferme par leur suzerains.

Selon toute vraisemblance, le peuple asservi de l'Elbeuf mérovingien descendait des anciens Celtes, et l'aristocratie était d'origine franque, germaine ou latine.

Dans tous les cas, il semble établi qu'en Normandie l'élément gaulois dominait comme nombre.

Le serf neustrien, à l'époque mérovingienne et plus tard encore, était attaché à la terre ; il lui appartenait de la tête jusqu'aux pieds et se transmettait avec elle ; c'était un bétail. Le propriétaire du fonds, le seigneur, avait droit de vie et de mort sur ses serfs, comme sur ses animaux ; ils ne possédaient rien qui leur fut propre, ne travaillaient que pour leur maître et ne pouvaient sortir de son domaine ou se marier que par sa permission

On comprend que dans ce milieu horriblement malheureux, la religion prêchée par les évêques et leurs disciples, qui promettait aux pauvres un royaume éternel, fut accueillie avec enthousiasme par la plus grande partie du peuple neustrien. Le clergé, celui des monastères surtout, avait aussi des esclaves en nombre immense, et ce fut le corps de l'Etat qui, par la suite, se montra le plus âpre à maintenir ses prétendus droits sur les serfs des domaines qu'il possédait ; mais il faut reconnaître qu'en général, les asservis de l'Eglise étaient traités plus humainement que ceux des seigneurs ou des propriétaires laïques.

On a beaucoup discuté sur la signification du mot *mallus*, que l'on trouve souvent répété dans la Loi salique, dans la Loi ripuaire, dans les édits des rois mérovingiens et dans des formules de cette époque. Plusieurs auteurs y ont vu la preuve de réunions populaires : nous-même avons longtemps partagé cette opinion ; mais, depuis, il a été clairement démontré que le mot *mallus* désigne toujours un tribunal.

Mallus comitis est le tribunal du comte ; *mallus centenarii* le tribunal du centenier. *Mannire in mallum*, c'est citer à comparaître en justice, et cela se dit toujours d'un plaideur ; *sedere in mallo*, c'est être assis au tribunal, et cela se dit du juge. Un acte de jugement dont l'énoncé commence par *in mallo civitatis* implique un jugement rendu au tribunal de la ville. Si *mallus* avait signifié assemblée du peuple, comment se fait-il que nous ne le trouvions pas une seule fois en ce sens ? demande M. Fustel de Coulanges.

Si donc le hameau du Malis, à Caudebec, doit son nom à des réunions publiques qui y auraient eu ordinairement lieu, elles n'avaient pour objet que d'y rendre la justice.

Rappelons qu'après sa destruction, la vieille cité d'Uggate avait revu des populations se fixer sur son territoire, ainsi que le prouvent ses deux cimetières francs, situés l'un sous et aux alentours de l'église, l'autre rue de la République, entre la rue Alfred et la ruelle de la Prison et s'étendant jusque de l'autre côté de la route départementale.

Il est probable que les habitants de notre localité, comme ceux de Caudebec, se rendaient au Malis, quand le comte venait y exercer son mandat judiciaire, y tenir son *mallus*. Il était d'usage, d'ailleurs, que les notables de la région, les gens les plus aisés et les plus expérimentés vinssent se ranger autour de lui.

Ceux qui ne venaient pas spontanément étaient appelés par le comte et contraints moralement de siéger.

« Venaient aussi, probablement, ceux que les parties intéressées pouvaient avoir engagés d'avance à se trouver au tribunal. Venaient enfin, très vraisemblablement, tous les petits praticiens du lieu. Cette sorte d'hommes fut fort nombreuse dans cette société très processive ; ils suivaient volontiers tous les jugements ; ils étaient heureux d'y prendre part pour acquérir de l'influence, et l'on était heureux de les avoir pour profiter de leur expérience ».

Quant à des réunions générales du peuple, il n'en est point parlé dans les nombreux ouvrages de Grégoire de Tours, et jamais il ne montre la population se transportant auprès du roi. Si cette coutume eût existé, Grégoire l'eut mentionnée certainement et bien souvent. La Chronique de Fredegaire ne parle pas davantage de réunions générales du peuple, ni de champ de Mars.

C'est seulement en l'année 684 que les textes signalent une réunion générale du peuple. A partir de là, cette coutume apparaît comme chose habituelle. La Chronique de Fontenelle — abbaye de Saint-Wandrille près Caudebec-en-Caux — écrite plus tard, parle de l'usage de réunir les hommes libres en champ de Mars, chaque année. Toutefois ces réunions n'étaient point populaires. Le roi y assistait, entouré de ses comtes et de ses évêques, et si le peuple était présent, il n'avait aucune part aux délibérations.

Après la mort de Clovis, la Neustrie passa à Childebert, et après lui, comme le dit

M. Licquet, à des chefs sanguinaires que les écrivains ont honorés du titre de roi : « L'histoire de cette époque est celle du meurtre et de l'assassinat. Si l'on veut voir le frère égorger son frère, le fils poignarder son père, le père étrangler son fils, le mari tuer sa femme, le vainqueur jeter dans un puits son ennemi vaincu avec sa femme et ses enfants, un père ordonner que son fils soit brûlé vif, des moines tenter un assassinat sur la personne de leur évêque, des évêques dégradés en plein concile pour cause d'adultère et de meurtre, des femmes employer tour à tour le fer et le poison pour se défaire d'un époux outragé : si l'on veut avoir le tableau de ces crimes et de bien d'autres encore, il faut parcourir les annales des Francs depuis Clovis jusqu'à Charlemagne. Au récit de tant de forfaits, d'atrocités et de massacres, il nous semble marcher dans le sang, et heurter à chaque pas un cadavre. »

Nous ne citerons qu'un passage de l'histoire mérovingienne ; il a trait à des évènements particuliers à notre contrée, mais que beaucoup connaissent déjà :

Au moment où fut poignardé Sigebert, frère du roi Chilpéric et époux de Brunehaut, cette dernière était à Paris ; Chilpéric l'envoya en exil à Rouen, où vint l'épouser Mérovée, fils du roi. Prétextat, évêque de Rouen, bénit cette union d'un neveu avec sa tante. Chilpéric arriva plein de colère en Normandie : Mérovée tomba sous le poignard d'un ami du roi, sur un ordre de Frédégonde ; cet ami mourut lui-même dans le plus cruel supplice : on lui coupa les pieds, les mains, le nez et les oreilles. Prétextat fut exilé, et Frédégonde fit nommer

Mélanius ou Mélance, l'une de ses créatures, à l'évêché de Rouen.

Chilpéric mourut assassiné en 584. Les Rouennais chassèrent Mélance et rappelèrent Prétextat. Frédégonde dut, sur l'ordre de Gontran, fixer sa résidence au Vaudreuil, qu'elle habita avec Mélance. En 586, elle fit poignarder Prétextat, le jour de Pâques, dans la cathédrale, au moment où le prélat disait la grand'messe. Frédégonde accusa de ce forfait un de ses serviteurs, qui, mis à la torture, avoua être l'assassin, mais en ajoutant qu'il avait commis son crime à l'instigation de la reine Frédégonde, de l'évêque Mélance et de l'archidiacre de Rouen. Le neveu de Prétextat tira son épée et coupa le domestique par morceaux. Mélance remonta sur le siège épiscopal.

Un Rouennais, qui avait eu le courage d'adresser des remontrances à la reine, fut invité par elle d'accepter un rafraîchissement; quelques instants après, il périssait empoisonné.

Dans ses voyages du Vaudreuil à Rouen, Frédégonde dut passer par Elbeuf, car la seule route praticable alors était la voie romaine. Grégoire de Tours nous apprend que cette infâme princesse avait une cour assez considérable à son palais du Vaudreuil, qui certainement la suivit dans ses courses. Elle quitta ce palais vers l'an 593.

Saint Romain fut archevêque de Rouen de 631 à 646. On a de lui un curieux mandement qu'il adressa au peuple de son diocèse et que nous avons déjà publié dans notre notice sur Caudebec; aussi n'en relèverons-nous ici que deux passages :

« Que personne, à la fête de saint Jean ou de tout autre saint, n'organise des danses, des concerts, des sortilèges ».

Il résulte de ces lignes que le culte de saint Jean était, dès le VIIe siècle, en honneur dans notre contrée ; mais ce ne fut que 600 ans plus tard que l'on songea à fonder une paroisse Saint-Jean à Elbeuf ; ainsi que nous le verrons par la suite. — Le prélat dit encore :

« Qu'aucune femme, avant de faire de la toile, de la teinture ou tout autre ouvrage, n'invoque Minerve ou autres fausses divinités ».

Le tissage de la toile et la teinture étaient donc des opérations domestiques, pratiquées par les femmes serves, celles des affranchis et des colons. Ces étoffes étaient fournies aux propriétaires des domaines sous forme de redevances annuelles. Le *Polyptyque de Saint-Germain* mentionne que telle femme de serf casé, c'est-à-dire de serf attaché à la portion de terre qu'il doit cultiver tant au profit de son maître que du sien propre, doit annuellement au propriétaire du sol le tissage d'une étoffe : « Tantôt c'est une pièce de toile, appelée *camsilis*, et qui a de huit à douze aunes de long sur deux de large ; tantôt c'est une étoffe de laine, à peu près de même grandeur, et qu'on appelle *sarcilis* ; ou bien encore ce sont quelques nappes ou couvertures d'autel ». Ces travaux se faisaient chez ces femmes, dans leur maison, à côté de leurs enfants.

Nous croyons cependant qu'il existait dans notre contrée quelques ateliers où l'on fabriquait des étoffes de laine, à l'usage des prêtres des moines, des soldats et des grands, et nous sommes porté à dire que ces ateliers se trouvaient dans les couvents et étaient dirigés par des religieux. Un ancien triége situé au bord de la Seine, devant Jumiéges, a conservé le nom de la Foulerie, qui nous paraît assez significatif.

On sait, du reste, que saint Benoit lui-même, mort en 543, avait fait triompher le principe que les moines ne devaient pas croupir dans l'inaction physique, et cette manière de voir se trouvait trop bien d'accord avec les intérêts des bénéficiaires pour que ceux-ci ne s'empressassent pas de la favoriser.

Ce fut surtout dans les abbayes du Nord-Ouest de la France que se pratiqua l'industrie des tissus de la laine, et, avec le monastère de Jumièges, il faut noter ceux de Fontenelle (Saint-Wandrille), Fécamp, Saint-Saëns, Fleury, Saint-Ouen à Rouen et autres qui possédèrent également des ateliers de fabrication de tissus de laine foulés.

M. Guilmeth a brodé sur le nom de la roche Foulon, à Orival, et M. Parfait Maille n'a pas manqué de plaisanter sur la thèse émise par cet auteur ; mais si jamais foulonniers ne s'établirent sur la roche, il peut y en avoir eu au bas, près de l'eau de Seine, qui appartenait à l'abbaye de Saint-Ouen, et nous venons de dire qu'il y existait un atelier pour la fabrication d'étoffes de laine.

Quoi qu'il en ait été, l'industrie lainière, dans notre région, était loin de suffire à la consommation locale ; car sous Clovis et ses successeurs, les Frisons venaient à Rouen échanger des tissus de laine contre les produits des environs de la capitale neustrienne, qui consistaient en miel, garance, etc. Au

VIIIe siècle, la Frise était devenue comme l'entrepôt du commerce international, dont la laine et les étoffes de laine constituaient une importante partie.

A propos de la garance, que nous venons de citer comme l'un des principaux produits de notre région pendant la période franque, il convient de rappeler que la culture de cette plante, qui vient immédiatement après l'indigo par sa valeur tinctoriale, fut reprise au XVIIIe siècle par Dambourney, d'Oissel, qui, en ayant retrouvé quelques pieds sur les roches d'Orival, entreprit d'en faire une branche agricole normande, et réussit à donner à cette culture, au moins à Oissel, une certaine importance. Nous y reviendrons plus tard.

On trouve encore de nos jours, et parfois en assez grande abondance, des pieds de garance, à Orival et à Oissel, provenant de la culture de cette plante aux temps mérovingiens et carlovingiens. On nous a même rapporté qu'il arrive parfois que le lait des vaches menées au pâturage dans les lieux où la garance croit spontanément en quantité prend une teinte rose très prononcée.

Avant d'abandonner la période franque, il nous reste à dire à qui le territoire d'Elbeuf appartint sous les deux premières races de nos rois.

C'est une question que nous avons étudiée avec d'autant plus de soin que nul texte pouvait nous éclairer ; et nos conclusions ont été que les terres qui, plus tard, devinrent la seigneurie d'Elbeuf, ainsi que celles des nombreuses localités environnantes, firent partie du fisc royal.

Nous avons été amené à cette croyance par plusieurs raisons, deux notamment, que nous allons exposer :

Il est à remarquer que dans la campagne du Neubourg, dans le Roumois et sur le plateau de Boos, c'est-à-dire tout autour de nous, le nom de la plupart des communes indique celui du propriétaire de la villa qui donna naissance au village, tandis que la dénomination de notre ville et celles des localités voisines, même dans un assez large périmètre, ne rappellent le nom d'aucun propriétaire particulier, à quelques exceptions près. Ces exceptions viennent elles-mêmes à l'appui de notre opinion, car elles nous démontrent que les premiers titulaires de ces terres n'étaient ni romains, ni saxons, ni francs, mais qu'ils étaient tous d'origine scandinave.

En effet, les noms de Caudebec, Martot, Criquebeuf, Freneuse, Cléon, Oissel, Quevilly, Couronne, La Londe, Moulineaux, La Bouille, Caumont et autres, ne font point soupçonner l'existence de propriétaires particuliers de ces sols pendant les premiers siècles de notre ère; et si les noms de Thuit-Anger et Thuit-Simer, Bosc-Roger et Bosc-Benard, Bosgouet et Bosnormand, Bourgachard et Bourgtheroulde, Infreville et Tourville, etc., font connaître ceux qui les occupèrent les premiers, on remarque que tous étaient d'origine normande.

A notre avis donc, les forêts de Bord, d'Elbeuf, de la Londe, de Rouvray et les localités qui les environnent n'eurent, aux temps mérovingiens et carlovingiens, d'autre propriétaire que le roi, et nous en concluons que ce vaste canton avait fait précédemment partie du domaine impérial romain.

Il se peut, cependant, que le souverain ait disposé de certaines parcelles en faveur de quelques-uns de ses officiers ; mais alors elles rentrèrent dans le fisc royal, soit par la mort des titulaires, soit par toute autre cause ; car — et c'est là la seconde raison principale sur laquelle nous nous appuyons — quand la terre d'Elbeuf, devenue propriété des ducs de Normandie, fut, au xie siècle, détachée du domaine ducal, elle était d'un seul tenant, quoique s'étendant jusqu'à la Saussaye, jusqu'au delà de Caudebec et sur la rive droite de la Seine.

Puisque le territoire elbeuvien appartenait au roi, voyons comment et par qui il était administré ; mais auparavant essayons d'établir quelles étaient les occupations des indigènes.

Outre les travaux essentiellement agricoles, les serfs royaux et les habitants de notre sol avaient pour travail, surtout pendant l'hiver, l'exploitation des forêts, qui étaient alors beaucoup plus vastes qu'aujourd'hui. Afin de pourvoir à la nourriture et aux besoins de cette population ouvrière, et aussi pour faire produire au domaine elbeuvien des revenus, il avait fallu assainir une partie des marais, labourer des terres, organiser des pêcheries, créer des bergeries, etc.

Le besoin d'abris, tant pour les hommes que pour les animaux, avait sans doute, depuis longtemps déjà, fait grouper quelques rustiques bâtiments sur divers points. Chacun de ces groupes pouvait représenter une sorte de corps de ferme, entouré d'une haie de pieux de chaque côté de laquelle était un fossé. Dans chacune de ces enceintes, se trouvaient le logis du colon ou du fermier, des cabanes pour les serfs spécialement attachés au service de l'exploitation de la ferme, des étables et des écuries pour les animaux.

Mais où étaient situés ces corps de ferme ?

On ne s'attend pas certainement à une réponse précise, car il y a des siècles que les dernières traces de ces légères constructions n'existent plus et aucun texte ne nous a été conservé. Cependant, si l'on tient compte, d'une part, de la nécessité de ne point les éloigner des prairies, des labours et des sources d'eau vive, et, de l'autre, des points où se sont élevés les plus anciens quartiers d'Elbeuf, on est amené à conclure que ces corps de ferme ne pouvaient être que du côté Ouest de la ville actuelle.

Si, par exemple, nous étions certain qu'il n'y eût que deux enceintes de ce genre à Elbeuf, nous en placerions une vers l'Hospice, et l'autre au Mont-Rôti, ancien triége dont le nom est oublié depuis longtemps et que l'on désigne actuellement sous celui de côte Saint-Etienne ; il s'étendait depuis le carrefour dit du Bout-du-Couvent jusque vers la rue Victor-Grandin, où, nous l'avons déjà dit, existait, dès l'époque romaine, un quai prolongé d'une digue pour le halage des bateaux.

Nous ne croyons pas nous écarter beaucoup de la vérité en faisant cet essai de restitution des exploitations agricoles après la conquête franque ; et s'il nous fallait achever de peindre le territoire elbeuvien de cette époque tel que nous nous le représentons, nous dirions que que ces fermes avaient pour limite commune le Puchot, qui, selon toute apparence, après sa sortie de la fontaine du Sud ou des sources que nous supposons avoir existé dans le vallon des Ecameaux, coulait alors à travers la place Saint-Louis et au milieu de la rue Saint-Jean. Enfin, nous ajouterions plusieurs abris sous roche et quelques cabanes sur le flanc du coteau, misérables réduits qu'habitaient les serfs spécialement occupés aux travaux forestiers ou à la garde des moutons, et nous aurions terminé le tableau que nous nous faisons de l'Elbeuf des temps mérovingiens et carlovingiens.

Les deux fermes que nous supposons avoir existé à cette époque devaient être, comme leurs semblables, administrées par un vicaire ou centenier, fonctionnaire placé sous les ordres d'un comte et qui représentait l'autorité royale.

Le rôle du centenier était non seulement de faire entrer dans la caisse ou les greniers du roi le produit des récoltes ou les récoltes elles-mêmes, il consistait encore à tenir la police, à percevoir les impôts sur les hommes libres, à faire entretenir les chemins de halage et autres.

Les textes présentent sous un assez vilain jour ces fonctionnaires subalternes. C'était, très souvent, de véritables tyrans locaux, et parfois ils ne craignaient point de prêter la main aux criminels et même de s'enrichir des dépouilles des malheureux placés sous leurs ordres. D'ailleurs, toute la hiérarchie du fonctionnarisme mérovingien et carlovingien ne constituait guère qu'une bande de spoliateurs ; car, dans les diplômes royaux, on voit sans cesse les monarques défendre aux comtes et à leurs vicaires de dérober, d'usurper le bien d'autrui, de susciter d'injustes procès, de relâcher les coupables, etc.

« D'après ce que les rois pensaient de leurs propres officiers, nous pouvons juger ce qu'en pensaient les peuples », observe M. Fustel de Coulanges.

Le clergé, si puissant alors, les craignait néanmoins, et les foudres de l'Eglise ne paraissent pas les avoir effrayés. Par une lettre d'un évêque, on voit qu'il redoutait pour ses esclaves et pour ses terres les déprédations des fonctionnaires royaux.

Voilà le genre d'officier qui alors commandait probablement sur le territoire d'Elbeuf. de Caudebec et sur tout le domaine royal de la région.

Nous ne nous arrêterons pas aux guerres civiles qui ensanglantèrent la Neustrie sous le gouvernement des maires du palais et pendant le règne des premiers rois carlovingiens. Il n'existe, d'ailleurs, aucuns documents de cette triste période applicable particulièrement à la région elbeuvienne, et il faut aller jusqu'à l'empereur Charlemagne (768-814) pour trouver quelques actes intéressant l'industrie drapière.

Les domaines particuliers de ce monarque comprenaient des habitations et des ateliers de diverses sortes pour les tisserands, les tailleurs et autres artisans. Les ateliers destinés aux étoffes portaient le nom de gynécées, quoique le travail n'y fut pas exclusivement dévolu aux femmes.

Dans ses Capitulaires, où l'on retrouve les mots *drapus* et *trapus*, il recommanda la propagation des brebis. Blanqui dit « que les

Juifs étaient alors les dépositaires des plus belles étoffes, dont ils répandirent l'usage dans les châteaux et les abbayes. Ils avaient déjà beaucoup simplifié les procédés commerciaux, et leur correspondance aurait fait honneur aux plus habiles négociants de notre temps ». Ajoutons que le moine de Saint-Gall cite un juif devenu le favori de Charlemagne, et que par un traité que celui-ci conclut avec Offa, roi de Murcie, l'empereur fit protéger des marchands anglais faisant l'exportation des laines.

Notons encore qu'Eginhard, dans sa *Vie de Charlemagne*, nous apprend que la Frise était la province où l'on tissait principalement les draps bleus que les Francs employaient pour leurs manteaux.

Pendant de longs siècles, du reste, la Flandre et les Pays-Bas furent presque seuls en puissance de fournir aux besoins de plusieurs nations ; et pour cela, ils mirent à contribution la France et l'Angleterre, l'Espagne et l'Allemagne, qui, ne sachant que faire de leurs laines, les leur envoyaient.

L'Angleterre était surtout le pays producteur de laines. Bien longtemps avant Charlemagne, les Anglais étaient en possession de nombreux troupeaux. Dès le VIIIe siècle, ils eurent, pour la propagation des bêtes à laine, des règlements dont il nous reste des indices, et que les rois Alfred (871-904) et Edouard-le-Vieux renouvelèrent et étendirent, mais qui parfois devinrent inutiles, à cause des guerres et des ravages des loups. Edgar (942-975) pacifia le pays et fit racheter les crimes par des têtes de loups, dont la race fut bientôt extirpée de l'île. A partir de ce moment, la richesse de l'Angleterre, par ses laines, devint prodigieuse. Ce ne fut qu'en 1331 que ce pays fabriqua industriellement des draps ; le flamand Kempt passe pour avoir été le fondateur des premiers ateliers anglais.

Quant à Elbeuf, est-il besoin de le répéter ? aucune industrie lainière n'y existait encore, même à l'état d'embryon, quoi qu'en aient dit plusieurs auteurs ; tous ont successivement copié un écrivain du siècle dernier, qui ne donna aucune preuve de ce qu'il avançait et ne pouvait en donner parce qu'il n'en avait pas.

CHAPITRE VII
(841-964)

Les Normands. — Faits de guerre. — Etymologie : Elbeuf, la rue Meleuse, la rue aux Bœufs, le Thuit-Bénard, etc. — Les premiers ducs de Normandie.

On sait qu'au commencement du xe siècle, après avoir pillé, saccagé, ruiné la Neustrie et même une grande partie de la France, des peuples, venus du Nord, se fixèrent définitivement dans notre contrée et y régnèrent en maîtres. Il n'est donc pas sans intérêt de dire quelques mots de ces barbares, qui jetèrent l'épouvante dans l'ancienne Gaule, et dont les premiers chefs eurent en propriété particulière le territoire d'Elbeuf et ses environs.

Les Scandinaves, que nous venons d'appeler barbares, n'étaient point cependant dépourvus de goût, et ils aimaient les sciences et les lettres.

Les hommes était grands et bien charpentés. Leur progéniture, en Normandie, se distingue encore par sa forte corpulence.

Chez les Scandinaves, l'héritage paternel passait à l'un des fils, de sorte que les autres suivaient, généralement, quelque chef pour entreprendre des excursions maritimes, et en rapporter des richesses. C'était là qu'ils plaçaient leur gloire.

Dans leur pays, ils étaient gouvernés par de petits rois dont le royaume, composé d'une seule île quelquefois, était encore plus grand que productif : aussi une partie de la population quittait-elle la contrée, pour aller au loin chercher des subsistances. Ces peuples étaient très habiles dans l'art de la navigation ; mais leurs navires étaient petits, afin de pouvoir remonter dans les fleuves.

Les Scandinaves possédaient des esclaves, enlevés des pays étrangers ou amenés par des marchands. Les riches étaient polygames ; ils achetaient leurs fiancées. Enlever une femme était un crime que l'on punissait sévèrement, mais les enlèvements en pays ennemi étaient, pour eux, des actions honorables.

Une notable partie de la population vivait dans la campagne ; l'autre, la plus considérable, habitait le long des côtes. Ces peuples étaient de grands mangeurs et buvaient beaucoup ; pour boire, ils se servaient de cornes de bœuf. Ils aimaient les grands festins et les réunions nombreuses ; ce goût s'est perpétué chez leurs descendants.

Les guerriers portaient la barbe et les cheveux longs. Les chefs étaient revêtus de la cotte de mailles et se servaient d'un bouclier. Leurs armes étaient en pierre ou en fer, quelquefois en bronze.

Très braves à la guerre, leur tactique consistait à attaquer avec impétuosité ; ils comptaient sur leur courage et leur agilité pour entreprendre et mener à bien les expéditions les plus hasardeuses.

M. Depping a décrit les mœurs des Normands de l'époque piratique; nous lui empruntons ce passage :

« Rivaliser de force et d'agilité, gravir lestement les rochers escarpés, courir sur le bord étroit d'un esquif, sauter légèrement d'une rame sur l'autre, en suivant le mouvement régulier des rameurs, lancer à l'ennemi deux javelots à la fois, se battre des deux mains avec une égale dextérité, traverser un bras de mer à la nage, dompter un coursier rebelle, l'enfourcher à toutes les allures, boire de la bière dans le crâne de son ennemi : tels étaient les jeux du pirate, à qui la mort ne pouvait arracher qu'un sourire, pour qui la bataille sanglante avait tous les charmes d'une jeune épouse dans tout l'éclat de sa beauté...

« Comme s'ils eussent appréhendé que leur énergie naturelle les servit mal dans le combat, ils appelaient à leur aide une sorte de rage artificielle, en s'enivrant avec des boissons spiritueuses. Alors, ils s'abandonnaient à d'effroyables contorsions, essayaient de briser leurs boucliers avec les dents, mettaient dans leur bouche des tisons enflammés, et ne se calmaient qu'à la vue du sang qu'ils avaient pu répandre »...

Voilà, en quelques mots, le caractère et les mœurs des peuples que l'histoire désigna sous le nom de Normands.

On ne saurait préciser l'année qui vit, pour la première fois, les pirates du Nord désoler la Neustrie. On sait cependant, par la *Chronique de l'abbaye de Fontenelle*, que, le 12 mai 841, des Normands remontèrent la Seine jusqu'à Rouen ; que, le 14, ils brûlèrent cette ville d'où ils repartirent le 16 pour aller incendier l'abbaye de Jumièges, le neuvième jour des calendes de juin, c'est-à-dire le 24 mai, et qu'ils se représentèrent, le 26, devant Fontenelle, où ils reçurent une somme d'argent, comme prix de leur modération dans ce monastère.

En 844 et en 845, de nouvelles invasions normandes portèrent la ruine sur les rives de la basse Seine, les Scandinaves allèrent s'établir à Rouen. En l'an 850, Godefroi, chef de pirates du Nord, vint aussi par la Seine dans les Etats du roi Charles-le-Chauve, qui, au lieu de les repousser lui donna des terres.

Dans un mémoire présenté à la Sorbonne, en cette année 1893, MM. Quesné et de Vesly ont, entre autres choses, essayé d'établir que Charles-le-Chauve possédait un palais aux Vieilles-Maisons, triége de la forêt de Bord, près la route d'Elbeuf à Louviers, non loin du village de la Vallée, dans lequel ce monarque aurait tenu un plaid en 851.

Nous aurions désiré pouvoir nous rallier à leur opinion ; mais cela nous est impossible, pour une quantité de raisons dans lesquelles nous ne voulons pas entrer, car nous serions amené à contredire le travail de MM. Quesné et de Vesly d'un bout à l'autre.

Pour démontrer que ces maisons rustiques, dont les ruines avaient été déjà visitées en 1870, par l'abbé Cochet, n'ont jamais constitué un palais de Charles-le-Chauve, nous laisserons donc de côté des preuves que l'archéologie nous fournirait en abondance, si nous les lui demandions, et nous contenterons de citer deux textes.

MM. Quesné et de Vesly, pour appuyer la prétendue existence de cette demeure royale, disent « la chapelle de Saint-Germain de Louviers était suffisamment voisine pour que le roi et la reine Hermentrude pussent s'y rendre en pélerinage et y faire leurs fréquentes dévotions à saint Renobert, qui jouissait alors d'une faveur spéciale. »

Or, premier point : saint Renobert n'a jamais été particulièrement honoré à Saint-Germain de Louviers ; second point : le texte de Héric ne dit pas que la chapelle Saint-Germain, où le monarque et sa femme faisaient leurs dévotions journalières, était située à plus d'une lieue et demie de leur demeure ; il dit, au contraire, que la chapelle était contiguë à ce palais : « *Capella palatio contigua beati Germani...* »

Ce texte suffirait à lui seul pour démolir l'échafaudage établi par MM. Quesné et de Vesly ; mais en voici un autre encore plus concluant :

Le narrateur des miracles de saint Germain ne dit point que le palais de *Vetus Domus* ou *Veteres Domus*, dans lequel Charles-le-Chauve eut une entrevue avec Hérispoë, était dans le pays d'Evreux, dont faisaient partie Caudebec, la forêt de Bord, y compris le Camp-Méquin et les Vieilles-Maisons ; il précise formellement, au contraire, que ce palais était situé dans le pays de Rouen : « *In pago Rotomagensi regius fiscus est, quem incolæ ob palatii antiquitatem Veterem Domum nuncupant* »...

C'est parce qu'ils avaient ce texte sous les yeux que l'abbé Cochet et plusieurs autres ont toujours cherché soit dans le Roumois, soit sur la rive droite de la Seine, les ruines de cet antique palais, que l'on retrouvera certainement un jour, mais pas dans la forêt de Bord ni dans aucune autre partie de l'ancien pays d'Evreux.

Cette observation faite, nous revenons aux évènements dont notre contrée fut le théâtre pendant la période piratique.

En 956, les hommes du Nord s'établirent dans l'île d'Oissel, y bâtirent une forteresse. De cette île, ils envoyèrent des détachements exercer leurs ravages sur les deux rives du fleuve en amont. Il est évident que l'ancien Elbeuf eût à souffrir du voisinage des Normands.

Nous devons à la vérité de dire que les historiens ne sont pas tous d'accord sur l'emplacement de l'île d'Oissel. Des savants d'un très grand mérite, notamment MM. Aug. Le Prevost et de Caumont, ont cru, comme l'abbé Lebeuf, avant eux, que cette île était située à peu de distance de Paris, près de Marly, parce qu'Aimouin, dans son récit des *Miracles de saint Germain*, dit que l'abbaye de Saint-Germain-des-Prés, à Paris, fut surprise le jour de Pâques par des Normands qui avaient quitté Oissel le vendredi saint. A cela, on répond que la Chronique dit formellement que les envahisseurs franchirent à cheval la distance qui séparait Oissel de Paris ; or, deux jours étaient plus que suffisants à des cavaliers tels qu'étaient les Normands pour faire ce trajet : c'est aussi notre avis.

Bonamy, contemporain de l'abbé Lebeuf, et comme lui membre de l'Académie des inscriptions et belles lettres, ne partageait pas, du reste, l'opinion de son collègue. Il pensait que l'île d'Oissel était située entre Rouen et Pont-de-l'Arche. Il donna pour raison que l'année de la construction du fort d'Oissel, les Normands demeurèrent toujours éloignés de Paris à la distance d'au moins vingt lieues par terre, et, d'un autre côté, qu'un titre du parlement de Pîtres portait à croire que l'île d'Oissel était dans le voisinage du palais que Charles-le-Chauve possédait au confluent de la Seine et et de l'Andelle.

Nous pourrions citer d'autres autorités et même des textes en faveur de l'île d'Oissel aux environs d'Elbeuf, mais ils ne préciseraient pas encore quelle était cette île, qui certainement avait une étendue considérable, puisque les Normands arrivaient par armées de 30.000 à 40.000 hommes, avec un immense matériel de navires. Aussi n'était-ce pas particulièrement l'île Sainte-Catherine ou une autre de la Seine que les Normands occupèrent, mais, suivant nous, toute la presqu'île de Couronne depuis Orival jusqu'à Moulineaux.

Cette croyance a déjà été émise par un de nos concitoyens, M. Édouard Turgis, ancien maire d'Oissel :

« M. Le Prevost en parlant de l'Oscel-sous-Marly, dit, en faveur de l'opinion de l'abbé Lebeuf, que c'est vers l'emplacement de la machine de Marly qu'il trouva la montagne à laquelle il pensa qu'avait été d'abord particulièrement appliqué le nom d'Oscel, devenu commun depuis à l'île et à la presqu'île voisine, *genre d'extension fort ordinaire à cette époque*.

« Ne nous serait-il pas permis de nous autoriser de cette dernière observation pour dire, en faveur de notre île normande, que son nom pouvait être devenu commun à la presqu'île dont Oissel et Grand-Couronne font partie et expliquer ainsi les deux noms d'*Oscellus* et de *Torhulmus* que les écrivains lui donnent indifféremment, car il nous paraît évident que les noms de *Torhulmus, Corulmus,* Corthulmin, etc., que nous trouvons dans les anciens historiens, ne sont autres que le nom scandinave de *Corhulmus* (Corholm, Couronne), plus ou moins estropié, plus ou moins défiguré par les copistes ; le nom de *Corulmus* est d'ailleurs, au dire de Toussaint Duplessis, celui par lequel est désigné Couronne dans les plus anciens titres de la Collégiale de Saint-Cande-le-Vieux. Ne pourrions-nous pas enfin conclure que la presqu'île, dont dépendent Oissel et Couronne, fut réellement le lieu dont les Normands firent leur principale station de la Seine et, qui, par ce motif, prit indistinctement les noms de ces deux localités ?

« Ajoutons enfin, comme dernière observation, que Oissel, près Rouen, offrait aux pirates normands une excellente position pour surveiller la Seine, en amont et en aval, sans perdre toutefois deux avantages qu'ils appréciaient particulièrement : le voisinage de la mer et un éloignement suffisant de Paris pour leur fournir l'occasion de franchir de grandes distances, de lutter contre les éléments, d'exercer, en un mot, leur énergie et leur activité.

« En résumé..., tout nous semble prouver que notre presqu'île normande est bien l'*Oscellus* dont parlent les historiens du ixe siècle. »

A propos du nom de *Torhulmus,* nous remarquerons qu'il est composé de deux mots scandinaves : « Thor » et « hulm » ; celui-ci, le même que « hom », signifie île.

Quant au premier, c'est celui d'un dieu de l'ancienne mythologie des peuples du Nord. Thor était surtout adoré en Norwége, où il avait plus de temples qu'Odin lui-même, le plus illustre des dieux. Thor était, du reste, le fils aîné d'Odin. Ses fonctions consistaient à lancer la foudre et le faisaient passer pour la plus belliqueuse et la plus redoutable de toutes les divinités. Il régnait sur les airs et les mers, distribuait les saisons, excitait ou apaisait les tempêtes. C'était lui qui défendait les hommes contre les géants et les mauvais génies, et comme il était le premier né du dieu suprême, on le considérait comme le médiateur entre Odin et les mortels.

Il semble donc tout naturel que les pirates normands aient consacré au dieu Thor, l'île, ou, si l'on aime mieux, la presqu'île où ils se fixèrent. Et, toujours au sujet de ce dieu, nous ne pouvons nous dispenser de rapprocher de son nom celui du Tors, hameau dont nous parlerons bientôt, qui lui-même pourrait bien avoir été consacré au Jupiter-Neptune scandinave.

M. Léon de Vesly a émis la supposition que l'île d'Oissel était située sur Cléon et Tourville, parce que le nom de Bédanne (Bec dane), porté par un grand hameau que ces deux communes se séparent, signifie «la rivière des Danois ».

Nous croyons comme lui que ce nom de Bédanne est d'origine normande ; mais il ne suffit pas pour fixer incontestablement sur la rive droite du fleuve l'emplacement de l'ancienne île d'Oscel, et, d'accord avec M. Turgis, nous supposons que, sous cette dénomination, il faut entendre tout le territoire de la péninsule où furent bâtis les deux Couronnes, les deux Quevillys, Emendreville (Saint-Sever), Sotteville, Saint-Etienne-du-Rouvray, Oissel et partie d'Orival.

Quand donc M. Thiers, président de la République, voulut créer un immense travail de défense dans la presqu'île de Couronne, il ne faisait que projeter ce que les Normands avaient exécuté dix siècles auparavant.

On ne sait où était la forteresse élevée par les Normands, mais si l'on considère qu'elle avait surtout pour but de les protéger contre des attaques du roi de France, on est tenté de croire que c'est au Câtelier d'Orival, ou au Câtelier d'Oissel, points précédemment occupés par les Romains, qu'elle fut bâtie. Le camp retranché d'Orival, qui s'étend sur environ quarante-cinq hectares et que le marquis de la Londe rétablit en 1620, pourrait bien avoir succédé à un ancien camp normand.

Inquiet de voir les Normands installés dans la presqu'île de Couronne ou île d'Oissel, Charles-le-Chauve résolut de les combattre. Il assembla une quantité prodigieuse de navires, à Paris, et descendit la Seine, avec Charles d'Aquitaine, son fils, et Lothaire, son neveu. Cette flotte passa devant Elbeuf, au mois de juillet de l'année 858, ancra devant les roches d'Orival et au-delà.

Après trois mois de blocus, le roi étant tombé malade, une grande partie des seigneurs qui l'accompagnaient le quittèrent pour aller soutenir l'usurpation de Louis de Germanie, frère de Charles-le-Chauve. Resté presque seul, le roi faillit tomber entre les mains des Normands, qui s'emparèrent des vaisseaux dont la Seine était couverte d'Elbeuf jusqu'à Rouen et peut-être même plus en aval.

En 861, Veland, autre chef de pirates, venu du Danemark, proposa au roi de France de le débarrasser des Normands d'Oissel, moyennant 3.000 livres d'argent, en poids. Ce marché ayant été accepté, Charles-le-Chauve, dont la joie était grande, fournit une énorme provision de vivres à Veland et lui donna même 2.000 livres de plus qu'il n'avait demandé.

Veland tint parole. Il fit bloquer la presqu'île de Couronne, par 260 navires, et contraignit les Normands à l'abandonner, après leur avoir remis une forte somme.

Notre intention étant de suivre les modifications successives qui se sont produites dans le langage parlé de notre région, nous prendrons pour point de départ un document, qui, bien que n'ayant rien de local, se rapporte à Charles-le-Chauve. Il est d'autant plus intéressant que c'est le plus ancien texte connu écrit en langue française, ou plutôt en un des nombreux dialectes répandus dans la Gaule, à l'époque de l'invasion normande. Ce curieux monument nous a été conservé par l'historien Nithard, qui commandait une partie de l'armée royale à la bataille de Fontanet-en-Auxerrois : c'est le serment prêté par Louis-le-Germanique à son frère Charles-le-Chauve :

« Pro Deo amur et pro christian poblo et notro commun salvament, d'ist di in avant, in quant Deus savir et potir me dunat, si salvarai io cist meon fradre Karlo, et in adjudha, et in cadhuna cosa, si cum om, per dreit, son fradre salvar dist, in o quid il mi altresi fazet ; et ab Ludher nul plaid numquam prindrai qui, meon vol, cist meon frade Karl in damno sit. »

Traduction : « Pour l'amour de Dieu et pour le peuple chrétien et notre commun salut, à partir d'aujourd'hui (de ce jour en avant), en tant que Dieu me donnera de savoir et pouvoir, je soutiendrai mon frère Charles que voilà, et par aide et en toute chose, ainsi qu'on doit, par devoir, préserver son frère, pourvu qu'il en fasse de même pour moi, et ne prendrai jamais avec Lothaire (leur frère aîné) aucun accommodement qui, par ma volonté, soit au préjudice de mon frère Charles ici présent. »

Nous revenons aux évènements particuliers à notre contrée.

Charles-le-Chauve ne doutait pas que les Normands feraient de nouvelles incursions dans ses États, aussi songea-t-il à leur barrer la route fluviale par un pont fortifié.

A cet effet, il convoqua les grands de son empire, en 862, à son palais de Pîtres, où, dit M. Bonnin, après avoir obtenu les subsides nécessaires, il fit venir et assembler un nombre immense de matériaux, de chars et d'ouvriers afin d'y construire une fortification et un barrage assez fort pour entraver la navigation des barques normandes, et pour défendre contre les invasions les riches cultures et les palais impériaux de Pîtres et du Vaudreuil.

L'endroit choisi fut celui où la ville de Pont-de-l'Arche se bâtit depuis, c'est-à-dire le point où la marée cesse de se faire sentir. Le pont devait être établi sur un enrochement assez élevé pour qu'il en résultât une chute d'un mètre environ, obstacle presque insurmontable pour les frêles barques normandes. En outre, des châteaux-forts seraient élevés aux deux extrémités pour défendre les abords du pont. Enfin, une longue et étroite chaussée, percée de près de trente petits ponts devait fermer au nord le reste de la vallée. Le pont et la chaussée seraient crénelés sur toute leur longueur.

Les ingénieurs byzantins, que l'empereur Charles-le-Gros avaient fait venir à cet effet, se mirent immédiatement à l'œuvre, qui demanda trois années pour être terminée. — Ce pont subsista jusqu'au 12 juillet 1856, date de son écroulement.

Les Normands ne se montrèrent point durant les années qui suivirent immédiatement la construction du pont de Pont-de-l'Arche, ou du moins ils n'exercèrent pas de ravages dont l'histoire nous ait conservé la mémoire ; mais en 876, « vindrent Normans en France, par mer, et entrerent en Saine, à tout cent bayes (navires) », dit la *Chronique* de l'abbaye de Saint-Denis. « Hrolf » arrivant d'Angleterre, commandait cette nouvelle expédition.

Les murs de Rouen ayant été rasés, la ville ne pouvait tenter aucune résistance. L'évêque de cette ville se rendit à Jumièges, et traita avec Hrolf ou Rollon, le chef des pirates, qui entrèrent dans Rouen, sans commettre de dégâts.

Maître de cette cité, Rollon s'y établit temporairement « méditant en son cœur artificieux, dit Guillaume de Jumièges, la ruine de la ville de Paris. »

En 885, les Normands, ayant Rollon à leur tête, partirent de Rouen, les uns montés dans des navires, les autres suivant la rive gauche de la Seine par l'ancienne voie romaine qui traversait Elbeuf, et s'arrêtèrent vers l'endroit où fut élevée plus tard l'abbaye de Bonport, qui alors se nommait Hasdans ou Maresdans, puis se répandirent, au nombre de 30 ou 40.000 jusqu'au confluent de la rivière d'Eure.

Renaud, duc de toute la France, c'est-à-dire général en chef des armées françaises, se porta à leur rencontre avec des forces imposantes ; mais avant d'en arriver aux mains, il députa vers Rollon un ancien chef de pirates, nommé Hastings, qui, s'étant soumis, avait obtenu la ville de Chartres pour prix de la tranquillité qu'il accordait à Charles-le-Gros, successeur de Charles-le-Chauve, après Louis III et Carloman.

Hastings entra donc en pourparlers avec Rollon, auquel il demanda de se soumettre au roi de France.

— Nullement, répondit Rollon ; nous ne nous soumettrons à personne : tout ce que nous pourrons conquérir par les armes, nous le ferons passer sous notre juridiction. Rapporte, si tu veux, ce que tu viens d'entendre au roi dont tu te glorifies d'être le député.

Et immédiatement, les Normands se firent des retranchements et une redoute en forme de château, « se fortifiant derrière une levée de terre, en laissant, au lieu de porte, un vaste espace ouvert, dont aujourd'hui (vers 1080), dit le moine Guillaume de Jumièges, on voit apparaître quelques traces. »

Le lendemain, au lever du soleil, les Français, réunis à Alisay, assistèrent à la messe et communièrent ; puis montant à cheval, ils traversèrent le pont. Ayant aperçu les Normands par l'espace laissé ouvert, ils entrèrent dans le retranchement, où les soldats de Rollon les massacrèrent. Renaud, Hastings et les autres chefs français prirent la fuite.

Il était sans doute resté des soldats français pour garder les fortifications de Pont-de-l'Arche ; mais ils ne purent arrêter les Normands, car ceux-ci transportèrent à bras ou sur des charriots leurs barques légères jusqu'au-dessus du pont, où ils les remirent à flot.

Rollon remonta donc la Seine, s'empara du château et de la ville de Meulan, dont tous les habitants furent exterminés, gagna Paris qui bientôt tomba en son pouvoir.

La terreur que les envahisseurs du Nord inspirèrent aux Parisiens fut telle que, sept cents ans après, les moines de l'abbaye de Sainte-Geneviève chantaient encore dans des litanies : « De la fureur des Normands, délivrez-nous, Seigneur ! »

Il est à remarquer que l'armée de Rollon, qui dût perdre beaucoup de combattants dans les batailles qu'elle livra, tant sous les murs et au-delà de Paris que dans la Beauce et ailleurs, devenait chaque jour plus considérable : c'est qu'elle était continuellement renforcée par des serfs français qui, en prenant les armes contre leurs maîtres, espéraient conquérir leur liberté. Il n'est donc point invraisemblable que des habitants de notre région aient combattu dans l'armée normande.

Après avoir dévasté plusieurs provinces, Rollon, l'an 900 ou 901, alla mettre le siège devant Chartres, où il échoua ; puis se dirigea vers Rouen par la voie Chartraine, c'est-à-dire par l'ancienne voie romaine qui, nous l'avons dit plusieurs fois, traversait les territoires de Caudebec et d'Elbeuf.

Guillaume de Jumiéges, après avoir raconté l'insuccès de Rollon devant Chartres, rapporte qu'une partie de son armée, fuyant devant celle des Francs, arriva aux Loges où le comte du Poitou la poursuivit. Mais pendant la nuit suivante, les Normands firent irruption parmi les Français, et le comte, apprenant que Rollon allait arriver avec ses compagnons, « se glissa dans la maison d'un foulon et y demeura caché toute la nuit tremblant de frayeur. »

Ce passage semble indiquer qu'à cette époque encore, il existait des artisans exerçant le foulonnage isolément, comme aux temps gallo-romains.

Après le tableau que nous avons fait du caractère des Scandinaves, on comprendra combien l'échec de Rollon devant Chartres dût exciter sa colère ; aussi c'est en détruisant tout sur son passage, en mettant le feu aux églises, en traînant les femmes en esclavage, en égorgeant tous ceux qui lui résistaient, en faisant la guerre en bête fauve, dit encore le moine Guillaume, qu'après son départ de la Beauce il gagna Rouen, puis la basse Seine.

Il est certain que les exploitations rurales de l'Elbeuf du ix° siècle subirent le sort de toutes celles que rencontrèrent les Normands : elles furent pillées et réduites en cendres, et les exploitants furent fort heureux s'ils purent se soustraire à la fureur des envahisseurs par une fuite dans les forêts voisines.

Dudon de Saint-Quentin mentionne une singularité du caractère de Rollon. Quoique payen, il déposa sur l'autel du monastère de Jumiéges, le corps d'une femme qu'il avait apporté dans sa barque, et qu'il fit ensuite pieusement inhumer dans un vallon de la forêt de Brotonne nommé le Tors, situé à très peu de distance de la commune d'Heurteauville ; plus tard, il fit bâtir une chapelle en cet endroit.

Cependant, les exploits de Rollon avaient frappé de terreur la cour de France, et il y avait déjà longtemps que Charles-le-Simple, petit-fils de Charles-le-Chauve, méditait une alliance avec son ennemi, puisqu'il ne pouvait le vaincre.

En 911, le roi Charles convoqua ses abbés, ses évêques et ses comtes à des conférences, qui aboutirent au traité à jamais célèbre de Saint-Clair-sur-Epte, par lequel le roi de France abandonnait à Rollon le pays qui prit, dès lors, le nom de Normandie, à condition que le chef des Normands se ferait chrétien.

A partir de ce moment, Rollon, devenu vieux d'ailleurs, se montra aussi doux qu'il avait été cruel. Il fit cesser les brigandages, releva les villes, les églises ; enfin la Normandie jouit d'une paix profonde.

Rollon divisa une grande partie de sa province en comtés, qu'il donna à ses parents, aux principaux chefs de son armée et à ses serviteurs ; mais la portion de territoire où sont situés Elbeuf et sa forêt, qui, nous l'avons dit déjà, faisait partie du fisc royal, entra naturellement dans le domaine privé du premier duc de Normandie.

Si l'on a trouvé, dans notre contrée, de très nombreuses sépultures gauloises, romaines et franques, il n'en est pas de même des sépultures normandes de l'époque piratique, et l'abbé Cochet, bien qu'ayant fouillé pendant plus de quarante ans des milliers de tombeaux, n'en découvrit jamais un pouvant être attribué aux Normands des ixe et xe siècles.

« Une chose a toujours étonné les archéologues, remarque aussi M. J. Drouet ; c'est que ces hommes, qui, comme les races germaniques, pratiquaient l'inhumation habillée et armée, n'aient point laissé de traces de leur séjour parmi nous. Pendant un siècle, au moins, leurs barques ont sillonné la Seine jusqu'à Paris, ils ont livré de nombreux combats ; que sont devenus leurs morts ? où les ensevelissaient-ils pour les avoir soustraits aux ardentes recherches des archéologues ? Chose plus singulière encore, les nombreux dragages accomplis dans la Seine depuis nombre d'années et qui ont donné tant d'objets appartenant à toutes les civilisations ayant occupé ce pays, n'ont encore jamais fait voir une arme ou un bijou que l'on puisse avec certitude rapporter à l'époque piratique.

« Jusqu'ici, Pîtres a seul la gloire d'avoir fait voir le jour à deux objets dont l'origine scandinave ne peut être contestée : ce sont deux fibules de bronze trouvées en 1865, depuis déposées au musée de Rouen par l'abbé Cochet, et dont les analogues se rencontrent journellement dans les pays du Nord, dans les sépultures indigènes de la deuxième partie de l'âge du fer, qui correspond à nos temps carlovingiens. Si des fouilles étaient entreprises à Pîtres, sur une grande échelle, il y a tout lieu d'espérer qu'à ces deux rarissimes objets viendraient s'ajouter tout une série de nouveaux documents, au sujet desquels la science, encore réduite aux conjectures, pourrait acquérir des notions exactes. »

Il est probable que les sépultures normandes de la période piratique furent fouillées par les habitants des lieux voisins des endroits où elles avaient été établies, afin d'en retirer les armes et autres objets de valeur que les peuples du Nord avaient coutume d'enterrer avec le corps des décédés. Nous ne trouvons pas d'autre cause à l'absence complète, et presque inexplicable autrement, de tombeaux normands du ixe siècle.

L'agglomération elbeuvienne avait porté certainement un nom quelconque pendant la période franque ; mais il n'est point parvenu jusqu'à nous, et ce ne fut qu'après l'invasion normande qu'elle reçut des conquérants celui de « Wael Bus » qui voulait dire, dans leur langage, « le village de la Fontaine ». Voici, à ce sujet, l'opinion émise par le savant Huet, dans ses *Origines de Caen :*

« *Bu,* qui termine plusieurs noms de lieux en Normandie..., en vieux saxon, signifie village. Une infinité de villages en Angleterre, en Danemark, en Suède, sont terminés par *bi,* que les habitants prononcent *bu* dans l'île de de Zeeland... Il y a un village nommé *Querkebi* qui est le même nom sans aucun changement que Carquebu, village du Cotentin, et qui signifie village d'église. Le nom de *bu,* corrompu en *beuf* a produit les noms de Marbeuf, village de Marie — d'autres disent village des chevaux, c'est-à-dire des écuries — Quillebeuf, village de la Fontaine ; Criquebeuf, qui est le même que Carquebu, et une infinité de semblables. M. de Valois se mécompte donc bien quand il croit que les noms d'Elbeuf et de Quillebeuf viennent du gaulois *bot* et *bod* et de l'allemand *boden*, qui signifient le fond, la profondeur ; Elbeuf et Quillebeuf, comme tous les autres noms que j'ai rapportés, viennent de *bu :* « village ».

Et cela est si vrai qu'une antique sente qui aboutissait à la rue Meleuse, le long de laquelle se groupèrent les premières chaumières d'Elbeuf, fut nommée, naturellement, sente au *Bu* ou au *Bus*, c'est-à-dire chemin conduisant au village. Ce nom s'est perpétué jusqu'à nous, car la rue aux Bœufs n'est autre que l'ancienne sente au *Bus*, mais dont la dénomination a subi la même modification que celle de *Wael-Bus*, transformée en *Elbeuf*. — Le nom de la mare aux Bœufs, à Caudebec-lès-Elbeuf, signifie la Mare du Village.

Voici maintenant l'opinion de M. Joret :

« Parmi les noms propres qui paraissent ne pouvoir être que norois, un des plus curieux et un des plus obscurs, à première vue, est le radical *beuf*, employé seulement comme suffixe, et qui se présente dans les anciens textes sous les formes bued, buet, buoth, bot, bos, bo, boe, bu, bei, boue, enfin bof, boef, buf et beuf ; latin *bodum, botum, bodium, boium.*

« D'où dérive ce suffixe qu'on rencontre surtout dans les noms de localités des pays colonisés plus spécialement par les Normands, en particulier dans le Lieuvin, le Roumois et le pays de Caux ? Cette circonstance doit déjà induire à le chercher dans le scandinave, et les formes qui précèdent permettent de l'identifier avec le norois *budh*, le danois, *bod* l'anglais *bode* (boutique et demeure passagère). Ce suffixe est assez commun dans les noms géographiques de la haute Normandie : Belbeuf, Criquebeuf, Daubeuf, Elbeuf, Quillebeuf, etc. Dans la basse Normandie, je ne connais que Coulibeuf près Falaise, et Quillebeuf, hameau du Val de Saire.

« Un mot qui paraît très différent de *beuf*, au premier aspect, mais au point de vue étymologique lui est presque identique — M. Quicherat a aussi assigné la même origine scandinave à ces deux radicaux — est *bu(t)*, *bye*, dérivé du norois *bu*, du danois-suédois *by*, en anglo-saxon *bye* (maison) et conservé, on le voit, presque sans modification ; il s'emploie seul ou comme suffixe et n'appartient en propre à aucun pays. »

C'est encore à Huet, dont les connaissances étymologiques n'ont presque pas de contradicteurs, que nous demanderons la définition de la première partie de l'ancien nom d'Elbeuf : *Wael* « mot anglo-saxon, d'où s'est fait l'anglais *weel* ; il signifie fontaine, puits, mais paraît un peu travesti dans les noms de plusieurs lieux de Normandie.

« Quillebeuf, nommé dans les vieux titres *Guellebotum* et *Guellebodium*, est *Wealebuh*. C'est le même nom que Coullibeuf, Cailletot, Wealetoft : masure de la fontaine. Il se trouve même des villages et des seigneuries du nom de Veules, comme ailleurs il s'en trouve plusieurs qui s'appellent Fontaine et Fontaines. Orderic Vital les a nommés en latin *de Vetulis*, faute d'en savoir l'origine et la signification. » Notons, à l'appui, qu'une ville épiscopale anglaise, *Wells*, est appelée *Fontanensis Ecclesia* dans les anciens titres latins.

Quelques auteurs prétendent que le mot *wael* se subdivise ainsi : *Wa* qui signifie passage, dont le français a fait *gué*, par la substitution du G au W, comme dans Guillaume (Wilhem, William), garant (warant), etc., et de *El*, une eau quelconque.

Si l'on admettait cette étymologie, le nom d'Elbeuf signifierait « le village où la rivière passe », ou encore « le village où il faut traverser l'eau ». Nous sommes d'autant plus porté à accepter cette interprétation que nous croyons, nous l'avons déjà dit, que le Puchot avait des sources dans le vallon des Ecameaux. Mais n'en eût-il plus à cette époque, cette définition indiquerait que la voie laissée par les Romains, et dont se servirent plus tard les Francs et les Normands, traversait le Puchot au-dessous de la fontaine du Sud, probablement en face de la rue aux Bœufs.

François Dupont, qui écrivit une notice restée manuscrite, mais dont M. Guilmeth s'est servi pour son *Histoire d'Elbeuf*, résume ainsi l'étymologie du nom de notre ville :

« Que l'on ne soit pas surpris de toutes ces variations dans la manière d'écrire le mot « Velle ». Les noms propres ne sont pas assujettis aux lois de la grammaire ; il s'en fallait beaucoup que dans ce temps-là la langue française fut fixée — la langue française n'existait même pas encore — ; on écrivait comme on entendait prononcer. La plus part des actes publics étaient en latin, et dans tous ceux que j'ai vus, je trouve les mêmes variations pour rendre ce nom que dans le français ; je le trouve latinisé par *Welbum, Alboum, Ellebotum, Albotum, Elebotum, Ellebothum, de Elboïs, Elleboviam, Elbovium, Elbodum*, etc.

« Si l'on se demande comment il est arrivé que le nom ancien de « Wellebu » ait été changé en celui d'Elbeuf, je réponds que le mot « Welle » se prononçant comme « Ouelle », on a passé facilement à celui d'*Elle*. Dans tous les titres qui existent depuis l'an 1400 jusqu'à environ 1650, on voit toujours écrit Ellebeuf. Ce n'est que depuis un peu plus d'un siècle — le manuscrit de Dupont est de 1782 — qu'on écrit Elbeuf.

« Mais comment le mot « Bu » a-t-il été changé en « Bue », en Buef et aujourd'hui en Beuf ?

« D'une façon très simple. Les Normands se servaient du mot « Bu » pour signifier un village, un bourg, une ville ; les Français du mot « Bue » pour signifier un bœuf.

« Il était naturel que la langue française prît le dessus sur celle des Normands ; on oublia que ces mots « Bu », chez les Normands, et Bue, chez les Français signifiaient deux choses très différentes, et on suivit dans l'écriture et dans le langage toutes les variations de la langue française. »

M. Ballin a écrit qu'Elbeuf existait avant l'an 900 de notre ère, sous le nom de Brunan, Boulan ou Bouleng, mais que, postérieurement, notre localité reçut sa dénomination actuelle. D'après cet auteur, on retrouverait le nom de Bouleng dans celui que porte Saint-Aubin.

Cette opinion, acceptée par M. Guilmeth, ne repose sur aucun fondement. Il est prouvé, au contraire, que l'ancien fief de Brunant ou Boulleng était situé sur la rive droite de la Seine, et que la paroisse de Saint-Aubin près Elbeuf fut distinguée des autres du même nom par ces mots « jouxte Brunant ou Boulleng » parce que son église était contiguë à la terre de Brunent sur laquelle fut bâtie le prieuré de Saint-Gilles. Un « terrier » de l'année 1603, conservé aux Archives départementales, concerne spécialement « le noble fief, terre et seigneurie de Boullan » sur la paroisse de Saint-Aubin. Il ne peut donc y avoir de doute à ce sujet : Brunent n'a jamais été Elbeuf et Elbeuf ne s'est jamais nommé Brunent ou Boullan.

Le nom de Meleuse, que portait naguère encore la rue de l'Hospice, est fort ancien. Il pourrait, dit-on, avoir eu pour cause un moulin qui existait sur le Puchot et où conséquemment se trouvait une pierre « mouleuse ». Le mot meule viendrait du sanscrit *malassa*, voisin lui-même du mot Meleuse. Le nom de la ville de Meulan aurait la même origine que celui de la rue Meleuse d'Elbeuf.

Quoique nous ayons déjà parlé ailleurs de l'étymologie du mot « port », nous sommes obligé d'y revenir, tant à cause de la rue du Port, voie située entre Elbeuf et Caudebec, qu'à cause du port Saint-Gilles, ancien passage de la Seine entre Elbeuf et Saint-Aubin, et de répéter que ce mot, d'où sont dérivés ceux de porte et autres, signifiait passage.

Mais il exista un autre mot qui avait la même signification : c'est celui que nous trouvons dans le nom de Quatre-Ages, hameau situé sur Martot et Criquebeuf, qui s'écrivait autrefois Katerage, Katrage, Catterage ou Catherage.

Ce nom est, comme celui d'Elbeuf, d'origine scandinave et nous le retrouvons sous la forme Raz de Catte, près de Catteville (Manche), lieu célèbre par le naufrage de la *Blanche-Nef*, qui changea les destinées de deux grands Etats.

Catte ou Kate est une altération de *gatte*, de l'islandais *gata*, porte, passage. Le nom de Caen, *Cat-hum*, signifie littéralement le passage du *hom* ou de l'île, la rue, le gué. Un passage situé à l'embouchure de la Dives s'appelle Houllegatte. Un ancien triège de Freneuse, en face de Quatre-Ages, se nommait également Houlegate ; il s'étendait sur Sotteville-sous-le-Val. On sait que la voie antique d'Elbeuf à Radepont traversait la Seine au-dessus du hameau de Quatre-Ages, vers la limite de Freneuse et de Sotteville, c'est-à-dire à Houlegate. — Cabourg se disait *Cathburgus*. Nous voyons encore ce mot *Catte* dans Vaigat, Cattégat, passages danois.

Quant au mot « rage », il n'est qu'une corruption de *raz*, courant rapide ; c'est l'islandais *ras*, rapide.

Gatteraz ou Quatre-Ages veut donc dire passage d'un courant rapide.

Quelques faits de l'histoire de notre province au xe siècle, vont nous amener à une autre observation étymologique locale :

En l'année 927, Rollon abandonna le pouvoir ducal en faveur de son fils Guillaume dit Longue-Epée ; mais il ne mourut que vers 932, et fut inhumé dans l'église cathédrale de Rouen, qu'il avait enrichie de ses libéralités.

Guillaume combattit les Bretons, s'empara des pays de Coutances et d'Avranches, et fit rechercher son alliance de puissants comtes. Mais la haute considération qu'eurent les étrangers pour le duc Guillaume souleva la jalousie de certains Normands, notamment de Riulf, commandant dans le Cotentin ; il persuada à ses amis que la puissance de Guillaume était trop grande et qu'il fallait l'abaisser.

Une armée de mécontents partit de la basse Normandie et vint camper devant Rouen. Guillaume eut peur et il allait fuir en France quand Bernard, un des vieux compagnons, d'autres disent un parent de Rollon, lui remontra la lâcheté qu'il allait commettre. Rendu à lui-même, Guillaume fondit sur les révoltés qu'il tailla en pièces au « pré de la Bataille ».

Le Bernard dont il est ici question fut peut-être celui qui donna son nom à une terre dépendant de notre ville. En tous cas, le Thuit-Bénard — autrefois Thuit-Bernard, — confondu aujourd'hui avec le Buquet, hameau s'étendant pour partie sur le territoire d'Elbeuf et pour l'autre sur La Londe, a eu certainement pour premier propriétaire un chef normand. Nous ne répéterons pas que le mot Thuit est également d'origine scandinave.

Peu d'Elbeuviens, voire même du Buquet, connaissent cet ancien nom de Thuit-Bénard, qui cependant figure sur la carte de l'Etat-major. Nous rappellerons, à ce propos, une anecdote se rattachant à la guerre de 1870-1871 :

Des officiers prussiens, la carte française à la main, se dirigèrent, un jour de décembre, d'Elbeuf vers Bourgtheroulde. Arrivés au four à chaux, ils demandèrent à des habitants du quartier si, pour aller à Thuit-Bénard, il fallait continuer à suivre la route départementale ou prendre, à droite, celle du Buquet. Il leur fut répondu que l'on ne connaissait pas Thuit-Bénard, mais seulement Thuit-Hébert, Thuit-Anger, etc.

Les officiers allemands crurent à la mauvaise volonté des gens qu'ils interrogeaient, et peut-être auraient-ils fait arrêter les premiers auxquels ils s'étaient adressés si, ayant posé la même question à un assez grand nombre d'autres personnes, ils n'eussent acquis la certitude que ce nom de Thuit-Bénard était une erreur du graveur.

Notons encore que M. Auguste Le Prevost chercha très longtemps ce Thuit-Bénard dans l'Eure, où, naturellement, il ne le trouva pas, quoiqu'il fût mentionné dans des actes concernant des communes de ce département.

Après avoir pris part à diverses entreprises, Guillaume Longue-Epée mourut assassiné dans une île de la Somme. Son cadavre fut inhumé aussi dans l'église Notre-Dame.

Alors, le duché de Normandie passa aux mains de Richard Ier, son fils, à peine âgé de dix ans, et que Guillaume avait fait venir secrètement de Fécamp dans le domaine qu'il possédait à Quevilly, puis envoyé à Bayeux, afin qu'il y apprît la langue du Nord, déjà oubliée à Rouen, suivant Dudon de Saint-Quentin.

Le jeune prince Richard ne retourna de Bayeux à Rouen que pour assister aux funérailles de son père ; puis il fut confié au vieux Bernard qui, peut-être, pour le soustraire aux entreprises des ennemis de son père, vint avec lui au Thuit-Bénard. Inutile de dire que nous n'émettons ici qu'une simple supposition.

Louis d'Outremer, fils de Charles-le-Simple, alla, peu après la mort de Guillaume, s'établir à Rouen, où il se fit amener le jeune orphelin; Dudon dit qu'il le couvrit de caresses, l'admit à sa table, lui fit dresser un lit à côté du sien.

Le lendemain, Bernard redemanda l'enfant, sous prétexte de lui faire prendre un bain ; mais le roi insista pour qu'on le lui laissât. La foule s'émut de l'obstination du roi de France à garder le jeune prince, et il s'en suivit une émeute que Louis calma en se montrant avec l'enfant dans ses bras. Cependant il réussit à l'emmener avec lui à Compiègne.

Peu après, Louis d'Outremer revint en Normandie, reçut Evreux des mains de Hugues-le-Grand qui s'en était emparé. L'année suivante, en 944, les Normands de la rive droite de la Seine se soumirent au roi de France, mais le vieux Bernard parvint à mettre la division entre Louis et Hugues, et appela les Danois au secours du jeune Richard. Le roi Harald dit à la Dent-Noire accourut, écrasa les Français, fit prisonnier Louis d'Outremer qui était retourné à Rouen, et rétablit l'autorité de Richard, qu'Osmond avait enlevé de Laon, où le roi de France l'avait fait détenir.

Louis d'Outremer, à son tour emprisonné à Laon, fit appeler son beau-frère Othon, roi de Germanie. Louis fut remis en liberté ; mais, en 946, les deux rois gagnèrent le territoire normand par la rive droite de la Seine et se présentèrent devant Rouen. Les secours arrivaient aux Rouennais par le pont de bateaux qui communiquait avec le faubourg d'Emendreville, aujourd'hui Saint-Sever, et Othon désirait interrompre cette communication ; mais il dut renoncer à son projet. Ses troupes furent massacrées à la Rougemare, qui doit son nom à la quantité de sang répandu en cet endroit. Othon se retira.

Vers l'an 961, notre contrée fut le théâtre de faits de guerre, que M. Licquet résume ainsi : « Lothaire et plusieurs de ses vassaux entrèrent sur le territoire normand, vers la partie septentrionale, sans pouvoir effectuer le passage de la rivière d'Eaulne, défendu par Richard en personne. Thibault attaqua ensuite Evreux, qu'il prit d'assaut, selon Dudon, par trahison, selon Guillaume de Jumièges.

Richard, de son côté, conduisit ses Normands au pillage dans le pays Chartrain, après quoi il revint à Rouen. Cette expédition eut évidemment lieu par l'ancienne voie romaine de Rouen à Evreux. Bientôt Thibault reparait sur la rive gauche de la Seine, au faubourg d'Emendreville. Richard réunit des bateaux, passe le fleuve et tombe sur l'ennemi, qu'il met en déroute.

Mais Richard craignant de voir augmenter le nombre de ses ennemis, demanda de nouveau des secours à Harald, roi de Danemark, qui lui envoya une flotte et des hommes avides de pillage. Ils entrèrent dans la Seine, en 963, et s'arrêtèrent un instant à Rouen. Richard leur fit remonter le fleuve ; ils passèrent devant Elbeuf et gagnèrent Jeufosse, près Vernon, d'où ils se répandirent dans les domaines du roi de France et du comte de Chartres, qu'ils pillèrent et mirent à feu et à sang. Pendant ces abominables dévastations, notre contrée jouissait d'un calme absolu, et ses habitants rachetaient à vil prix le butin enlevé sur les ennemis.

On ne possède que peu de renseignements sur les conditions d'existence des habitants de notre région sous les premiers ducs de Normandie. Tout ce que l'on sait, c'est que, malgré la tranquillité qui régna, le sort de la masse ne fut pas amélioré. Les nobles, les prêtres, les moines furent à peu près seuls à jouir des bénéfices de la paix. Quant au peuple, il ne gagna rien du tout à avoir changé de maître, ainsi que nous le verrons bientôt.

CHAPITRE VIII
(965-1035)

Premières mentions du nom d'Elbeuf. — L'église d'Elbeuf donnée a Saint-Taurin d'Evreux. — L'an mil. — Elbeuf détaché du domaine ducal. — Le manoir d'Elbeuf. — La rue et le moulin Saint-Jean. — Le comte Drogon, sire d'Elbeuf.

Ce n'est que grâce à l'archéologie, à la numismatique, à l'étymologie et aux anciens chroniqueurs que nous avons pu, jusqu'ici, parler du territoire occupé par Elbeuf et de ses habitants, car aucune pièce d'écriture antérieure à la fin du xe siècle, nommant notre localité, n'est parvenue jusqu'à nous. Mais la paléographie va venir maintenant à notre aide, et si, pendant plusieurs siècles encore, les textes sont rares — conséquence du peu d'importance qu'avait le village d'Elbeuf — ceux que nous rencontrerons çà et là nous serviront au moins de jalons pour guider nos pas.

Le plus ancien document connu mentionnant Elbeuf est une charte de Richard Ier, duc de Normandie, fondateur de l'abbaye de Saint-Taurin d'Evreux, par laquelle il donna à ce monastère, entre autres biens, les églises d'Elbeuf, de Caudebec, de Louviers et de Pinterville.

Voici le passage intéressant notre contrée, tel qu'il se trouve dans les deux Cartulaires de Saint-Taurin que possèdent les Archives de l'Eure :

« ... *Et in Ebroicensi pago, ecclesias de Wellebou et de Caldebec et de Loviers et de Pintervilla, cum omnibus decimis que ad illas pertinent, et hospitibus multis eidem ecclesie servientibus.* »

« ... Et dans le pays d'Evreux, les églises d'Elbeuf, de Caudebec, de Louviers et de Pinterville, avec toutes les dîmes qui s'y rattachent, ainsi que les nombreux hôtes appartenant à ces églises ».

M. Bonnin, qui a publié cette charte, dit que, dans l'histoire de Richard Ier, telle que la donnent les chroniqueurs, on ne trouve aucun fait, aucun détail, dont on puisse s'autoriser pour fixer une date précise à la fondation de l'abbaye de Saint-Taurin.

En 962, si l'on doit s'en rapporter à la *Chronique* de Tours, Richard reprit la ville d'Evreux, à l'aide des Alains et des Danois venus à son secours. Peut-être est-ce à la suite de cet évènement que la donation dont nous parlons fut faite, pour indemniser le clergé des pertes qu'il avait éprouvées dans cette circonstance ; mais il paraît plus probable que ce fut plus tard, à Fécamp, sous l'influence du millénaire qui s'approchait, et peu de temps avant sa mort, vers 996, lorsque ce prince fit reconnaître par ses grands vassaux Richard II, son fils, pour successeur, que fut rédigée la charte par laquelle il ratifiait des dons partiels et antérieurs.

Dans tous les cas, c'est à la fin du xe siècle que le nom d'Elbeuf est, pour la première fois, cité dans un acte authentique. Nous remarquerons, à ce sujet, que peu de localités peuvent revendiquer une mention plus reculée. A l'exception des grandes villes et de quelques paroisses dont les noms, comme celui de notre ville, figurent dans les archives des anciens monastères, on ne rencontre la plupart des noms de lieu qu'à partir du xie ou du xiie siècle et souvent même plus tard.

Elbeuf était donc, comme nous l'avons déjà dit, propriété particulière des ducs de Normandie, qui y possédaient un manoir où, peut-être, ils couchaient quelquefois, quand les plaisirs de la chasse les attiraient dans les forêts voisines.

La population du village de *Wellebou* n'était apparemment guère nombreuse ; elle ne dépassait pas certainement une centaine d'individus, dont les habitations, en dehors des deux ou trois fermes qui pouvaient exister sur le territoire elbeuvien, consistaient encore en de mauvaises cabanes environnant le cours du Puchot et l'église paroissiale.

Ces pauvres gens étaient, comme par le passé, asservis pour la plupart, soumis aux travaux forestiers pendant l'hiver, à la garde des troupeaux et à l'exploitation du sol cultivable et des prairies pendant l'été, pour le compte du duc de Normandie, représenté à Elbeuf par un officier de sa maison.

L'église d'Elbeuf était vraisemblablement un petit édifice, bâti sur ou très près de l'emplacement de l'église Saint-Etienne actuelle.

Notons, en passant, que c'est à tort que Ballin a écrit que deux églises existaient alors à Elbeuf, car s'il y en eût eu plusieurs, la charte de Richard les eût mentionnées chacune par le nom de son patron.

La voirie elbeuvienne était probablement la même qu'au temps de l'occupation romaine, mais dans un bien plus mauvais état. Elle se composait de chemins boueux, mal entretenus, comme nous en voyons encore un trop grand nombre dans les communes rurales. Ils occupaient en tout ou partie, l'emplacement des rues des Ecameaux, du Thuit-Anger, de l'Hospice, aux Bœufs, des Echelettes, du Centre, Royale, Saint-Etienne et des Rouvalets. Un autre chemin, nous l'avons déjà dit, partait de l'église Saint-Etienne pour gagner le sommet de la côte Saint-Auct, d'où, aussi, l'on pouvait descendre par l'ancien sentier qui débouchait rue Meleuse.

Le Puchot suivait encore probablement son cours par les rues de la République et Saint-Jean, après avoir donné le mouvement au moulin Saint-Etienne ; mais des prairies s'étaient créées dans la partie basse de l'Elbeuf actuel.

La charte de Richard Ier, en mentionnant l'église d'Elbeuf comme située dans le pays d'Évreux, semble nous mettre en contradiction avec ce que nous avons avancé précédemment touchant la ligne séparative de ce pays et de celui de Rouen, que nous avons fixée au cours du Puchot.

Il n'en est rien cependant. D'autres erreurs des scribes du moyen âge nous autorisent à croire que le rédacteur de la charte ducale s'est trompé. A titre d'exemple, nous citerons une pièce, de l'an 1014, qui place Hauville-en-Roumois dans le pays de Chartres. L'écrivain de l'acte qui nous concerne était d'autant plus excusable que Caudebec, paroisse relativement très importante, était véritablement dans le pays d'Evreux. Il aura conclu qu'Elbeuf, localité contiguë, en faisait partie également. Mais l'Elbeuf d'alors était dans le Roumois, doyenné de Bourgtheroulde.

Nous ne dirons rien de l'échafaudage établi par M. Guilmeth à propos de cette charte : nous aurions, d'ailleurs, trop à faire s'il nous fallait relever toutes les erreurs volontaires ou involontaires de cet auteur, qui alla même jusqu'à faire, de l'Elbeuf du xe siècle, un centre manufacturier jouissant d'une grande prospérité et étant « parmi les autres localités industrielles et commerçantes des environs de Rouen, l'une des plus actives, des plus populeuses et des plus riches. » De telles affirmations ne se discutent pas.

Richard Ier, surnommé Sans-Peur, mourut donc en 997. Son fils Richard II lui succéda au duché de Normandie.

A cette époque, le régime féodal était devenu insupportable aux populations de notre contrée. En 996, des rassemblements se formèrent ; on y résolut de s'affranchir de la tyrannie des seigneurs, d'user librement des avantages de la nature, sans égard pour les privilèges établis. Des députés furent nommés pour porter le résultat des délibérations à une réunion qui devait les résumer.

Mais nous laisserons parler le moine Guillaume de Jumièges, qui vivait au siècle suivant, en faisant remarquer que ce religieux n'écrivit que pour flatter les ducs de notre province et qu'il fit souvent preuve d'une très grande partialité :

« ... Il s'éleva dans l'intérieur du duché de Normandie un certain germe empoisonné de troubles civils. Dans les divers comtés du pays de Normandie, les paysans formèrent d'un commun accord un grand nombre de conventicules, dans lesquels ils résolurent de vivre selon leur fantaisie, et de se gouverner d'après leurs propres lois, tant dans les profondeurs des forêts que dans le voisinage des eaux, sans se laisser arrêter par aucun droit antérieurement établi. Et afin que ces conventions fussent mieux ratifiées, chacune des assemblées de ce peuple en fureur nomma deux députés, qui durent porter ses résolutions pour les faire confirmer dans une assemblée tenue au milieu des terres.

« Dès que le duc en fut informé, il envoya sur le champ le comte Raoul avec un grand nombre de chevaliers, afin de réprimer la férocité des campagnes, et de dissoudre cette assemblée de paysans. Raoul, exécutant ses ordres sans retard, se saisit aussitôt de tous les députés et de quelques autres hommes, et, leur faisant couper les pieds et les mains, il les renvoya aux leurs, ainsi mis hors de service, afin que la vue de ce qui était arrivé aux uns détournât les autres de pareilles entreprises, et, rendant ceux-ci plus prudents, les garantît de plus grands maux. Ayant vu ces choses, les paysans abandonnèrent leurs assemblées et retournèrent à leurs charrues. »

Voilà comment furent traités, par le duc de Normandie, les anciens Gallo-Romains de notre contrée, qui formaient encore à cette époque la plus grande partie de la population. Leur tentative de rébellion avorta donc et ils continuèrent à vivre dans la servitude la plus profonde. Ne croyaient-ils pas, d'ailleurs, que la fin du monde était imminente et que Dieu les vengerait de la cruauté de leur prince?

On sait que tous, alors, les riches comme les pauvres, les grands comme les petits, furent plongés dans la crainte par l'approche de l'an 1000. Voici ce que nous lisons à ce sujet dans un ouvrage de M. Barabé : *Le Tabellionage de Normandie :*

« Une chose qui contribua beaucoup, à cette époque, à entretenir le peuple dans l'insouciance des biens terrestres, et surtout dans l'ignorance, fut l'appréhension de la fin du monde, qui devait s'accomplir avec la révolution du xe siècle. Aussi vit-on les princes et les seigneurs abandonner leurs terres et leurs châteaux aux églises et aux monastères, pour s'acquérir des protections dans le ciel. Le préambule des chartes de l'époque en fait foi, car il porte : « La fin du monde approchant, et sa ruine étant imminente, » etc. Nous nous souvenons d'avoir lu, aux mains du syndic des communistes des pâtures de la Harelle, à Heurteauville, près de Jumièges, la copie en forme d'une charte de donation de diverses possessions faite aux religieux de Jumièges, confirmée par Richard-le-Bon, duc de Normandie, où cette appréhension est vivement exprimée comme mépris des choses terrestres et de dessaisissement. »

Mais, aussi, après ce terme, supposé fatal, ce fut partout un concours d'efforts, une nouvelle vie, pour élever ou rebâtir avec pompe des églises ou des monastères, comme actions de grâces rendues à la divinité pour avoir détourné le fléau. La Normandie se couvrit donc de monuments religieux pendant le xie siècle. C'est de cette époque que datent la tour romane de Caudebec-lès-Elbeuf, l'abside de la Londe, et nombre d'églises détruites plus tard, puis reconstruites.

La crainte de l'an 1000 passée, les guerres reprirent avec une nouvelle intensité. Vers 1007, le duc Richard II combattit Eudes, comte de Chartres, son beau-frère. Dans cette lutte, il est à croire que les troupes normandes, pour se rendre de Rouen dans la Beauce, passèrent par Elbeuf. Richard construisit un château à Thillières sur-Avre, y laissa des soldats et retourna à Rouen, sans doute en suivant encore l'ancienne voie romaine qui traversait notre localité.

Le duc Richard II donna en l'an 1020, aux moines de Saint-Père, de Chartres, huit seines, dont deux aux Damps et deux à Elbeuf *(Guillebo)*. On sait que les seines sont les plus grands filets dont se servent les pêcheurs en rivières ; elles s'étendent quelquefois d'une rive à l'autre ; mais, par la donation de Richard, il faut entendre une section du fleuve, devant Elbeuf, où les hommes des moines auraient désormais droit de pêche au moyen de deux seines.

C'est donc dans cette charte que l'on trouve la deuxième mention d'Elbeuf ; on rencontrerait peut-être encore son nom dans d'autres pièces antérieures à celle-ci, mais elles ne sont pas connues.

On remarquera la substitution du *G* au *W* dans cette nouvelle forme du nom de notre

MONUMENTS ROMANS DES ENVIRONS D'ELBEUF
La tour de Caudebec. — Le portail de St-Cyr. — L'abside de la Londe.

ville. Elle nous porte à croire que son rédacteur était du pays Chartrain, où la langue parlée par la masse du peuple et les clercs avait conservé beaucoup de tournures gallo-romaines, alors qu'à Elbeuf, comme dans le reste de la Normandie, le langage avait davantage subi l'influence des hommes du Nord.

Le territoire d'Elbeuf fut détaché du domaine ducal, en 1025, et donné au comte Dreux ou Drogon, seigneur du Vexin, à la suite d'évènements que M. Licquet résume ainsi :

« L'alliance de la Normandie était partout recherchée avec empressement. Sans l'appui de cette province, la race capétienne se fût difficilement maintenue sur le trône, qu'elle avait jusqu'à un certain point usurpé. Renaud, l'un des seigneurs de Bourgogne, voulut aussi se placer sous son patronage, demanda et obtint en mariage Adèle, fille de Richard II.

« Assez longtemps après cette union, un différend s'éleva entre Hugues, comte de Châlons, et Renaud. Celui-ci ayant donné dans un piège que lui avait tendu son ennemi, fut pris, chargé de fers, et confiné dans une étroite prison.

« Informé de cet évènement, le duc Richard intercéda aussitôt pour son gendre, et fit prier le comte Hugues de le remettre en liberté. Hugues, non seulement refusa de relâcher son captif, mais resserra encore sa prison. Peut-être comptait-il sur la distance qui le séparait de la Normandie : il se trompa.

« Richard assembla ses Normands, et comme il était trop vieux alors pour diriger en personne l'expédition, il en confia le commandement à son fils aîné. Il avait préalablement acheté le consentement des comtes du Vexin, pour traverser ainsi leurs domaines, en leur donnant la terre d'Elbeuf et celle de Chamboy dans le comté d'Exmes ».

Le poète Robert Wace, dans son *Roman de Rou*, en racontant par quelles circonstances ces domaines changèrent de propriétaire, qualifie de bons manoirs les terres d'Elbeuf et de Chamboy. Cette chronique rimée nous fournit l'occasion de citer un spécimen de la langue parlée en Normandie au commencement du XIe siècle :

> Bien fet ki preste, miex ki dune.
> A un des cuntes de Pérune,
> Ki en France ert de grant pocir,
> Pur s'aïe à cel tems aveir,
> Duna Richart dui buns maneirs
> A li en fieu et à sez eirs ;
> Ceo fut Oellebuef et Canbai ;
> Lunges les out, ceo en sai
> Robert ki dunc ert reis de France,
> En ki Richart out grant fiance,
> Les fist par sa terre passer
> E quittement partut aler,
> Tant ke en France orent passée...

Robert du Mont, contemporain de Robert Wace, donne une importance au moins aussi grande aux terres que le duc Richard II céda au comte Drogon, seigneur du Vexin : ...*dedit etiam secundus Richardus duas villas optimas in Normannia, scilicet Wellebum super Sequanam et Cambaium in Oxismensi pago*...

Ces deux passages, d'auteurs différents, indiquent que, sous les premiers ducs de Normandie, la terre d'Elbeuf était considérée comme étant d'une grande valeur, et elle l'était, en effet, par son étendue, car la *villa* ou domaine elbeuvien comprenait non seulement notre territoire proprement dit, mais encore celui de Caudebec, la forêt qui prit plus tard le nom des Monts-le-Comte et ensuite celui de forêt d'Elbeuf, l'eau et les îles de la Seine depuis le Gravier d'Orival jusqu'à « l'ombre du pont du Pont-de-l'Arche, heure de midi », une grande partie de la presqu'île de Saint-Aubin, etc. Mais ces mots « bon manoir » n'impliquent pas, comme M. Guilmeth l'a écrit avec trop de légèreté, qu'Elbeuf fût fortifié.

Ce mot « manoir » est l'infinitif d'un ancien verbe qui signifiait demeurer et d'où est sorti le participe présent « manant » devenu lui-même nom commun signifiant habitant « resséant » et pris de nos jours dans un sens très différent. « Manoir » a tout juste, dans les textes que nous venons de citer, la même valeur qu'aurait le mot « demeuroir », si celui-ci était français.

Les manoirs de cette époque étaient généralement des rendez-vous de chasse appartenant aux princes. Au moyen âge, les manoirs royaux ne se composaient guère que d'une salle, une chambre à coucher, un cellier, une écurie et une chapelle ; ce fut le plan commun de tous les manoirs jusqu'au XIVe siècle, dit le *Grand Dictionnaire*.

Le manoir proprement dit, « le chef-moi, le logis », pouvait être entouré de murs, de fossés : c'était le cas de celui d'Elbeuf, ainsi que nous le démontrerons plus tard ; mais il n'était point défendu par des tours, ni par des courtines crénelées, etc.

Le chef-moi du manoir d'Elbeuf consistait en un enclos situé place du Coq, vis-à-vis la rue Saint-Jean actuelle. Il était borné au Nord par l'ancienne voie romaine, c'est-à dire les rues de la République et de la Barrière ; au Couchant par un chemin auquel la rue du Centre a succédé ; au Midi par des murs ou des haies bordés de fossés à l'extérieur, le long desquels s'ouvrit, naturellement, un sentier qui porta plus tard le nom de ruelle des Fossés et devint la rue de la Bague, aujourd'hui rue Camille-Randoing ; enfin, au Levant, l'enclos était limité par un très ancien chemin dont nous avons déjà parlé, et que l'on peut considérer comme ayant été remplacé par la rue Percière. — La rue du Marché-Saint-Louis faisait, cela va de soi, partie de la ruelle des Fossés.

Dans ce chef-moi existaient plusieurs bâtiments ; d'abord l'habitation du maître, d'autres pour ses serviteurs, le chai, la vénerie, l'écurie, etc. Mais dans son ensemble, il n'avait guère plus d'importance que n'a, de nos jours, un corps de ferme quelconque.

Le Puchot, ou du moins l'un de ses bras, suivait-il encore, à cette époque, son cours naturel par la rue Saint-Jean ? Nous n'en savons rien, et il est à peu près certain qu'on ne le saura jamais. Mais il est probable que le manoir cessa d'être un simple rendez-vous de chasse quand il eût un propriétaire particulier, et que celui-ci voulut tirer de son nouveau domaine tout le parti que présentaient sa situation et le cours rapide de la petite rivière. Nous n'affirmons pas, nous ne faisons que supposer, mais nous allons appuyer cette supposition de quelques explications :

Il est démontré, par l'examen du sol et l'observation, que, sur le côté Est de la rue Saint-Jean actuelle, entre la ligne des maisons et le large et profond ruisseau que les Elbeuviens âgés de cinquante ans ont tous connu, il régnait autrefois une chaussée par laquelle on accédait à la Seine.

Que ce soit le comte Drogon ou l'un de ses successeurs, ou même un des ducs de Normandie, ses prédécesseurs dans la propriété d'Elbeuf, il est certain aussi que l'un d'eux fit détourner le cours du Puchot, par le canal existant encore derrière les maisons des rues de la République et Saint-Jean, afin de donner une course moins rapide à ses eaux, les amasser dans un bief et produire une chute sur la roue d'un moulin bâti à peu de distance de l'église, en face de l'ancienne cour Potteau, aujourd'hui marché aux Fleurs.

Les terres enlevées pendant la construction de ce canal furent rejetées sur son bord occidental, peut-être dans l'intention de combler le lit du Puchot ou tout simplement pour créer une chaussée parallèle à la première, et donner ainsi accès au moulin. Dans tous les cas, après que ce moulin fut mis en activité, il s'éleva quelques légères constructions sur cette deuxième chaussée.

Ces deux voies parallèles, séparées par le ruisseau qui avait succédé à l'ancien cours du Puchot, eurent pour résultat définitif la très large rue que nous voyons de nos jours, et au milieu de laquelle la ravine des Ecameaux passa pendant des siècles.

Mais la chaussée occidentale s'arrêtait au moulin. Les eaux du Puchot reprenant ensuite leur cours naturel, les constructions qui, ultérieurement, s'élevèrent de ce côté dans la partie basse de la rue Saint-Jean, durent être reportées en arrière ; c'est ce qui explique le retrait que l'on remarque dans l'alignement des maisons de cette voie, entre la rue du Moulin et la Seine.

Plus tard, on pratiqua une nouvelle dérivation des eaux du Puchot pour actionner le moulin à tan du pré Basile. Enfin, plus tard encore, on créa le réservoir de la Rigole.

Il va sans dire que nous ne fixons pas ces divers travaux au temps du comte Drogon ; nous ne savons à quelle époque ils furent exécutés ; tout ce que nous pouvons affirmer c'est qu'ils existaient avant la fin du xive siècle.

Disons, en passant, que le nom d'Elbeuf que nous avons déjà rencontré quatre fois jusqu'ici, et chaque fois sous une forme nouvelle, dans trois textes latins et un franco-normand : *Wellebou, Guillebo,* Oellebuef et *Wellebum,* ne se retrouve plus dans les actes des années qui suivirent, du moins dans aucun de ceux dont nous avons eu connaissance ; ce ne sera qu'au siècle suivant que nous le verrons reparaître.

Voyons, maintenant, ce qu'il advint au comte Hugues de Châlons : son aventure nous fera connaître un des côtés des mœurs seigneuriales à cette époque, puis nous reviendrons au comte Drogon, premier seigneur particulier d'Elbeuf.

La question du passage à travers le Vexin réglée, le jeune prince normand, accompagné de son frère, se mit en marche. Le roi de France, « qui moult aimoit Richart, dit la *Chronique de Normandie,* laissa passer les deux filz au duc moult voulentiers parmi sa terre en paiant leurs despens ».

A la tête de cette multitude, toujours avide de butin et de conquêtes, le prince normand envahit la Bourgogne, prit des châteaux, mit le feu partout : c'est ainsi que la guerre se faisait alors.

Le vieil historien, cité par dom Bouquet, dans son *Recueil des historiens des Gaules*, ajoute même, sans autre réflexion, ainsi que le remarque M. Licquet, et comme une chose naturelle en pareil cas, que les Normands brûlèrent aussi les hommes, les femmes et les petits enfants.

Le comte de Châlons s'aperçut, mais trop tard, qu'il avait eu tort de lutter contre la Normandie ; il se soumit donc à l'humiliation la plus forte qui pût être alors imposée à un chevalier, et se présenta devant son jeune adversaire, une selle de cheval sur le dos ; car telle était l'ordonnance, dit encore la *Chronique de Normandie*, « qu'un homme desconfit se rendoit, une selle à son col, afin que son vainqueur le chevauchast, s'il lui plaisoit ».

En cet équipage, il implora son pardon : on le lui accorda à la condition qu'il mettrait en liberté le comte Renaud, et qu'il se rendrait à Rouen, auprès du duc Richard II, afin de lui donner particulièrement satisfaction. La guerre terminée, le jeune prince revint avec ses troupes en Normandie.

Le comte Dreux ou Drogon, auquel la terre d'Elbeuf fut cédée à titre de fief relevant de la couronne de Normandie, était le chef de la maison du Vexin.

Par sa mère, Adélaïs ou Adèle de Crespy, il descendait de Pépin II, comte de Péronne et de Saint-Quentin ; de Bernard, roi des Lombards, comte de Vermandois, et enfin de

Pépin I*er*, roi d'Italie, second fils de l'empereur Charlemagne.

Par son père, Gauthier II dit le Blanc, mort vers l'année 1017, il était héritier de la plus grande partie des biens des anciens comtes de Mantes et d'Amiens ; cette dernière ville était le lieu de sa naissance.

Il avait trois frères : Raoul, comte de Crespy-Valois ; Foulques, évêque d'Amiens ; et Guy, qui devint aussi évêque d'Amiens, après la mort de son frère, et enfin une sœur, Adélaïs ou Adèle, qui avait épousé, vers 1015, Robert II*e* du nom, comte de Meulan, seigneur de Montfort, fils de Hugues le Grand et d'Adeline, comtesse de Meulan.

Par la cession de la terre d'Elbeuf, le comte Dreux était donc devenu vassal des ducs de Normandie ; mais malgré son orgueil, car il se disait comte « par la seule volonté du Ciel », il rechercha l'amitié des ducs normands, dont il obtint les faveurs. Ce fut l'un des plus grands seigneurs de son temps, et ses richesses étaient considérables. Outre celui du Vexin, il possédait les comtés d'Amiens, de Mantes de Pontoise, de Chaumont et une partie de celui de Senlis. Il était porte-oriflamme de France, et avoué défenseur des abbayes de Saint-Denis, de Saint-Germain-des-Prés de Saint-Wandrille et de Jumiéges.

Nous voyons le comte Dreux, en 1017, accorder aux moines de cette dernière abbaye, pour le repos de son âme et celle d'Emme, sa femme, l'affranchissement de la terre de Gesneville, que, précédemment, il avait surchargée d'exactions.

Le duc Richard II mourut à Fécamp, le 22 août 1026. Son fils Richard III*e* du nom, qu'il avait eu d'un premier mariage avec Judith de Bretagne, lui succéda.

Le comte Dreux, seigneur d'Elbeuf, fut aussi l'ami du nouveau souverain de la Normandie, mais Richard III ne régna que peu de temps. Il mourut à Rouen, en 1027, empoisonné, dit-on, par son frère Robert, qui régna après lui, bien que Richard laissât un fils, Nicolas, encore au berceau à la mort de son père.

Robert Ier, sixième duc de Normandie, eût à lutter au début de son règne contre l'archevêque de Rouen, son oncle, et contre Hugues, évêque de Bayeux. En 1028, le nouveau duc passa probablement par Elbeuf quand il alla assiéger l'archevêque dans sa ville d'Evreux; le prélat s'enfuit en France, en jetant l'anathème sur la Normandie.

Le duc Robert rétablit sur son trône le roi de France Henri Ier, en l'année 1031, par une expédition dans laquelle « avec une impétuosité toute normande » il mit le feu partout, notamment à la ville d'Orléans.

Pour prix de ce service, le roi Henri remit au duc Robert tout le Vexin, depuis la rivière d'Epte jusqu'à l'Oise, dit Orderic Vital : « Drogon, comte de cette province, y donna son consentement, et, ayant fait son hommage servit fidèlement, tant qu'il vécut, le duc de Normandie. Ces deux seigneurs se distinguaient par un éminent mérite ; ils s'aimaient beaucoup et trouvaient un grand plaisir à s'honorer et à se rendre service.

« Drogon, remarque également le moine d'Ouche, était du sang de Charlemagne, roi des Français. Le duc Robert lui avait donné en mariage sa cousine Godiove — elle est nommée Emme autre part — sœur d'Edouard, roi des Anglais... Cette jeune princesse fut exilée en Normandie avec son frère, pendant que Canut, roi des Danois, envahit l'Angleterre... »

Une famine terrible, puis une peste désolèrent notre pays en 1033. Après avoir épuisé la production de la terre, dont la récolte n'avait atteint que le sixième de ce qu'elle rendait d'ordinaire, on dévora les animaux domestiques, d'abord, et ensuite des cadavres humains !

Des voyageurs furent assaillis sur les routes, tués, dépecés et mangés. Des hommes attiraient les enfants dans des endroits écartés, les immolaient et se jetaient sur leur corps, qu'ils dévoraient. On vendit même de la chair humaine, cuite, sur les marchés !

Après avoir fait reconnaître pour son fils, un enfant qu'il avait eu d'une blanchisseuse de Falaise, le duc Robert partit pour la Terre-Sainte, pieds nus, pour faire pénitence, dit-on, de l'empoisonnement de Richard III, son frère.

Il se disposait à revenir quand il fut lui-même empoisonné, le 3 juillet 1035, à Nicée, où on l'enterra.

C'est Robert Ier qui a été appelé Robert-le-Diable, et auquel on a attribué la construction du château-fort de Moulineaux. Est-il besoin de dire que le Robert-le-Diable de la légende n'a jamais existé ? L'erreur provient de ce qu'on avait placé, en tête d'une vieille chronique, un roman de chevalerie ayant pour titre « Robert-le-Diable », fils d'un prétendu duc de Normandie du nom d'Aubert.

Le comte Dreux ou Drogon, qui, avec son fils Gauthier, avait accompagné le duc en Palestine, ne lui survécut que quelques mois ; car, le 15 novembre suivant, il mourut en revenant de ce pèlerinage. Gauthier rentra en Normandie.

CHAPITRE IX
(1035-1096)

Gauthier III du Vexin, sire d'Elbeuf. — Faits de guerre. — Guillaume-le-Conquérant. — Raoul II de Crespy, sire d'Elbeuf. — Mœurs publiques. — Simon de Crespy, Adèle, puis Isabelle de Vermandois, seigneurs d'Elbeuf. — Le fief d'Elbeuf passe a la maison de Meulan.

Le comte Drogon, sire d'Elbeuf, laissait quatre fils : 1° Gauthier, III° du nom, qui lui succéda dans les comtés du Vexin, la terre d'Elbeuf et celle de Chamboy ; 2° Raoul qui reçut le comté d'Amiens et plus tard partit en Angleterre, où il fit souche des comtes de Dudley ; 3° Foulques, évêque d'Amiens ; 4° Amaury, seigneur de Pontoise.

Gauthier du Vexin, héritier de la seigneurie d'Elbeuf, figure dans une charte donnée par son père en 1030, en faveur de l'abbaye de Jumiéges. Sa signature, posée immédiatement après celles du roi de France, du duc de Normandie, de Dreux ou Drogon *(Drogo)*, comte du Vexin, présente une croix avec cette souscription : *S. Wualtheri filii.* Gauthier épousa Biotte, fille d'Herbert II, comte du Maine, surnommé Eveille-Chien.

Avant de parler de ce seigneur, le deuxième d'Elbeuf, nous jetterons un regard sur quelques évènements dont notre province fut le théâtre et auxquels, par la suite et pour son malheur, Gauthier dut prendre une part active.

Le nouveau duc de Normandie, Guillaume le Bâtard, n'était âgé que de huit ans à la mort de son père. Il fut confié à la protection du roi Henri de France, à la cour duquel il se trouvait au moment du décès du duc Robert.

L'occasion parut favorable à plusieurs seigneurs normands pour secouer le joug des ducs et satisfaire leurs inimitiés personnelles. Pendant la minorité de Guillaume, ces seigneurs se fortifièrent dans leurs châteaux, en construisirent de nouveaux, d'où, suivant la Chronique de Saint-Wandrille et Guillaume de Jumièges, ils s'élancèrent pour piller, ravager par le fer et par le feu les terres de leurs ennemis. Le guet-apens, l'assassinat, tout était légitime pour ces brigands quand ils réussissaient.

Theroude ou Touroude, qui avait jeté les fondements du bourg qui porte son nom, était gouverneur du jeune prince : il périt assassiné. Osbern, son intendant, fut traîtreusement égorgé au Vaudreuil, dans la chambre même du duc Guillaume endormi. Le meurtrier, Guillaume de Montgommery, fut à son tour poignardé pendant son sommeil, ainsi que tous ses complices.

Roger de Tosny refusa de reconnaître le jeune Guillaume pour souverain, disant qu'un bâtard n'était pas fait pour commander. Il attaqua Onfroy de Vieilles, fils de Touroude, qui fut la tige des comtes de Meulan, seigneurs d'Elbeuf, ainsi que nous le verrons par la suite. Onfroy lui opposa son fils Roger de Beaumont, lequel tua Roger de Tosny dans une rencontre.

On n'entendit parler pendant de longues années que de meurtres et de carnages dans toute la province. Le désordre arriva à un tel degré que le clergé intervint à la suite d'une supercherie imaginée, dans un but fort louable, par un prêtre, qui, connaissant l'esprit superstitieux du monde de son temps, prétendit avoir reçu une lettre de Dieu.

Les seigneurs furent appelés dans des conciles, et les populations, fatiguées des brigandages, des incendies et des assassinats, se montrèrent enthousiastes de la « Paix de Dieu »; mais cette paix ne fut observée que quelques années après, par la frayeur que causa l'horrible peste de 1042, que le clergé représenta comme étant une punition du ciel.

La « Trève de Dieu » commençait le mercredi, au coucher du soleil, et finissait le lundi à son lever; pendant le reste de la semaine seulement, il était permis de combattre, tuer, voler, piller ou brûler. En outre, la Trève était ordonnée depuis le commencement de l'Avent jusqu'à l'octave de l'Epiphanie, pendant la semaine du carême et l'octave de Pâques, et depuis les Rogations jusqu'à l'octave de la Pentecôte.

La guerre reprit avec la majorité du duc Guillaume, et se porta dans notre contrée. En 1064, le roi Henri entra sur le territoire d'Evreux où il commit les plus grands ravages par l'incendie et les déprédations. « A la tête d'une force terrible, dit Guillaume de Poitiers, il s'avança peu après du pays d'Evreux sur

Rouen ». Henri Iᵉʳ passa probablement par Elbeuf, avec ses troupes.

Voici comment, suivant le moine Orderic, le duc Guillaume raconta cette campagne :

« Le roi Henri fit marcher une grande armée de Français en deux divisions, afin d'accabler notre territoire par une double attaque. Il conduisit en personne une troupe dans le diocèse d'Evreux, pour en dévaster tout le territoire jusqu'à la Seine ; il en confia une autre à son frère Eudes, à Renaud de Clermont et aux deux comtes Raoul de Montdidier et Guy de Ponthieu, pour entrer aussitôt en Neustrie par les gués de l'Epte, envahir le pays de Bray, le Talou, ainsi que tout le territoire de Rouen, et dévaster entièrement jusqu'à la mer par le fer, la flamme et le pillage.

« A la nouvelle de cette double invasion, je marchai sans retard à la rencontre de l'ennemi ; je me tins toujours avec les miens tout le long du rivage de la Seine, vis-à-vis les tentes du roi, et partout où il essayait de ravager mon territoire, je me trouvai prêt à le repousser par le fer et par les armes. J'envoyai contre Eudes et ses légions, Robert, comte d'Eu, Roger de Mortemer et d'autres chevaliers éprouvés...

« Après la bataille de Mortemer, je fis connaître ce qui s'était passé au delà de la Seine, au roi des Français, par Raoul de Tosny. Dès que Henri eut appris ces nouvelles, il se leva aussitôt pendant la nuit, et prit en toute hâte la fuite avec son armée ; et depuis ce moment, il n'a passé aucune nuit tranquille sur mes terres. »

Les mœurs du clergé, au temps du duc Guillaume, étaient loin d'être édifiantes ; c'était même dans cette classe qu'il y avait le plus de désordres. Le diocèse de Rouen avait alors pour prélat Mauger, frère du dernier duc et conséquemment oncle de Guillaume, qui considérait sa charge d'évêque comme due à sa naissance. Il aimait la chasse, la table, le luxe, s'adonnait à l'ivrognerie, à la luxure, et eût plusieurs enfants ; en outre, il s'appropriait les biens légués à l'Eglise par les fidèles. Mais son plus grand tort, aux yeux de son neveu, était de s'être intéressé à plusieurs seigneurs hostiles au duc. Aussi Guillaume le fit-il déposer, dans un concile tenu à Lisieux, en 1055. L'évêque Mauger semble avoir été en relations avec Gauthier du Vexin.

Le duc Guillaume, qui cédait trop souvent à son naturel vindicatif, s'empara en 1058, de la terre de Chamboy, donnée par son ancêtre Richard au comte Drogon, sire d'Elbeuf, et appartenant alors à Gauthier ; il voulait punir ce seigneur d'avoir embrassé le parti de son suzerain principal, Henri Ier roi de France, duquel il relevait pour ses comtés du Vexin et de Picardie. A partir de ce moment, Gauthier se déclara l'ennemi du duc Guillaume.

Nous avons dit que le comte Gauthier avait épousé Biote, fille d'Herbert, comte du Mans. Gauthier prétendit, en 1064, à tout le Maine et en occupa même une partie avec ses chevaliers. Herbert de Sainte-Suzanne et quelques autres seigneurs attachés au puissant comte Gauthier s'installèrent au Mans.

Mais le duc Guillaume avait aussi des prétentions sur ce riche pays. « Indigné de l'opposition de Gauthier, Guillaume que des droits multipliés appelaient à la succession d'Herbert, dit Guillaume de Poitiers, prit les armes pour conquérir ce qu'on lui enlevait ainsi.

« Autrefois le Mans avait été soumis aux ducs de Normandie. Guillaume aurait pu, d'autant qu'il abondait en moyens et en forces, incendier sur le champ ou détruire la ville entière ; mais il aima mieux, selon sa clémence accoutumée, épargner le sang des hommes, quoique coupables, et laisser sur pied cette ville, très forte capitale et rempart des pays qu'il avait en possession.

« Voici quel moyen il adopta pour s'en emparer ; ce fut de les frapper de crainte par des incursions fréquentes et longues sur leur territoire et leur demeure, de ravager les vignes, les champs, les maisons de campagne, de cerner les endroits fortifiés, de mettre des garnisons partout où elles étaient nécessaires, et enfin de les désoler continuellement par une foule de calamités ».

Voilà comment le duc Guillaume faisait la guerre et comment s'exerçait ce que son historien appela sa clémence : ces terribles dévastations étaient, du reste, dans les coutumes de l'époque, et Gauthier, si l'occasion s'en fut présentée, n'aurait pas agi autrement que son ennemi.

Cette guerre de bandit dura assez longtemps. Pour amener une solution plus prompte, et le duc de Normandie désirant ménager ses chevaliers pour une expédition extraordinaire qu'il méditait sans doute déjà, résolut de se débarrasser de son compétiteur et de sa femme en les faisant périr.

Orderic Vital nous apprend, en effet, que, pendant la lutte, le comte Gauthier et Biote moururent en même temps « par les machinations de l'inimitié, après avoir reçu, à ce qu'on dit, un poison mortel qu'on eût l'art de leur faire prendre ». C'est à Falaise que moururent empoisonnés le comte Gauthier, seigneur d'Elbeuf, et sa femme Biote « par les ordres de Guillaume qui les y avait attirés », au dire de Roger de Breteuil, comte de Herfort, et de Radolphe de Guader, comte de Norvick.

Gauthier étant mort sans progéniture, son frère Foulque, ecclésiastique, plus tard évêque d'Amiens, devenait son héritier ; mais il abanbandonna la jouissance des biens qui lui revenaient à Raoul II de Crespy, son cousin germain, fils de Raoul Ier, comte de Crespy-Valois, et à un autre cousin germain, Galeran II, comte de Meulan, fils de Robert II de Meulan et d'Adèle du Vexin. Amaury, autre frère de Gauthier III, ne reçut qu'une partie de la seigneurie de Pontoise.

La terre d'Elbeuf passa à Raoul II de Crespy-Valois, l'un des principaux chevaliers de l'époque et qui mérita le surnom de Grand que lui donnèrent plusieurs écrivains ; mais il eut au moins quelques fautes à se se reprocher, car, trois ans auparavant l'année où nous sommes arrivés, il avait répudié, sous un faux prétexte d'adultère, sa femme Adélaïde de Bar, fille du comte de Bar-sur-Aube, pour épouser, presque sous ses yeux, la reine Agnès de Russie, veuve du roi Henri Ier de France, mort en 1060, de laquelle il n'eût pas d'enfants.

L'année 1066 fut marquée par l'un des plus considérables évènements de l'histoire de Normandie et de celle d'Angleterre. Guillaume-le-Bâtard chassait un jour dans la presqu'île de Couronne, lorsqu'on vint lui apprendre la mort d'Edouard, roi d'Angleterre. Cette nouvelle le rendit songeur, et, aussitôt, il forma le projet de s'emparer de ce royaume.

Guillaume rassembla un grand nombre de guerriers et une flotte considérable, et, le 28 septembre, débarqua sur la côte anglaise, près de Pevensey. Le 11 octobre, il gagna la célèbre bataille dite de Hastings sur son compétiteur Harold, qui perdit la vie dans ce combat terrible. Guillaume prit dès lors le titre de Conquérant; disons tout de suite que, fils d'une pauvre ouvrière, il devint le chef d'une dynastie qui donna vingt-trois rois à l'Angleterre.

A Hastings, un guerrier normand se fit particulièrement remarquer par sa valeur : ce chevalier était Robert de Beaumont, qui, nous le verrons bientôt, devint seigneur d'Elbeuf. Voici le passage que lui consacre Guillaume de Poitiers, dans le récit qu'il fit de cette journée :

« Robert, fils de Roger de Beaumont, neveu et héritier, par sa sœur Adeline, de Hugues, comte de Meulan, qui assistait, ce jour-là, à un bataille pour la première fois, fit une chose à jamais mémorable, en s'élançant, avec l'escadron qu'il commandait à l'aile droite, et en renversant l'ennemi avec une inconcevable audace. »

Guillaume de Jumiéges relate également les hauts faits du jeune Robert pendant cette bataille.

Benoît de Sainte-More chante aussi les exploits du chevalier Robert :

> A cel estor, à cel content,
> Dunt si vos di e dunt je vos cont,
> Robert fiz Roger de Baumunt
> Vos di qui fu teus chevaliers
> Si proz, si hardiz e si fiers
> Et si aidanz que ceste istoire
> Me fait de lui mult grant mémoire...

Enfin, Robert Wace n'est pas moins élogieux :

> Rogier li viel, cil de Belmont,
> Assalt Engleis el primier front,
> A merveilles pris en i ont :
> Ça pert as eirs ki riches sont ;
> Bien poet l'en saveir as plusors,
> Ke il orent boens ancessors,
> E furent bien de lor seignors
> Ki lor donerent tels énors.
> De cel Rogier en descendant
> Vint li lignage de Mellant.

Mais c'est par erreur que Robert Wace a nommé ici « Roger le Viel » ; c'est de Robert, son fils, dont il a voulu parler, puisque Roger n'avait pas quitté la Normandie.

Au nombre des envahisseurs de l'Angleterre se trouvaient Herbrand, Gilbert, Richard, Ilbert et Anfroy de Pont-Audemer, que l'historien de la maison d'Harcourt donne comme parents de Roger de Beaumont.

Robert eut part aux libéralités du roi Guillaume-le-Conquérant : il reçut notamment le comté de Leycester, qu'il conserva toute sa vie et transmit à son fils Robert III ; mais son père, Roger de Beaumont, refusa de prendre la part de butin à laquelle il avait droit par l'aide qu'il avait prêtée au duc de Normandie : « Homme d'une simplicité et d'une bonne foi antique, dit Guillaume de Malmesbury, il refusa toujours d'aller en Angleterre, où le Conquérant lui offrait toutes les possessions qu'il pourrait demander. Il voulait donner tous ses soins à l'administration de l'héritage que ses pères lui avaient laissé, et il n'était point dans ses intentions d'envahir, de l'autre côté de la mer, des biens sur lesquels il n'avait aucun droit ».

Au printemps de 1067, Guillaume-le-Conquérant revint à Rouen, où la foule, accourue des moindres villages à dix lieues à la ronde, se pressa sur les pas du vainqueur. On était cependant en carême ; mais ce temps de pénitence fut, cette année-là, transformé en une période de fêtes et de réjouissances.

Le moine Orderic Vital se montra plus favorable à Jean, archevêque de Rouen, qu'il ne l'avait été à Mauger. « Il était très animé, dit-il, d'une grande ardeur de vertu en paroles et en actions... Il gouverna courageusement sa métropole pendant dix ans, et travailla avec constance à enlever aux prêtres impudiques les concubines qu'ils entretenaient : tandis qu'il leur adressait ces défenses en plein synode, il fut poursuivi et frappé de pierres pendant qu'il fuyait de l'église... »

Ce même archevêque Jean, en 1072, présida à Rouen, un concile qui nous fait connaître, par ses canons, quelques mœurs de son époque :

« Les noces n'auront plus lieu en cachette, ni après dîner ; mais l'époux ou l'épouse, à jeun, seront bénis dans le monastère par un prêtre, également à jeun. Avant de les unir, on recherchera avec soin quelle est leur famille ; et si l'on découvre quelques rapports de consanguinité au-dessous de la septième génération, et si quelqu'un d'eux a été divorcé, le mariage n'aura pas lieu.

« Les ecclésiastiques qui se permettent d'avoir des femmes n'auront droit à aucun bénéfice. Les archidiacres ne leur permettront d'avoir ni concubine, ni femme venant en cachette, ni courtisane.

« Celui dont la femme aura pris le voile ne pourra, tant qu'elle vivra, en épouser une autre.

« Il est interdit à celui qui, du vivant de sa femme, a été accusé d'adultère, d'épouser, après la mort de cette femme, celle qui fut l'objet de l'accusation. De la non observation de cette mesure, il est résulté beaucoup de maux, et plusieurs maris ont par ce motif fait périr leurs femmes.

« Si la femme, dont le mari est parti en pèlerinage ou allé ailleurs, a pris une autre mari, elle sera excommuniée.

« Nul ne doit dîner dans le carême avant que l'heure de none soit terminée, etc.

Les canons du concile de Lillebonne, convoqué par Guillaume-le-Conquérant et Guillaume, archevêque de Rouen, successeur de Jean, ne sont pas moins curieux ; en voici quelques passages :

« Les prêtres, chanoines et autres ecclésiastiques n'auront point de femmes chez eux.

« On n'exigera aucune amende des prêtres, pour les femmes qu'ils entretiendraient.

« La violation de l'église et du parvis sera punie d'amende. Il en sera de même de toute voie de fait sur le chemin de l'église.

« Si un clerc vole, frappe, tue ou accepte

un duel sans permission de son évêque, s'il met le feu, même peine.

« Si un clerc quitte sa tonsure, commet un adultère ou un inceste, semblable peine.

« Si quelque bétail vient s'égarer dans la cour du prêtre ou du clerc, ils appartiendront à l'église ou à l'évêque.

« Si le jugement du fer a été prescrit par jugement, il s'exécutera devant l'église », etc.

Enfin, dans son livre v^e, le moine Orderic dit qu'à cette époque il régnait en Normandie une grande dissolution dans les mœurs du clergé, « à tel point que non seulement les prêtres, mais encore les prélats, usaient librement du lit des concubines et faisaient parade de la nombreuse famille qu'ils en obtenaient ».

Raoul II de Crespy, sire d'Elbeuf, mourut à Montdidier au mois de septembre de l'année 1074. Il avait eu de son premier mariage, quatre enfants : 1º Gauthier, ive du nom, comte de Mantes, de Pontoise et de Chaumont, tué en 1071, près de Reims ; 2º Simon de Crespy, dont nous allons parler ; 3º Adèle, qui épousa Herbert V de Vermandois, et une autre fille, mariée au sire de Beaufort. — Les comtes du Vexin blasonnaient : *De gueules, à six fleurs de lys d'or, posées trois, deux et une.*

Simon de Crespy, comte du Vexin, d'Amiens, de Crespy-Valois, de Mantes, de Bar-sur-Aube, de Vitry, sire d'Elbeuf et d'autres terres encore, résolut de réclamer, à Guillaume-le-Conquérant, le comté du Maine, dont il avait dépouillé Gauthier III. Le duc-roi le reçut à Rouen ; mais au lieu de lui remettre le fief demandé, il lui offrit une de ses filles en mariage, que Simon refusa.

Les documents spéciaux à Elbeuf continuent à faire défaut. Nous ne trouvons à mentionner que la mort d'Herluin, fondateur de la célèbre abbaye du Bec, laquelle posséda, dès les premières années de son existence, des biens à Elbeuf et à Caudebec. Herluin mourut le 26 août 1078.

Citons aussi un plaid, tenu à Pâques de l'an 1080, à la cour du roi Guillaume-le-Conquérant, en présence du monarque, de Mathilde, sa femme, et de leurs fils Robert et Guillaume, au sujet de la possession de l'île d'Oissel, où figuraient comme assistants Roger de Beaumont et ses deux fils Robert et Henri.

Simon de Crespy, seigneur d'Elbeuf, se fit moine au monastère de Saint-Claude, dans le Jura, le 29 septembre 1082; il mourut à Rome, dit-on, le 30 septembre 1088, en odeur de sainteté, et est cité dans les listes des hagiographes sous le nom de « Saint-Simon de Crespy », ou sous celui de « bienheureux Simon de Valois ».

Par suite de sa renonciation aux biens terrestre, le comté du Vexin rentra dans le domaine du roi de France ; mais le comté de Valois, celui d'Amiens, la terre d'Elbeuf et autres, passèrent à Adèle de Vermandois, nièce de Simon, fille unique d'Adèle de Crespy et de Herbert V de Vermandois.

Adèle avait épousé, en 1077, Hugues-le-Grand, second fils de Henri Ier, roi de France. De cette union sept enfants naquirent : 1° Raoul le Vaillant, comte de Vermandois, de Crespy-Valois, d'Amiens et de Péronne, grand sénéchal de France et régent du royaume ; 2° Simon, qui devint évêque de Noyon, comte et pair de France ; 3° Henri, seigneur de Chaumont-en-Vexin, 4° Maheut, épouse de Raoul, sire de Beaugency-sur-Loire ; 5° une fille, qui épousa Hugues II de Gournay ; 6° une autre fille, mariée à Bonifacio, seigneur d'Ancône, de Pise et de Lucques ; 7° Élisabeth ou Isabelle de Vermandois, qui devint dame d'Elbeuf.

A défaut d'autres faits particuliers à notre contrée, nous mentionnerons la famine générale dont souffrit la Normandie et même la France entière, en 1082.

En 1085, une nouvelle famine se fit sentir ; elle fut accompagnée de maladies contagieuses.

La sécheresse de 1094 occasionna une nouvelle disette. A la fin de l'année, il tomba des pluies excessives, auxquelles succédèrent des gelées intenses qui firent prendre la Seine et les autres fleuves français.

Guillaume-le-Conquérant, duc de Normandie et roi d'Angleterre, mourut le 10 septembre 1087. Son corps fut abandonné de tous. Le clergé de Rouen vint enfin dans le prieuré où Guillaume était mort et s'occupa des funérailles. Un chevalier du nom d'Herluin ou d'Hellouin, que nous supposons originaire d'une des paroisses de la presqu'île de Saint-Aubin, se chargea de faire transporter le corps, par la Seine et la mer, jusqu'à Caen, lieu fixé pour l'inhumation.

Sous le règne de Guillaume-le-Conquérant, le peuple avait été très malheureux ; non seulement il l'avait contraint à construire des châteaux-forts, mais encore il lui avait enlevé, sans besoin, l'argent qu'il possédait. Ce prince était fort jaloux de la chasse, qu'il voulait exercer seul. Il ordonna que quiconque tuerait un cerf ou une biche aurait les yeux crevés ;

il défendit aussi de prendre des sangliers et même des lièvres, ce qui contraria vivement les seigneurs normands. Il est fort probable que Guillaume parcourut les forêts des environs de notre localité et que, pendant ces chasses, il vint plusieurs fois à Elbeuf.

Robert Courteheuse, fils du feu duc-roi, prit possession de la Normandie, et son frère Guillaume le Roux courut en Angleterre, s'emparer du trésor paternel et du pouvoir royal.

Le duc Robert fut un prince incapable de résister aux entreprises des seigneurs normands ; plusieurs se révoltèrent contre son autorité, et le désordre recommença de plus belle. La corruption des mœurs était au comble dans les monastères comme chez les laïques.

On vit alors des prédicateurs populaires se répandre sur divers points ; partout, ils obtinrent un grand succès auprès du peuple. L'un d'eux, Robert d'Arbrissel, parcourut notre contrée, suivi d'une troupe d'hommes et de femmes. Il entra, un jour, dans une maison de prostitution ; après avoir prêché aux femmes qui l'habitaient la nécessité du repentir, il les entraîna dans les bois, suivies d'hommes qui se disaient disciples de ce nouveau Christ. Mais, quelque temps après, il se produisit des scènes scandaleuses et le prétendu réformateur Arbrissel fut abandonné.

Deux ans après la mort du roi Guillaume un riche habitant de Rouen, nommé Conan se mit à la tête d'un mouvement contre le duc de Normandie, qui, alors, appela pour le secourir son frère Henri, Guillaume d'Evreux, Robert de Bellême, Guillaume de Breteuil, Gislebert de Laigle et plusieurs autres seigneurs. Une partie des soldats qu'ils commandaient passèrent assurément par Elbeuf.

Le 3 novembre, « Gislebert conduisit une troupe de chevaliers au service du duc Robert et arriva, par le pont de la Seine, à la porte méridionale de la ville de Rouen » dit Orderic Vital. La guerre civile éclata à Rouen, le duc, tout affolé, laissa les deux partis aux prises, traversa la Seine dans un bateau et se réfugia à Emendreville, aujourd'hui faubourg Saint-Sever. Mais Henri et Gislebert de Laigle finirent par avoir raison des révoltés et à s'emparer de Conan, que l'on précipita du haut d'une tour ; son corps fut ensuite attaché à la queue d'un cheval et traîné dans toute la ville.

« L'an de l'Incarnation du Seigneur 1094, dit Orderic Vital, les séditions et le tumulte des guerres agitaient la presque totalité de l'Univers : les mortels sans pitié se faisaient les uns aux autres les plus grands maux par le meurtre et la rapine. La méchanceté, sous toutes les formes, abondait à l'excès, et occasionnait à ceux qu'elle animait d'innombrables calamités. Alors une extrême sécheresse brûla les gazons de la terre ; elle attaqua les moissons et les légumes qui, en périssant, donnèrent lieu à une affreuse famine. »

L'année suivante, le 4 avril, le peuple fut jeté dans la terreur par « un si vaste mouvement d'étoiles que, sans leur éclat, leur grand nombre les eût fait prendre pour de la grêle. »

Quelques mois après Gislebert, évêque d'Évreux, surnommé la Grue à cause de sa grande taille, et Fulbert, archidiacre de Rouen, promulguèrent dans leur diocèse respectifs, les décisions du concile de Clermont, prescrivant l'observance de la Trève de Dieu.

En 1096, Isabelle ou Elisabeth de Vermandois, dame d'Elbeuf, fille de Hugues-le Grand, petite-fille du roi Henri Ier et nièce de Philippe Ier, aussi roi de France, se maria à Robert, comte de Beaumont-le-Roger et de Meulan, dont nous avons déjà parlé et auquel elle porta le fief d'Elbeuf.

Ce mariage ne se fit pas sans quelques difficultés. Disons d'abord que le comte s'était déjà marié avec la fille de Raoul de Conches, qu'il avait répudiée sans aucun motif connu.

Ives, évêque de Chartres « environ 1095, dit La Roque, escrivit au clergé de Meullent et à ceux de l'archidiaconé de Poissi, qu'ayant appris que le comte de Meullent désiroit prendre pour femme la fille de Hugues, comte de Crespy, contre la deffence des saints decrets et sacrez canons de l'Eglise, à cause qu'ils étoient parens en degré deffendu, il leur prescrivoit et ordonnoit d'autorité apostolique et canonique qu'ils ne permissent pas par aucune dispence qu'il se celebrast aucun mariage entre eux ; au contraire, qu'ils l'empeschassent de tout leur pouvoir, s'il n'aparoissoit au préalable que leur consanguinité excedast le septième degré... »

Néanmoins « cette alliance de Robert de Beaumont, comte de Meullent, et d'Elisabeth de Vermandois se fit pourtant, par dispense, environ l'an 1096 ».

Avant de terminer ce chapitre, voyons quel était l'état de l'industrie lainière au xie siècle.

En Normandie, elle n'avait fait aucun progrès et n'existait encore que dans les monastères ; mais elle était portée alors à un très haut degré dans les Etats libres de l'Italie et surtout les Flandres. La paix, la tolérance et la liberté dont jouissaient ces dernières provinces, l'activité de leurs habitants, la facilité qu'ils avaient de se procurer à bas prix de belles laines, suffisent pour expliquer la prospérité de l'industrie lainière dans cette contrée.

La draperie et la teinture florissaient à Gand ; le nombre des métiers à tisser, pour la laine, le chanvre et le lin étaient au nombre de 40.000 dans cette seule ville. En temps de guerre, les tisserands gantois fournissaient, à eux seuls, une armée de 18.000 hommes. Mais, plus tard, des troubles ruinèrent cette splendide industrie, au profit de Bruxelles et de Louvain ; dans cette dernière, on compta jusqu'à 4.000 maîtres drapiers et 15.000 ouvriers, dit Anderson, dans son *Histoire du Commerce*.

CHAPITRE X
(1096-1118)

Généalogie des maisons de Meulan et d'Harcourt. — Robert de Meulan, seigneur d'Elbeuf. — Mœurs publiques. — La première croisade.

Pour l'intelligence des chapitres suivants, nous croyons utile d'établir la généalogie des comtes de Meulan, seigneurs d'Elbeuf, depuis Bernard-le-Danois jusqu'au moment où l'une de ses descendantes, Jeanne de Meulan, épousa Robert II d'Harcourt, descendant lui-même de Bernard-le-Danois, tronc des deux familles :

Bernard, surnommé le Danois, prince en Danemark, parent de Rollon, premier duc de Normandie, reçut le baptême à Rouen, en 912. On lui attribue pour femme Sprote de Bourgogne. — De ce mariage naquit :

Torf, seigneur de Tourville, marié à Ertemberge de Briquebec-Bertrand (955). — De cette union sortirent :

1° Touroude, sire de Pont-Audemer et de Bourgtheroulde, marié à Wève-Duceline de Crepon ; 2° Turketil, seigneur de Turqueville, tige de la branche d'Harcourt, de laquelle sortirent les comtes d'Harcourt, barons d'Elbœuf; 3° Guillaume de Tourville.—De Touroude et de Wève naquirent :

1° Onfroy, seigneur de Vieilles, marié à Auberée, dame de la Haye-Aubrée (1027) ; 2° Herbrand de Pont-Audemer ; 3° Gilbert ; 4° Richard ; 5° Ilbert ; 6° Josseline de Pont-Audemer, mariée au baron de Montgommery. — Onfroy et Auberée eurent pour enfants :

1° Robert Ier, sire de Beaumont ; 2° Roger Ier dit à la Barbe, sire de Beaumont-le-Roger, marié à Adeline, comtesse de Meulan (1066). — De ces derniers naquirent :

1° Robert II, sire de Beaumont-le Roger, comte de Meulan, marié à Elisabeth de Vermandois, princesse du sang de France, dame d'Elbeuf (1090) ; 2° Henry de Warvick, duquel descendirent les comtes de Warvick et les barons du Neubourg ; 3° Guillaume, abbé du Bec-Hellouin ; 4° Albrède, abbesse d'Etone. — Robert II et Elisabeth ou Isabelle de Vermandois donnèrent naissance à :

1° Galeran II, sire de Beaumont-le-Roger, comte de Meulan, seigneur d'Elbeuf, marié d'abord à Bienne d'Angleterre (1119), puis à Agnès de Montfort, dame de Gournay-sur-Marne (1140) ; 2° Robert, comte de Leicester, duquel sortirent les autres comtes de Leicester ; 3° Hugues dit le Pauvre, comte de Bedford, qui laissa une descendance en Angleterre ; 4° Dreux de Meulan, seigneur de Boisemont, qui eut des enfants ; 5° Adeline de Meulan, mariée à Hugues, sire de Montfort-sur-Risle ; 6° Amicie ou Alix, mariée à Hugues de Neuchâtel ; 7° Auberée, mariée à Guillaume Louvel, sire d'Ivry ; 8° Eve, mariée à Amaury de Montfort, comte d'Evreux ; 9° Elisabeth, mariée à Gilbert de Clerc, comte de Pembrock, d'abord, puis, en secondes noces, à Hervé de Montmorency, connétable d'Irlande ; 10° Hauvoise, mariée à Guillaume, comte de Glocester ; 11° Mabile, mariée à Guillaume de Vernon, comte de Devon. — De Galeran II et d'Agnès de Monfort naquirent :

1° Robert III, comte de Meulan, sire de Beaumont-le-Roger, seigneur d'Elbeuf, marié à Mathilde de Cornouailles (1163) ; 2° Amaury de Meulan, sire de Gournay-sur-Marne, tige des autres sires de Gournay ; 3° Roger de Meulan, vicomte d'Evreux, qui laissa des enfants ; 4° Galeran, comte de Worchester ; 5° Raoul ; 6° Etienne ; 7° Hugues ; 8° Isabelle, mariée en premières noces avec Geoffroy, baron de Mayenne, et, en secondes, à Maurice, baron de Craon ; 9° Marie, mariée à Hue, sire de Talbot, baron de Cleuville ; 10° Amicie, mariée à Henry, baron de Ferrières, seigneur de Bourgtheroulde. — Robert III et Mathilde eurent pour enfants :

1° Galeran III, comte de Meulan et de Worcester (1179), marié à Marguerite de Fougère ; 2° Pierre de Meulan, sire de Beaumont-le-Roger, seigneur d'Elbeuf, duquel est descendue la branche de Courseulles ; 3° Henry, seigneur de Sahus, 4° Amaury, seigneur de de Roissy ; 5° Guillaume, seigneur du Vey ; 6° Onfroy, seigneur du Vey ; 7° Jeanne de Meulan, dame d'Elbeuf, qui, nous l'avons déjà dit, se maria à Robert II d'Harcourt (1190).

Voici maintenant la généalogie de Robert II d'Harcourt :

Bernard dit le Danois ; Torf de Tourville, marié à Ertemberge de Briquebec (955). — Ces derniers eurent pour enfants :

1° Touroude de Pont-Audemer, fondateur de Bourgtheroulde, qui nous l'avons vu, continua la branche aînée ; 2° Turquetil, seigneur de Turqueville, marié à Aline de Montfort (1001). — Ceux-ci eurent pour enfants :

1° Anquetil, sire d'Harcourt, marié à Eve, dame de Boissey-le-Châtel ; 2° Gautier de Turqueville ; 3° Lesseline de Turqueville, mariée à Guillaume, comte d'Eu. — Anquetil et Eve donnèrent naissance à :

1° Errand, sire d'Harcourt, marié à Emme d'Estoutteville (1066) ; 2° Robert I*er*, dit le Fort, premier baron d'Harcourt, marié à Colède d'Argouges (1094) ; 3° Jean ; 4° Arnoul ; 5° Gervais ; 6° Yves ; 7° Renaud ; 8° Agnès, dame de Formeville. — Robert et Colède eurent pour enfants :

1° Guillaume, baron d'Harcourt, marié à Hue d'Amboise (1124) ; 2° Richard d'Harcourt, seigneur et commandeur de Saint-Etienne de Renneville, chevalier du Temple ; 3° Philippe d'Harcourt, évêque de Bayeux et de Salisbury, chancelier d'Angleterre ; 4° Henry d'Harcourt, châtelain de Boissey-le-Châtel ; 5° Beaudouin, seigneur de Cailleville ; 6° Ernaud, seigneur de Beauficel ; 7° Raoul, seigneur de Willes, en Angleterre, marié à Roissie de Peuverel, desquels sortit Alberède d'Harcourt, mariée à Guillaume de Troussebout ; 8° Gracie, mariée à Robert, seigneur de Molins. — De Guillaume et de Hue, naquirent :

1° Robert II, baron d'Harcourt, dit le Vaillant, marié à Jeanne de Meulan (1190), dame d'Elbeuf ; 2° Nicolas, seigneur de Blouville ; 3° Roger, seigneur de Renneville ; 4° Guillaume, seigneur d'Ouville ; 5° Béatrix ; 6° Emme, mariée à Guillaume Crespin, sire de

Dangu ; 7° Alix, mariée à Robert de Montfort, seigneur de Beaudésert.

À l'époque de son mariage avec Isabelle, le comte Robert de Meulan comptait parmi les plus puissants seigneurs de la Normandie, et sa vie avait été déjà très mouvementée.

Nous ne ferons que mentionner brièvement les démêlés qu'il avait eus avec l'abbaye du Bec et le duc Robert Courteheuse, pendant les années qui précédèrent l'union à son domaine particulier des terres d'Elbeuf, Caudebec, La Saussaye, etc.

Guillaume-le-Conquérant avait autrefois remis la garde du château d'Ivry à Roger de Beaumont, père de Robert de Meulan ; mais Robert Courteheuse la lui retira pour la donner à Guillaume de Breteuil. En échange, Robert de Meulan reçut la place de Brionne, ce qui contraria vivement les moines du Bec-Hellouin, lesquels, craignant pour les libertés de leur abbaye, allèrent trouver le duc de Normandie, auquel ils exposèrent leurs doléances. Trois seigneurs normands, présents à cette audience, appuyèrent les réclamations des religieux, et représentèrent Robert de Meulan comme un chevalier infidèle.

Peu de jours après, le comte Robert, ignorant les démarches des religieux se rendit au Bec-Hellouin. Les moines s'informèrent du but de sa visite, et Robert leur ayant dit qu'il venait les informer de sa nomination au gouvernement de Brionne, les religieux entrèrent dans une violente colère.

L'un des moines, nommé Eustache, se leva et s'adressant à Anselme, supérieur de l'abbaye, fit le serment suivant : « Par cette église, nous jurons que si vous ou le seigneur notre prince, consentez aux prétentions du chevalier Robert, nous sortirons de ce monastère! » Puis, s'adressant directement au comte de Meulan, il fit ce autre serment : « Seigneur Robert, par cette église que vous voyez, je jure que moi et les autres moines ne souffrirons jamais que la liberté du Bec soit blessée par vous ! »

Le comte de Meulan se retira outré de fureur et se rendit à la cour du duc de Normandie ; mais les moines l'avaient dévancé. Lorsque le duc aperçut Robert, il lui dit en riant : « Hé bien ! comment êtes-vous avec le Bec ? »

Robert, voyant les religieux présents, répondit : « Prince, ce que vous ordonnerez, ils sont disposés à l'accorder ». Le duc répliqua : « Vous mentez ! Vous avez des espérances qui ne se réaliseront pas. » Le comte de Meulan se retira en Angleterre, où Guillaume le Roux le combla de faveurs.

Peu après, Robert de Meulan, étant rentré en Normandie, alla demander au duc Robert la remise du château d'Ivry, dont son père avait eu la possession ; ce que le prince lui refusa. Alors, le comte de Meulan jura de se venger. Immédiatement, le duc fit saisir le comte et l'envoya en prison.

Mais Roger de Beaumont, ayant été informé de l'arrestation de son fils, alla trouver le duc de Normandie, et s'y prit si adroitement que prince Robert rendit le comte de Meulan à la liberté, et même lui donna le gouvernement de Brionne, moyennant une forte somme d'argent.

Cependant Robert de Meules, qui commandait la place de Brionne, refusa de la remettre à Robert de Meulan, même sur l'ordre formel du duc, qui autorisa le vieux Roger de Beaumont et son fils à s'en emparer par la force ; ce que ces derniers firent après avoir brûlé le principal bâtiment du château, au moyen de traits rougis au feu lancés sur sa couverture de paille.

Quelque temps après, Robert Courteheuse engagea la Normandie à son frère Guillaume-le-Roux, roi d'Angleterre, et partit pour la croisade en Orient.

Voici le tableau qu'Orderic Vital fait de la Normandie à cette époque :

« La province entière tombait en dissolution ; les brigands parcouraient en troupes les bourgs comme les campagnes, et les bandes se livraient à toutes sortes d'excès contre le peuple désarmé. Le duc Robert ne prenait aucune mesure contre ces malfaiteurs, qui, durant huit ans, sous ce prince faible, exercèrent leurs fureurs sur une population sans défense. Chaque jour était marqué par des incendies, des brigandages et des meurtres ; et le peuple, tourmenté d'excessives calamités, était plongé dans le deuil. La Normandie donnait naissance à de méchants enfants, qui, avec une avidité cruelle, étaient disposés à toutes sortes d'attentats.

« S'animant au milieu de ces désordres, qui pour elle avait des attraits, la Vénus sodomique souillait honteusement des efféminés, qui auraient mérité le supplice du bûcher. L'adultère profanait publiquement la couche conjugale... En divers lieux, on bâtissait des forteresses illicites ; et là, les enfants des brigands, comme de jeunes louveteaux, étaient élevés pour déchirer les brebis. Les méchants ne cherchaient que des occasions de haine, afin que, dans les hostilités réciproques, les endroits voisins des frontières fussent souvent envahis, et que, dans la violence des démêlés, il ne fut plus question que de brigandages et d'incendies.

« C'est ce que sentirent cruellement et attestent encore — Orderic Vital écrivait au commencement du siècle suivant — le pays dépeuplé et la multitude gémissante des veuves et des gens sans défense que toutes sortes de maux accablaient ».

En 1097, les Anglais débarquèrent en Normandie, sous la conduite du prince Henri, frère du duc Robert Courteheuse et de Guillaume-le-Roux, pour s'emparer du Vexin. Robert de Meulan, seigneur d'Elbeuf, les reçut dans ses forteresses de Beaumont-le-Roger, Brionne, Montfort-sur-Risle et Pont-Audemer, et leur offrit ensuite l'entrée en France par son domaine de Meulan.

Le comte Robert s'attacha donc aux intérêts du roi d'Angleterre et fut, par la suite, mêlé aux affaires politiques de ce royaume, qu'il fit servir à son ambition et à son avidité.

Après avoir ravagé le Vexin français, en l'automne de l'an 1098, les Anglais rentrèrent en Normandie, où ils passèrent l'hiver et le printemps de l'année suivante. Au mois de juin 1099, l'armée anglo-normande soumit la province du Maine, après quoi le comte Robert de Meulan fit un voyage en Angleterre.

Il était de retour à Rouen quand le comte Hélie de la Flèche, vaincu, demanda à Guillaume-le-Roux la faveur de servir dans son armée; mais Robert de Meulan, craignant de rencontrer un homme égal à lui, discrédita Hélie dans l'esprit du monarque et parvint à le faire repousser. Ce fut la source de grands dommages par la suite.

Le 2 août 1100, Guillaume-le-Roux étant en Angleterre, fut tué à la chasse. Le premier soin du prince Henri, son frère, fut de s'emparer du trésor royal, avec l'aide de Robert de Meulan. Henri se fit couronner le 5 août.

Pendant l'absence de Robert de Meulan, Raoul de Conches et Guillaume d'Evreux, qui avaient eu à souffrir de son arrogance, envahirent ses terres de Beaumont-le-Roger, d'où ils enlevèrent un immense butin.

Le duc Robert Courteheuse était à peine rentré en Normandie que de nouveaux troubles s'élevèrent. En 1101, un grand nombre de barons normands engagèrent le duc à aller combattre son frère Henri en Angleterre ; mais le sire d'Elbeuf demeura fidèle à ce dernier, et il contribua même à reconcilier les deux frères.

En 1102, Robert de Meulan montra une fois de plus son amour pour l'argent et son peu de bonne foi.

Yves de Grandmesnil ayant été condamné, pour faits de révolte, par le roi d'Angleterre, Robert de Meulan engagea Yves à faire un pélerinage, l'assurant que, pendant ce temps, Robert le remettrait en grâce auprès du monarque. Il fut convenu, en outre, qu'Yves donnerait ses terres en gage dans les mains du comte de Meulan pendant quinze ans, à l'expiration desquels la fille d'Henri, comte de Warvick, frère du comte Robert, se marierait au fils d'Yves auquel l'héritage paternel ferait retour.

Yves partit, avec sa femme, mais il mourut pendant son voyage. Quant à Robert de Meulan, il ne donna pas au jeune homme la femme qu'il lui avait promise, tout en gardant son patrimoine.

Le comte Robert était presque constamment à la cour du roi Henri Ier. En cette même année 1102, il fut envoyé auprès de Robert Courteheuse pour l'engager à renoncer à une pension de 3.000 marcs que le roi, son frère, s'était engagé à lui servir.

Le roi d'Angleterre renvoya, l'année suivante, le comte Robert en Normandie, afin de mettre un terme à la guerre qui s'était élevée entre plusieurs puissants seigneurs de ce duché. Ce fut à Beaumont-le-Roger que l'on signa la paix. Robert de Meulan fiança sa fille, alors âgée d'un an, à Amaury de Montfort ; mais, dit Gabriel du Moulin, « soit pource que la femme de Robert enfanta l'an d'après deux gémeaux, Galeran et Robert, soit pour d'autres causes incognues, Amaury ne l'espousa point. »

C'est en effet l'an 1103 que naquit Galeran de Meulan, auquel échut la terre d'Elbeuf et dont nous aurons bientôt l'occasion de parler amplement.

En 1104, le roi d'Angleterre délégua de nouveau le comte Robert pour donner des conseils au duc Robert Courteheuse ; mais Henri Ier, ayant appris que Robert de Bellême avait arraché des concessions au duc son frère, il s'embarqua lui-même pour la Normandie, où Robert de Meulan le reçut et l'accompagna.

Orderic Vital est indigné contre les jeunes normands, qui soignaient leur chevelure à l'instar des femmes, laissaient croître leur barbe et munissaient leurs chaussures « de queue de scorpion ». Les honteuses habitudes dont nous avons déjà parlé s'étaient surtout répandues parmi la noblesse de notre pays. Ces mêmes vices existaient en Angleterre, et quand le roi Henri revint en Normandie, en 1105, il débarqua, au grand scandale du clergé, avec une barbe bien soignée et une chevelure longue et luxuriante.

Alors Serlon, évêque de Seez, fit un sermon devant la cour contre l'usage des longues chevelures, et supplia le roi Henri de permettre « que la sienne fut couppée la première pour donner sujet à ses courtisans de l'imiter : le roy s'y accorda, puis l'évesque tirant des ciseaux de sa manche, la couppa lui-mesme, avant celle du comte de Meulan : tous les seigneurs et soldats à leur exemple, allèrent chez des barbiers et permirent que le razoir abbatit ce poil dont ils faisoient parade », dit le curé de Menneval. Ce passage nous montre que le comte Robert était, après le roi, le plus considérable personnage de l'Angleterre.

Les difficultés qui, jusque-là, avaient surgi entre le roi d'Angleterre et le duc de Normandie avaient toujours été aplanies par le comte Robert de Meulan ; mais il arriva un moment où la guerre entre les deux frères devint inévitable.

Pendant l'été de 1106, Henri revint en Normandie et se mit à la tête des troupes pour investir Tinchebray, qui tenait pour Robert Courteheuse. Il fit mettre son armée en trois corps, dont l'un fut commandé par le comte Robert de Meulan. Une bataille s'engagea, et bientôt l'armée du duc Robert fut mise en déroute et lui-même fait prisonnier : le sort de la Normandie se trouva donc à la discrétion du roi d'Angleterre, qui repassa la Manche, traînant son propre frère, qu'il fit enfermer au château de Cardiff, où il mourut après vingt-huit ans de captivité.

Nous retrouvons le nom d'Elbeuf mentionné dans une charte de 1106, par laquelle le comte Robert de Meulan confirmait à l'abbaye du Bec-Hellouin les donations que son père avait faites à ce monastère.

Voici le passage de cette charte qui concerne notre localité :

« *Hoc idem, ego Robertus comes Mellentis, et Elisabeth uxor mea, et prædicti filii nostri Walleranus, Robertus et Hugo, concedimus præfatæ ecclesiæ Becci, in villa quæ dicitur Welleboum. Hoc ipsum concedimus supra memoratæ ecclesiæ, in omni terra mea, in Normania...* »

Les mots *vestitum* et *calceaturam*, que l'on trouve dans cette charte, prouvent, suivant M. Guilmeth, que ce n'est pas d'aujourd'hui que l'on confectionne des étoffes à Elbeuf et des tiges de bottes à Pont-Audemer. Il n'est point nécessaire de démontrer que ces mots, du moins en ce qui concerne notre ville, ne prouvent rien du tout.

Ces deux industries étaient alors, en effet, simultanément pratiquées à Pont-Audemer et peut-être dans d'autres terres du comte de Meulan, mais pas à Elbeuf ; et si notre ville avait une industrie autre que celle de la production de la farine, ce dont nous doutons fort, ce ne pouvait être qu'une tannerie.

Il ne faudrait pas non plus attacher au mot « ville », qui se rencontre dans cet acte, le sens que nous lui donnons aujourd'hui. Ce mot, d'origine latine, ne désignait souvent, au xii⁰ siècle, qu'une maison de campagne, ou, tout au plus et par extension, une agglomération de fermes et de bâtiments ruraux. Le mot « ville », à la fin du xv⁰ siècle, n'était encore employé que par opposition à celui de « cité », et pour désigner les faubourgs d'une place forte.

Les services rendus par Robert de Meulan à la cause du roi Henri avaient encore resserré les liens qui unissaient ces deux hommes, et le comte Robert était presque toujours auprès du monarque. Cependant le pape excommunia Robert, sous le prétexte qu'il avait aidé Henri dans sa lutte fratricide, mais, à la vérité, parce qu'il avait donné son adhésion à la politique anglaise dans les discussions relatives aux investitures ecclésiastiques. Malgré la mesure dont il était frappé, le comte de Beaumont continua à fréquenter les églises et à s'approcher des sacrements, comme il l'avait fait jusque-là. Enfin, Anselme, le savant et puissant abbé du Bec-Hellouin, détermina la cour de Rome à revenir sur sa sentence.

« Robert de Meulan, comte de Beaumont-le-Roger, dit M. Depping, était un des plus puissants barons qui, ayant des terres, des châteaux et des vavasseurs en France, en Normandie et en Angleterre, était recherché des souverains de ces trois pays. Telle était l'idée qu'on avait de sa puissance, qu'un historien anglais assure que la paix ou la guerre dépendait de lui. Celui que le comte de Meulan soutenait pouvait d'avance se regarder comme vainqueur, et sa personne jetée dans la balance décidait la victoire ».

M. Le Prevost le dépeint ainsi : « La violence de son caractère s'alliait chez lui avec une grande ambition, de hautes connaissances politiques, beaucoup de réserve habituelle, de sobriété et d'élégance de mœurs ; aussi fut-il l'un des plus puissants personnages et peut-être le politique le plus accompli de son siècle, après toutefois son souverain Henri Ier, dont il resta toute sa vie le principal conseiller, comme son père avait été le principal conseiller du Conquérant.

« ... Il n'était pas seulement l'homme le plus profond de son époque, il était encore le « gentleman » le plus accompli. Tout le monde modelait sa manière de parler sur la sienne, son costume sur le sien, et l'imitait jusque dans l'heure de son repas ; car l'histoire a remarqué qu'il n'en faisait qu'un par jour. »

Guillaume de Malmesbury, qui inspira M. Le Prevost, nous apprend encore que Robert de Meulan se montrait, dans les plaids, le défenseur de la justice. « Mais lorsqu'il s'efforçait d'inspirer au souverain le respect des lois, il se mettait peu en peine de les observer lui-même. Habile à s'armer de perfidie contre les rois, il la condamnait chez les autres.

« Renommé par les connaissances, recherché par sa sagesse, la prudence et la prévoyance de ses conseils, doué d'un esprit de ruse remarquable, il était parvenu à acquérir des possessions grandes et variées, qu'on appelle vulgairement honneurs, villes, forteresses, bourgs, villages, fleuves et forêts... A l'approche de la mort, l'archevêque et le clergé, le menaçant de l'enfer, tentèrent de lui arracher la restitution des domaines qu'il avait illégalement acquis : « Je laisserai tout

« à mes enfants, leur répondit-il ; ils feront
« ce qui leur conviendra pour le salut du
« défunt ».

Robert de Meulan fit des donations à différents monastères ou confirma celles de ses prédécesseurs. Au nombre de ceux qui furent l'objet de ses libéralités, nous citerons le prieuré de Beaumont-le-Roger, l'abbaye de Lyre, celles de Préaux, du Bec-Hellouin et de Saint-Evroult. En outre, Robert fonda le prieuré de Châtel-la-Lune, près de la forêt de Beaumont.

L'union que Robert de Meulan, sire d'Elbeuf, avait contractée avec Elisabeth de Vermandois, nièce du roi de France, se dénoua d'une façon assez singulière. Sa femme, de laquelle il avait eu neuf enfants, lui fut enlevée par Guillaume de Varennes, comte de Surrey, avec lequel elle se remaria et dont elle eut encore trois enfants.

Le chagrin que cet évènement causa au comte Robert altéra ses facultés intellectuelles. Dégoûté du monde, il se retira dans l'abbaye de Préaux près Pont-Audemer, où, revêtu de l'habit monastique, il mourut le 5 juin 1118. D'après l'*Art de vérifier les dates*, « sa mort occcasionna une révolution étonnante des affaires, et fixa l'attention de l'Europe entière, dont il était connu ».

Robert portait : *De sable, à un lion à la queue fourchue d'argent.*

Suivant l'historien de l'abbaye de Saint-Evroult, la mort du comte Robert avait été annoncée par un violent ouragan, qui renversa beaucoup d'édifices et de grands arbres, et d'autres évènements qui frappèrent l'imagination du peuple, tel que celui-ci :

Un paysan anglais avait acheté une vache pleine, mais au lieu d'un veau, on trouva dans son corps trois petits cochons. Un pélerin, revenant de Jérusalem, annonça que cette merveille signifiait que trois grands personnages, parmi les sujets du roi Henri Ier, mourraient dans l'année et qu'il en surviendrait de grands troubles. « En effet, le comte d'Evreux, la reine Mathilde et Robert de Meulan passèrent de vie à trépas ».

Dans les calamités qui suivirent, on peut ranger les brigandages exercés par Hugues de Gournay et ses complices, qui, après avoir ravagé le Talou et le pays de Caux, portèrent la désolation dans le Roumois, la vallée de la Seine, et probablement à Elbeuf.

Terminons ce chapitre par quelques observations relatives aux expéditions militaires en Orient pendant le moyen âge.

On sait que la première croisade fut prêchée par un moine d'Amiens, Pierre l'Ermite, et qu'à sa voix des centaines de mille hommes se levèrent dans toute l'Europe occidentale, mais surtout en France.

Ce fut un bouleversement général et inattendu dans la société féodale. De très nombreux seigneurs, dénués de ressources pour faire cette expédition, vendirent ou engagèrent leurs fiefs, ou octroyèrent des franchises à leurs vassaux. Le peuple organisa aussi des armées excessivement nombreuses. La première, formée en 1096, se composa de plus de 60.000 serfs ou vilains, mêlés de quelques moines, de nobles pour la commander, de beaucoup de bandits et de prostituées.

Une autre armée populaire, d'environ 200.000 hommes, la suivit quelque temps après. Les chroniqueurs prétendent que la totalité de l'armée chrétienne, en 1097, comptait 100.000 cavaliers et 600.000 gens de pied des deux sexes. L'un de ses chefs était Hugues de Vermandois, frère du roi de France, parent des seigneurs d'Elbeuf. Ces bandes indiciplinées, grossies de tous les aventuriers qu'elles rencontrèrent, commirent d'horribles dévastations sur leur route.

Après quelques succès à Nicée et à Doryléc, la prise d'Antioche et celle de Jérusalem (15 juillet 1099), l'armée occidentale se trouva réduite à 40.000 combattants!...

Cependant ces croisades eurent une influence considérable sur la civilisation, le commerce et l'industrie des pays d'Occident.

En effet, dans la multitude de peuple qui suivit les seigneurs en Orient, il se trouva des observateurs intelligents. Ils apprirent à travailler les métaux et les tissus à la façon des musulmans, chez lesquels existaient des fabriques d'armes renommées et des ateliers pour la fabrication de camelots et autres tissus de laine.

Rentrés dans notre pays, ces hommes mirent en pratique les connaissances qu'ils avaient acquises, et c'est de cette époque que date véritablement la naissance de l'industrie lainière en Normandie, laquelle s'implanta dans quelques villes fermées, à Rouen notamment ; mais pendant un siècle encore, cette industrie ne se développa guère, à cause de luttes continuelles entre les seigneurs normands et les ravages qu'ils exercèrent dans les villages, bourgs et petites villes sans défense.

CHAPITRE XI
(1118-1166)

Galeran II de Meulan, seigneur d'Elbeuf.
— Mœurs du clergé. — Faits de guerre.
— Création de la foire Saint-Gilles. —
Premiers moulins a foulon. — Fondation
de la chapelle Saint-Auct et Saint-Félix
et de l'hôpital Saint-Jacques d'Elbeuf.

Galeran ou Waleran II de Meulan, premier du nom comme seigneur de Beaumont-le-Roger et d'Elbeuf, n'était âgé que de quinze ans lorsqu'il succéda à son père. Il avait reçu, ainsi que son frère Robert, comte de Leicester, une forte instruction et une bonne éducation.

Après la mort de leur père, dit Orderic Vital, « le roi éleva avec bonté comme ses propres enfants, et, quand ils furent parvenus à l'adolescence, arma chevaliers Galeran et Robert, tous deux fils de Robert de Meulan, qu'il avait beaucoup aimé. Galeran posséda tout le patrimoine de son père en deçà de la mer... Son frère eut en Angleterre le comté de Leicester ; le roi lui donna en mariage Amicie, fille de Raoul de Guader, qui avait été fiancée à son fils Richard ». Richard mourut dans un naufrage dont nous parlerons bientôt.

I   14

Quelques semaines après le décès de leur père, les deux jeunes seigneurs combattirent vaillamment les chevaliers normands qui s'étaient révoltés contre le roi d'Angleterre. Henri Ier vint en Normandie, où il exerça une terrible vengeance. Après avoir mis le feu à Pont-Saint-Pierre, il passa la Seine, détruisit tous les châteaux et fermes de ses ennemis, et alla mettre le siège devant Evreux, mais sans emporter cette place, qui fut brûlée par ordre de son évêque.

Pendant l'hiver de 1119, les rivières sortirent de leur lit. Les Rouennais et autres habitants des rives virent « des gouffres énormes que les fureurs de la Seine débordée creusèrent dans leurs demeures et leurs moissons ». Durant le Carême, « un ouragan souffla sur la Seine et la dessécha momentanément ; d'une rive à l'autre, chacun eût pu passer, s'il eût osé se hasarder sur ce chemin nouveau ».

Nous emprunterons encore au moine Orderic Vital le récit d'autres évènements qui durent avoir un retentissement considérable dans notre contrée ; il peindra une partie des mœurs du clergé normand à cette époque :

Goisfred, archevêque de Rouen, revenu du concile de Reims, tint dans sa cathédrale un synode en novembre et poursuivit rigoureusement les prêtres de son diocèse. Il leur défendit tout concubinage avec les femmes. « Comme les prêtres répugnaient beaucoup à une si grave privation, et que, se plaignant entre eux d'accorder leur corps et leur âme, ils éclataient en murmures, l'archevêque fit saisir et jeter aussitôt dans le cachot de la prison un certain Albert, prêtre éloquent, qui avait commencé je ne sais quel discours...

Quand les autres prêtres eurent vu cette action extraordinaire, ils éprouvèrent un vif étonnement... Alors le prélat furibond se leva de son siège, sortit en courroux et appela ses satellites... Aussitôt ces hommes pénétrèrent dans l'église avec des armes et des bâtons, et, sans nul égard, se mirent à frapper sur l'assemblée des clercs, qui causaient entre eux. Quelques-uns de ces ecclésiastiques, revêtus de leur soutane, coururent chez eux à travers les rues fangeuses de la ville ; quelques autres, saisissant des barreaux de fer ou des pierres... se mirent en disposition de résister, et poursuivirent sans répit les lâches satellites, qui s'enfuirent jusque dans les appartements.

« Les gens de l'archevêché rougirent d'avoir été vaincus par une faible troupe de tonsurés et d'avoir pris la fuite : ils rassemblèrent aussitôt, remplis d'indignation, les cuisiniers, les boulangers et les ouvriers du voisinage ; puis ils eurent la témérité de recommencer le combat dans les lieux les plus sacrés. Tous ceux qu'ils trouvèrent dans l'église ou le parvis, ils les frappèrent ». Plusieurs vieux prêtres, qui priaient, furent aussi l'objet de la brutalité « des lâches satellites de l'archevêque..., peu s'en fallût qu'ils ne les égorgeassent, quoiqu'ils demandassent miséricorde à genoux et les larmes aux yeux.

« Ces vieillards quittèrent Rouen au plus vite ; ils n'attendirent ni l'autorisation, ni la bénédiction du prélat ; ils communiquèrent ces tristes nouvelles à leurs paroissiens et à leurs concubines; et pour justifier leurs rapports, ils firent voir les blessures et les contusions livides qui couvraient leurs corps. Les archidiacres, les chanoines et les citoyens sages s'affligèrent de cet assassinat cruel ; ils compatirent à la douleur des pasteurs divins qui avaient éprouvé ces affronts inouïs. Ainsi, dans le sein de la sainte mère Eglise, le sang des prêtres coula, et le saint concile dégénéra en un théatre de moqueries et de fureurs... »

Le 25 novembre 1120, Richard, héritier présomptif de Henri Ier, roi d'Angleterre et duc de Normandie, périt dans le célèbre naufrage de la *Blanche Nef*, avec une infinité de seigneurs anglais et normands. Cette mort fit surgir un prétendant au duché de Normandie, en la personne de Guillaume dit Cliton, héritier légitime du duc Robert Courteheuse.

Le jeune Galeran combattit, avec ses vassaux, les chevaliers normands qui avaient pris les armes en faveur de Guillaume Cliton. Les partisans du roi Henri brûlèrent le Neubourg, dont le seigneur était l'ennemi personnel de Galeran, et ils se préparaient à d'autres exploits du même genre quand le pape Calixte arriva en Normandie, dans le but de rétablir la paix entre le roi d'Angleterre et Louis le Gros, roi de France.

En cette circonstance, Henri Ier, dit Gabriel du Moulin d'après Guillaume de Malmesbury, « pour estaller davantage la gloire de ses provinces, fit tant que les fils du feu comte de Meulan présentèrent des thèses de philosophie aux cardinaux qui accompagnaient le pape, lesquels bandèrent les forces de leurs esprits pour combattre ces jeunes seigneurs ; mais enfin, surmontés par leurs subtiles raisons, ils furent contraints d'advouer que l'Occident portoit des hommes si relevés en doctrine, que jamais l'Italie n'avoit entendu interprêter le prince des philosophes avec tant de pointes d'esprit et de subtilité ».

Le roi Henri était donc fier des deux jeunes seigneurs, qu'il aimait profondément et même plus que tous les autres barons de sa cour ; mais Henri Ier ayant pardonné au rebelle Robert de Neubourg, cousin de Galeran et qui avait eu un procès avec celui-ci, le dépit porta le seigneur d'Elbeuf à se révolter contre son bienfaiteur : Il entra dans le parti de Guillaume Cliton, avec Hugues de Montfort, Hugues de Neuchâtel et Guillaume Louvel, comte d'Ivry, qui avaient épousé chacun une sœur de Galeran.

Au mois de septembre 1123, Galeran tint un conciliabule, à la Croix-Saint-Leufroy, où les conjurés établirent les bases de la lutte qu'ils préméditaient. Henri Ier, prévenu de ce qui se passait, assembla à Rouen une armée, dès le mois d'octobre.

Hugues de Montfort, beau-frère de Galeran de Meulan et l'un des conjurés, se trouvait là. Henri sortit de Rouen un dimanche, après son repas, et fit appeler Hugues qui se présenta aussitôt ; il lui somma de remettre la place de Montfort. Mais ce dernier, suivant le moine Orderic, « voyant sa perfidie découverte, éprouva un grande anxiété, et, fort incertain de ce qu'il devait faire dans un si court espace de temps, il se décida à obéir aux ordres du roi, car il craignait que son refus ne le fît aussitôt charger de fers ».

Le roi envoya de suite, avec Hugues, des amis fidèles pour recevoir les clefs de Montfort. Mais dès qu'il se vit loin de la présence de Henri, Hugues poussa à toute bride le vigoureux cheval qu'il montait, et abandonna ses compagnons à l'entrée des bois de Rouvray ; puis, traversant la forêt de la Londe par un chemin plus court et qu'il connaissait parfaitement, arriva bientôt à Montfort, où, sans descendre de cheval, il ordonna à son frère, à sa femme et à ses gens de garder soigneusement le château : « Le roi, dit-il, vient ici en force ; tenez bon contre ! »

De là, Hugues courut à la hâte à Brionne, où se trouvait Galeran de Meulan auquel il raconta ce qui s'était passé : ils convinrent de de prendre les armes et d'en venir ouvertement à un combat.

Pendant ce temps, les amis du roi retournèrent vers lui, à Rouen. Le monarque, irrité, alla assiéger Montfort. Cette ville fut brûlée et la place prise jusqu'au château, pendant les deux premiers jours ; mais la tour tint un mois, et ce ne fut qu'après ce long temps que ceux qui la défendaient se rendirent. Le roi fit ensuite le siège de Pont-Audemer, dont il pressa les murs pendant six semaines.

Après avoir brûlé et pris cette forte place, le roi d'Angleterre autorisa un certain nombre de ses défenseurs à sortir avec leurs bagages. Quelques-uns allèrent à Beaumont-le-Roger, où se trouvait Galeran de Meulan avec des Français.

Payen de Gisors avait profité des occupation du roi Henri devant Pont-Audemer, pour lever aussi l'étendard de la révolte. Henri Ier partit des bords de la Risle, avec son armée, pour Gisors ; mais à cette nouvelle, les révoltés s'enfuirent, et le roi fit reposer ses troupes pendant l'hiver suivant, qui fut très pluvieux.

Au carême de l'année 1124, Galeran de Meulan réunit ses amis et, pendant la nuit du

25 mars, il alla, en compagnie de ses trois beaux-frères, fortifier la tour de Vatteville, située entre la Seine et la forêt de Brotonne.

Le comte Amaury l'emportait sur eux tous par son ardeur. Conduite par ses chefs, une troupe de soldats ravitailla la place assiégée, et attaqua à l'improviste, de grand matin, les retranchements que le roi avait fait faire pour la serrer de près. Gauthier de Valiquerville fut enlevé par les assiégés au moyen d'une main artificielle dont les crochets de fer le saisirent.

Le comte Galeran remit la garde de la forteresse de Vatteville à Herbert de Lisieux et à Roger, frère d'Herbert, accompagnés de huit de ses vassaux en qui il avait toute confiance. Pendant ce temps, le jeune seigneur d'Elbeuf dévastait les champs des environs, enlevait des maisons et des églises tout ce qu'il trouvait à sa convenance et faisait entrer des subsistances dans la place pour approvisionner la garnison. « Le même jour, Galeran, furieux comme un sanglier écumant, dit encore Orderic Vital, entra dans la forêt de Brotonne ; il y trouva des paysans qui coupaient du bois : il en prit plusieurs, les estropia en leur faisant couper les pieds, et viola ainsi avec témérité, mais non impunément, l'honneur de la sainte fête de l'Annonciation ».

Cependant Raoul de Bayeux, gouverneur pour Henri Ier du château d'Evreux, apprit par ses espions qu'il était entré beaucoup d'ennemis dans la tour de Vatteville. Il alla immédiatement trouver plusieurs seigneurs qui tenaient la campagne, notamment Henri de Pommeret, gouverneur de Pont-Authou, Odon Borleng, gouverneur de Bernay, et Guillaume de Tancarville, auxquels il fit connaître le chemin que devaient suivre, le lendemain, les révoltés pour se rendre de Vatteville au château de Brotonne, et de ce dernier point à une tour, portant aussi le nom de Beaumont, située sur le territoire de Bourneville en Roumois.

Les seigneurs tenant pour le roi se donnèrent rendez-vous à Bourgtheroulde pour le 26 mars ; ils avaient avec eux trois cents chevaliers bien armés. La troupe se mit en marche sur Bourneville, où elle attendit en plein champ les ennemis, qui bientôt débouchèrent de Brotonne pour se rendre à la tour de Beaumont.

Quand les troupes du roi aperçurent celles de Galeran, elles redoutèrent un combat, car elles pensaient que les conjurés étaient plus nombreux qu'elles, et chacun connaissait la valeur des seigneurs placés à leur tête. Mais Odon Borleng les harangua par un discours dont Orderic Vital a publié le sens.

De l'autre côté, Amaury d'Evreux ne tenait guère à en venir aux mains, en raison du petit nombre de ses amis ; mais Galeran, impatient de combattre, repoussa les avis d'Amaury, et la lutte s'engagea au hameau qui prit, depuis, le nom de « la Bataille » à Bourneville. Les Anglais combattirent à pied et les Normands à cheval.

Au premier choc, le cheval de Galeran, blessé par les flèches anglaises, s'abattit sous lui. Beaucoup de chevaliers tombèrent pour la même cause et ne purent faire usage de leurs armes. Le désordre se mit bientôt dans les rangs des Normands, et de nombreux combattants prirent la fuite dans la direction de

Rougemontiers, où, poursuivis par les Anglais ils furent mis en déroute, en un autre endroit que l'on appela aussi, depuis, « la Bataille ».

Galeran, les deux Hugues ses beaux-frères et quatre-vingts chevaliers normands et français furent faits prisonniers.

Guillaume Louvel, fils d'Ascelin Gouël et beau-frère de Galeran de Meulan, s'était échappé seul et avait pris une autre direction que les autres partisans de Cliton. Il fut fait prisonnier par un paysan, auquel il donna ses armes pour sa rançon, et, s'étant fait tondre par lui comme un écuyer, il se dirigea vers la Seine, tenant un bâton à la main. Arrivé sans être reconnu au passage du fleuve, il donna ses bottines au batelier pour prix de la traversée, et regagna pieds nus sa maison, « se réjouissant d'avoir échappé, de quelque manière que ce fut, aux mains de ses ennemis ».

Après son arrestation, le comte Galeran, craignant peut-être pour sa vie, voulut assurer le salut de son âme par une œuvre pieuse. Il donna aux frères de Beaulieu de l'hôpital Saint-Gilles, à Pont-Audemer, sept marcs d'argent sur son revenu d'Angleterre, quarante charretées de bois amenées à Pont-Audemer, dix arpents de terre en jardin et pâturage, deux arpents de prés, la dîme de ses fruits de Beaumont, de Sahus, de la Croix et autres lieux.

Après les fêtes de Pâques, le roi fit juger, à Rouen, les rebelles. Goisfred de Tourville, Odoard du Pin et Luc de la Barre furent condamnés à avoir les yeux arrachés ; ce dernier seigneur déplaisait particulièrement à Henri, car il avait composé des chansons satiriques contre lui.

Le sénéchal de Galeran était Morin du Pin, qui habitait Beaumont-le-Roger. Quand il sut que son maître avait été défait, puis emprisonné, il engagea les habitants de Beaumont et ceux de Brionne à continuer la lutte. Mais le roi vint, au mois d'avril, assiéger cette dernière place ; il y fit bâtir deux forteresses au moyen desquelles il força les assiégés à se rendre. Du reste, la ville n'offrait plus qu'un monceau de ruines, car elle avait été brûlée avec ses églises par les troupes du roi.

De toutes les places fortes normandes du comte Galeran, il ne restait plus à réduire que celles de Vatteville et de Beaumont-le Roger. Les défenseurs de la première se soumirent au roi, et bientôt Henri la fit raser.

Alors, le roi fit connaître au comte Galeran, son prisonnier, le résultat de la campagne, et lui fit commander d'envoyer l'ordre qu'on lui remît Beaumont sans coup férir : « Celui-ci, voyant qu'il avait été déçu par les frivoles espérances d'une jeunesse inconsidérée, et que ses mauvaises actions l'avaient précipité du faîte de son ancienne puissance, craignant d'ailleurs de s'exposer de nouveau à des malheurs plus rudes s'il offensait son magnanime ennemi par quelque acte d'opiniâtreté, envoya de fidèles délégués pour ordonner positivement à Morin, qui était chargé de ses affaires, de remettre sans délai le château de Beaumont au roi victorieux. Alors Morin, quoiqu'il fut tard, remplit les ordres de son seigneur ; mais il ne put en aucune manière obtenir les bonnes grâces de Henri. En effet, ce prince l'avait chargé de l'éducation du jeune comte, auquel il avait suggéré le pernicieux conseil de se révolter ».

C'est ainsi que le roi obtint toutes les possessions que le riche et puissant seigneur Galeran de Meulan avait en Normandie. Il le retint avec ses deux beaux-frères dans une étroite prison. Ils furent, quelque temps après, envoyés en Angleterre, où Galeran et Hugues de Neufchâtel restèrent prisonniers pendant trois ans. Quant à Hugues de Montfort, il gémit dans les cachots durant treize années, les amis du roi n'osant point solliciter en sa faveur la pitié royale.

Nous retrouvons Galeran, en 1127, au nombre des seigneurs que Louis-le-Gros avait assemblés pour seconder Guillaume Cliton dans ses prétentions sur la Flandre. Nous lisons, dans l'*Art de vérifier les dates*, que le comte de Meulan n'osa se déclarer ouvertement pour Guillaume dans la crainte de déplaire au roi d'Angleterre. « Il se déclara même, en apparence, pour les ennemis de Cliton et se joignit à eux. Ils le rencontrèrent un jour dans la plaine de Courtray ; l'occasion était belle de l'attaquer ; l'action commença effectivement ; mais Galeran, par une perfidie détestable, n'ayant pas voulu donner, trahit par là ses alliés et les fit tailler en pièces. »

Le roi d'Angleterre avait saisi la terre d'Elbeuf ainsi que tous les autres biens du comte de Meulan ; mais ce seigneur, s'étant appliqué à regagner la bienveillance du roi Henri, celui-ci lui rendit les revenus de ses domaines, en se réservant toutefois la garde de ses anciennes forteresses.

Nous avons dit qu'Elisabeth ou Isabelle de Vermandois avait quitté le père de Galeran pour se marier au comte de Surrey. Deux fils de ce seigneur anglais souscrivirent, en 1135, une charte par laquelle leur mère la comtesse Isabelle et Guillaume de Surrey, leur père, faisaient plusieurs dons à la léproserie de Bellencombre.

Par cette même charte, l'ancienne épouse de Robert de Beaumont donna également, avec le consentement du comte Galeran, son fils, à la maladrerie de Bellencombre, cent sols rouennais de rente annuelle à prendre sur son domaine d'Elbeuf (... *ex hereditate et patrimonio meo de Welleboef* — une autre copie porte *Wellebeof* — *C solidos rothomagensis per annum...*) Cette donation fut faite en présence de Hugues d'Amiens, archevêque de Rouen, et immédiatement approuvée par le roi d'Angleterre.

En 1135 également, Galeran fonda le prieuré de Saint-Gilles, à Pont-Audemer. En cette même année, le 1er décembre, il se trouvait en compagnie de son frère Robert de Leicester, aux côtés du roi Henri Ier, quand celui-ci mourut, à Lyons-la-Forêt.

Etienne, comte de Boulogne, se fit proclamer roi d'Angleterre. Un instant, les seigneurs normands, réunis au Neubourg, lui préférèrent son frère Thibaud ; mais ayant appris que les Anglais avaient accepté Etienne, il s'y soumirent également.

Le nouveau roi voulant s'attirer l'amitié du puissant Galeran de Meulan, lui fiança sa fille, alors âgée de deux ans, et lui livra immédiatement pour dot le comté de Winchester. Galeran, qui était alors en Angleterre, revint en Normandie, et notre contrée devint bientôt le théâtre d'une guerre affreuse entre lui et son frère Robert de Leicester, d'une part, et Roger de Tosny, puissant seigneur tenant pour le parti angevin, de l'autre.

Entre les Rogations et la Pentecôte de l'année 1136, Roger surprit la forteresse royale du Vaudreuil ; mais il y avait à peine trois jours qu'il y était que Galeran fondit avec les habitants de Rouen sur la place, la prit et la rendit au roi Etienne.

Quelques jours après la Pentecôte, le comte Galeran, à la tête d'une forte armée, s'empara d'Acquigny et brûla toute la place. Mais, dès le lendemain, Roger de Tosny marcha contre lui et se vengea en lui brûlant plusieurs villages. « Les Normands commettaient ces attentats et beaucoup d'autres semblables », remarque Orderic Vital ; « ils se dévoraient de leurs propres dents, comme le rapporte allégoriquement l'Apocalypse en parlant de la bête ».

Galeran et Robert de Leicester donnèrent cent marcs d'argent à Thibaut, comte de Blois, pour le déterminer à marcher contre Roger de Tosny. Des troupes furent alors envoyées sur les terres de Roger, où elles brûlèrent, dans trois villages, les habitations de beaucoup de paysans, puis elles se dirigèrent vers Bougy-sur-Risle. D'après les conseils du comte de Leicester, elles mirent le feu aux maisons de ce bourg et brûlèrent la belle église de Sainte-Marie-Madeleine, avec les hommes et les femmes qu'elle renfermait.

Nous retrouvons quelque temps après Galeran à Lisieux, chargeant Allain de Dinan de défendre cette ville contre les Angevins, pendant que lui allait au dehors chercher des secours pour les assiégés. Mais ces derniers, désespérant d'en recevoir assez tôt, mirent le feu à la ville à l'effet d'anéantir les richesses qu'elle renfermait pour que l'ennemi ne puisse s'en emparer.

Pendant ce temps, Roger de Tosny, seigneur de Conches, dévastait tout le pays d'Evreux, violait l'abbaye de la Croix Saint-Leufroy, brûlait le bourg, puis ravageait les environs du Vaudreuil. « Il commit sans égard, des meurtres, des brigandages et des incendies, et, de concert avec ses complices, il rendit beaucoup de gens malheureux en les dépouillant de ce qu'ils avaient. Il brûla l'église Saint-Etienne, et, pour ce crime, il reçut la peine du talion ».

En effet, comme il revenait, emmenant fastueusement un grand butin et beaucoup de prisonniers, le comte Galeran et Henri de la Pommeraie, avec cinq cents chevaliers, tombèrent sur Roger, qui n'avait que peu de monde avec lui, et le firent prisonnier.

Robert du Neubourg et son cousin germain Galeran, seigneur d'Elbeuf, se réconcilièrent en 1137 ; leur intimité devint même telle que, malgré la circonspection habituelle de Robert, il garantit au seigneur de Beaumont son secours et même l'usage de son château pour sa défense.

Pendant l'été suivant, une sécheresse excessive désola notre contrée ; personne, même parmi les vieillards, n'avait souvenance d'une semblable calamité.

Le roi Etienne, étant venu cette même année en Normandie, fit sortir Roger de Tosny des prisons de Galeran, où il était resté six mois. Au commencement de décembre, Etienne ayant appris qu'un soulèvement devait se produire en Angleterre, repassa la Manche emmenant avec lui le comte Galeran et son frère

Robert de Leicester, ainsi que beaucoup d'autres seigneurs.

En mai 1138, Galeran de Meulan et Guillaume d'Ypres revinrent en Normandie. Ils marchèrent d'abord contre Roger de Conches, qui avait repris ses dévastations ; mais comme les forces de ce seigneur étaient grandes, Galeran et son compagnon évitèrent un combat. Pour soulager leur fureur, ils dévastèrent à leur tour les maisons des paysans, ruinèrent le pays par le pillage et l'incendie, et, enlevant les choses nécessaires à la vie, livrèrent à la désolation et à la misère le peuple de nos campagnes.

Au mois de juillet, Galeran et Guillaume d'Ypres appelèrent Raoul de Péronne et deux cents chevaliers pour marcher contre les Angevins ; alors Robert de Courcy prévint le duc d'Anjou que ces chevaliers méditaient sa perte.

En septembre, Roger de Tosny brûla Breteuil avec l'église Saint-Sulpice. Mais bientôt une paix fut conclue entre ce seigneur et Galeran, qui conduisit Roger en Angleterre auprès du roi Étienne, avec lequel il se réconcilia également.

Quelque temps après, Galeran et Robert, son frère, se levèrent contre les évêques de Lincoln et d'Ely, lesquels vexaient les seigneurs de leur voisinage par toutes sortes d'iniquités.

En l'année 1138, Galeran fit bâtir dans le diocèse de Wigorn, en Angleterre, l'abbaye de Bordesley. Il dota ce monastère de si grands domaines et de si considérables revenus qu'on évalue ces donations à plus de deux millions de monnaie actuelle.

La puissance de Galeran, sire d'Elbeuf, était redevenue très grande en 1140 ; car nous le voyons obliger le roi Etienne à nommer Philippe d'Harcourt, doyen de la collégiale de Beaumont-le-Roger, à l'évêché de Salisbury, malgré l'opposition de nombreux seigneurs et prélats anglais.

Des troubles s'élevèrent en Angleterre l'année suivante. Galeran, se trouvant à une bataille aux côtés du roi Etienne, et voyant le premier corps de l'armée royale plier, abandonna le monarque, tourna le dos à l'ennemi et s'enfuit. Etienne fut fait prisonnier par Robert, comte de Glocester. Après ce combat, Galeran et plusieurs seigneurs normands promirent de combattre pour la reine et ses héritiers contre les Angevins et Geoffroy, leur chef, qui s'était emparé du trône d'Angleterre.

Galeran revint bientôt en Normandie ; il était à Beaumont-le-Roger, le 5 mars 1140 (1141 nouveau style), où il donna la chapelle Saint-Nicolas de son château de Meulan, à Richard, prieur du Bec, représentant le prieuré de Saint-Nicaise. Le comte Galeran, en signe de cette donation, déposa son couteau sur un autel.

Cette même année, en présence de Robert du Neubourg et de Richard de Beaumont, un de ses vassaux, sans doute, il fit don d'une rente de 100 sols rouennais pour la cuisine de l'abbaye du Bec.

Cependant, la fortune favorisant toujours Geoffroy d'Anjou, Galeran jugea de son intérêt d'abandonner le parti d'Etienne pour entrer dans celui de son vainqueur, duquel il reçut, en 1141, la concession du château de Montfort. Robert du Mont nous apprend que toute la noblesse de la contrée imita la lâcheté du comte et fit sa soumission.

Galeran n'espérant plus rien du roi Etienne, renonça à sa fille pour se marier avec Agnès, fille d'Amaury III de Montfort.

Il existait aux Archives de l'archevêché de Rouen une charte de Hugues, archevêque, datée de 1141, confirmant des donations que le comte Galeran avait faites aux chanoines réguliers de Corneville-sur-Risle, tant à Villerville que sur le tribut qui lui appartenait sur les denrées allant de Montfort à Pont-Audemer, avec le bois mort de sa forêt de Montfort.

En cette même année, Galeran donna sa collégiale de Beaumont-le-Roger aux moines de l'abbaye du Bec-Hellouin.

La foire Saint-Gilles, qui se tient à Elbeuf le 1er septembre, paraît avoir été créée vers cette époque par le comte Galeran. Voici ce qui nous le fait supposer :

On sait, d'une manière certaine, que le comte Galeran fonda la foire de Meulan en 1141. Or ce même comte donna, en une année que nous ne connaissons pas, mais évidemment postérieure à 1141, pour le repos de son âme, celles de son père, de sa mère et de ses prédécesseurs, aux moines de l'abbaye du Bec, une exemption entière, tant à Meulan et à Elbeuf qu'en tous autres lieux de son obéissance, par eau comme par terre, affranchissant ainsi les religieux de toutes coutumes, soit pour acheter, soit pour vendre. Les témoins de cette charte furent Geffroy Bertrand, Roger du Bosc, Guillaume son fils, Raoul de Manneville, Guillaume de Bigars et Alain de Neuville.

C'est vers cette même année 1141 qu'il faut placer la fondation du prieuré de Saint-Gilles à Saint-Aubin-Jouxte-Boulleng. Il nous parait avoir été donné, dès son origine, à l'abbaye de Saint-Ouen de Rouen, avec les revenus de la foire Saint-Gilles, qui se tenait, au début, sur le territoire de Saint-Aubin.

Nous croyons également que ce fut Galeran de Meulan qui fonda la léproserie Saint-Marguerite à Orival, établie, comme le prieuré de Saint-Gilles, sur « sa terre d'Elbeuf » s'étendant sur les deux rives du fleuve depuis Pont-de-l'Arche jusqu'au Gravier d'Orival.

Galeran de Meulan guerroyait dans notre contrée en 1143. Il brûla l'église et le village d'Emendreville, auquel succéda, plus tard, le faubourg Saint-Sever de Rouen.

Nous le retrouvons encore à Rouen, l'année suivante, aidant Geoffroy d'Anjou à assiéger le donjon de cette ville, que les troupes du comte de Varennes refusaient de lui livrer.

La seconde croisade, prêchée par saint Bernard pour reprendre le comté d'Edesse enlevé par les Turcs en 1144, fut entreprise par l'empereur Conrad III et Louis VII, roi de France.

Le comte Galeran de Meulan, batailleur par nature, prit aussi la croix et partit en 1147 ; mais il ne se dirigea pas directement en Terre sainte ; il passa par le Portugal, où il aida le roi Alfonse à chasser les Maures de Lisbonne. La péninsule hispanique ne lui était d'ailleurs pas inconnue, car il avait fait précédemment le pèlerinage de Saint-Jacques de Compostelle, patron de l'Espagne. De Lisbonne, il partit pour l'Orient, où il combattit vaillamment, dit-on. Après avoir guerroyé pendant deux ans, il songea à revenir en Normandie. La campagne avait été mauvaise, du reste, et des milliers de chrétiens avaient péri.

Comme Galeran revenait, en 1149, le navire qui le portait fut assailli par une tempête qui mit ses jours en danger. Pris de peur, il fit le vœu, s'il échappait au péril qui le menaçait, de fonder un monastère. C'est pour remplir cet engagement qu'il prit part à la fondation de l'abbaye du Valasse, faite par l'impératrice Mathilde quelques années plus tard. Cette abbaye, dite aussi du « Vœu », était située dans une petite vallée entre Lillebonne et Bolbec. Galeran donna à ce monastère vingt mille anguilles par an, à prendre à Beaumont le jour de la Purification, et un habitant de Pont-Audemer, plus six mille harengs par chaque année à prendre en cette dernière ville.

En 1149, Galeran donna à l'abbaye du Valasse l'affranchissement de toute espèce de coutume sur chacun de ses domaines et, en plus, une terre située contre la forêt d'Elbeuf (... *et quandam terram juxta foresta de Welleboe* — une autre copie porte *Wellebeo*. — Nous n'avons pu savoir de quelle terre il s'agit dans cette donation.

Cette année, après une forte gelée qui dura trois mois, les blés furent perdus et une famine s'ensuivit. L'année suivante, la Seine déborda et causa de grands ravages sur les deux rives.

Il paraît que Galeran, aussitôt de retour dans nos contrées, recommença ses perfidies, car le roi Etienne d'Angleterre, irrité contre lui, assiégea et réduisit en cendres sa ville de Winchester, en l'année 1150.

Nous arrivons à la fondation de l'oratoire Saint-Félix et Saint-Auct, auquel a succédé le calvaire que nous connaissons tous.

En 1152, suivant une antique chronique du Bec-Hellouin, un religieux nommé Jean le Romain, moine à l'abbaye de Saint-Sabas, ayant apporté au Bec la tête de saint Félix, martyr, compagnon de saint Adauct, la réputation des deux saints se répandit dans la contrée, et comme, très probablement, la léproserie de la côte d'Elbeuf fut érigée quelque temps après, on plaça sa chapelle sous la protection des deux martyrs; c'était dans les habitudes du temps, comme il est encore dans l'usage de notre époque de consacrer le souvenir d'un évènement considérable, une victoire, par exemple, ou d'honorer la mémoire d'un grand citoyen, par la dénomination d'une voie ou d'une place publique, d'une école ou d'une caserne.

On ne saurait se figurer, de nos jours, ce qu'un évènement tel qu'une translation de reliques, auxquelles on attachait tant de vertus, avait d'importance dans ces siècles de foi religieuse. Ainsi, dans la *Chronique* de l'abbaye du Bec, l'arrivée du chef de saint Félix et la nomination d'un moine de ce monastère comme abbé de Préaux, sont les deux seuls faits mentionnés en 1152. En l'année suivante, le chroniqueur n'en relate qu'un, deux en 1154, et il saute ensuite jusqu'à 1159 avant de rien trouver, dans l'histoire de cette abbaye et des environs, qui vaille la peine d'être noté.

On conçoit donc que, répondant à des aspirations populaires, le comte Galeran, très dévôt et qui, d'un autre côté, avait en grande estime l'abbaye du Bec-Hellouin dont il était le protecteur et à laquelle il fit de très importantes donations, ait voulu perpétuer, par une fondation pieuse, le souvenir de l'arrivée des reliques de saint Félix dans ce monastère. C'est donc en l'année 1152 seulement ou en une de celles qui la suivirent immédiatement que fut fondé l'hopital-chapelle dit de Saint-Félix et Saint-Auct, et non avant.

Cette chapelle paraît avoir été très promptement un but de pélerinage. Elle est parfois mentionnée dans les actes des siècles suivants sous les noms de chapelle Saint-Gaud, Saint-Haut et même Saint-Celse, traduction du mot *celsus*, haut, élevé, ce qui, dans l'espèce, n'était qu'un jeu de mots provoqué par la situation de l'édifice qui dominait toute la vallée.

La maladrerie ou hopital de la côte Saint-Auct avait une chapelle secondaire, placée sous la dévotion de saint Jacques, le patron des pélerins, — peut-être en souvenir du pélerinage que Galeran avait fait à Saint-Jacques de Compostelle — ce qui ajouta bientôt à la renommée qu'acquit cette fondation religieuse et de bienfaisance, où des reliques furent exposées à la vénération du peuple.

Plus une religion est grossière, plus elle a d'empire sur l'âme grossière de la masse du genre humain. M. Fustel de Coulanges dit qu'il y avait alors le christianisme de quelques grands esprits; mais il y avait en même temps le christianisme de la foule, au niveau d'esprit des plus humbles, au niveau de caractères des plus intéressés. Peu d'idéal, mais beaucoup de reliques.

En effet, dans les pélerinages de l'ancien temps, ce n'était point l'esprit d'un saint quelconque que l'on invoquait, mais des objets matériels lui ayant appartenu. Le peuple ne croyait qu'à la prière faite sur des reliques, et quand un oratoire, comme celui de Saint-Félix, de Saint-Auct ou de Saint-Jacques — car on lui donnait ces trois noms — possédait des ossements réputés authentiques, la foule s'y portait en masse, surtout dans les premiers temps de son établissement.

A cette époque, il n'y avait d'ailleurs pas de lieu sacré s'il ne possédait point de reliques, et l'on y attachait tellement de vertus que l'on vit des villes se disputer les restes de quelque saint comme le plus grand des trésors, car ces restes avaient la réputation de protéger les environs et de guérir les malades.

Nous verrons plus tard que saint Félix et saint Auct furent invoqués contre la peste ; mais dans les dernières années de l'existence de la chapelle, on ne priait plus saint Auct que pour obtenir la guérison des sueurs ; on la nommait aussi Saint-Chaud, parce que l'on avait chaud en montant la côte, disait-on. Quant à saint Félix, il avait la réputation de rendre la vigueur aux gens faibles, aux anémiques, pour nous servir de l'expression actuelle. Enfin, il n'était plus alors question de saint Jacques, les biens de sa chapelle et de la léproserie ayant été réunis à ceux d'un autre hopital dit de Saint-Léonard, auquel a succédé notre hospice actuel.

Les morceaux du moyen-âge les plus anciens que l'on connaisse à Elbeuf, dit l'abbé Cochet, « sont deux statuettes de pierre du XIIe siècle, venant sans doute de quelque église de cette ville, placées depuis dans une maison particulière et aujourd'hui recueillies dans le musée d'Elbeuf ». Nous supposons que ces deux statues proviennent de la chapelle Saint-Auct et Saint-Félix, détruite au commencement du xixe siècle.

Nous avons attribué à Galeran de Meulan la fondation du prieuré et de la foire Saint-Gilles, à Saint-Aubin ; celle de la léproserie de Sainte-Marguerite, à Orival, et celle de la chapelle Saint-Félix et Saint-Auct ainsi qu'une maladrerie dite de Saint-Jacques, au sommet de la côte qui domine Elbeuf à l'Ouest.

A la vérité, nous ne pouvons appuyer cette opinion d'aucune preuve positive. Tout ce que nous pouvons affirmer, c'est que ces diverses créations sont toutes du xiie siècle. Mais si l'on tient compte de la grande richesse de Galeran, de la multitude des fondations religieuses, de bienfaisance ou d'utilité publique dont il dota ses autres terres, afin de racheter, par ces libéralités, les crimes dont il s'était rendu coupable, nous sommes porté à croire que son domaine d'Elbeuf profita aussi de ses largesses, et que c'est à lui et non à d'autres seigneurs de la maison de Meulan que notre localité dut ces fondations.

Nous ne croyons pas cependant que l'hospital de la côte Saint-Auct exista longtemps ; nous avons tout lieu de supposer que cet établissement fut transporté dans la vallée, peut-être au triège du Glayeul ; dans tous les cas, il n'y a aucun doute à concevoir sur la maladrerie primitive : une pièce du xve siècle, que nous citerons à sa date, concerne « la chapelle Saint-Félix et Saint-Auct dite aussi léproserie d'Elbeuf ou de Saint-Jacques ».

Nous revenons au comte de Meulan, seigneur d'Elbeuf :

Le comte Galeran entra en lutte contre son neveu, Robert de Montfort. Une tentative de réconciliation fut faite entre eux, en 1153, près de Bernay ; mais Robert, qui disposait de plus de ressources que son oncle, le fit prisonnier et l'enferma dans le chateau d'Orbec. Alors, les amis de Galeran mirent le siège devant cette forteresse, mais ils ne purent l'enlever. Le comte Galeran ne recouvra sa liberté qu'en abandonnant à son neveu le domaine paternel qu'il revendiquait.

Dès qu'il fut sorti de la prison d'Orbec, le comte Galeran assembla tous ses vassaux et courut assiéger le château de Montfort. Malgré le secours de deux bastilles en bois, qu'il fit dresser devant la forteresse, il ne réussit point à la réduire, Robert fit une sortie vigoureuse, culbuta l'armée de Galeran, qui lui-même ne dut son salut qu'à la fuite.

En cette même année, Galeran, étant à Brionne, confirma solennellement les donations faites par lui et ses aïeux à l'abbaye de Préaux, en présence de Rotrou, évêque d'Evreux ; Roger, abbé du Bec-Hellouin ; Raoul, abbé de la Croix Saint-Leufroy ; Osbern, abbé de Corneville ; Robert, seigneur du Neubourg ; Robert, maître d'hôtel ; Guillaume du Pin, et un grand nombre de d'ecclésiastiques et de seigneurs.

Le roi Etienne mourut en 1154 ; son successeur fut Henri II Plantagenet, qui eut pour principal ministre Robert de Leicester, frère du comte de Meulan.

A l'année 1155 se rattache une très importante pièce concernant l'industrie drapière en général et en particulier celle de notre contrée.

Le bisaïeul de Galeran de Meulan, Onfroy de Vieilles, avait fondé, en 1033, l'abbaye de

Saint-Pierre de Préaux, près Pont-Audemer. Son fils, Roger de Beaumont, et son petit-fils, Robert de Meulan, avaient contribué à l'extension de ce monastère par de nouvelles donations. En 1155, Galeran de Meulan ajouta aux libéralités de ses ancêtres, en donnant aux religieux de Préaux la dîme de ses moulins à tan et de ses moulins à foulon *(molini folerez)* de Pont-Audemer.

La charte de donation de ces moulins, qui se trouve dans le Cartulaire de Préaux, aux Archives de l'Eure, est, à notre connaissance, le plus ancien document connu mentionnant des moulins à foulon, non pas seulement en France, mais encore à l'étranger.

A cette époque, Pont-Audemer était une des principales villes de fabrication drapière; il y existait aussi des tanneries, nous l'avons déjà dit; en outre, cette ville était considérée comme l'un des ports de mer de la Normandie.

Galeran de Meulan, sire d'Elbeuf, était également le seigneur de Pont-Audemer, comme aussi celui de Beaumont-le-Roger, de Brionne, de Montfort, etc. Ce comte, malgré sa légéreté, sa versatilité et ses autres défauts, était doué d'une très grande intelligence et d'un esprit d'observation, ainsi que l'attestent ses contemporains. Or, il est probable que pendant son voyage en Orient, où la civilisation était plus avancée qu'en France, en Normandie et en Angleterre, il avait vu fouler des pièces d'étoffes de laine au moyen de maillets mûs par une roue hydraulique, et qu'à son retour dans ses domaines, il en fit établir de semblables à Pont-Audemer.

Des moulins à foulon existaient donc incontestablement dans notre région dès le milieu du XIIe siècle. Il est à remarquer qu'aucune province d'Italie ni des Flandres, où pourtant la fabrication des draps fut portée à un haut degré pendant le moyen âge, ne peut revendiquer un plus ancien usage des moulins à fouler. Dans le chapitre suivant, nous verrons également Louviers pourvu d'un foulon mécanique.

Pendant combien d'années se servit-on de ces moulins primitifs pour le foulage des étoffes ? Nous ne le savons ; tout ce que nous croyons pouvoir affirmer c'est que leur emploi ne se généralisa pas, et que, même à Pont-Audemer et à Louviers, on revint au foulage au pied, à peu près comme il s'était pratiqué pendant la période gallo-romaine.

En effet, nous verrons qu'après une nouvelle tentative de foulage mécanique, les fabricants de draps de Louviers reprirent leur ancien usage, et que, jusque vers la fin du XVe siècle, on ne trouve de moulin à foulon ailleurs que dans cette dernière ville, mais qu'elle-même, ainsi que nous venons de le dire, supprima celui qu'elle possédait.

L'histoire de l'origine des moulins à foulon, au moins en Normandie, est fort curieuse ; nous avons eu le bonheur de recueillir sur les premiers de ces établissements industriels quelques renseignements très intéressants que nous publierons à leur date.

Dans une charte en faveur de Saint-Pierre de Préaux, donnée par Robert de Meulan, fils de Galeran, nous trouvons une nouvelle mention du moulin à foulon de Pont-Audemer. Le comte Robert, non seulement confirme aux religieux la donation faite par son père des moulins à tan et à foulon *(tancreix et folereix)* de cette ville, mais encore leur concède le droit exclusif d'en créer de nouveaux.

A partir de 1157, Galeran eut sa cour au château de Brionne. En cette même année, en qualité de seigneur de Gournay-sur-Marne, au droit d'Agnès, sa femme, il signa un traité avec Louis-le-Jeune, roi de France.

En 1158, Henri II, roi d'Angleterre et duc de Normandie, étant à son petit château de Rouen, confirma à l'abbaye de Cormeilles, dont Robert de Saint-Pancrace était alors abbé, une donation de biens, parmi lesquels figuraient une pêcherie dans la Seine et un ténement dans la paroisse d'Elbeuf.

C'est sans doute par cette donation que le monastère de Cormeilles posséda l'île d'Orifosse, connue plus tard sous le nom d'île de la Bastide ou de la Bastille, à cause d'une forteresse que les Anglais y construisirent pendant la guerre de Cent ans.

L'année 1159 fut marquée par des inondations qui durèrent de juin à septembre.

Galeran de Meulan se brouilla avec le roi Henri II, qui, en 1162, lui enleva toutes ses places fortes de Normandie ; mais il les lui rendit l'année suivante.

Vers la fin de sa vie, le comte de Meulan dota de nombreux établissements religieux et l'on ne compte pas moins de dix-sept églises que lui et sa femme firent construire dans leurs immenses domaines.

Le comte Galeran, nous l'avons déjà dit, était un des hommes les plus instruits de son époque ; malheureusement, son intelligence, mal équilibrée, le porta, dès sa jeunesse, à de nombreux actes qui ternirent sa mémoire. Ami des lettres — sa liaison avec Luc de la

Barre le démontre, — il avait aussi en grande estime les architectes de son temps ; outre la construction des édifices religieux qu'il fonda, il leur confia divers grands travaux d'utilité publique, parmi lesquels il faut surtout citer un beau pont en pierres jeté sur la Seine, à Meulan, et plusieurs routes pavées.

M. Le Prevost a remarqué que, malgré les torts graves de Guillaume, comte de Surrey, envers Robert, père de Galeran, ce dernier vécut en bonne intelligence et même en intimité avec lui, puisque ce seigneur figure souvent comme témoin au bas de ses actes.

Dégoûté du monde et fatigué d'une vie qui l'avait rendu odieux à beaucoup de ses vassaux et à lui-même, Galeran se retira, ainsi que l'avaient fait ses ancêtres, dans l'abbaye de Préaux, où il mourut en avril de l'année 1166.

Réparons ici une erreur de classement que nous avons commise dans notre notice sur Beaumont-le-Roger, relativement à une donation faite par Galeran à l'abbaye de Bonport — qui alors n'existait pas. — Le Galeran bienfaiteur de ce monastère était le petit-fils de celui dont nous nous sommes occupé dans ce chapitre.

CHAPITRE XII
(1166-1203)

Robert IV de Meulan. — Le Maurepas. — Galeran III de Meulan. — Les moines de Saint-Ouen et la foire Saint-Gilles. — La draperie au XIII° siècle. — Elbeuf passe a la maison d'Harcourt. — Richard Cœur-de-Lion.

Robert IV de Meulan, et II° du nom comme seigneur de Beaumont et d'Elbeuf, n'avait que vingt-cinq ans environ quand il succéda à Galeran, dont il était le fils aîné.

Son aïeul et son bisaïeul avaient été des hommes d'une prudence et d'une sagacité consommées dans le choix des princes auxquels ils s'attachaient, et d'une fermeté inébranlable dans le maintien de leurs alliances, dit M. Aug. Le Prevost. « Son père n'avait été qu'un bel esprit, sur la loyauté duquel personne n'avait pu compter, et qui, malgré l'étendue et l'importance de ses domaines, n'avait joué qu'un rôle fort misérable dans les transactions politiques de son époque. Robert fut encore inférieur à son père, puisqu'il se montra tout aussi versatile, tout aussi incapable d'une résolution loyale et ferme, et qu'il ne posséda même pas ses qualités littéraires.

« Les historiens s'accordent à le représenter comme un personnage peu distingué. Aussi consomma-t-il la ruine de la maison de Meulan, déjà préparée par les fautes et les torts de Galeran II. Nous conviendrons, du reste, que, en qualité de grand feudataire de deux monarchies rivales, sa ligne de conduite était bien difficile à tenir ; nous pensons qu'il eût encore mieux valu faire un choix entre elles et s'y tenir que de se déshonorer et de s'amoindrir par des changements perpétuels d'alliances ».

Robert de Meulan avait épousé d'abord Agnès de Vendôme, dont il est parlé dans la *Chronique* du prieuré de Saint-Nicaise de Meulan. Agnès mourut sans laisser d'enfants. Deux ou trois ans avant de succéder à son père, le comte Robert avait épousé en secondes noces Mathilde, dame de Cornouailles, fille de Renaud, comte anglais. De ce mariage, naquirent trois garçons, Galeran, Pierre et Henri, et deux filles, Mabille ou Mabirie et Jeanne. Le comte Robert eut aussi une fille naturelle, qui se maria à Guy de la Roche.

Outre les immenses domaines dont Robert de Meulan avait hérité de son père, au Vexin, au Pincerais, en Normandie, dans l'Ile-de-France et en Angleterre, il en acquit d'autres dans l'Orléanais, la Beauce et le Berri, telles que les villes d'Argenton, de Concressaut, une partie des terres de Laos, d'Antoni, de Chenai, et autres.

L'Art de vérifier les Dates dit que Robert ayant appris que le comte Galeran, « étant à l'article de la mort, avait déclaré qu'il désirait que ses héritiers réparassent quelques dommages qu'il avait causés à l'abbaye de la Croix Saint-Leufroy, ses enfants s'empressèrent d'acquitter les dernières intentions de leur père ».

En outre, Robert ratifia tout ce qui avait été fait par ses prédécesseurs en faveur des abbayes de Lyre, Préaux, Jumiéges, Le Bec, Valasse, Pont-Audemer, Beaumont-le-Roger, Saint-Wandrille, Saint-Denis et Saint-Nicaise de Meulan, en accordant même à plusieurs de ces monastères de nouvelles faveurs.

L'historien de la maison d'Harcourt dit que le comte Robert tenait de temps en temps sa cour avec ses barons, et qu'il reste quelques-uns des actes de ces assemblées, entr'autres un jugement rendu, lui présent, avec son sénéchal, touchant le patronage d'une église. Il eut des grands officiers de toute espèce, des maréchaux, un grand forestier, etc. Il inféoda, à titre héréditaire, l'office de grand veneur de sa maison en faveur d'Alexandre du Caillouel, gentilhomme du Vexin.

Robert de Meulan fit un voyage en Sicile avec quelques autres seigneurs, en l'année 1167. Mais la faveur qu'il y acquit ayant excité la jalousie des courtisans du pays, ils se soulevèrent. Le comte Robert leur résista et conseilla au roi de les punir. Alors la fermentation augmenta et devint telle qu'il fut impossible de la réprimer : le roi de Sicile fut obligé de prier très poliment les étrangers de de se retirer.

Vers 1171, le roi de France excita les Normands contre le roi d'Angleterre, et fit lui-même une irruption en Normandie. Henri II arriva promptement dans notre contrée ; à son approche, l'armée française abandonna en fuyant le butin quelle avait fait et fut poursuivie jusque dans le Vexin français, où les troupes anglo-normandes firent de grands ravages. La guerre continua presque sans interruptions pendant huit ans.

On rapporte qu'en 1174, le blé ayant manqué, il y eut une grande famine dans notre contrée.

En l'année 1175, Henri Court-Mantel, fils de Henri II, à l'instigation du roi de France, dont il avait épousé la fille, se révolta contre son père. Robert de Meulan, avec son étourderie habituelle, prit parti pour le jeune prince. Le vieil Henri accourut et battit de nouveau les révoltés. Le comte Robert fut obligé de se réfugier en France, auprès du roi Louis VII.

En 1176, un Simon de Malrepas, chevalier, mourut de mort violente. Nous ne voulons point rattacher le nom de ce seigneur au Maurepas d'Elbeuf ; mais il nous fournit l'occasion de dire quelques mots de cet ancien triège, auquel une rue de notre ville doit sa dénomination.

Disons d'abord que ce nom n'est pas particulier à Elbeuf, car dès 1182, un certain Olivier du Bosc céda à l'abbaye du Bec un labour, sis à Bonneville-sur-le-Bec, portant le nom de la « Cousture du Maurepas ».

La « Couture du Maurepas », à Elbeuf, donne lieu à une double explication étymologique qui, probablement, peut être appliquée aussi à celle de Bonneville.

On appelait autrefois « couture » des terrains « en culture ». Le premier mot n'est donc qu'une altération du second. Il existe cent trièges de ce nom en Normandie ; aussi son étymologie est-elle parfaitement établie.

Quant à « Maurepas », il signifie mauvais passage, endroit dangereux pour la circulation, et quelquefois lieu mal famé.

Le Maurepas d'Elbeuf était l'étendue de terres en labour que l'on rencontrait en sortant de notre bourg vers Caudebec. Le chemin qui réunissait ces deux localités était boueux, mal entretenu, et il arrivait trop souvent que les attelages y restaient en détresse ; de là son nom de « mauvais pas », qui, par contraction, devint « Maurepas ».

Il a pu arriver aussi que le Maurepas ait été le théâtre d'attentats contre des personnes, ce qui aurait ajouté à la mauvaise réputation attachée à ce triège, aujourd'hui complètement bâti et situé presque au centre de la ville moderne.

Nous trouvons en 1180, pour la première fois, le nom d'un habitant de notre localité. Etienne d'Elbeuf (*de Wellebued*) est mentionné dans les Grands Rôles de l'Echiquier de Normandie de cette année-là, comme devant une somme de vingt sols.

Ces Rôles, conservés à la Tour de Londres, nous fournissent, en cette même année, le nom d'un second Elbeuvien : Landri d'Elbeuf, (*Wellebued*).

Etienne et Landri sont donc les plus anciens habitants connus de notre ville. On remarquera qu'ils ne sont désignés que sous leur nom de baptême. A cette époque, les noms de familles n'existaient pas encore en Normandie, et les premiers noms patronymiques du peuple ne furent que des sobriquets que portèrent également les descendants de ceux qui les avaient reçus. Quant aux chevaliers, ils ajoutaient à leur nom de baptême celui de leur fief.

Le roi Henri II, pour punir le comte Robert, s'était emparé de plusieurs de ses places fortes, notamment de Pont-Audemer, de Brionne et de Beaumont-le-Roger ; il ne les lui rendit que plus tard et successivement.

En l'année 1182, le comte de Meulan, sans doute dans le but de plaire au roi d'Angleterre et d'obtenir la remise de Beaumont-le-Roger, se déclara contre Philippe-Auguste, fils et successeur de Louis VII. Mais, par prudence, et se doutant que sa conduite pourrait bien amener contre lui les rigueurs du roi de France, il avait remis ses domaines placés sous la suzeraineté de ce monarque, c'est-à-dire son comté de Meulan, à Galeran, son fils aîné. On voit, en effet, par un titre daté de de l'année suivante, que Galeran, malgré son jeune âge, portait le titre de comte et seigneur de Meulan. Philippe-Auguste le reconnut lui-même en cette qualité, car dans une charte qu'il donna cette année en faveur de l'abbaye de Coulombs, il mentionna que c'était aux prières du jeune Galeran, comte et seigneur du château de Meulan, qu'il approuvait la concession faite aux moines de l'île et du prieuré de Saint-Côme.

Robert de Meulan prit alors ouvertement parti pour Richard Cœur-de-Lion, fils de Henri II, dans ses entreprises contre le roi de France ; mais il arriva bientôt que, sans motif apparent, il abandonna Richard pour Philippe.

Avant 1188, le comte Robert avait de nouveau abandonné Philippe-Auguste pour servir le roi d'Angleterre, car on voit cette année-là le roi Philippe lui enlever la forteresse d'Argenton en Berry, et faire prisonnier à Vendôme soixante-deux chevaliers que Robert avait mis dans cette place avec mission de la défendre.

L'auteur de la *Philippide*, qui décrit ce siége, plaint de sa situation le comte Robert de Meulan, qui, se trouvant feudataire à la fois de deux puissants monarques, ne pouvait ménager l'un sans se mettre l'autre sur les bras. Le poète, quoique partisan du roi français, excuse le comte Robert d'avoir suivi le parti des Anglais en cette circonstance, parce qu'encore qu'il tint le comté de Meulan en hommage de la France, il possédait aussi beaucoup de châteaux et de domaines mouvant du duc de Normandie et du roi d'Angleterre, et que, dans la guerre qui se faisait alors, il s'agissait de la province de Normandie et d'autres pour lesquelles le sire de Beaumont-le-Roger devait le service à l'Anglais.

Immédiatement après la prise de Vendôme, Philippe-Auguste attira le comte Robert dans son parti et lui fit prendre les armes contre les Anglais, qui répondirent à cette nouvelle trahison en fondant sur ses domaines de Meulan, qu'ils mirent à feu et à sang, et, en s'emparant et les déclarant confisqués, des biens que Robert possédait en Angleterre. Ces évènements furent bientôt suivis d'une réconciliation entre les rois de France et d'Angleterre.

L'archevêque de Tyr s'étant rendu à Gisors, où se trouvaient les rois de France et d'Angleterre avec une grande quantité de seigneurs, parmi lesquels était Robert II de Beaumont, le prélat montra, dans un chaleureux discours, la triste situation des troupes chrétiennes en Palestine: Jérusalem venait d'être reprise par Saladin, et il ne restait aux croisés que les seules places de Tyr, d'Antioche et de Tripoli, qui bientôt allaient retomber au pouvoir des Turcs, si une nouvelle expédition n'était faite.

Les deux rois, Robert de Beaumont et beaucoup d'autres furent émus par les éloquentes paroles de l'archevêque ; ils jurèrent d'aller combattre les musulmans. Un impôt fut créé à cet effet ; il porte dans l'histoire le nom de « dîme saladine ».

Le comte Robert établit une commune à Meulan en 1189, sur le modèle de celle que le roi de France venait de créer à Pontoise.

Henri II étant mort, Richard Cœur-de-Lion lui succéda comme roi d'Angleterre et duc de Normandie.

Un acte de l'an 1189 mentionne le nom d'Elbeuf. C'est le contrat de mariage de Galeran III de Meulan, fils du comte Robert, avec Marguerite de Fougères, fille de l'un des plus grands barons de Bretagne. Par cet acte, passé à Mortagne, Robert de Meulan donne à son fils Galeran divers fiefs et 100 livres à prendre sur son domaine d'Elbeuf : ... *et centum libras in Welleuboium, scilicet in terra et in hominibus.*

L'Art de vérifier les Dates dit à ce sujet que l'acte de donation de Galeran est intéressant par les causes et stipulations qu'il contient en cas de voyage, de mort, de naissance d'enfants, etc. Le comte Robert y fait la donation complète de tous ses biens en faveur de Galeran. « Mais par un autre acte du même jour, et souscrit des mêmes parents, le père se réserve la faculté de doter ses autres enfants et ses filles, et de leur donner même des biens fonds, de l'avis et conseil de ses barons, lesquels biens fonds néanmoins ne pourraient être pris dans l'étendue des domaines du comte de Meulan, ni de la châtellenie de Beaumont-le-Roger, attendu que ces domaines patrimoniaux et principaux devaient passer en entier au fils aîné et principal héritier ». Parmi les témoins qui assistèrent au mariage de Galeran, se trouvait Jean de Bosc-Bénard, propriétaire d'un fief sis aux environs de Bourgtheroulde.

Au mois de juin de l'année suivante, Galeran partit pour la Terre-Sainte avec Philippe, roi de France. Les chroniqueurs du temps disent que c'était l'un des plus braves, des plus sages et des plus courtois des chevaliers français ; qu'il avait de nombreux talents et jouissait d'une grande estime.

L'Art de vérifier les Dates assure qu'il donna une preuve de sa bravoure en Palestine, en se battant corps à corps avec un général turc : « Il porta un coup si furieux à son ennemi, que la lance traversa l'écu, et que le Turc, sans son haubert qui le garantit, serait demeuré infailliblement sur la place. L'impatience que le jeune comte avait d'en venir aux mains l'emporta tellement, qu'il avait eu l'imprudence d'oublier, entre autres armes, son heaume. Le Turc s'en aperçut, et, après avoir paré le coup que Galeran lui avait porté, il le prit au défaut de l'oreille et le tua sur le champ... »

Plusieurs historiens assurent que Galeran III mourut ainsi en 1190 ; c'est une erreur, car il est mentionné dans divers actes du siècle suivant, et il vivait encore en 1223.

La misère était alors grande en Normandie ; la disette désolait les campagnes ; la guerre contre la France avait anéanti de grandes ressources et absorbé l'argent arraché au peuple pour la croisade.

C'est dans les premiers mois de 1190, avant de partir pour l'Orient, que Richard Cœur-de-Lion fonda l'abbaye de Bonport, dont les ruines si intéressantes sont une des principales curiosités des environs de notre ville.

La légende rapporte que le duc-roi, se trouvant à la chasse, son cheval l'entraîna dans la Seine ; mais que, résistant au courant et plein de confiance dans la Vierge, il fit vœu d'élever un monastère en son honneur à l'endroit où il aborderait. Ce lieu se nommait Maresdans. Tout près de là était l'île qui portait déjà le nom de Bonport, au bout de laquelle était le passage d'eau reliant les anciennes voies romaines existant sur les deux rives, en face de la paroisse de Criquebeuf. L'abbaye prit le nom de l'île.

Le 22 juin de cette même année, Robert d'Harcourt, étant à Chinon, fut témoin de la deuxième charte, connue, donnée en faveur du nouveau monastère.

Peu après, Robert, comte de Meulan, donna aux religieux de Notre-Dame de Bonport, l'eau de la Seine, depuis Pont-de-l'Arche jusqu'à Martot. Il s'ensuivit, plus tard, des procès entre les moines de l'abbaye et les ducs d'Elbeuf, ceux-ci prétendant avoir conservé la possession de la rivière jusqu'à Pont-de-l'Arche.

Disons tout de suite, que pendant l'absence de Richard Cœur-de-Lion, le comte Robert de Meulan, soutenu par Philippe-Auguste, roi de France, ne cessa de provoquer des soulèvements dans notre province, afin d'enlever à Richard le duché de Normandie et de faire passer la couronne d'Angleterre à son frère, le comte Jean de Mortain, beaucoup plus connu sous le nom de Jean-sans-Terre, par lequel il est généralement désigné dans l'histoire.

En 1191, Robert de Meulan et de Beaumont accorda aux moines de l'abbaye de Bonport la franchise du passage sur ses terres et ses eaux. La charte est datée de Meulan.

L'année suivante, étant à Bonport, il donna à ce monastère quatre arpents de vigne sis entre Vaux et la Seine, avec usage de pressoir. Henri, son fils, seigneur de Sahuz, et Roger, son sénéchal, furent témoins de l'acte de cession.

Ces œuvres pies ne détournèrent cependant pas le comte Robert de ses excitations à la révolte ; elles devinrent même telles, que Guillaume, évêque d'Ely, grand chancelier d'Angleterre, fut obligé de s'en plaindre au pape, et bientôt Robert de Meulan et tous les partisans de Jean de Mortain furent frappés d'excommunication.

L'industrie drapière, à laquelle nous apporterons une attention toute spéciale, car c'est à elle que notre ville doit la plus grande partie de ses richesses et de son activité, avait alors pénétré à Rouen, ainsi que le prouve le passage suivant d'une enquête faite en 1190 :

« Lorsque Robec rompt ses digues, tous les foulons et teinturiers qui habitent sur cette rivière, et qui y possèdent des cuves à fouler et des chaudières, doivent se rendre en personne ou envoyer un de leurs serviteurs sur le lieu du dégât pour aider les meuniers à le réparer. »

A cette époque donc, malgré que Rouen figurât parmi les villes où l'industrie du drap avait acquis le plus de développement et de perfection, le foulage se pratiquait encore dans des cuves, à la manière gallo-romaine.

Les fabricants rouennais tiraient leurs laines de l'Angleterre, et tout ce qui était nécessaire pour la teinturerie, de la Gascogne, de la Castille et de Gênes.

Jeanne de Meulan, fille du comte Robert et sœur de Galeran, avait été fiancée à Robert II d'Harcourt, en 1190; mais le mariage ne fut célébré qu'en 1191, à cause de la parenté des deux futurs, qui nécessita une dispense donnée par le pape. Robert blasonnait : *De gueules, à une fasce de deux pièces d'or.*

Dans le contrat de 1189, en faveur de Galeran III, son père, Robert de Meulan, avait négligé de désigner les terres qu'il se proposait de donner en dot à sa fille, mais on sait que c'est par son mariage avec Jeanne de Meulan que Robert II d'Harcourt devint seigneur de la Saussaye, de Beaumesnil, de Saint-Celerin, de Pontigny et de Formeville. Il est même parfois qualifié de seigneur d'Elbeuf.

Au mois de juillet 1193, par un traité conclu, à Mantes, entre Philippe-Auguste et les représentants de Richard Cœur-de-Lion, il fut convenu que Robert de Meulan rentrerait en possession des biens que le roi Henri II lui avait confisqués en 1189.

Pour payer la rançon de Richard Cœur-de-Lion, alors prisonnier en Autriche, l'archevêque de Rouen et les autres justiciers du roi d'Angleterre levèrent sur chaque fief de haubert une somme de 20 sols, et sur tous les laïques le quart de leurs revenus. On prit aussi les vases sacrés des églises et l'argent que possédaient les trésors des paroisses; les évêques prélevèrent, en outre, le quart ou la dîme du clergé. Mais, par suite des dilapidations des agents du fisc et malgré les sommes énormes qui furent recueillies, on ne put acquitter entièrement la rançon du roi.

En juin, l'archevêque de Rouen, le sénéchal et le connétable d'Angleterre se rendirent aux environs de Pont-de-l'Arche pour conférer d'une trêve projetée avec les envoyés de Philippe-Auguste, qui ne se présentèrent point; mais vers le 17 du même mois, les ambassadeurs des deux rois se réunirent près du Vaudreuil, dans le même but.

Le 24 juillet suivant, entre Verneuil et Tillières, une trêve fut signé pour un an, entre les rois de France et d'Angleterre. Entre autres conditions, il fut stipulé que Philippe-Auguste tiendrait, comme par le passé, Léry, Le Vaudreuil, Louviers et Acquigny, et que Richard aurait tout le pays au-delà de la Haye-Malherbe et Pont-de-l'Arche. Elbeuf resta donc en possession du roi d'Angleterre. Un passage spécial de cette convention confirma à Robert de Meulan la possession de ses biens.

Il est probable que Philippe-Auguste était venu à Elbeuf, avant la signature du traité de Verneuil, dans les excursions qu'il avait faites jusque près de Rouen, après la prise des places d'Ivry, de Pacy, du Neubourg et d'Evreux.

Nous avons parlé assez longuement dans notre notice sur Saint-Aubin-jouxte-Boulleng, des différends qui s'élevèrent à cette époque, entre les moines de Saint-Ouen de Rouen et le comte Robert de Meulan, au sujet de la foire

Saint-Gilles, pour nous dispenser de revenir sur ce sujet.

Rappelons, cependant, que cette foire créée près du prieuré de Saint-Gilles, par le fondateur de cet établissement religieux, était principalement fréquentée par les habitants de la rive gauche de la Seine. La difficulté de la traversée du fleuve engagea les marchands à traiter leurs affaires du côté d'Elbeuf, et, au fur et à mesure que la foire de Saint-Aubin perdait de son importance, les transactions passées sur la rive opposée devenaient de plus en plus nombreuses.

Dom Pommeraye, historien de l'abbaye de Saint-Ouen, à laquelle appartenait le prieuré et les revenus de la foire Saint-Gilles, dit que les officiers du comte de Meulan commencèrent en 1294 (il faut lire 1194) à inquiéter les religieux et à vouloir les priver de la foire. L'affaire fut soumise au pape, qui députa des commissaires pour examiner le différend. On ne connaît point leur décision. Dom Pommerayae croit qu'elle fut favorable aux religieux ; cependant, il est certain que la foire disparut complètement de Saint-Aubin pour se tenir à Elbeuf.

La foire Saint-Gilles prospéra, car nous trouvons un acte mentionnant que Robert de Meulan donna à Jean de Préaux, en récompense de ses services militaires, une rente annuelle et perpétuelle de dix livres, à prendre le jour de la fête de saint Gilles, tant sur les revenus de cette foire que sur ceux de la prévôté d'Elbeuf-sur-Seine *(Oelboto super Sequanam)*.

Vers ce temps Richard Cœur-de-Lion, roi d'Angleterre et duc Normandie, entreprit la

Vue prise du haut de la Roche-Fouet.
La Roche-Fouet, vue de Cléon. — Essai de restitution du Château-Fouet.
Les ruines du Château-Fouet

construction d'un château-fort à Orival, sur la roche Fouet, en prévision d'une nouvelle lutte contre le roi de France. Il fit également exécuter des travaux à la forteresse de Moulineaux. Ce prince passa souvent par Elbeuf, dans ses voyages d'Orival à l'abbaye de Bonport, et de Rouen dans le pays d'Evreux. Nous fixons à l'année 1194 la construction du château d'Orival parce que des dépenses qu'il occasionna figurent dans des comptes présentées à l'Echiquier de Normandie en 1195.

Richard Cœur-de-Lion, étant au Vaudreuil, le 15 janvier 1195 (1196 n. s.) confirma à l'abbaye de Saint-Taurin d'Evreux la possession des églises d'Elbeuf, de Caudebec, de Louviers et de Pinterville *(ecclesias de Wellebou et de Caldebec et de Loviers et de Pintarvilla)*, avec les dîmes qui en dépendaient, données à ce monastère par Richard I er, duc de Normandie, vers l'an 997.

Le même jour, entre le Vaudreuil et Gaillon, il signa un nouveau traité de paix avec Philippe-Auguste.

Le 18 janvier, le roi Richard était à la Londe. Il y signa l'acte d'échange de Conteville contre Pont-de-l'Arche. Robert d'Harcourt fut l'un des témoins de cet acte.

Il existait en la paroisse de Fourmetot, au bailliage de Pont-Audemer, un fief nommé la Cour d'Elbeuf, que l'abbé Caresme suppose avoir été fondé par une très vieille famille d'Elbeuf, peut-être par Landri qui vivait au XIIe siècle. Les sieurs d'Elbeuf, à Fourmetot, blasonnaient : *D'argent à la fasce de gueules, accompagnée de six merlettes de sable, trois en chef, trois en pointe*. Aux XVIe et XVIIe siècles, cette seigneurie appartenait à des membres de la famille du Fay, et, au commencement du xviiie siècle, à Guillot de la Houssaye, maire de Rouen. Une branche de la famille du Fay posséda des biens à Elbeuf-sur-Seine jusqu'au xviiie siècle.

Landri d'Elbeuf *(Wollebue)* est de nouveau mentionné dans les Rôles de l'Echiquier de Normandie, en 1195. Il rendit compte de 20 marcs et demi pour plège de Ricard son fils ; il restait devoir 12 marcs et demi.

Robert de Beaumont, éprouva des embarras financiers non moins grands que ceux de sa politique, car, dit M. Le Prévost, tandis que son père donnait des sommes considérables à ses vassaux pour les engager à des donations en faveur du prieuré de Beaumont-le-Roger, Robert ne rougissait pas, lui, de recevoir des moines, conformément à un usage du xie siècle tombé en désuétude, quelques marcs d'argent en retour des concessions qu'il leur faisait. L'une des pièces que notre estimable auteur produit à l'appui de cette opinion est signée de Landry d'Elbeuf *(Landrico de Elleboto)* ; elle est de 1196 environ.

Farin dit qu'en 1197, « on vid le soleil environné de deux cercles semblables à l'arc-en-ciel, dont les astrologues prédirent une grande famine, ce qui arriva l'an suivant ».

Robert de Meulan, se trouvant à Martot, au mois d'août 1197, fit une nouvelle donation aux moines de Bonport, consistant en un hôte à Pont-Audemer, libre et franc de toutes coutumes. Parmi les témoins, se trouvaient l'évêque Hugon ; Guillaume, comte de l'Isle ; Radulfe de Saint-Amand ; Nicolas, chapelain du comte de Meulan, et Gillebert *Sine-Mappa*.

Le passage d'eau dit de Saint-Gilles, entre Elbeuf et Saint-Aubin, est mentionné dans un compte figurant dans les grands Rôles de l'Echiquier de Normandie, à la date de 1198. Il avait été payé vingt sols pour les gages de ceux qui gardaient les bacs d'Elbeuf et d'Oissel *(In liberatione eorum qui custodierunt bacos de Welleboe et de Oissel).*

Les Rôles normands, publiés par Stapleton, portent qu'en 1198 également, il fut rendu compte de 414 livres 9 sols 6 deniers provenant des terres du comte de Meulan à Beaumont-le-Roger et à Elbeuf *(Welleboe),* pour prix des décimes pendant que la forêt de Beaumont était entre les mains du roi.

On y trouve aussi qu'Etienne d'Elbeuf *(Welleboe)* avait payé 20 sols pour survente de vin.

Richard Cœur-de-Lion se trouvant, le 28 février 1198 (1199 n. s.), au Château-Gaillard, confirma la fondation de l'abbaye de Bonport et l'assura de ses privilèges, devant Guillaume, grand sénéchal de Normandie ; Robert d'Harcourt ; Mauger, archidiacre d'Evreux, et plusieurs autres.

Nous ne pouvons laisser passer sans le noter, un acte daté du 7 juillet 1201, dont l'original se trouve dans le fonds de l'archevêché, aux Archives du département, par lequel Etienne du Mesnil — du Mesnil-Jourdain, près Louviers — vendit à Gautier, archevêque de Rouen, son moulin à foulon *(molendinum meum foulerez)* avec le terrain de son emplacement, près du moulin Jourdain, moyennant 30 livres de monnaie angevine et un palefroi. Voilà donc bien une preuve de l'existence d'un moulin à foulon à Louviers dès cette époque.

D'après le *Dictionnaire* de Jean de Garlandes, qui vivait au xiiie siècle, les foulons et les laineurs ne formaient de son temps qu'une seule corporation. Voici la traduction du passage qui les concernent :

« Les foulons nus et soufflant (comme des geindres) foulent les pièces d'étoffes laineuses et poilues dans un vase creux où il y a de l'argile et de l'eau chaude ; ensuite ils les effleurent avec un grand nombre de chardons hérissés de pointes, après les avoir fait sécher au plein air, au soleil ».

C'est dans cet auteur où nous trouvons la première mention du chardon dans son application à l'apprêt des draps.

Le *Livre des Mestiers*, d'Etienne Boilesve ou Boileau, prévôt des marchands de Paris au xiiie siècle, mentionne que les tondeurs avaient leurs privilèges et leurs règlements particuliers et que les femmes étaient exclues du travail des draps : « Nul feme ne peut ne metre main à drap avant que li dras soit tonduz ».

Les draps n'étaient livrés au teinturier que « tondus partout ». C'est ce que stipulent les statuts donnés par les quatre prud'hommes commis à la garde de la draperie de Provins.

Le *Livre de la taille de Paris* mentionne « vingt tondeeurs et retondeeurs ». Ceux-ci, sans doute, donnaient la dernière coupe aux draps. De leurs mains, les pièces, convenablement « parées », passaient aux marchands qui, à en croire Jean de Garlandes, « fraudaient l'acheteur en aulnant mal, avec une aulne trop courte, ou en restreignant la mesure avec le pouce ».

Nous reparlerons plus tard de l'ouvrage d'Etienne Boileau ; constatons seulement que la draperie française, à la faveur des lettres patentes et de la protection que Philippe-Auguste lui avait accordées en 1188, jouissait alors d'une certaine prospérité et voyait continuellement le nombre de ses fabriques augmenter.

Les Rôles normands, pour l'année 1202, mentionnent à nouveau Landri d'Elbeuf (*Landrico de Wellebo*), comme devant deux marcs pour plège de Ricard Landri.

L'hiver de 1202 à 1203 fut extrêmement rigoureux ; les écrivains contemporains rapportent qu'un grand nombre de personnes moururent de froid.

Galeran, fils aîné du comte Robert de Meulan, époux de Marguerite de Fougères, donna vers cette époque, — la charte ne porte pas de date — aux moines de Bonport, 20 sols de rente annuelle à prendre sur les forfaitures d'Elbeuf, c'est-à-dire sur les délits que ses vassaux de notre localité commettraient par manquements aux devoirs qu'ils devaient à leur seigneur. Voici une traduction de l'acte de donation, extrait du Cartulaire de Bonport, conservé à la Bibliothèque nationale :

« Que tous présents et à venir sachent que moi Galeran fils de Robert, comte de Meulan, donne et concède, pour le salut de mon âme et celle de mes ancêtres, à l'abbé et aux moines de Sainte-Marie de Bonport, qui habitent en la forêt de Bord, vingt sols Angevins, *apud Oillebou*... — Les témoins de cette donation furent Raimond de Grandmont, Guillaume de « Herumo », le clerc Robert, Barthelemy Bataille, Richard Goceaume, cuisinier *(coco)*, et plusieurs autres.

Cette charte nous laisse supposer qu'au moment où elle fut écrite Robert de Meulan avait donné la seigneurie d'Elbeuf à son fils Galeran ; ce que justifierait ce passage de l'*Histoire de la maison d'Harcourt :* « Valeran, comte de Meulant, en exécution de la volonté du comte Robert de Meullent, son père, consentit que Jeanne de Meullent, sa sœur, eust les seigneuries cy-dessus — Beaumesmil, Saint-Celerin, etc. — et donna de son chef à Richard de Harcourt, son neveu, fils aisné de Jeanne de Meullent, la seigneurie d'Elbeuf, en reconnaissant toujours qu'ils étoient de mesme race et de même sang ».

Cependant, dans ce même ouvrage, La Roque dit, en parlant de Richard d'Harcourt : « Robert de Meullant, son cousin et ayeul maternel, considérant ce rejeton de son sang comme une personne très-illustre, outre la légitime de Jeanne de Meullent sa fille, dame de Beaumesmil, luy laissa par augmentation la seigneurie d'Elbeuf, suivant deux titres des années 1202 et 1207, afin d'adjouster à ses biens de nature ceux de la fortune, dont il estoit néanmoins desjà pourveu par l'hérédité de ses pères et de ses prédécesseurs. Aussi il y a un titre de l'an 1229 qui assure que la terre d'Elbeuf estoit venüe au sire de Harcourt par donation du comte de Meullent. »

Le comte Robert de Meulan avait, il est vrai, donné ses biens à son fils Galeran afin de les mettre à l'abri des confiscations, tant du roi de France que de celui d'Angleterre, qu'il servait et trahissait à tour de rôle ; mais il est certain que Robert n'avait pas abandonné tous ses droits sur les domaines d'Elbeuf et de la Saussaye.

En effet, un acte figurant sur le grand Cartulaire de Saint-Taurin, daté du 13 avril 1203, concerne la donation faite aux religieux de ce monastère, par le comte Robert de Meulan, des rentes en argent et en poissons qu'il possédait sur les pêcheries d'Elbeuf, et l'abandon des droits qu'il avait sur les habitants de Caudebec dépendant de l'abbaye. Il leur fit encore d'autres donations, parmi lesquelles nous citerons, dans la forêt de Brotonne, une carruée ou soixante acres de terre. On a discuté sur la valeur de la carruée, c'est-à-dire sur l'étendue de terre que l'on pouvait labourer avec une seule charrue : la charte que nous venons de citer précise ce que valait cette mesure au commencement du xiiie siècle.

Le 3 juin de la cinquième année de son règne, c'est-à-dire en cette même année 1203, Jean-sans-Terre confirma à Richard d'Harcourt la donation qui lui avait été faite d'Elbeuf (*Wellebœ*), par Robert, comte de Meulan.

Cette charte de confirmation a été publiée par Duffus-Hardy. A cette époque donc, le domaine d'Elbeuf était entré définitivement dans la maison d'Harcourt.

CHAPITRE XIII
(1203-1241)

Généalogie de la maison d'Harcourt. — Richard Ier d'Harcourt. — Réunion d'Elbeuf a la France. — La condition du peuple au XIIIe siècle. — Donations religieuses. — Les foires et les marchés d'Elbeuf. — Fabrication de draps en Normandie.

Pour faire suite à la première partie de la généalogie des seigneurs d'Elbeuf, que nous avons arrêtée à Robert II d'Harcourt, marié à Jeanne de Meulan en 1190, nous placerons ici la seconde.

De ce mariage naquirent :

1° Richard d'Harcourt, baron du lieu, *seigneur d'Elbeuf*, marié à Jeanne de la Roche-Tesson, vicomtesse de Saint-Sauveur (1216) ; 2° Guillaume d'Harcourt, baron de Bosworth, qui eut une descendance en Angleterre ; 3° Olivier d'Harcourt, seigneur d'Ellenhal, en Angleterre ; 4° Jean, seigneur de Blouville ; 5° Simon, seigneur de Blanchely, marié à Alix d'Ardène ; 6° Guilbert, seigneur de Saxetot ; 7° Amaury ; 8° Roger ; 9° Renaud, échanson de France ; 10° Raoul, seigneur d'Annouville, qui eut des enfants ; 11° Vautier, seigneur de Brionne, qui eut aussi des enfants ; 12° Beatrix, dame de Giseulles ; 13° Cécile, dame de Chacesaine ; 14° Mathilde ; 15° Haïlde ; 16° Emmeline. — Richard d'Harcourt et Jeanne de la Roche-Tesson eurent pour enfants :

1° Jean Ier d'Harcourt, baron du lieu, *seigneur d'Elbeuf*, vicomte de Saint-Sauveur, surnommé le Prud'homme, marié à Alix de Beaumont (1257) ; 2° Raoul d'Harcourt, sire d'Avrilly qui fit branche ; 3° Robert d'Harcourt, baron de Beaumesnil, qui eût une descendance ; 4° Amaury, *seigneur d'Elbeuf ;* 5° André, sire de Calleville ; 6° Hugues, seigneur de Patigny ; 7° Alix ; 8° Jeanne, religieuse à Longchamp ; 9° Perrette, marié à Jean, sire d'Hellenvilliers ; 10° Marguerite, mariée à Philippe de Pérusse, vicomte de Vauguion. — Du mariage de Jean Ier d'Harcourt et d'Alix de Beaumont naquirent :

1° Philippe, baron d'Harcourt (1268) ; 2° Richard II d'Harcourt, *baron d'Elbeuf* (1269) ; 3° Jean II, baron d'Harcourt, vicomte de Saint-Sauveur, maréchal et amiral de France, marié en premières noces à Agnès de Lorraine, et, en secondes, à Jeanne, vicomtesse de Châtellerault ; de ces deux alliances sortirent des enfants qui furent : premièrement Jean III d'Harcourt, baron du lieu, vicomte de Châtellerault, dit le Boiteux, marié à Alix de Brabant, dame d'Arscot (1302) ; deuxièmement Jeanne, mariée à Henry d'Avaugour, comte de Goello, et troisièmement Marguerite, mariée à Robert de Boulainvilliers d'abord, puis en secondes noces à Raoul d'Estoutteville, seigneur de Remmes ; 4° Robert d'Harcourt, évêque de Coutances (1296) ; 5° Guillaume d'Harcourt, *baron de la Saussaye,* et *seigneur d'Elbeuf,* grand maître d'hôtel, puis grand queux de France, qui se maria trois fois : la première avec Jeanne de Meulan, baronne du Neubourg, de laquelle sortit Jean d'Harcourt, baron du Neubourg ; la seconde avec Isabeau de Léon, qui eût pour fille Alix, *dame de la Saussaye;* et la troisième fois avec Blanche d'Avaugour qui n'eut pas d'enfants ; 6° Raoul d'Harcourt, archidiacre de Coutances, chanoine de Paris ; 7° Guy d'Harcourt, évêque et comte de Lisieux ; 8° Alix, mariée à Jean, baron de Ferrières ; 9° Luce, mariée à Jean, sire de Hautot ; 10° Isabeau, mariée à Jean Vautier, sire de Saint-Martin-le-Gaillard ; 11° Blanche, mariée à Pierre, sire de Bailleul ; 12° Agnès d'Harcourt, abbesse de Longchamp ; 13° Jeanne d'Harcourt, aussi abbesse de Longchamp ; 14° Isabelle, mariée à Jean de Mauquenchy, sire de Blainville. — Du mariage de Jean III d'Harcourt, vicomte de Châtellerault, avec Alix de Brabant, naquirent :

1° Jean IV d'Harcourt, comte du lieu, capitaine souverain en Normandie, marié à Isabeau de Parthenay, dame de Montfort-le-Rotrou (1338) ; 2° Louis, sire de Saint-Paul ; 3° Godefroy d'Harcourt, vicomte de Saint-Sauveur, capitaine souverain et lieutenant pour le roi en Normandie, puis connétable d'Angleterre (1346) ; 4° Marie, mariée à Jean, baron de Clère ; 5° Isabeau, mariée à Jean de Brienne, vicomte de Beaumont ; 6° Alix, mariée à André de Chauvigny, sire de Châteauroux ; 7° Blanche, mariée à Hue Quieret, seigneur de Tours, amiral de France. — Jean IV d'Harcourt et Isabeau de Parthenay eurent pour enfants :

1° JEAN V D'HARCOURT, comte du lieu, marié à Blanche de Ponthieu, comtesse d'Aumale (1353); 2° Louis, vicomte de Châtellerault, gouverneur de Normandie (1360); 3° Guillaume, baron de la Ferté-Imbert qui laissa une postérité; 4° Jeanne; 5° Alix, mariée à Aubert d'Hangest, baron d'Hugueville; Jean V eut aussi une bâtarde : Catherine d'Harcourt, mariée à Nicolas de Ronnes, seigneur de Cheranvilliers. — Du mariage de Jean V d'Harcourt et de Blanche de Ponthieu, princesse de Castille, sortirent :

1° JEAN VI D'HARCOURT, comte du lieu, grand maître de France, marié à Catherine de Bourbon, dame de Mortemer (1374); 2° Jacques, baron de Montgommery, qui fit branche (1376); 3° Philippe, baron de Bonnétable qui laissa aussi une postérité (1379); 4° ROBERT, *baron d'Elbeuf* ; 5° CHARLES, *baron de la Saussaye,* 6° Ferrand, châtelain de Lillebonne; 7° Louis, sire de Calleville; 8° Jeanne, mariée à Raoul de Coucy, baron de Montmirail ; 9° Catherine, religieuse à Poissy ; 10° Marguerite, mariée à Thibaud Gouffier, seigneur de Milly. — Jean VI d'Harcourt et Catherine de Bourbon eurent pour enfants :

1° Charles d'Harcourt, comte d'Aumale; 2° JEAN VII D'HARCOURT, comte du lieu, connétable de France, marié à Marie d'Alençon, dame de Quatremares (1398); 3° Louis d'Harcourt, archevêque de Rouen, vicomte de Châtellerault, qui laissa un fils naturel né de Catherine d'Ablevoye, lequel eut également un fils naturel Louis, bâtard de Châtellerault, seigneur d'Ablevoye (1444); 4° Isabeau marié à Humbert, baron de Thoire et de Villars, souverain de Dombes; 5° Jeanne, mariée à Guillaume de

Flandre, comte de Namur ; 6° Blanche, abbesse de Fontevrault et de Soissons ; 7° Marie, mariée en premières noces à Renaud, duc de Juliers et de Gueldres, et en secondes, à Robert, prince de Juliers et de Gueldres, duc de Bar ; 8° Catherine, religieuse à Poissy ; 9° Marguerite, mariée à Jean d'Estoutteville, sire de Cleuville ; 10° Jeanne, prieure de Poissy. Jean VII eut aussi deux filles naturelles : Jeanne, bâtarde d'Harcourt, mariée à Jean Chrétien, seigneur de Bosgouet, et Denise, bâtarde d'Harcourt, mariée à Jean de Ponches, seigneur de Mesnil-Vassez. — Du mariage de Jean VII d'Harcourt et de Marie d'Alençon naquirent :

1° Jean d'Harcourt, comte d'Aumale et de Mortain, gouverneur de Normandie, d'Anjou et du Maine, marié à Marguerite de Preullay, vicomtesse de Dreux (1424). Ce Jean d'Harcourt eut un fils naturel : Louis d'Harcourt, bâtard d'Aumale, patriarche de Jérusalem, archevêque de Narbonne, évêque de Bayeux, gouverneur de la Normandie (1452-1479) ; 2° MARIE D'HARCOURT, comtesse du lieu et d'Aumale, mariée à ANTOINE DE LORRAINE, comte de Vaudemont (1430), *tige des marquis et des ducs d'Elbeuf ;* 3° Jeanne, comtesse d'Harcourt et d'Aumale, mariée à Jean, sire de Rieux et Rochefort, baron d'Ancenis, puis, en secondes noces, à Bertrand de Dinan, baron de Châteaubriant (1450). Jean VII d'Harcourt eut aussi quatre enfants naturels : 1° Jean, bâtard d'Harcourt, seigneur de Gironde, sénéchal du Maine ; 2° Louison, bâtard d'Harcourt, seigneur de Montlouis, mariée à Catherine du Plessis ; 3° Marie, bâtarde d'Harcourt, mariée à LOUISET DE TOURNEBU, *seigneur de la Londe ;*

4º Jeanne, bâtarde d'Harcourt, mariée à Foulques de Saquainville, seigneur de Blaru.

Nous arrêterons cette nomenclature généalogique à ANTOINE DE LORRAINE, *seigneur d'Elbeuf,* par suite de son mariage avec MARIE D'HARCOURT.

Le comte Robert IV de Meulan quitta la Normandie en 1203 ; mais avant de partir, il confirma à Richard d'Harcourt, son petit-fils, la possession du domaine d'Elbeuf.

La Roque dit qu'en cette même année 1203, Richard d'Harcourt « fit ériger, par son crédit, les foires d'Elbeuf, pour faciliter le commerce de ses terres ». M. Guilmeth ajoute que ce fut au mois d'août, par une charte spéciale et scellée de son sceau, donnée à Rouen, que Jean-sans-Terre, cédant aux pressantes sollicitations du jeune Richard d'Harcourt, seigneur d'Elbeuf, « autorisa ledit Richard et ses représentans, descendans ou héritiers, à continuer de faire tenir, dans la ville appelée Elbeuf (*in villa dicta Hellebof*) l'ancienne foire de la Saint-Gilles, telle qu'elle avait accoutumé d'y être tenue, le 1er et le 2 septembre de chaque année. Il permit, de plus, au même Richard de Harcourt d'établir, soit dans la même ville d'Elbeuf (*sive in eadem villa de Hellebef)* soit dans une autre portion de ses domaines en Normandie, les deux foires nouvelles ou francs-marchés nouveaux qu'il désiroit y établir. »

La charte de Jean-sans-Terre, successivement confirmée par Philippe-Auguste lui-même et par les rois Louis VIII et Louis IX, « existait encore en 1740 parmi les vieils papiers du duché d'Elbeuf. »

A cette époque, de grands évènements politiques et militaires firent passer la Normandie de la couronne d'Angleterre à celle de France.

Jean-sans-Terre, roi d'Angleterre et duc de Normandie, qui pendant plusieurs années était passé si souvent par Elbeuf en allant de son château d'Orival à l'abbaye de Bonport ou en en revenant, fut accusé d'avoir assassiné Arthur de Bretagne son neveu, et cité à comparaître, pour ce fait, devant la cour des pairs.

S'y étant refusé, le roi de France fit déclarer ses biens confisqués, puis s'avança sur la Normandie pour s'en emparer. Après un long siège, Philippe-Auguste prit la forteresse du Château-Gaillard et, successivement, presque toutes les places fortes du roi Jean, qui s'enfuit lâchement devant son ennemi.

Au mois de mai 1204, le roi de France était maître de toute la contrée d'Elbeuf. Rouen capitula le 1er juin, et Philippe-Auguste y fit son entrée le 1er juillet.

La réunion de la Normandie à la France porta un grand coup au commerce que Rouen faisait avec l'Angleterre ; mais les pertes que cette ville éprouva furent bientôt compensées par le développement de son industrie, surtout de sa fabrication drapière. A défaut des laines anglaises, qui lui manquèrent pendant quelques années, Rouen en fit venir d'ailleurs : d'Ecosse, d'Espagne, du Berry et du Poitou.

C'est de cette époque également que date la fabrication industrielle des draps à Menneval près Bernay, à Evreux, à Montivilliers et autres localités de notre région, mais qui ne devait pénétrer à Elbeuf que beaucoup plus tard.

Bientôt les villes s'associèrent pour faire le commerce. Celles où les drapiers formaient une corporation organisèrent une association sous le nom de « Hanse de Londres », pour le commerce des laines en Angleterre, la fabrication et la vente des draps. Elles s'engagèrent à fabriquer leurs draps à l'aune de Champagne, à se faire représenter aux foires, à vendre leurs produits en gros pour l'exportatation ou à ne les conduire dans une autre foire qu'après les avoir exposés dans une de celles de Champagne. Parmi ces villes figurèrent d'abord Arras, Amiens, Abbeville, Péronne, Saint-Quentin et autres, puis, plus tard, Paris, Rouen, Caen, Bernay et Louviers. La plus importante des foires de notre région était celle du Landit, à Saint-Denis, dont nous reparlerons ; il s'y vendait des quantités considérables de draps.

Après la mort de Robert IV de Meulan, certains de ses héritiers, qui avaient été dépouillés de leurs domaines par les confiscations de Philippe-Auguste, inquiétèrent Richard d'Harcourt, au sujet de la possession de la terre d'Elbeuf. Une transaction intervint entre les parties, en 1207, mais elle ne fit que suspendre le différend.

Richard d'Harcourt fut appelé à l'Echiquier tenu à Falaise en 1208, pour être condamné de fournir au roi cinq chevaliers armés ; mais il remontra qu'il ne les devait que pour la garde du château de Beaumont et gagna sa cause.

Vers 1210, Richard d'Harcourt fut excommunié. Il était accusé de la mort d'un chanoine d'Evreux, et, ne s'étant pas présenté à l'audience où il avait été attaqué, les trois chanoines de Chartres, qui étaient chargés d'instruire cette affaire, le retranchèrent de la communion des fidèles. Il obtint son absolulution environ un an après.

Voici un tableau approximatif des conditions d'existence de la population d'Elbeuf au commencement du xiiie siècle :

La terre appartenait au seigneur. Il en faisait exploiter une partie, principalement les bois et les prairies, par des officiers, qui, comme pendant la période mérovingienne, avaient des serfs sous leurs ordres. La condition de ces esclaves, qui appartenaient corps et biens à leur maître, était tout aussi malheureuse qu'aux temps des rois francs.

L'autre partie du sol elbeuvien était exploitée par des « vavasseurs », paysans libres, jouissant du droit de propriété moyennant des redevances seigneuriales et des services qu'ils devaient au seigneur.

Entre les esclaves et les vavasseurs, il y avait une troisième catégorie de « vilains », les « mainmortables », qui avaient aussi droit de propriété, mais dont les biens meubles et immeubles revenaient au seigneur après leur mort.

Mais à partir de la réunion de la Normandie à la France, la condition des populations agricoles commença à s'améliorer, par l'affranchissement d'un grand nombre de serfs et de mainmortables ; il ne faut pourtant pas en faire honneur à l'aristocratie du temps : si elle favorisa cette tendance, c'est qu'elle avait reconnu que le travail des hommes libres était d'un plus grand profit pour elle que celui des esclaves.

En 1210, sous le pontificat d'Innocent III — et non d'Innocent IV, ainsi que le porte par erreur le Cartulaire de Saint-Taurin — le pape confirma à l'abbaye d'Evreux les donations qui lui avaient été faites, notamment celles des églises d'Elbeuf, de Caudebec, de Louviers et de Pinterville.

Le Cartulaire Normand des actes de Philippe-Auguste contient un état mentionnant le nom de quelques juifs de Normandie, dans lequel nous trouvons Mopres d'Elbeuf *(Elleboef)*, qui, apparemment, était de notre localité. Ce détail indiquerait qu'il se faisait déjà à Elbeuf un certain commerce.

Notons, en passant, que Philippe-Auguste vint souvent dans notre contrée. Sa présence à Pont-de-l'Arche est constatée en 1211, 1212, 1213 et 1215.

Richard d'Harcourt eut un grand procès à soutenir contre le chapitre d'Evreux, au sujet du patronage de Sainte-Colombe et de Saint-Pierre près le Neubourg, qu'il perdit en octobre 1211 ; mais le différend fut porté devant le pape, et Lucas, évêque d'Evreux, nommé arbitre, parvint à accorder les parties.

Richard d'Harcourt était encore en procès devant l'Echiquier de Pâques, tenu à Falaise en 1213, contre Robert d'Alençon son parent.

Le fonds de l'abbaye de l'Isle-Dieu, aux Archives de l'Eure, possède une copie, collationnée au XVIIe siècle, de la donation faite à ce monastère, en 1212, par Jean de Préaux, d'une rente annuelle de dix livres, qui lui avait été donnée par Robert, comte de Meulan, en récompense de ses services, et qui était assignée sur les revenus de la foire et de la prevôté d'Elbeuf-sur-Seine. Par cet acte, Jean de Préaux déclare donner cette rente à l'abbaye de l'Isle-Dieu en échange d'une rente d'égale valeur qu'il avait assignée douze ans auparavant au profit des religieux de ce couvent sur ses moulins de [Revron?] — Cinq siècles plus tard, en 1723, Henri de Lorraine, duc d'Elbeuf, reconnut cette partie de dix livres de rente affectée, dit-il, « sur notre duché d'Elbœuf et sur la rivière de Seinne à nous appartenans. »

Robert Poulain fut archevêque de Rouen de 1208 à 1222. Pendant la durée de son épiscopat, mais en une année que nous ignorons, il accepta comme curé de la paroisse d'Elbeuf, sur la présentation de l'abbé de Saint-Taurin d'Evreux, un prêtre nommé Robert. Ce détail nous est fourni par le pouillé d'Eudes Rigaud, écrit vers 1248. Me Robert est donc le plus ancien curé d'Elbeuf dont le nom nous soit connu.

Richard Ier, sire d'Harcourt, d'Elbeuf, de Beaumesnil, se maria, en 1216, avec Jeanne de la Roche-Tesson, dame de Saint-Sauveur-le-Vicomte, d'Auvers et d'Avrilly. Elle blasonnait : *Fascé de six pièces d'or et d'hermine.*

Le 24 avril 1216, le pape Honoré III confirma, ainsi que l'avait fait son prédécesseur, les possessions de l'abbaye de Saint-Taurin d'Evreux, notamment les églises d'Elbeuf, de Caudebec, de Louviers et de Pinterville. Mais c'est par distraction, sans doute, que le savant M. Bonnin, dans son sommaire de la bulle d'Honoré III, désigne la paroisse d'Elbeuf sous le nom de Saint-Jean, car c'est évidemment de Saint-Etienne dont il s'agissait, puisque la première n'existait pas encore. D'ailleurs, la bulle n'indique aucun vocable. L'erreur de M. Bonnin s'explique facilement : la paroisse Saint-Jean étant devenue la plus considérable d'Elbeuf et le siège du doyenné, il aura cru qu'elle était aussi la plus ancienne.

En cette même année, Philippe-Auguste, se trouvant à Pont-de-l'Arche, mit terme à un différend qui avait éclaté entre les moines de Saint-Ouen de Rouen et ceux de Bonport.

Le roi retourna à Pont-de-l'Arche en 1217-1218 au mois de mars, en 1218-1219 en mars et avril. Il est fort probable que Philippe traversa notre localité, soit pour examiner l'état où se trouvait alors le château d'Orival, en partie détruit par Jean-sans-Terre, soit pour se rendre à sa forteresse de Moulineaux, soit enfin pour aller à Rouen par la rive gauche.

L'automne de 1218 avait été très rigoureux. Dès le mois de novembre, la Seine était entièrement gelée. Les ensemencements furent perdus. Cet hiver eut une très grande analogie avec celui de 1890-1891, encore présent à la mémoire de tous

Les donations religieuses, considérables aux siècles précédents, ne furent guère moins nombreuses au moyen âge. Elles avaient leur source dans l'état des esprits et des âmes, dit M. Fustel de Coulanges :

« L'église n'avait pas d'efforts à faire ; il ne lui était pas nécessaire d'assiéger le lit des mourants. Dès que l'homme croyait fermement à un bonheur à venir qui devait être une récompense, l'idée lui venait spontanément d'employer tout ou partie de ses biens à se procurer ce bonheur. Le mourant calculait que le salut de son âme valait bien une terre. Il supputait ses fautes et il les payait d'une partie de sa fortune.

« Nos générations modernes ont des délicatesses de sens moral qui étaient inconnues dans ce temps-là. Nous avons peine à comprendre qu'une faute se rachète par de l'argent ou de la terre. Cette idée était tout à fait familière aux hommes de cette époque.

« Regardez en quel style sont rédigées presque toutes ces donations. Le donateur déclare qu'il veut « racheter son âme », qu'il donne une terre « en vue de son salut », « pour la rémission de ses péchés », « pour obtenir l'éternelle rémission », etc.

On voit par là que, dans la pensée de ces hommes, la donation n'était pas gratuite : elle était un échange : « Donnez, et il vous sera donné ». C'était l'échange d'un bien terrestre contre un bonheur céleste, presque une affaire commerciale.

Il ne faut pas oublier que ces hommes entendaient faire leur donation, non à des ecclésiastiques, mais à Dieu ou à un saint. C'était Dieu ou le saint qu'ils faisaient propriétaire. Le prêtres ou les moines n'étaient mentionnés que parce qu'il fallait un intermédiaire entre le donateur et le bénéficiaire. C'est ainsi que nous trouvons plusieurs titres portant ces mots : « Je donne à Dieu, à Sainte-Marie de Bonport et aux religieux qui servent Dieu en cet endroit... » Après la donation, les prêtres inscrivaient le nom du donateur sur le rôle de leurs prières, de sorte qu'il était assuré d'avoir une rente perpétuelle en oraisons en échange de son bien.

L'abbaye de Bonport eut de bonne heure des biens à Elbeuf ; la plupart des titres en sont perdus ; mais le répertoire que les moines en dressèrent au siècle dernier nous les font connaître, au moins en partie. Nous les mentionnerons donc, mais sommairement, et par ordre chronologique, tels qu'ils figurent dans cet inventaire.

Janvier 1220. — « Titre par lequel Laurence Grosmer ratifie le donation faite à l'abbaye Notre-Dame de Bonport, par Ligart Grosmer, sa mère, de cinq sols de rente à prendre annuellement sur la masure de Lambert Bollon », à Elbeuf.

1224. — « Titre portant confirmation de la vente faitte par Jean Le Bouteiller », d'Elbeuf également.

L'inventaire des titres du Bec-Hellouin, conservé à la Bibliothèque nationale, mentionne, à la date de 1221, une « donation faite à l'abbaye du Bec, par Onfray d'Elbeuf, de six deniers que lui faisait la dicte abbaye de rente, à cause d'un certain lieu qu'elle tenoit de luy prèz l'église d'Elbeuf. — On lit « Sainct-Etienne d'Elbeuf » sur l'inventaire, mais ce registre a été établi au siècle dernier, c'est-à-dire à une époque où il existait, depuis longtemps déjà, deux églises dans notre ville.

Louis VIII était à Pont-de-l'Arche le 4 janvier 1223 (1224 n. s.) — Cette année fut malheureuse pour le peuple : les blés ayant manqué, une famine se déclara. La récolte de 1225 ne fut pas meilleure, et les souffrances se prolongèrent pendant deux ans.

Par une charte datée de Lisieux, septembre 12.., Louis VIII donna à « son cher et fidèle Richard d'Harcourt » le jardin que ce roi possédait à Elbeuf *(Enellebue super Secanam)*, qui était contigu au jardin ayant appartenu autrefois à Jean de Trie, sous la réserve que Richard verserait, à la Saint-Michel de chaque année, une somme de quarante sols tournois dans la caisse royale.

Le nom d'un sixième habitant d'Elbeuf est celui de Bertin Laffetie, qui figure sur les cartulaires de Saint-Taurin pour avoir, avec le consentement de « Rinchordis » sa femme, cédé à Nicolas de l'Aigle, clerc, représentant le monastère d'Evreux, une parcelle de terre sise à Caudebec, moyennant 40 sols tournois et 12 deniers, plus un boisseau de pois accordé à Rinchorde, pour le prix de son consentement. Cet acte est du mois de janvier 1225 (1226 n. s.) Deux ans après, Bertin Laffetie eût une contestation avec Richard de Bellevue, évêque d'Evreux ; mais un accord fut signé entre les parties, au mois d'août 1228.

Le nom de Richard d'Harcourt figure parmi ceux des grands du royaume auxquels, en 1226, le roi Louis VIII, se sentant malade, écrivit pour qu'ils fissent couronner au plus tôt son fils aîné, qui fut Louis IX.

En 1229, nous le voyons arbitre, avec Richard, évêque d'Evreux, dans un différend entre l'abbé du Bec-Hellouin et Jean de Tournebu.

Le procès qui s'était élevé entre Richard d'Harcourt et plusieurs héritiers de Robert IV de Meulan ne fut terminé qu'en 1229. Il fut reconnu, dit le sieur de la Roque, que le domaine d'Elbeuf était venu à la maison d'Harcourt par donation du comte de Meulan.

M. Guilmeth assure qu'en 1229-1230, Richard d'Harcourt demanda au roi Louis IX la permission d'ériger à Elbeuf trois marchés hebdomadaires, et que l'autorisation royale lui fut donnée immédiatement.

Cependant, nous avons vu précédemment que Richard d'Harcourt avait obtenu de Jean-sans-Terre, le droit de faire tenir à Elbeuf ou dans un autre de ses domaines les deux foires nouvelles « ou francs-marchés nouveaux » qu'il désirait y établir. Il est probable que Louis IX ne fit que confirmer cette autorisation, en spécifiant toutefois que ces marchés se tiendraient à Elbeuf et non ailleurs.

Il est presque certain que, à la faveur du calme dont jouit notre contrée pendant les règnes de Louis IX et de Philippe III le Hardi, les marchés et foires d'Elbeuf prirent beaucoup d'importance.

A cette époque également, nombre de seigneurs aliénèrent des terres qui furent acquises et exploitées par des paysans pour leur compte personnel. Beaucoup de serfs achetèrent aussi leur liberté, et formèrent la base d'une classe nouvelle : la bourgeoisie. Les uns firent le commerce, d'autres entrèrent dans les ordres du clergé.

C'est du XIII° siècle encore que date la grande révolution qui se manifesta dans l'architecture. Le peuple jouissant alors d'un bien-être qu'il n'avait jamais connu, se montra très généreux envers le clergé. Une infinité d'églises nouvelles furent bâties, en remplacement de celles élevées au XI° siècle ; d'autres furent agrandies, mais toutes sur le style nouveau auquel on donne improprement le nom de gothique, car il fut conçu, appliqué et répandu par des architectes des provinces du nord et de l'ouest de la France.

Nous ne nous arrêterons pas à combattre les assertions de M. Guilmeth touchant la prétendue fabrication de draps et de brunettes dont Elbeuf, sous le nom de Brunent, aurait été le siège au moyen âge. Sur ce dernier point, il se dément lui-même en constatant que les titres de cette époque portent tous le nom d'Elbeuf, sous diverses formes il est vrai, mais sans exception. Rappelons seulement que Brunent était un petit fief seigneurial, situé à Saint-Aubin-jouxte-Boulleng — ou jouxte Brunent, comme on écrivait autrefois.

Quant à l'importance d'Elbeuf, nous la connaîtrons bientôt. On verra si dans une localité d'une aussi faible population, après en avoir extrait les habitants ruraux et ceux s'occupant directement ou indirectement du commerce et du transport des marchandises entre Elbeuf et Rouen, il y avait place pour une « industrie manufacturière » aux mains de « riches fabricants ».

Il y avait bien alors en France d'opulents fabricants de draps, mais ils étaient ailleurs qu'à Elbeuf, notamment à Rouen et à Louviers, et c'est pour réglementer leur industrie que Louis IX (1226-1270) leur donna des statuts, qu'Etienne Boileau fit précéder d'une fort intéressante notice sur la fabrication au xiiie siècle ; en voici un exposé, emprunté à l'ouvrage de M. Alcan:

« Paris avait alors beaucoup de tisserands en laine et en fil et chanvre. La draperie était une des principales industries des villes du nord de la France. Paris rivalisait avec Saint-Denis, Lagny, Beauvais et Cambrai ; et la Flandre, avec son grand nombre de villes manufacturières, excitait encore davantage l'émulation des villes françaises. Ce n'était pas une industrie qui donnât lieu à de grands établissements, mais elle faisait vivre modestement un grand nombre de familles ; la confrérie des drapiers était très-ancienne à Paris, elle a subsisté longtemps. Dans la Cité, où leur industrie avait pris naissance, la rue de la Vieille-Draperie indique encore le berceau de leur métier. C'est probablement dans cette rue qu'étaient situées les vingt-quatre anciennes maisons de Juifs que les drapiers obtinrent de Philippe-Auguste, moyennant un cens annuel de 100 livres.

« Comme les drapiers avaient la faculté de faire travailler chez eux leurs parents, le métier de drapier se transmettait dans les familles ; on était drapier de père en fils, et quelquefois tous les membres d'une famille travaillaient sous le même toit. Dans l'origine, les tisserands vendaient les étoffes de laine qu'ils avaient tissées : ils étaient fabricants et marchands à la fois ; mais dès la fin du treizième siècle, les riches faisaient tisser par les pauvres et vendaient les draps qu'ils avaient fait fabriquer. Ils conservaient encore le nom de tisserands, mais ils étaient les « grands mestres », tandis que ceux qui travaillaient pour le compte de ces marchands n'étaient plus que les « menus mestres ». Quoique les autres villes manufacturières eussent la faculté de vendre leurs draps aux halles de Paris, les drapiers parisiens soutenaient fort bien la concurrence, du moins pour les draps communs ; car, quant à la draperie fine, il n'y avait que les manufacturiers de la Flandre qui l'eussent portée à un haut degré de perfection. Quand on voulait avoir du camelot fin ou de l'écarlate, on allait chez les marchands qui apportaient du nord de la France les draps flamands.

« A Paris, comme à Saint-Denis, la draperie faisait prospérer la teinturerie. Ces deux métiers, indispensables l'un à l'autre, et pourtant jaloux de leur succès réciproque, eurent de fréquents démêlés, que l'autorité publique essaya quelquefois en vain de faire cesser. Les drapiers voulaient teindre, pour avoir tout le bénéfice de leurs opérations, et les teinturiers, voyant que les drapiers faisaient de bonnes affaires, cherchaient toujours à faire des travaux pour leur compte et même à tisser les laines qu'ils teignaient. Ce ne fut pas sans peine que l'on contint chaque métier dans ses limites.

« Dans la suite, les drapiers furent le premier des six corps de marchands, et, quoique les chaussetiers ou fabricants de chausses en drap et autres étoffes de laine voulussent faire une corporation particulière et eussent choisi pour leur confrérie un autre patron que les drapiers, ils furent pourtant absorbés dans cette puissante corporation, à laquelle ils parvinrent seulement à donner le nom de drapiers-chaussetiers.

« Les foulons aussi formaient, à cause de l'état florissant de la draperie, une corporation nombreuse et puissante. Plus de trois cents foulons allèrent au devant du convoi qui rapportait à Paris le corps de Louis IX, mort en Afrique. Ils devancèrent les autres bourgeois, pour se plaindre à Philippe le Hardi de ce qu'on les empêchait de se servir d'une place près de la porte Baudoyer, dont ils avaient depuis longtemps la jouissance. Mais dans ce nombre de trois cents étaient probablement compris les ouvriers compagnons, car il est difficile de croire qu'il y ait eu trois cents foulons à Paris, tandis qu'on ne comptait qu'environ soixante maîtres drapiers et vingt einturiers ; du moins, le nombre des maîtres nommés dans l'accord fait entre les deux métiers ne s'élève pas plus haut. Dans la place qu'on voulait leur contester, et qui, jusqu'à ce jour, porte le nom de Baudoyer, se tenaient, le matin, les ouvriers foulons qui n'avaient pas d'ouvrage. Il nous reste sur les foulons plusieurs statuts, un, entre autres, qui est plus ancien que tous les règlements des autres métiers. Ils en avaient un autre de la reine Blanche ; mais ce statut n'est pas parvenu jusqu'à nous ».

Richard d'Harcourt était présent à l'assemblée des principaux barons de France que Louis IX avait convoqués à Saint-Denis, en septembre 1235, pour délibérer sur les entreprises faites par le clergé contre l'autorité royale.

La même année, il fit une donation à l'abbaye du Bec-Hellouin, dont la charte portait le sceau de ses armes : *De gueules à deux fasces d'or.*

En 1236, il fut mandé pour le service du roi Louis IX, avec le sire du Neubourg, Jean de la Londe et plusieurs autres seigneurs normands.

Au mois de janvier 1236 (1237 n. s.), Pierre de Maromme vendit aux religieux de Bonport, tout le droit qu'il avait ou pouvait avoir sur une maison sise à Elbeuf.

Le mois suivant, Guillaume Lestohy donna à ces mêmes moines une maison sise à Elbeuf « rue Meuleuze ».

Le sol de la rue Meleuse — aujourd'hui rue de l'Hospice — était alors beaucoup moins élevé que de nos jours, mais à toutes époques, elle paraît avoir été encaissée.

Nous avons déjà dit que l'ancien pavé de cette antique voie se rencontre à environ un mètre cinquante du niveau actuel. Dans certains endroits, on retrouve plusieurs couches successives de pavage ou d'empierrement, notamment près de la Croix-Féret, c'est-à-dire à l'embranchement de la rue du Thuit-Anger et de la rue du Bourgtheroulde.

Un autre titre, possédé autrefois par le monastère du Bec-Hellouin, concernait une « fieffe faite par l'abbaye du Bec, à Raoul Fleury, d'une masure scise en la paroisse d'Elbeuf », pour sept sols de rente.

L'analyse de cette pièce figure dans l'Inventaire des titres du Bec-Hellouin, conservé à la Bibliothèque nationale. Elle prouve qu'à cette époque il n'y avait encore qu'une seule paroisse à Elbeuf.

Richard d'Harcourt, sire d'Elbeuf, de Beaumesnil, de la Saussaye, de Brionne, vicomte de Saint-Sauveur, seigneur de Beauficel, de Calleville, de Renneville, d'Avrilly, d'Auvers, des Planches, de Saint-Celerin, d'Épreville, de Sainte-Colombe, d'Angoville, de Patigny, de Saint-Pierre, du Saussey, etc., mourut vers 1241.

Il avait eu de son mariage avec Jeanne de la Roche-Tesson, de nombreux enfants, dont nous avons donné la liste. Jean Ier, son fils aîné, lui succéda dans sa seigneurie d'Harcourt et d'Elbeuf.

CHAPITRE XIV
(1241-1266)

Jean Ier d'Harcourt. — L'archevêque Rigaud. — Fondation de l'église et de la paroisse Saint-Jean. — Deux curés de Saint-Etienne.

Le nouveau seigneur d'Elbeuf était âgé de 43 ans lors de la mort de son père. Il s'était marié, en 1240, à Alix de Beaumont, fille de Jean de Beaumont, chevalier, chambellan du roi. Louis IX le prit en amitié et il jouit toujours des faveurs de ce monarque.

En mars 1244 (1245 n. s.) Martine Piquelée donna aux religieux de Bonport, une rente de quatre sols, à prendre sur une maison sise à Elbeuf.

En ce même mois, Roger Busquet vendit à cette abbaye une rente de 20 sols sur une maison à Elbeuf et sur divers autres héritages sis au même lieu ; cette vente fut consentie moyennant la somme de 10 livres.

Le mois suivant, Jean Pasquier et Robert Laber approuvèrent une donation, faite à ce même monastère par leur sœur Mathilde, d'une masure sise à Elbeuf « au moyen d'une rente de six sols ».

Le fonds de Bonport, aux Archives de l'Eure, possède une pièce en parchemin concernant notre localité :

« Que tous sachent que moi Jean Lambert d'Elbeuf *(de Welleboto)* et mes héritiers sommes tenus envers l'abbé et le couvent de Bonport, à une rente annuelle de deux sols, payable à la nativité du Seigneur, assise sur une maison et une place situées à Elbeuf *(apud Wellebotum)* dans la rue Meleuse *(in vico Muleuse)*, entre ma maison d'une part, et la terre des héritiers Robert Corel d'autre... »

Jean Ier d'Harcourt, seigneur d'Elbeuf, accompagna Louis IX à la croisade de 1248, et ne rentra en France qu'en 1251.

Par un acte daté du mois de juillet 1249, conservé aux Archives de l'Eure, Nicolas Toustain, autrefois fils de Robert Toustain du Hamel, déclara avoir reçu en fief et héritage de Roger Busquet d'Elbeuf *(Busket de Welleboe)* tout ce qu'il avait de biens à Saint-Aubin-jouxte-Boulleng. Cet acte fut passé devant Robert Buquet *(Buket)* et plusieurs autres.

C'est très probablement au hameau qui s'étend sur une partie d'Elbeuf et de la Londe, que les deux Busquet ou Buquet dont il s'agit dans cette pièce devaient leur nom.

La rue actuelle de la Rochelle doit sa dénomination à une terre située en cet endroit, dont nous parlerons par la suite. Nous croyons que cette terre appartint à Godefroi de la Rochelle *(de Rupella)* clerc et personne de Louviers — c'est-à-dire curé honoraire de la paroisse Notre-Dame de cette ville ; — ce prêtre vivait en 1250 et figure plusieurs fois dans le Cartulaire de Saint-Taurin.

Godefroi de la Rochelle fut aussi choisi comme arbitre dans un différend qui surgit entre le curé de Malleville et l'abbaye du Bec.

Une charte du Cartulaire de Saint-Taurin, datée de 1250, mentionne « le chemin du roi qui tend d'Elbeuf *(Welleboto)* vers Pont-de-l'Arche. » Ce chemin n'était autre que la voie d'Uggade à Criquebeuf, construite pendant la domination romaine.

La population d'Elbeuf, dans la première moitié du XIIIe siècle, était fort peu considérable. L'archevêque de Rouen, Eudes Rigaud, dans son pouillé, dit que notre localité n'avait que 112 paroissiens.

M. Léopold Delisle voit dans ce mot « paroissiens » l'équivalent de « chefs de famille ». En multipliant par quatre le nombre des feux, on trouve donc qu'Elbeuf comptait à cette époque environ 450 habitants.

D'autres savants disent que, par paroissiens, il faut entendre les habitants, ou tout au plus les communiants, ce qui restreindrait la population elbeuvienne à 300 individus environ. Mais que l'on adopte la première ou l'une des dernières hypothèses, il est établi qu'Elbeuf n'était alors qu'un village.

Nous trouvons, dans ce même pouillé, que l'abbé de Saint-Taurin d'Evreux était patron de l'église d'Elbeuf-sur-Seine (*Hurlebuef super Sequanam*) et que la cure valait vingt livres de rente. Le précédent curé se nommait Robert ; il avait été nommé par Robert Poulain, archevêque de Rouen. Celui qui lui avait succédé et desservait la paroisse alors, portait le nom de Michel ; il avait été investi de son bénéfice-cure par Eudes Rigaud lui-même, parce que le sujet que l'abbé de Saint-Taurin avait présenté était moins capable que le précédent desservant. Nous verrons bientôt que si maître Michel était plus instruit que le prêtre proposé par l'abbaye, il n'était pas précisément un modèle de vertu.

Voilà donc des renseignements positifs sur l'Elbeuf du treizième siècle. Ils n'étaient pas ignorés de M. Guilmeth ; aussi est-on en droit de s'étonner qu'il ait placé une « grande industrie manufacturière » dans ce village, qui ne comptait que 112 paroissiens, et dont le curé n'avait que 20 livres par an pour subvenir à ses besoins matériels, et cela sous le règne du pieux Louis IX.

Eudes Rigaud fut l'un des plus grands prélats de son époque. Le roi lui donna de nombreuses marques de confiance et même son amitié. Rigaud a laissé un journal intime de ses visites pastorales pendant le temps qu'il occupa le siège de Rouen, c'est-à-dire de 1248 à 1269, dans lequel on trouve une infinité de faits particuliers aux prêtres et aux moines. Ce registre mentionne plusieurs passages de l'archevêque à Elbeuf.

Le 2 des nones de février 1250 (4 février 1251 n. s.), Eudes Rigaud, revenant de l'abbaye du Bec, où il avait séjourné pendant trois jours, passa par Elbeuf, et se rendit le soir même au prieuré des Deux-Amants.

Un article du *Registre des Visites* d'Eudes Rigaud nous apprend que les Pastoureaux envahirent notre contrée en 1251. Le 30 mai, ils attaquèrent l'archevêque, dans la cathédrale, où il présidait un concile, chassèrent de l'église le prélat et tous les prêtres présents. Comme les Pastoureaux, dont le nombre fut évalué à 100.000, se dirigèrent ensuite sur

PREMIÈRE MENTION DE LA PAROISSE SAINT-JEAN
(Original aux Archives de la Seine-Inférieure)

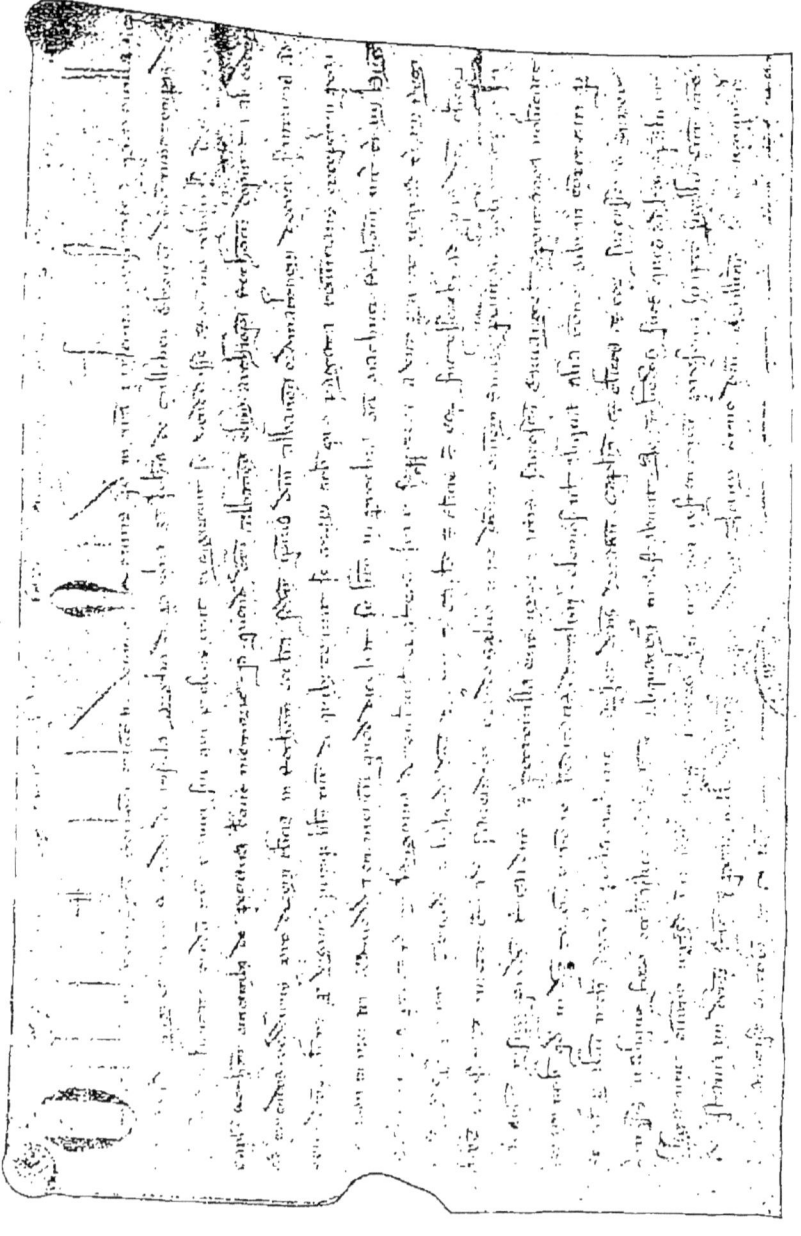

Paris et l'Orléanais, il est probable que notre localité, située sur la grande route qui se dirigeait de Rouen vers le centre de la France, eût à souffrir aussi de ces bandes furieuses.

Les Archives départementales possèdent une pièce sur parchemin, datée du mois d'octobre 1253, par laquelle Pétronille, nièce de Mathilde Naguet, femme de Richard de l'Isle, anglais, de la paroisse Saint-Jean d'Elbeuf *(de parochia S. Johannis de Eutlebeu)*, vendit au chapitre de la cathédrale de Rouen un tènement sis en la paroisse Saint-Maclou.

Cette pièce est le plus ancien titre connu mentionnant la paroisse Saint-Jean. Mais malgré qu'elle est dite d'Elbeuf, elle faisait encore partie du territoire de Caudebec, au diocèse d'Evreux. Voici ce qui s'était passé :

Pendant la période de calme qui, en France, avait marqué le règne de Louis IX, la ville de Rouen s'était considérablement agrandie. Il fallait à sa population, toujours croissante, une masse d'approvisionnements correspondante. La position de ce qui fut, depuis, le port d'Elbeuf, au pied des riches plateaux du Neubourg et du Roumois, était naturellement indiquée pour en faire le lieu d'embarquement des grains récoltés dans ces campagnes et destinés à la capitale normande. Les cultivateurs descendaient à dos de cheval, par le chemin du Neubourg (actuellement de la Justice) et par les cavées du Thuit-Anger et des Ecameaux, les produits de leurs champs ou de leur industrie, jusqu'au port ou passage Saint-Gilles, d'où, après avoir traversé la Seine, ils gagnaient Rouen par la rive droite. Mais, bientôt, ils trouvèrent plus commode de s'arrêter au bord du fleuve et de faire transporter leurs récoltes par eau : le cours de la Seine les y conviait, du reste, et ils furent probablement encouragés à user des « voitures d'eau » par des commerçants de Rouen, auxquels on doit même, peut-être, les premiers services établis entre les deux stations.

Ainsi qu'il est facile de se le figurer, le quai d'Elbeuf, qui, jusque-là, n'avait servi qu'au passage Saint-Gilles, trouva de grands éléments de développement dans la navigation fluviale. Des chaumières, puis un village se bâtirent à proximité ; mais ce village, si peu étendu qu'on puisse le supposer, confina à la paroisse d'Elbeuf, et bientôt les deux agglomérations n'en firent qu'une. Il était donc tout naturel de désigner la nouvelle paroisse comme étant d'Elbeuf.

L'intéressante pièce que nous venons de citer, en la rapprochant d'autres observations, nous fournit la preuve que la paroisse et l'église Saint-Jean d'Elbeuf furent fondées entre l'année 1241 et l'automne de 1253.

Cependant, il ne faudrait pas trop prendre à la lettre le parchemin de 1253 ; car nous savons par plusieurs exemples que l'on donnait autrefois la dénomination de paroisse à des hameaux qui, ne possédant qu'une chapelle créée pour la commodité des fidèles, n'avaient pas droit à ce titre : c'est ainsi que nous voyons un acte de 1592 mentionnant une « paroisse de la Godardière » située à La Londe, qui n'a jamais existé.

Le premier oratoire chrétien fondé près du quai d'Elbeuf fut une chapelle, créée, probablement sur la demande des habitants, par Jean Ier d'Harcourt, sous le nom de Saint-Jean-des-Prés ; elle était desservie par des

ÉGLISE DE MOULINEAUX

prêtres du diocèse d'Evreux. Mais, par suite du développement que prit bientôt cette partie du territoire elbeuvien, la création d'une église fut décidée, du vivant même de Jean Ier, qui, déjà, avait placé la chapelle sous l'invocation de son propre patron : saint Jean, ainsi que l'église d'Harcourt, de sa fondation également.

Nous verrons plus tard que l'oratoire nouveau fut particulièrement favorisé, ainsi que les autres édifices religieux de la création des seigneurs d'Harcourt, par les successeurs de Jean Ier.

On pourrait se demander quelle était l'importance de l'église primitive de Saint-Jean : nous voulons dire de celle qui succéda à la chapelle des Prés. Si, d'un côté, nous nous reportons, par la pensée, à ce que pouvait être l'agglomération du nouveau village, peuplé de bateliers, de pêcheurs, de quelques marchands et aubergistes, dont la totalité ne devait pas former un chiffre supérieur à deux cents habitants ; et, de l'autre, si nous examinons les édifices de cette époque établis dans des localités d'une population équivalente, nous sommes amené à considérer l'église de Moulineaux comme représentant assez exactement celle de Saint-Jean d'Elbeuf pendant la deuxième moitié du XIIIe siècle. Il est bien entendu que nous n'émettons qu'une hypothèse, mais ayant une certaine vraisemblance.

Cependant, quelle qu'ait été l'importance de la paroisse et de l'église Saint-Jean, il est absolument hors de doute, ainsi que nous aurons plusieurs fois l'occasion de le constater, que la nouvelle paroisse, quoique dite d'Elbeuf, resta dans le diocèse d'Evreux, territoire de Caudebec.

A ce sujet, nous croyons devoir citer l'opinion de M. Parfait Maille, qui a étudié cette question avec soin et l'a traitée avec beaucoup de bon sens :

« Entre Saint-Jean et Caudebec, dit-il, il n'y a jamais eu de séparation territoriale ni de limites avant l'arrêt de 1731, mais ce ne fut pas un empêchement à l'indépendance de Saint-Jean qui, une fois paroisse, consomma sa réunion à Elbeuf, sans s'y fondre entièrement, comme il est expliqué ainsi qu'il suit :

« Par une anomalie singulière, le bourg d'Elbeuf était traversé par une ligne de démarcation qui, le coupant en deux, en mettait une partie sur le pays et diocèse d'Évreux, doyenné de Louviers, et l'autre sur le Roumois, pays et diocèse de Rouen, doyenné de Bourgtheroulde, ce qui prouvait une autre séparation, ayant, en effet, existé entre ces deux parties plus tard réunies, et qui, avant et même après leur réunion, ont appartenu à des circonscriptions et territoires différents, selon tous documents officiels et authentiques.

« Quant à l'existence unitaire de ces deux parties, comme seule et même bourgade ; autrement, quant à l'existence unitaire des deux paroisses ou quartiers de cette bourgade, quant à l'existence unitaire de Saint-Jean et de Saint-Etienne, *Saint-Etienne tout Elbeuf, Saint-Jean dépendance de Caudebec*, cette existence est uniquement due à la conversion, en église, de la chapelle du triège de Saint-Jean-des-Prés.

« Cette conversion, ayant fait une paroisse de ce triège, a ainsi créé son autonomie, l'a émancipé, séparé de Caudebec dont il n'était, comme Saint-Nicolas-des-Champs, qu'une annexe, qu'un hameau, et a amené insensiblement son union tacite avec Elbeuf, son voisin attenant.

« Sans église, et s'il ne fut devenu paroisse, ce triège n'aurait jamais pu former une unité indépendante, se détacher de Caudebec, et s'unir à Elbeuf d'une manière quelconque.

« Il n'est rien de plus péremptoire, comme témoignage de l'homogénéité, de l'identité, de l'union et de l'unité de Saint-Jean et de Caudebec, qu'un contrat de 1662, mentionnant en propres termes, portant et désignant expressément une terre de Saint-Jean « terre sise à Caudebec, dans la bourgeoisie d'Elbeuf ».

« Le triége de la bourgeoisie d'Elbeuf s'étendait, pour Saint-Jean, jusqu'à Notre-Dame-de-Caudebec, qu'il entourait complètement, et comprenait le triége des Terres-Noires ou de la Vignette, aujourd'hui un des quartiers les plus considérables de Caudebec.

« Ainsi, par une singulière anomalie, Saint-Jean, comme territoire, était de Caudebec, et comme bourgeoisie, d'Elbeuf.

« La bourgeoisie d'Elbeuf était tout à la fois, pour Saint-Jean, un triége de Caudebec et une distinction privilégiée.

« Un arrêt de 1731 n'est pas moins concluant, cet arrêt fixant, au centre même de Caudebec, sur le seul et propre sol de Caudebec, entre compatriotes, jusqu'alors sans séparation, fixant, entre les bourgeois de la succursale Saint-Jean et les manants de la paroisse de Notre-Dame-de-Caudebec, des bornes pour l'assiette de l'impôt personnel, à payer pour une de ces deux classes de contribuables de même lieu et de catégories différentes.

« Elbeuf avait d'autres limites, ses limites propres et particulières, limites provinciales, diocésaines, territoriales, urbaines et paroissiales ».

Nous reprenons l'ordre chronologique :

En 1253, au mois de février (1254 n. s.), Olivier Cauvin, d'Elbeuf, donna aux moines de l'abbaye de Bonport une rente annuelle de deux sols et une poule, assise sur une masure à Montaure.

Parmi les postulants qui furent ordonnés diacres, le samedi avant la fête de la Trinité, en l'année 1254, figurait Hugo d'Elbeuf (*Huelebue*).

En cette année et la suivante, l'archevêque de Rouen traversa plusieurs fois notre localité, mais sans s'y arrêter.

L'inventaire des titres de l'abbaye du Bec-Hellouin, que possède la Bibliothèque nationale, mentionne la confirmation accordée par Louis IX, roi de France, à l'abbaye du Bec « du droit de prendre du bois pour certaines réparations et pour son chauffage dans les forests de Rouvray et de Bord, et d'y faire paistre ses bestiaux, en l'an 1255. »

Nous trouvons dans l'*Appendix* du journal de l'archevêque Rigaud le passage qui suit :

« L'an du Seigneur 1255, le jour du synode d'été, maître Michel « curé de l'église d'Elbeuf » (*rector ecclesie de Welebue*) fut admonesté et invité de s'abstenir à l'avenir de fréquenter les femmes, et particulièrement la nommée Marie, à laquelle il avait renoncé déjà quelque temps auparavant. Cette admonestation fut faite par maîtres P. de Ons et J. de Nointelle, archidiacres du Grand et Petit

Caux, agissant en notre lieu, dans notre manoir de Rouen, en la chambre moyenne. Furent présents: le doyen du Bourgtheroulde et Jean de Morgneval, notre clerc ».

Cette pièce nous laisse supposer qu'en l'année où elle fut écrite, Saint-Jean n'avait pas encore le titre de paroisse ; car, autrement, le prélat, qui apportait tant d'ordre et de soin dans tout ce qu'il faisait, n'eût pas manqué de désigner plus clairement la paroisse d'Elbeuf dont il voulait parler, ainsi qu'il le fit l'année suivante.

Notons que ce fut en 1255 que Jean Ier, seigneur d'Elbeuf, fonda, dans les dépendances de son château d'Harcourt, le prieuré du Parc.

Le troisième curé connu de Saint-Etienne se nommait Jean ; il avait probablement succédé immédiatement à maître Michel ; mais il ne paraît pas être resté longtemps curé d'Elbeuf, car il se rendit le 17 des calendes de juillet (15 juin) 1256, au manoir qu'habitait Eudes Rigaud à Déville-lès-Rouen, pour résigner entre les mains du prélat ses fonctions de recteur de Saint-Etienne *(rector ecclesie Sancti Stephani de Wylebo)*.

Neuf jours après, l'archevêque Rigaud passa par notre localité, en allant de Bonport à Pont-Audemer, où il fit la paix avec ses suffragants, les évêques de Bayeux, de Lisieux et de Coutances.

Nous parlions tout à l'heure des mœurs du curé Michel : elles n'étaient pas une exception, tant s'en faut, car le Registre de Rigaud cite un assez grand nombre de prêtres et de moines licencieux auxquels le vigilant archevêque adressa des remontrances méritées.

Après le décès de Jeanne de la Roche-Tesson sa mère, Jean Ier d'Harcourt donna, en 1257, différentes terres à plusieurs de ses frères.

Un acte de cette époque parle aussi « d'une ferme qui appartenoit à la dame de la Mare, dans Freneuse, qui fut baillée à Monseigneur Jean de Harcourt pour deux cens dix livres, et qu'en contr'eschange il avoit baillé pour quarante livres de revenu en fonds de terre en sa seigneurie d'Auvers. »

A cette époque, comme aujourd'hui encore, les ouvriers tisseurs de draps faisaient sécher les chaînes encollées sur des pentoirs (*pentoribus*) en plein air. Nous trouvons mentionnée cette partie de l'outillage, à Louviers, dans un contrat du mois de juin 1257. Inutile d'ajouter que, dans les actes du xiiie siècle, concernant Elbeuf, on ne rencontre jamais trace de de fabrication lainière.

Comme autre présomption qu'il n'existait point à Elbeuf d'industrie drapière, quoi qu'en aient dit plusieurs auteurs, voici un passage du *Dit du Lendit* rimé, que Roger d'Andely écrivit pendant la dernière moitié du xiiie siècle, dans lequel sont cités tous les lieux de fabrication ayant quelque renom. Le manuscrit se trouve à la Bibliothèque nationale :

> Or dirai du mestier Hautain
> que n'a matère miex apère ;
> c'est cis qui tous les autres père ;
> ce sont li Drapier, que Dieu gart ;
> par biaus dras là li ons regart ;
> Diex gart ceus qui les sevent faire ;
> des Marcheans de bon afaire
> doit on parler en tous bons lieus.
> Pour ce que je ne soie oiseus,
> voudrai nommer, selonc mon sens,

toutes les villes par assens,
dont la foire est maintenue.

Premier est Paris amenteue,
que c'est du monde la meillour ;
si li doit on porter hounour ;
tous biens en viennent, dras & vins.
Après parlerai de Prouvins ;
vous savez bien comment qu'il siet
que c'est l'une des .xvij.
Après, Rouen en Normendie ;
or oez que je vous en die.
En mon Dit vous amenteuvrai,
Gant & Ypres & puis Douay,
& Maaline & Broiselles ;
je les doi bien nommer com celles
qui plus belles son à veoir ;
ce vous fai je bien assavoir.
Cambrai cité & Moncornet,
Maubeuge & Aves i mec
Nogent le Rotro, & Dinem,
Manneval, Torot & Caen,
Louviers, & Breteul, & Vernon,
Chartres, Biauvais, cité de nom
Évreus, & Amiens noble halle,
Et Troie, & Sens, & Aubemalle,
Endeli, Doullens, S[eint] Leubin,
S[eint] Lou c'on dit en Coustentin,
& Moustereul desus la mer,
& S[eint] Cointin, & S[eint] Omer,
Abeville & Teuremonde,
Chaalons ou moult de pueple abonde,
bons mercheans & plains d'engien,
Diestre après, & puis Enguien,
Louvain, Popelines trouvai,
Valenciennes, & puis Tournai,
Torigni & puis Darnestal,
& après trouvai Boneval,
Nogent le Roy, & Chastiaudun.
Maufumier metrai en quemum ;
Aubenton y doit estre bel,
& le Temple de Montdoublel,

Corbie, Courterai & Erre ;
Baieus, Chanbel m'i faut atraire ;
Hal & Gant m'ont tret en Brebant,
Coutras & Gent plein de brant
Villevart, ne veut pas lessier,
Pavilli, ne Moutier-Villier ;
Monsiaus y metrai & Blangi.
Lille en Flandres, Cressi & Hui,
& Arras cité, & Vervin ;
par tans en sarez le couvin.
Estampes metrai en commun
& le chastiau de Melleun ;
S[eint] Denis, ou je sui tout aise,
nommerai & après Pontaise,
Gamaches, Bailleul & Ensene
par ce que je ne mes à Senne.
N'oubli pas Miaus, ne Laigny,
ne Chastiau Landon, quant y suy
au Lendit merci Jésu Crist,
je les mis touz en mon escrist

L'absence du nom d'Elbeuf dans cette longue liste n'est pas, à la vérité, une preuve absolue que l'on n'y fabriquait point de draps à cette époque ; cependant, il paraît invraisemblable que si une importante fabrication y avait eu son siège, comme le prétend M. Guilmeth, le poète andelysien l'eût oubliée, alors qu'il mentionne celle de Menneval près Bernay, et celles de plusieurs petites localités qui n'ont jamais eu une bien grande réputation : il déclare, du reste, qu'il a mis, dans son écrit, tous les centres drapiers.

A cette époque, la draperie rouennaise était en grande prospérité ; car nous voyons, en 1258, les marchands de Rouen louer à Provins, pour seize ans, une maison destinée à recevoir leurs marchandises. Dans une liste des villes qui envoyaient des draps aux célèbres foires de Champagne et de Brie, celle de Rouen est citée. Ses draps avaient alors 15 aunes, mesure de Champagne ; les *roiez* et les *tains* 44 aunes. Il y avait déjà longtemps, alors, que les fabricants de Rouen jouissaient du droit exclusif, que leur avait conféré Louis VIII, de prendre de la terre à foulon dans la forêt de Roumare et généralement dans toute la baillie de Rouen.

Par draps de Rouen, on entendait non seulement ceux qui étaient fabriqués dans cette ville, mais aussi ceux des environs et du Roumois, dont Saint-Etienne d'Elbeuf, la Londe, Boscroger, Bourgtheroulde et autres faisaient partie.

Il est de tradition, dans notre contrée, que le tissage des draps s'est pratiqué à la Londe comme à Bourgtheroulde avant de pénétrer à Elbeuf : la tradition semble avoir raison ; car si nous ne trouvons, au XIIIe siècle, aucun document mentionnant une industrie drapière dans notre ville, il en existe un qui ne peut laisser aucun doute en ce qui concerne Bourgtheroulde, et, par extension, peut-être plusieurs des autres localités que nous venons de citer.

Voici, en effet, ce que nous lisons dans « les Droitures, coustumes et appartenances de la viscontié de l'eaue de Rouen », conservées à la Bibliothèque nationale :

« A la ferme de la prevosté de Darnestal, apartient la porte du pont Honfroy, par devers Sainte-Katherine. *Item* la porte Saint-Oein, et les torteaux et les barrages qui i sont cuillis as .II. portes, et la leinne à suint, comment que èle soit aportée, les peaus d'agneaux et de chevreaus, de quel part qu'èles viegnent, exceptée la mer. *Item* la laeinne blanche, au desous du pois, par dessous xxv lib. *Item* « les draps du Bourc-Thoroude » et le pein de la rive, et tot pain qui par eaue vient vendre en Rouen ».

Ces draps, tissés à Bourgtheroulde et dans les environs, étaient donc transportés à Elbeuf et de là, par bateau, à Rouen, où on les dégraissait, foulait, lainait, tondait et marquait, et c'est en arrivant dans cette dernière ville qu'ils payaient un droit d'entrée à la porte du pont Honfroy.

En mai 1258, Ameline Baschac, d'Elbeuf, (*de Welleboto*) donna au monastère de Bonport, pour le salut de son âme, de celle de son feu mari et de celles de leurs ancêtres, douze deniers de rente à la Poterie du Bourgtheroulde. Les témoins de cette donation furent : « Hébert Tisserand, Richard Lautbert (ou Lantbert) aîné, Robert Lautbert jeune, Jean de « Caucheis », Robert de Franc et plusieurs autres. L'original, sur parchemin, de cette donation est conservé aux Archives de l'Eure.

Le fonds de l'abbaye de l'Isle-Dieu, de ces mêmes Archives, contient une charte de 1264, par laquelle Geoffroi du Quesnoy, curé d'Elbeuf, donna 10 sols de rente à ce monastère, à prendre sur un héritage sis à Mathonville. — Nous supposons que ce n'est pas de notre localité dont il s'agit ici, mais d'Elbeuf en Bray.

Parmi les témoins d'un acte du 24 avril 1264, concernant la vente d'une masure sise à Martot, faite par Nicolas Troche à Raoul le Sénéchal, figure Jean le Caron d'Elbeuf (*Welleboto*).

En décembre 1264, une nouvelle croisade fut prêchée dans notre contrée. L'archevêque de Tyr exhorta les seigneurs et le peuple à prendre la croix, dans un sermon qu'il fit à Rouen, le 20 décembre. Louis IX était alors à Pont-de-l'Arche, où étant tombé malade, Eudes Rigaud alla le voir le lendemain 21. L'archevêque de Rouen coucha le soir à Bonport.

Voici un nouvel acte du fonds de Bonport, intéressant notre localité :

« Que tous sachent... que moi Guillaume Croc, écuyer, ai fieffé à perpétuité à Richard Le Mailleu, une masure que je possédais en la paroisse Saint-Etienne d'Elbeuf, située entre la masure de Robert Luillier et celle de Jean Marescot, aboutant au pavement du seigneur Jean d'Harcourt, chevalier... moyennant 12 sols de monnaie courante et un chapon, payables en deux termes, savoir 8 sols à la Saint-Michel, 4 sols et le chapon à Noel ». Les témoins furent Radulfe du Bois, Robert Lhuillier, Jean Marescot, Guillaume Lesueur et plusieurs autres.

Le « pavement » mentionné dans cette charte n'était autre que l'une des anciennes rues pavées d'Elbeuf, probablement la rue Meleuse. Dans tous les cas, et quelle que soit la rue de ce pavement, c'était évidemment l'une des principales, sinon la plus importante voie de notre localité, et elle était bordée de masures : l'acte que nous venons de citer en mentionne trois successives. La paroisse Saint-Etienne, c'est-à-dire le vieil Elbeuf, n'était donc encore qu'un village.

La léproserie placée sous le patronage de sainte Marguerite, qui avait été créée entre Orival et Elbeuf, était alors administrée par un prêtre du nom de Jean. Il comparut, le 9 des calendes de mai (23 avril) 1265, dans une assemblée de tous les ecclésiastiques du doyenné de Bourgtheroulde, tenu à Thuit-Hébert et présidée par Eudes Rigaud, archevêque de Rouen.

Le prélat reprocha au chapelain de Sainte-Marguerite sa conduite scandaleuse. Il avait eu des relations avec une nommée La Sarote, ne résidait que rarement dans sa chapellenie, et il était, en outre, accusé d'avoir célébré des mariages clandestins. Le coupable fut cité, avec d'autres ecclésiastiques, à comparaître au synode suivant, où il jura, la main posée sur sa poitrine, en face de l'Evangile, que s'il lui arrivait d'être convaincu de pareilles fautes, il résignerait son bénéfice.

Nous ne dirons rien de cette maladrerie, où, concurremment avec l'hôpital de la côte Saint-Auct, étaient admis les lépreux d'Elbeuf, car nous en avons traité longuement dans notre notice historique concernant Orival.

Le doyenné de Bourgtheroulde, se composait alors des quarante-trois paroisses suivantes, dont nous trouvons la nomenclature dans le Pouillé d'Eudes Rigaud :

« Furce, le Tuit-Symer, *Bardolvilla, Annevilla, Bervilla super Secanam, Anborvilla, Huivilla (Sanctus Leodegarius de Yvilla), Boscus Goeti, Tubervilla,* Tuit-Hébert, Bos Bernart de Cressy, Bos Bernart Comin, *Hyffrevilla, Angovilla, S. Dyonisius de Boscho Gerardi, Burgus Theroudi, Bussetum, Bavilla,* Teilleman, *Waliquervilla,* Bos Renolt, *Bornevilla, Bervilla, Mala Villa, Parcus, S. Paulus,* Le Til, Houlebec, *Vallevila, S. Dyonisius de Montibus, S. Philibertus, Boschus Guerardi,*

Marcosvilla, Boschiervilla, Bosnormant, Bos Rogier, Tuit Heudebert, La Londe, Hurlebuef super Secanam, *Briona, S. Andreas de Becco, S. Taurinus, Boschus Roberti.* »

A l'exception de Bardouville, Anneville, Berville-sur-Seine, Ambourville, La Londe et Elbeuf, toutes ces localités sont actuellement du diocèse d'Evreux.

Par contre, Caudebec et le territoire de la nouvelle commune de Saint-Pierre-lès-Elbeuf, qui étaient au diocèse d'Evreux, font maintenant partie de celui de Rouen, sauf l'ancienne paroisse de Saint-Pierre-de-Lierroult, restée au diocèse d'Evreux, quoique son territoire soit rattaché administrativement à Saint-Pierre-lès-Elbeuf.

CHAPITRE XV
(1265-1288)

Richard II d'Harcourt. — Le commerce d'Elbeuf et la vicomté de l'Eau. — La rue des Traites. — Amaury d'Harcourt. — Encore Jean Ier d'Harcourt.

En l'année 1265, Jean Ier maria son second fils, Richard II d'Harcourt, à Isabelle de Mello, fille du comte Dreux de Mello, seigneur de Saint-Prix, qui apportait en mariage 600 livres parisis de rente, à prendre sur les comptes du roi de France. La dot d'Isabelle fut garantie sur la terre d'Elbeuf, donnée à Richard par son père.

Les armes que portait Richard d'Harcourt, baron d'Elbeuf et châtelain de Boissey-le-Châtel du vivant de son père, étaient : *De gueules à deux fasces d'or, brisé d'une molette d'or, au canton droit.* Isabelle de Mello, sa femme, portait : *D'or à deux fasces de gueules et à l'orle de merlettes de gueules.*

Nous allons entrer, maintenant, dans quelques détails concernant le commerce d'Elbeuf :

La vicomté de l'Eau de Rouen s'étendait, d'un côté, de cette ville à la mer, et de l'autre jusqu'à Paris. Un chapitre des « Droitures, coustumes et apartenances de la visconté de l'Eaue de Rouen » est ainsi conçu :

« LXI. — De fil, linge et lange, porté par eaue.

« Fil, linge et lange qui est porté par eaue, de Ellebuef jusques à Rouen, doit viii deniers de coustume. Et se le fil est à home de Ellebuef, il paiera iiii deniers, tant seulement.

« Et se il est porté par desous Roen, par eaue, outre la Boille, il paiera viii deniers de coustume. »

Ce document, qui remonte au xiii⁰ siècle, nous indique donc qu'à cette époque éloignée, il existait un service assez régulier de navigation entre notre bourg et Rouen, et qu'une des branches du commerce de notre localité était la vente des fils et tissus de lin et de chanvre, provenant de l'industrie domestique des plateaux dont Elbeuf était le port d'embarquement. On remarquera qu'il n'y est point question de fils ou de tissus de laine.

« Le fardel de dras ou de teiles ou d'autres choses, de quele marchandises que ce soit, qui est porté de Rouen jusques à la Boille, portant qu'il i soit descarchié, doit iv deniers de coustume ; et se il va par eaue outre la Boille, il paiera viii deniers ; et se il est porté de Rouen contremont l'eaue, il paiera iv deniers de coustume jusques au Port Saint Oien ; et se il va outre le Port Saint Oien par eaue, il paiera viii deniers de coustume ». Comme on le voit, c'est de Rouen que partaient les draperies qui circulaient sur la Seine, en amont comme en aval de cette ville.

Il paraît que des notes extraites des archives du prince de Lambesc, dernier seigneur d'Elbeuf, mentionnaient « plusieurs privilèges et mesures en faveur du commerce d'Elbeuf ». Le commerce que faisait notre localité au XIIIe siècle est connu ; nous verrons plus tard qu'il ne progressa guère au siècle suivant et même jusqu'au milieu du XVe ; mais ces notes ont suggéré à M. Emmanuel Gaillard, puis à M. Guilmeth, l'idée qu'elles se rapportaient « à la fabrique de tapis dont Elbeuf est demeuré en possession jusqu'à la fin du siècle dernier ».

En effet, Elbeuf eut des fabriques de tapis, mais pas au moyen âge. Aussi est-ce avec un sourire de raillerie que M. Parfait Maille a accueilli la description de ces soi-disant tapis elbeuviens « fabriqués à l'imitation de ceux de l'Asie » dans lesquels on fait entrer « la laine fine tirée au peigne » et même la soie.

Mais laissons ces fantaisies, et, par la vicomté de l'Eau, rentrons dans le domaine de la réalité et de la vérité historique.

L'ancien chemin des Traites paraît devoir son nom à un bureau que l'on transporta plus tard vers la rue du Port et où l'on payait les droits sur les marchandises qui descendaient ou remontaient la Seine. Le nom de « traite » était donné au transport des denrées d'une province ou d'un lieu à un autre ; il est resté dans notre langue, mais il s'emploie maintenant pour désigner un échange de marchandises et est synonyme de commerce, de trafic ; on dit : la traite de l'ivoire, des arachides, des noirs, etc.

Le « bureau des traites » à Elbeuf, est mentionné dans une pièce de 1452. Le fermier ou le commis qui y était installé pouvait faire arrêt sur les vins que l'on débarquait de l'un ou de l'autre côté du fleuve, entre Port Saint-

Ouen et le hameau de Quatre-Ages, à Criquebeuf, avant d'avoir payé la « mueson ».

Nous lisons dans le Coutumier de la vicomté de l'Eau : « La viconté de l'Eaue de Rouen a telle franchise que nul ne puent amener vins vers Rouen, que puisque ils sont passés Carretage — Caretaige ou Catherage — que ils ne doyvent leur moeson ; et se ils demeurent oultre Carretage jusques à la basse sentelle emprès les meurs de Bonport ; cil qui est pour la viconté à Eullebuef le puent arrester jusques à tant qu'il soit paié de la moeson pour la viconté ». Dans l'édition C du Coutumier, on trouve : « et se il demeure oultre Cateraige et dessoultz le Port Saint-Ouen ».

Le Coutumier ajoute : « Et a l'en de coustumes à paier de chacun tonnel II sols VI den., et pour chacun queue XV deniers, excepté ceux de la ville du Port Saint-Ouen, qui ne doyvent que II sols pour tonnel et XII deniers pour queue des vins qui sont deschargiés en la diète ville des tonneaux qui demeurent as villays... »

Dans l'édition du Coutumier de 1617, on trouve : « Nul ne peult faire venir ses vins soit par eaue ou par terre depuis qu'ils sont passez Quatarrage près les murs de Bonport, soit que le vin descharge à Elbeuf ou le Port Saint-Ouen, qu'il ne paie le droict de mueson et droict de choix pour les bourgeois, et pour les forains mueson, coustumes et choix ; et ont pouvoir les gardes de la viconté estant à Ellebeuf ou le Port Saint-Ouen d'arrester ceux vins à faute de païer les droits susdits ; et si les dits vins passent plus oultre, soit pour descharger à Rouen ou ailleurs, paieront aussi les mêmes droicts ».

Quant aux vins qui étaient récoltés à Elbeuf et aux environs, ils étaient exempts de droits : Voici ce que dit l'ancien Coutumier :

« Se aucun qui eit la franchise Rothom achate vins, mès qu'il soient creux au desus du Pont de l'Arche et il viegnent à Roen, il paiera moèson, et bien les eit il achetez par son user et bien eussent il creu en ses propres vignes. Les vins qui sont creus par desous le Pont de l'Arche ne paie ne moeison ni coustume ».

Le vicomte de l'Eau avait aussi la police des quais et de la rivière, des bateaux, coches ou voitures d'eau circulant sur la Seine.

Dans les anciens règlements, il était dit :

« Depuis que la nuit sera venue et que l'on ne pourra plus connoistre un tournois, nul ne passera aucune personne par ladite rivière, ni aussi le matin qu'il ne soit jour suffisant, à peine de dix livres d'amende.

« Item, aucun batelier ne passera, ne menera aucun bateau passager depuis le jour Saint-Rémi (1er octobre) jusques à Paques ensuyvant, s'il n'a deulx avirons ferrez, bons et suffisans et aussi un croc ferré... »

Ces règlements s'appliquaient, naturellement, au passage du Port Saint-Gilles, à Elbeuf, comme à tous les autres du ressort de la vicomté.

La politique habile de la reine Blanche avait donné une force considérable au pouvoir royal, car le roi se trouvait débarrassé des inquiétudes à lui causées par les grands vassaux de la couronne, d'une part, et les prétentions justifiées de l'Angleterre sur la Normandie, de l'autre. Mais, comme il fallait occuper la noblesse turbulente, l'idée d'une nouvelle croisade surgit, et bientôt engagea de nombreux chevaliers à partir pour l'Orient :

« Le roy Sainct Louis, dit le sieur de La Roque, ayant sur le cœur l'injure que la chrestienté avoit receuë en Egypte et l'oppression des chrestiens en Syrie, il se résolut de faire le voyage d'outre-mer, et se croiser pour la seconde fois, l'an 1269, avec plusieurs prélats et barons de son royaume, comme il avoit fait en 1248, du nombre desquels fut monseigneur Jean de Harcourt le père, en l'aage de 71 ans, qui avoit dejà l'expérience du premier voyage ».

Le 5 juin 1269, Richard II d'Harcourt assista à un sermon que fit l'archevêque de Rouen Rigaud, dans l'île Notre-Dame, à Paris, en présence du roi, du légat et d'un immense concours de seigneurs, d'ecclésiastiques et de peuple. Eudes Rigaud y reçut les insignes de la croisade. Avec lui, le roi de Navarre, Richard d'Harcourt et une foule de nobles prirent la croix.

En octobre, le légat du pape tint un concile à Rouen, afin d'obtenir du clergé normand la levée d'un décime pour l'expédition à la Terre sainte.

Richard II d'Harcourt ne jouit pas longtemps de la seigneurie d'Elbeuf, car il mourut moins de quatre ans après son mariage.

Une contestation surgit entre Jeanne de Mello et Jean Ier d'Harcourt, son beau-père ; elle fut portée devant le Parlement de Paris, qui, en 1269, ordonna à Jean d'Harcourt de délivrer à Jeanne, veuve de Richard d'Harcourt, son fils, la valeur de la garantie qu'il avait assignée sur sa terre d'Elbeuf.

Le roi approuva cet arrêt du Parlement : Nous prescrivons, dit-il, au seigneur Jean d'Harcourt d'indemniser Isabelle de Mello de la valeur de sa dot, assignée sur le domaine d'Elbeuf *(Elboto)*.

Mais le baron Jean II, qui avait déjà dépensé des sommes considérables en armements pour la croisade prochaine, ne put probablement pas rembourser Isabelle, et se trouva dans la nécessité de traiter avec Amaury, son frère, auquel il abandonna ce qu'il possédait sur la terre d'Elbeuf, à condition qu'il donnerait satisfaction à la veuve de son frère Richard.

Jean d'Harcourt, deuxième du nom, accompagna Jean Ier son père. « Ce fut en ce voyage que le roy sainct Louis, fit le jeune baron de Harcourt chevalier, ayant dès le premier honoré de sa propre bouche du titre de Preud'homme nostre Jean de Harcourt, son père... »

M. Guilmeth parle d'une lettre de l'archevêque de Rouen, de l'an 1273, faisant mention de plusieurs redevances que son chapitre métropolitain et l'abbaye du Mont Sainte-Catherine possédaient alors dans les forêts d'Elbeuf et de la Londe. Cette lettre, conservée dans les archives du prince de Lambesc, cite deux acres de bois faisant partie de la forêt d'Elbeuf et désignées sous le nom de Fosse Guerard *(et in dicta foresta de Hellebuef duas acras terre, Fossam Guerardi dictas)*.

Guillaume Croc, chevalier, confirma la donation de 12 sols tournois de rente faite aux religieux de Bonport, par Aline, veuve de Robert Soein, « de la paroisse Saint-Jean d'Elbeuf ». Cette donation, datée du mois de mai 1276, reposait sur une masure sise à

Saint-Cyr-la-Campagne, que tenait Robert Lesueur.

En mars 1277, Philippe III le Hardi, étant à Paris, amortit les acquisitions faites par les moines de l'abbaye de Bonport, dans ses fiefs et arrière-fiefs. Du nombre se trouvaient une rente de douze sols, assise à Saint-Cyr, par suite d'un don fait par le seigneur Aeline d'Elbeuf *(domine Aeline de Veleboto)*.

On trouve dans l'acte de donation faite, en septembre 1278, par Amaury Recuchon, écuyer, aux religieux de Bonport, des rentes qui lui étaient dues par ce monastère, la mention d'une sente qui conduisait de Neuvillette à Elbeuf *(Wellebotum)*.

Le fief de Neuvillette a laissé son nom à un moulin situé à l'extrémité orientale de la commune de Bosnormand ; il s'étendait sur cette paroisse et sur celles de Thuit-Signol et de Boscroger. La sente de Neuvillette à Elbeuf passait par le hameau des « Escamialx » et débouchait à Elbeuf dans la rue Meleuse : c'est donc l'ancienne cavée des Ecameaux, très peu pratiquée maintenant.

MM. Charpillon et Caresme disent qu'un document, qui remonte à 1281, révèle l'existence, de Louviers à Bourgtheroulde, d'une voie importante, qualifiée de chemin royal. Ce chemin n'était autre que l'antique voie romaine, dont nous avons parlé, et « l'ancien chemin de Louviers » qui existe encore dans la forêt de Bord et venait rejoindre l'église de Caudebec, d'où il traversait Elbeuf, gagnait la côte Saint-Auct, puis la Londe. C'est celui que suivit plusieurs fois l'archevêque Rigaud dans ses voyages du Roumois à son domaine de Pinterville.

Le 27 octobre 1279, veille de Saint-Simon et Saint-Jude, Jean d'Harcourt abandonna le patronage de la chapelle de Thuit-Signol aux religieux de l'abbaye de Bonport.

Jean Ier d'Harcourt assista au jugement donné, vers 1283, pour le roi Philippe-le-Hardi, contre Charles de France, roi de Sicile et comte d'Anjou, son oncle, au sujet des comtés d'Auvergne et de Poitou.

Au temps de Philippe-le-Bel, les draperies ne purent sortir du royaume, par les ports de Normandie, sans avoir obtenu des lettres patentes du roi.

Vers cette époque également, les intérêts industriels commencèrent à chercher, dans les tarifs de douane, un instrument de protection contre la concurrence étrangère. C'est ainsi qu'à la demande des drapiers du Languedoc, une ordonnance royale défendit l'exportation des laines brutes et filées, des matières tinctoriales et des draps non teints ni tondus.

Jacques d'Auzolles, sieur de la Peire, fait mention d'Amaury d'Harcourt, qu'il dit avoir été fils de Richard d'Harcourt et de Jeanne de la Rochetesson, vicomtesse de Saint-Sauveur, ce qui est une erreur.

Philippe III, roi de France, averti des adversités survenues aux Français en Sicile, résolut d'attaquer Pierre, roi d'Aragon, et de porter la guerre dans ses états. A cet effet, il assembla deux armées, en 1285, et assiégea d'abord Perpignan, où Amaury d'Harcourt, baron d'Elbeuf, perdit la vie. Ce chevalier fut surnommé le Hardy.

Plus tard, les Français assiégèrent Gironde, où Jean II, sire d'Harcourt, neveu d'Amaury, se signala par sa valeur, et ensuite, de concert avec le connétable Raoul de Nesle, il défit 2.500 hommes dans une bataille où le roi d'Aragon fut blessé mortellement.

Les armes d'Amaury d'Harcourt, étaient : *Ecartelées, au premier et au quatrième de gueules, à une fasce de deux pièces d'or, à la bordure d'argent.*

La mort d'Amaury avait remis encore une fois la terre d'Elbeuf en la possession du vieux Jean Ier d'Harcourt :

« Enfin Jean, sire de Harcourt, dit l'historien de cette maison, chargé d'ans et de mérites, mourut le 5e jour de novembre 1288, car estant parvenu à l'aage de 90 ans, il avoit acquis par une longue expérience l'estime de tout le monde, et fut enterré au monastère de Nostre-Dame du Parc qu'il avait fondé ; et Alix de Beaumont sa femme, que le sieur Boullenc, prieur du Parc, descrit avoir esté d'une bonté et beauté incomparable, le prédécéda, l'an 1275, le 4e octobre, et gist au mesme lieu que son mari, proche le grand autel ». Guy d'Harcourt, évêque de Lisieux leur fit construire une magnifique sépulture.

Jean Ier d'Harcourt, baron d'Elbeuf, d'Auvers et de Nehou, vicomte de Saint-Sauveur, seigneur de Calleville, de Beauficel, de Blouville, de Patigny, etc., portait pour armoiries : *Parti, au premier de gueules à une fasce de deux pièces d'or,* qui était d'Harcourt, *et au second gironné d'argent et de gueules,* qui était de Beaumont, sa femme.

Du mariage de Jean Ier d'Harcourt et d'Alix de Beaumont étaient nés treize enfants, parmi lesquels nous rappellerons : Jean II d'Harcourt, vicomte de Saint-Sauveur ; Guillaume d'Harcourt, baron de la Saussaye et d'Elbeuf ; Raoul d'Harcourt, fondateur du collège d'Harcourt ; Guy d'Harcourt, évêque et baron de Lisieux ; Richard d'Harcourt, châtelain de Boissey-le-Châtel, et deux filles qui furent abbesses.

Il paraîtrait que Raoul d'Harcourt, créateur du célèbre collège d'Harcourt, à Paris, frère de Guillaume d'Harcourt dont nous allons parler, avait quelques droits sur la terre d'Elbeuf et qu'il les aurait conservés jusqu'à sa mort, qui survint en 1307.

Raoul d'Harcourt avait été chantre de l'église métropolitaine d'Evreux, archidiacre de Rouen et de Coutances, chancelier du diocèse de Bayeux et chanoine de Notre-Dame de Paris. C'était un des conseillers de Philippe-le-Bel.

Le collège d'Harcourt, qu'il avait fondé en 1280, était destiné aux étudiants en théologie et ès-arts, des diocèses de Rouen, d'Evreux, de Coutances et de Bayeux. Ce collège est devenu le lycée Saint-Louis.

CHAPITRE XVI
(1288-1327)

Guillaume d'Harcourt. — Mœurs seigneuriales. — Fondation de l'église et de la collégiale de la Saussaye.

Guillaume d'Harcourt, fils de Jean Ier, eut pour héritage de son père les baronnies d'Elbeuf et de la Saussaye, auxquelles il ajouta plus tard des biens que lui donnèrent les rois qu'il servit.

Les patentes des chevaliers et des clercs du terme de Pâques 1288 mentionnent que Guillaume d'Harcourt était maître d'hôtel du roi, charge à laquelle les titres de grand et de souverain furent ajoutés par la suite. En cette année 1288, il faisait partie de la maison du roi Philippe IV, avec Jean d'Harcourt, maréchal de France, son frère.

Guillaume d'Harcourt s'était distingué dans la guerre entreprise pour la conquête des royaumes de Navarre et d'Aragon. Un écrivain du moyen âge lui décerne les qualifications de « magnanime, courageux, preux et hardy ».

En 1289, Guillaume d'Harcourt et son frère Jean se rendirent volontairement à l'armée française qui alla soutenir et donner la victoire au duc de Brabant, contre le comte de Luxembourg.

Nous retrouvons Guillaume d'Harcourt, sire de la Saussaye et d'Elbeuf, en 1292, dans une armée navale qui fit une descente en Angleterre et détruisit la ville de Douvres, pour venger des Français, sur lesquels les Anglais avaient précédemment fait un butin en divers points des côtes de Normandie. Son frère Jean d'Harcourt conduisit cette expédition, avec le titre d'amiral.

Un différend s'était élevé entre Guillaume d'Harcourt et l'abbaye de Saint-Ouen de Rouen relativement à la limite des droits que chacun d'eux possédait sur la Seine. Une pêcherie établie à Orival, au hameau du Gravier, en fut le motif principal.

L'affaire fut portée aux assises tenues à Pont-de-l'Arche, en juillet, le vendredi après la fête Sainte-Madeleine, de 1293. Le bailli de Rouen, qui les présidait, fit planter des bornes par Pierre Douru, vicomte de Pont-de-l'Arche, à Saint-Aubin et à Orival. Guillaume reçut 200 livres tournois d'indemnité des moines de Saint-Ouen, et l'affaire n'eut pas plus de suites.

A l'année suivante, se rattache un titre que possédait l'abbaye de Bonport, daté « du jeudy après la Saint-Martin d'esté 1294 », par lequel Adam le Boucher et Jean, son frère, dit du Bouteiller, de la paroisse de Saint-Jean d'Elbeuf, vendirent à Robert Lasnon, moyennant 25 livres tournois, la moitié de deux pièces de terre, la première contre la Maison-Dieu d'Elbeuf, et l'autre contre la terre des héritiers Jean Petit.

C'est dans cette pièce que nous trouvons mentionné, pour la première fois, l'hopital d'Elbeuf, fondé par Galeran de Meulan. Nous supposons qu'il était encore à la côte Saint-Auct.

Un ancien rôle sur parchemin, indiquant les noms des seigneurs de l'armée navale conduits par Jean d'Harcourt, en 1295, porte celui de Guillaume d'Harcourt. Il se trouva également à la journée de Furnes, en 1296, où il combattit valeureusement.

La Roque, historien de la maison d'Harcourt, rapporte dans les termes suivants un différend qui eut un très grand retentissement et « redoubla la réputation de la seigneurie d'Harcourt », mais qui, dans tous les cas, est un curieux spécimen des mœurs seigneuriales de cette époque :

Jean II d'Harcourt possédait un moulin sur lequel Guillaume III, sire de Tancarville, chambellan de France, prétendait avoir des droits.

« Jean de Harcourt qui estoit d'un merveilleux courage et qui n'avoit point appris à ceder aux volontés de ses voisins, se sentant offensé des entreprises faites par le chambellan de Tancarville sur ce moulin, qu'il reclamoit comme dependant de sa seigneurie de Lislebonne, s'en mit en possession par force, assisté seulement de Guillaume d'Harcourt, baron de la Saussaye et d'Elbeuf, son frère, et de quarante de ses domestiques, qui maltraitèrent et battirent durement les gens du chambellan en son absence.

« De quoy incontinent ledit chambellan estant adverti, il fit semondre tous ses vassaux et tous ses amis de l'assister en une occasion si pressante, de sorte qu'il vint à main armée avec trois cents hommes à Lislebonne où estoit le seigneur de Harcourt ; mais au lieu de se battre, il eut recours à des injures mal sonnantes à la bouche d'un seigneur de sa condition, provoquant le baron de Harcourt avec des paroles que nous jugerions indignes d'estre récitées si la Chronique ne nous y assujettissoit, à sçavoir que qui ouvriroit le ventre au sire de Harcourt il y trouveroit une fourche à fumier.

« Cependant, le chambellan n'eut pas plus tost achevé, que le seigneur de Harcourt ne luy baillast un dementy, et qu'il ne fauçast, avec ses gens, les barrières qui estoient entre eux pour se battre, de maniere qu'il y en eût plusieurs qui furent tués sur la place de tous les deux partis.

« Le Roy Philippe le Bel, qui régnoit lors, entendant parler de ce notable differend, ne voulut pas se servir des moyens de rigueur, les faisant adjourner par un heraut à comparoistre en sa cour à briefs jours ; mais leur envoya pour le merite de leurs personnes et de leurs naissances Enguerrand de Marigny, comte de Longueville, sur-intendant de ses finances et son principal ministre, pour leur ordonner amiablement de le venir trouver ; à quoy ils consentirent volontiers de part et d'autre.

« Mais il arriva par malheur, comme ils alloient en Cour au temps de leur assignation, que le sire de Harcourt, qui avoit de l'impatience d'estre satisfait des discours outrageux que le chambellan luy avoit inconsiderement proferés, luy courut sus et luy creva un œil, de sorte qu'ils retournerent en leurs maisons, l'un craignant l'indignation du Roy, et l'autre pour avoir recours aux remedes.

« Depuis, le chambellan estant soulagé de sa blessure, il alla trouver le Roy, auquel il demanda permission d'appeler en gage de bataille le sire de Harcourt, son adversaire ; mais Enguerrand de Marigny, picqué de ce que Jean de Harcourt, par un exces de chaleur, n'avoit pas entierement differé à l'ordre qu'il lui avait porté de la part du Roy, favorisa les interets du sire de Tancarville.

« Mais plus tost il avoit de la haine contre le seigneur de Harcourt, à cause de l'emulation perpetuelle qui estoit entre luy et Charles de France, comte de Valois, qui se declara plege et caution du seigneur de Harcourt, qu'Enguerrand taxa malicieusement de trahison ; mais Charles, voulant justifier Jean de Harcourt, dit au seigneur de Marigny que non, et qu'il estoit homme d'honneur.

« Et, d'autre part, Enguerrand, qui se sentoit appuié de la faveur de son Maistre, ne se pût empescher de repartir qu'il estoit vray, luy baillant un dementy, accompagné de paroles trop audacieuses, en la presence du Roy, dont il se repentit, puisque ce fut le motif, coloré du crime de peculat, qui luy fit perdre la vie.

« Tellement, que pour regler ce differend, la bataille fut ordonnee entre les parties, suivant l'usage du siecle.

« Et le sire de Harcourt se presenta au champ armé d'un harnois semé de fleurs de lys, qui pouvoient estre les livrées du comte de Valois... Les habits brilloient d'or et de pierreries, qui n'accompagnoient pas mal son port si relevé. Il portait à son bras une grande targe de gueulles fascées d'or de deux pieces merveilleusement eclatante, de laquelle il couvroit la meilleure partie de son corps, avec une demarche glorieuse et une action toute superbe qui rendoit un eclat extraordinaire ; il portoit pour timbre à la cime de son casque une queuë de paon, qui paroissoit à l'egal de plusieurs soleils, et deux redoutables lions, temoins de sa valeur admirable, supportoient aussi son escu.

« Et, d'autre part, le sire de Tancarville portoit pour armes deffensives un grand escu de gueulles, auquel un escusson d'argent servoit de renfort, au tour duquel brillait un orle d'Angemmes d'or, et tout le reste de son ornement representoit naïfvement tous les honneurs qui estoient deubs à son mérite et à sa condition.

« Enfin les deux parties se combattirent bien rudement, et Louis de France, Roy de Navarre, et Edouard, Roy d'Angleterre, qui estoient présents en qualité de juges de combat, prierent le roi Philippes que la bataille cessast, que ce seroit dommage que deux si vaillants hommes comme ils estoient rencontrassent leur tombeau en un lieu où ils devoient trouver la gloire, en sorte qu'il fut crié par les hérauts, de par le Roy, de cesser le combat, et estans satisfaits, les Roys firent la paix entre eux, pour eviter les partialités qui estoient en France, à cause de cette querelle, pour laquelle s'estoient formés deux trespuissants partis, comme il a esté dit : l'un appuyé de l'oncle du Roy, et l'autre de son particulier confident.

« Et pour preuve que cet appointement estoit sans dissimulation au regard du seigneur de Harcourt, et qu'il avoit déposé toute sorte de haine en faveur du grand chambellan, le comte de Valois protesta qu'il le cautionnoit corps pour corps, et fut convenu que ledit chambellan, pour les pertes et dommages qu'il avoit souffert, prendroit tous les ans cinquante livres sur Lislebonne.

« Mais afin que cet accord fust plus ferme et stable à perpetuité, et que les interest fussent jugés plus solennellement avec connoissance de cause, le Roy Philippes le Bel, ayant assemblé son Parlement, en la feste de la Toussainct 1296, il fit une ordonnance, par laquelle sur l'accord qu'il voulut estre fait entre le seigneur de Harcourt et le chambellan de Tancarville, et pour reparation de la vengeance extra-ordinaire que ledit seigneur de Harcourt avoit exercée sur le chambellan, Sa Majesté prononça que son ordonnance par droict de souveraineté auroit forme de jugement, et que ledit seigneur de Harcourt iroit en pelerinage par maniere d'amende à Nostre-Dame de Boulongne et du Puy, et à Sainct Thibaut ; que celui qui avoit crevé l'œil au chambellan seroit relegué en Chypre ; que celuy qui le blessa à la jambe iroit à Sainct Nicolas de Bar, et que Foucaut de Marle, qui avoit moins forfait et commis un moindre crime, feroit un pelerinage seulement à Nostre-Dame de Chartres ».

Le sieur de la Roque termine ainsi :

« Et au moyen de cet accord fait par le Roy en son Parlement, des differends qui estoient entre ledit seigneur de Harcourt et ledit chambellan de Tancarville, il fut ordonné qu'eux et les leurs prendroient confiance les uns aux autres : ce qui fut comme un pronostic ou prophetie de l'alliance future et toute entière que se fit depuis entre les deux maisons de Harcourt et de Tancarville... »

La Seine déborda à nouveau en 1296 ; tous les ponts de la Seine furent emportés, sauf celui de Pont-de-l'Arche. A Rouen, elle inonda une grande partie de la ville, rompit le pont et emporta plusieurs maisons. Mais, dit Farin, « Guillaume de Flavacour, pour lors archevêque de Rouen, fit porter en procession les reliques de S. Romain, pour faire prière à Dieu d'avoir compassion de tant de peuple qui souffroit, et aussitost les eaux retournèrent dans leur canal ordinaire. »

L'eau ne fut pas le seul fléau dont souffrit le peuple en cette année : on le chargea de nouvelles contributions, que beaucoup ne purent payer.

Les Archives de la Seine-Inférieure conservent la copie d'une vente, faite au Chapitre de la cathédrale de Rouen, des deniers de feu Jean de *Velleboto*, en son vivant archidiacre du petit Caux, par Jean de Bertreville, chevalier. Nous ne pouvons assurer que ce Jean d'Elbeuf appartint à notre localité ; mais nous croyons devoir néanmoins noter cette pièce. Un autre titre, daté de 1300, mentionne 50 livres prises sur les biens légués par « mestre Jehan de Ellebuef, jadis archidiacre du petit Cauz », pour faire son obit.

Jean II d'Harcourt mourut le 21 décembre 1302, en revenant d'une expédition armée en Sicile. Il fut inhumé dans le monastère du Parc d'Harcourt, derrière le maître-autel, du côté gauche. Sa femme Jeanne de Boulogne, mourut dix ans plus tard.

Au nombre des seigneurs qui furent mandés en 1302 pour secourir le roi Philippe-le-Bel

COSTUME DE DAME A LA FIN DU XIIIe SIÈCLE
(Pierre tombale de l'abbaye de Bonport)

contre les Flamands se trouvaient Jean III, baron d'Harcourt, avec cinquante hommes d'armes, et Guillaume d'Harcourt, son oncle, sire de la Saussaye et d'Elbeuf, avec trente hommes.

Saint-Jean d'Elbeuf est de nouveau mentionné avec le titre de paroisse dans une donation datée de la première semaine de carême de l'année 1303 (1304 n. s.) :

« Que tous présents et futurs sachent que moi Olivier dit Cauvin, de la paroisse Saint-Jean d'Elbeuf-sur-Seine *(Sancti Johannis de Welleboto super Secanam)*, ai concédé en pur et perpétuel don, pour le salut de mon âme et celle de mes ancêtres, à Dieu et à Sainte-Marie de Bon Port et aux moines qui y servent Dieu, pour avoir ma sépulture en ce lieu, deux sols et une poule de rente annuelle à prendre en la paroisse de Montaure... » L'original de cette charte, en parchemin, se trouve aux archives de l'Eure.

L'année 1304 fut marquée, à Elbeuf, par la fondation de la confrérie des porteurs de grains, ainsi qu'il résulte d'une pièce trouvée par M. Parfait Maille.

Cette institution prouve que le port d'Elbeuf était devenu d'une certaine importance, puisque les hommes employés au déchargement des grains, apportés des plateaux du Neubourg et du Roumois, et à leur transport sur les bateaux, étaient assez nombreux pour former une confrérie. Nous avons lieu de penser, cependant, que le nombre de ces porteurs n'excédait pas quatre.

Ils reçurent très probablement des statuts, comme les autres corporations, leur donnant le privilège de pouvoir exercer seuls leur métier sur le quai d'Elbeuf. Dans les autres localités où existaient de pareilles associations, nul autre que les porteurs de grains ne pouvait effectuer le chargement, sauf les employés du propriétaire de ces marchandises.

A Elbeuf, les porteurs de grains étaient désignés sous le nom de « berments » — nom qui devint par la suite celui de plusieurs familles — et leur profession appelée « bermenage ». Nous aurons l'occasion de reparler de cette corporation, la plus ancienne de toutes celles de notre ville.

L'Inventaire des titres du Bec-Hellouin mentionne une « fieffe faite, en 1304, par l'abbaie du Bec, au curé de Sainct Estienne d'Elbeuf, d'une masure scise audit lieu, sous la redevance de six sols de rente ».

En 1307, Guillaume d'Harcourt, sire de la Saussaye et seigneur d'Elbeuf, bâtit l'église de la Saussaye et la plaça sous le patronage de saint Louis, roi de France.

On se souvient que Jean d'Harcourt avait donné, en 1279, le patronage de la chapelle de Thuit-Signol à l'abbaye de Bonport. Guillaume d'Harcourt, qui était loin d'avoir pour ce monastère la même bienveillance que pour l'église de la Saussaye, contesta cette donation, et l'affaire vint devant la justice. Le 6 août 1310, le bailli de Rouen confirma les cisterciens dans leur propriété, par l'acte suivant, dont l'original se trouve aux Archives de l'Eure :

« A tous ceulx qui ces présentes lettres verront ou oront, Pierres de Hangest, bailli de Roan, salut.

« Comme contens et descort fust meu par devant nous, es assises notre sire le roy, entre religieux hommes l'abbé et convent de Notre Dame de Bon Port et noble homme Me Guillelme de Harcourt, chevalier, sire de la Sauchoie, et Jourdain Douville, escuyer, sous aage, et son conduit, sur le droit du patronage de la chapelle de Tuit-Signol, lequel patronage chacun d'iceulx disoit que à lui devoit appartenir.

« Sachent tous que, en l'assise qui fut à Pontaudemer, lan de grâce 1310, le lundi avant la fête Saint Lorens, furent presens frere Gervaise de Caen, attourné audit abbé et procureur pour le convent d'icelui lieu, et Nicolas Freret attourné pour ledit Me Guillelme de Harcourt, et ledit Jourdin et le conduit à pleiges dessus dit, renoncirent à la dite assise et délaissirent du tout l'opposition que ils avoient au patronage de ladite chapelle, et amendé veue l'opposition faite à tort.

« Et pour l'amende jugié fut par les chevaliers de la dite assise que lesdits religieux avoient atteint le droit de patronage de lad. chapelle, et que ils avoient lettres qui fyroient au prelat que il receust le presenté à la dicte chapelle de par lesd. religieux.

« En tesmoin de ce, nous avons mis à ces lettres le seel de la baillie de Roen, sauf le droit le roy et l'amende.

« Ce fut fait en lan et jour et assises dessus dictes. »

En 1310, Philippe-le-Bel pourvut Guillaume d'Harcourt de la charge de grand queux de France. Cet office avait la surintendance sur tous les officiers des cuisines du roi. C'était un emploi très important, que le titulaire possédait à vie.

Par lettres patentes données le jeudi veille de Saint-Jean-Baptiste de cette même année, Philippe-le-Bel, en considération des bons services que lui avait rendus Guillaume d'Harcourt, lui octroya le droit de vendre ses bois d'Elbeuf (Hellebuef) et de la Saussaye, sans rien lui payer, ni à ses successeurs, comme tiers et danger. Philippe IV manda, en outre, au bailli de Rouen, de n'inquiéter en rien le chevalier Guillaume d'Harcourt.

Depuis la fondation de l'église de la Saussaye, Guillaume d'Harcourt méditait de la faire ériger en collégiale. Il s'adressa à Philippe-le-Bel, qui, étant à Gien-sur-Loire, lui donna ces premières lettres patentes :

« Philippe par la grâce de Dieu roi de France, faisons savoir à tous présens et futurs que, pour augmenter le culte divin, nous et nos descendants, à la mémoire de Jeanne, par la grâce de Dieu reine de France et de Navarre, notre chère épouse, et pour la paix de l'âme et le salut de notre cher et fidèle Guillaume de Harcourt, seigneur de la Saussaye *(Salceyæ)*, chevalier, en reconnaissance de ses bons services, l'autorisons par ces présentes à transférer une somme de cinq cents livres tournois de revenu annuel, prise sur ses héritages et les biens qu'il possède soit par succession paternelle, soit de ses propres acquisitions, à des personnes ecclésiastiques, régulières ou séculières, couvent, chapitre ou collégiale, à titre d'aumône et pur don, soit une seule fois, soit plusieurs. Lesquels titulaires, quand ils auront ce revenu, le tiendront ou le possèderont à perpétuité, pacifiquement et à l'abri de toute contrainte de le vendre et de le faire passer en des mains étrangères, et aussi à l'abri de toute imposition de notre part ou de nos successeurs, tout en conservant cependant, pour nous et nos successeurs, la haute justice sur les terres et biens gages du revenu. »

L'ancienne voie romaine qui passait près de l'église Saint-Etienne existait encore en 1312. A cette époque, le roi Philippe-le-Bel autorisa Guillaume d'Harcourt, à « bouchier et fermer un vieilz et inutile chemin public passant prez leglise dudict lieu dEllebeuf ».

Cependant, l'inutilité du chemin que Guillaume d'Harcourt voulait boucher était loin d'être reconnue, car les habitants d'Elbeuf élevèrent des protestations contre l'entreprise de leur seigneur. Ce dernier eut gain de cause, mais il fut obligé de laisser un sentier, qui conduisait de l'église au sommet de la côte où se trouvait le prieuré de Saint-Auct.

C'est en cette année que fut supprimé l'ordre des Templiers. D'après M. Grandin, il aurait existé une commanderie du Temple à la Saussaye, sur l'emplacement du château de M. de Bostenney. Le siège de cette commanderie fut, plus tard, possédée par les seigneurs d'Harcourt. En 1879, en déracinant un pommier devant le château, on trouva des pavés en terre rouge décorés d'une application de jaune par barbotine, avec couverte de plomb. L'un de ces pavés, actuellement au musée de Rouen, présente nettement tracé l'écusson des d'Harcourt et leur double fasce d'or.

Des caves qui dépendent du même château, « ont été construites sur un plan particulier ; et les alternatives de marche et de repos, le nombre des marches de chaque volée, sept d'abord, trente ensuite, la construction à chaque repos de caveaux latéraux, disposés suivant une forme particulière qui donne à l'ensemble, ou en plan, la figure d'une croix patriarchale ou de Lorraine ; la répétition constante de ces dispositions dans toutes les localités où existent encore les anciennes constructions du Temple, leur rapport exact avec la cérémonie d'initiation des rites maçonniques actuels, tout, en un mot, est de nature à mériter une étude spéciale. »

Au Parlement d'hiver, que présida Louis X le Hutin, en 1314, Guillaume d'Harcourt était présent ainsi que son frère Robert évêque de Coutances.

Les habitants d'Elbeuf n'eurent longtemps pour boisson que l'eau limpide de nombreuses sources qui surgissent de son sol. Mais, dès le XIIIe siècle, on trouve des preuves que les arbres à cidre étaient cultivés dans notre contrée. Plus tard, par une ordonnance, datée de 1315, le roi prescrivit qu'il serait perçu dix deniers par tonneau de cidre qui remonterait la Seine jusqu'au Pont-de-l'Arche ; c'était le quart du droit acquitté par le vin français.

Cependant, il existait des vignobles sur les coteaux du chemin de Bourgtheroulde et ceux de la rue Meleuse jusqu'à l'église Saint-Etienne; mais la petite étendue de cette partie de notre ville ne peut laisser supposer une grande culture. Ajoutons qu'il y eut aussi des vignes vers l'extrêmité de la rue de la Barrière actuelle.

Des inondations avaient causé de grands ravages en avril 1315 ; le printemps et l'été furent si humides que le blé ne put mûrir. Il s'ensuivit une disette qui dura deux ans. Pour comble de malheur, l'hiver de 1316 à 1317 fut long et fort rigoureux : « Onze mois s'étant écoulez sans qu'il tombât de pluye, cela causa une grande famine, qui dura deux ans. On ordonna une processsion générale pour implorer la miséricorde de Dieu, et, dit Farin, le bled qui valoit neuf livres la mine, ne valut plus que vingt sols ».

En juin 1316, Renaude Cauvin donna aux religieux de Notre-Dame de Bonport, une rente de cinq sols, à prendre sur une masure sise à Elbeuf, à charge de prières pour le repos de son âme.

Guillaume d'Harcourt avait assisté à l'Echiquier de la Toussaint de l'année 1315. L'année suivante, nous l'y voyons de nouveau. Au mois de juillet de 1316, il faisait partie du conseil de Parlement et de la Chambre des comptes, et au mois de décembre suivant il se trouvait dans une assemblée présidée par Philippe-le-Long, à Vincennes.

Au nombre des seigneurs qui furent mandés en 1317, trois semaines après la Saint-Jean, pour aller secourir le roi contre les Flamands, se trouvait Jean, sire d'Harcourt, avec cinquante hommes d'armes, et Guillaume d'Harcourt, sire de la Saussaye, avec trente.

C'est en cette année que Guillaume d'Harcourt fonda la collégiale de la Saussaye, dont il avait fait bâtir l'église en 1307. Malgré son étendue, nous croyons devoir publier en entier la charte de fondation de cet établissement religieux, qui subsista jusqu'à la Révolution :

« A tous ceux qui verront ou oront ces presentes lettres Guillaume de Harcourt, seigneur de la Sausaye, chevalier, salut.

« Nous faisons sçavoir à tous que nous attendant et considerant que la vie de l'homme humain est briefve en ce siècle et chargée de tribulations et occupations diverses et vaines, si que à peine pense et acquiert la vie perdurable plaine de joye et de repos, et au jour du grand jugement épouventable, chacun sera present devant le souverain juge droturier pour recevoir son payement et juste mesure de touttes les œuvres qu'il aura faittes en cette mortelle vie, soit bien, soit mal, et considerant encore que de tout le travail dont chacun aura travaillé en ce siècle, ce étant plus lui profitera à gaigner vie perdurable qu'il aura employé en sa vie en œuvre de misericorde et en faire la volonté de son createur de cœur pur et de vraye charité.

« Pour ce, des biens que notre sire nous a donnés largement en ce siècle, ordonnons, establissons, faisons et fondons en la paroisse de St Martin de la Corneille une chapelle à l'honneur de la sainte Trinité, de la glorieuse vierge Marie, mère de nostre sauveur, et de toutte la sainte cour de paradis, et specialement du glorieux confesseur St Louis, jadis roy de France, en laquelle chapelle nous voulons qu'il y ayent traize chanoines, tous prebtres, et un cousteur clerc, qui de jour et de nuit feront et seront tenus de faire le service de nostre seigneur, selon l'ordonnance cy dessous escripte, et laquelle tenir et garder de poinct en poinct, nous voulons que touttes ces personnes et chacune d'icelles, qui pour ce sont et qui seront pour le temps advenir, soient obligées et astraintes par leur serment et par peine de privations des profits et émoluments desd. bénéfices de la ditte chapelle.

« C'est à sçavoir que nous ordonnons et voulons qu'en la ditte chapelle soit doyen le curé de l'eglise de St Martin de la Corneille, qui est et qui pour le temps sera, lequel aura la cure de la paroisse avec la cure du collége et des personnes de la ditte chapelle ; et si y aura un chantre, qui sera esleu par le collége après la mort de celuy que nous y avons mis ; et en [c]est eslection le doyen de laditte chapelle aura la première voix ; mais touttes fois tout le cours de nostre vie nous retenons le droit de disposer lesdittes personnes et ordonner à nostre volonté et voulons que les susdits chanoines soient tenus à faire le service en ladite chapelle en la manière qui s'ensuit :

« Premièrement. Il chanteront matines à minuit à note ; au point du jour ils diront une messe à notes, en touttes les autres heures du jour à note, et après prime chanter messe à note pour les ..... et après tierce chanter la grande messe à diacre et à sousdiacre chacun jour tel comme au jour afferra, selon l'usage de leur mère eglise, et tantost après mydy et après disner nonne, vespres et complies.

« Et à toutes les heures et services voulons nous et establissons que tous les chanoines et serviteurs de la ditte chapelle soient présents du commencement jusques à la fin, s'ils n'ont essoine loyal et convenable ; et ordonneront lesdits chanoinnes personnes, pour chacune semaine, pour faire les offices des messes et des heures dessus dittes, si que chacun serve à son tour, et si par adventure aucun des chanoines dessus dits fault à venir au service dessus devisé sans esquelage convenable assoinne et loyal, nous voulons et ordonnons que, pour chacune des dittes heures et messes à quoy il faudra, soit tenu à payer trois tournois au nom de peine ou de correction, lesquels deniers pour ce cueillis seront distribués et departis entre ceux qui auront esté presents aux dittes heures et messes, cy comme dessus est dit, lesquels deniers pour peine et corrections devant dittes ils seront tenus par leurs serments à bailler au doyen pour distribuer et departir de mois en mois, et ledit doyen sera aussy tenu à mettre avec ceux qu'il aura forfaits par deffault, cy comme dessus est dit.

« Le cousteur aura la garde des ornements et des autres choses de la ditte chapelle, et sera tenu à clore et à ouvrir la ditte chapelle à sonner ou faire sonner les cloches à touttes les heures de jour et de nuit. Et touttes les oblations, ausmones, dons et aports qui seront faits à la ditte chapelle, soit en obsèques des morts ou en quelque autre manière, seront divisés entre les dits chanoines egalement, fors que le doyen et le chantre y prendront chacun autant comme deux chanoines, et le cousteur y prendra autant comme un chanoine.

« Et toutte fois, non contrestants les ordonnances dessus escrites, nous relevons et reservons à nous, pour tout le temps que nous vivrons, pouvoir, authorité et seigneurie de accroistre et amenuiser, de corriger et changer en cette ordonnance, touttes fois qu'il nous plaira, selon le conseil que Dieu nous donnera.

« Et pour le vivre et la substance des dits chanoines et serviteurs de la ditte chapelle, nous dotons la ditte chapelle des choses cy dessous devisées et nommées, et ly donnons perpetuellement à la dite chapelle pour l'amour de Nottre Seigneur et pour le salut des ames des nos chers perre et merre et de nous, de Jehanne de Thorigny, de Isabeau de Leon, jadis nos chères compagnes, de Jean nostre filz, de Blanche d'Avaugour à present nostre chère compagne, et du roi Philippe, qui nous a amortis cinq cents livres de rentte à tournois, pour convertir en cels usages, et de tous nos autres amis et bienfaicteurs.

« C'est à sçavoir trois cents livres à prendre sur nostre prevosté d'Elbeuf, sur les moulins, les renttes et les revenus que nous avons en iceluy lieu ;

« De rechef trente livres de rente à prendre sur une moulin appellé le Neuf Moulin, séant en la paroisse de St Cir, et sur tous les émoluments venant à nous de iceluy moulin.

« De rechef trente livres à prendre sur chacun an sur le moulin de Bresille et sur tous les émoluments d'iceluy moulin, séant en la paroisse de Nostre Dame de Caudebec.

« De rechef sur le Neuf Moulin du Becquet et les émoluments d'iceluy, séant en icelle paroisse, vingt livres de rente.

« De rechef sur le moulin de Gravele et les émoluments d'iceluy, séant en la ditte paroisse de Caudebec, dix livres.

« De rechef sur un moulin que l'on apelle le Moulin de Pasquier, séant en la paroisse de Pasquier, dix livres.

« De rechef sur la terre que un homme qui estoit apellé Sept Sols fieffa de nous, en la ditte paroisse de Pasquier, dix livres.

« De rechef sur le moulin de Pasque Mousque, séant en ladite paroisse de Pasquier, et sur tous les revenus d'iceluy, dix livres.

« De rechef sur tous les cens et renttes que nous avons et percevons en la paroisse de St Pierre des Cerqueils, douze livres, que nous voulons que premièrement leurs soyent......

« De rechef sur tous les cens et les renttes que nous avons au Thuit-Signol et au Thuit-

Hagron, en la paroisse du Thuit-Signol, sept livres à prendre par lesdits chanoines ou leurs gens avant que nous puissions y rien prendre.

« De rechef nous baillons et assignons dès maintenant aux dits chanoines, pour eux et leurs successeurs, douze acres de terre ou environ, séant en la paroisse de St Cir, lesquelles nous estimons et prisons à douze livres de rentte à tournois par an.

« De rechef vingt acres de terre ou environ séant en la paroisse de St Pierre des Cerqueils, que nous estimons et prisons à vingt livres de tournois de rentte par an.

« De rechef douze acres de terre ou environ, séant sur la paroisse de Thuit-Signol, que nous prisons et estimons à dix-huit livres de tournois de rentte par an.

« De rechef huit acres de terre ou environ, séant en la ditte paroisse de St Martin de la Corneille, que nous estimons à huit livres de tournois par an.

« De rechef six acres de bois ou environ, assis en ladite paroisse de Pasquier, que nous prisons et estimons à dix sols l'acre de rente par an.

« De rechef quatre acres de terre ou environ, où la ditte chapelle, le cimetière et les maisons des dits chanoines sont assis sans l........, desquelles renttes et terres dessus devisés chacun des dits chanoines aura sa certaine portion selon notre ordonnance que nous ferons sur ce, de la quelle ordonnance chacun chanoine aura nos lettres patentes pour tous com.....a loy touchera, etc.....

« Les renttes et les choses dessus devisées, nous baillons dès maintenant, dont nous quittons et delaissons à tousjours, pour nous et pour nos hoirs et pour ceux qui de nous pouroient avoir cause, au dessus dits chanoines, pour eux et pour leur ditte chapelle à tenir, avoir et percevoir et exploiter par leur main à tousjours perpetuellement, franchement, quittement et paisiblement, sans rien retenir en icelle pour nous ne pour nos hoirs, ne pour ceux qui de nous auront cause, fors seulement le droit de patronnage de la ditte chapelle, et de la presentation aux prebandes d'icelle.

« Et pour ce que les dits chanoines puissent plus convenablement et plus attentivement faire le service Nostre Seigneur en la ditte chapelle, estant comme ils auront et percevront plus paisiblement leurs renttes et leurs choses données à eux, cy comme dit est, nous voulons que nous ou nos hoirs ou ceux qui de nous aurons cause, [ne] meissent empeschement, en quelque manière que ce fust, aux dits chanoinnes ou à leurs gens, par quoy ils ne peussent avoir, percevoir, lever et exploiter par leur main leurs rentes et leurs choses dessus dittes paisiblement et franchement... touttes justices et tous justiciers nostre seigneur le roy de France, soit que les choses dessus dittes soient assises sous leur jurediction ou soit par autres tels....... les devant dits chanoines sur ce voudront requerir, sommairement, de plain et sans toutes cognossances de cause, et encore sans nous ou ceulx qui de nous auront cause appeler, fassent sans nul deslay........ tout empeschement qui leur seroit mis, par quelque cause ou manière que ce fust, et les fassent jouyr plainement et entièrement, de touttes les choses dessus dittes, et à ce contraignent nous et ceux qui de nous auront cause par la prise de tous nos autres biens et des biens de nos hoirs et de ceux qui de nous auront cause, et par l'exploittement d'iceux biens, jusques à pleine satisfaction d'iceux, et la rentte dessus ditte, et des dommages quils auront encourus pour cause de l'empeschement, desquels nous voulons qu'ils soient creus par leur serment sans autres preuves, non contrestant touttes autres deffenses et allegations qui par droit ou par coustumes pouroient estre propises, ou misses au contraire, auxquelles de certainne science nous renonçons expressement et à plain, et quand à eux faire deslivrer et interigner tout nostre don dessus dit et oster touts empeschements qui mis y seroient, nous voulons et ordonnons que nostre seigneur le roy de France et ses successeurs soient especiaux gardiens et deffenseurs desdits chanoines et de la ditte chapelle, et transportons en eux et en leurs justiciers, quand à cela toutte jurediction et seigneurie que nous ou ceux qui de nous auroient cause y avions et pouvions avoir en quelque manierre que ce fust.

« Et si par adventure advenoit que lesdits moulins ou aucuns d'iceux fussent en tel point ou en tel estat que les renttes que nous avons dessus iceux assises aux dits chanoinnes ne peussent estre pr..........ne payés, nous voulons et octroyons que sur tous nos autres biens, quels qu'il soient, et de nos hoirs et de ceux qui de nous auront cause, le plein enterinement des dittes renttes et des dommages soit parfait en la manierre que dit est par lesdits justiciers nostre seigneur le roy...

« Et renoncons en ce fait à toute ayde de droit et de coustume, que, par quelque cause ou manierre, pouroient grever ou nuire aux dits chanoinnes encontre nostre don et nostre ordonnance dessus ditte.

« Et nous, Blanche d'Avaugour, femme dudit monseigneur Guillaume, de la volonté et du consentement de luy et de son authorité sur ce donnée de luy à nous, touttes les choses dessus dittes et chacunes dicelles voulons, louons, approuvons et y consentons expressement, sans que par force, par tremour, par fraude ne par....... nous ayons à ce esté amenés.

« Et supplions très humblement, nous Guillaume et Blanche dessus dits, à nostre très cher seigneur, nostre seigneur roy de France, que il ceste ordonnance, l'establissement, fondation, don et dotation, et touttes les choses dessus escrittes, et chacunes dicelles, veille louer, gracer, approuver et confirmer de sa royalle authorité, et fasse continuer nous et nos hoirs et ceux qui de nous auront cause à tenir, garder, accomplir et enteriner, en la manierre que dessus est dit, toutes les choses dessus devisées en toutte patience.

« Et pour ce que ce soit ferme chose et stable à tousjours, nous, Guillaume et Blanche dessus dits, avons fait mettre à ces lettres les empreintes de nos seaux.

« Ce fust fait en l'an de grace mil trois cents et dix sept, au mois de febvrier. »

A partir de 1318, Guillaume d'Harcourt fixa la part distincte de chaque prébende : les treize canonicats eurent chacun 30 livres de rente, le doyenné 20 livres, la grande chantrerie 10 livres, le trésor 37 livres, le luminaire 28 livres et la cousterie 15 livres.

En 1319, Guillaume d'Harcourt affranchit les chanoines de la Saussaye de toutes redevances sur les marchés d'Elbeuf et autres établis dans ses domaines, et leur accorda des droits dans la forêt des Monts le-Comte. Voici la charte qu'il leur donna à cet effet :

« A tous ceux qui ces presentes lettres verront ou orront, Guillaume de Harcourt, chevalier, sieur de la Sausaye, salut en Notre Seigneur. Sçachent tous que, comme nous, en honneur de la Vierge Marie et de toute la cour de Paradis, et spécialement de monseigneur St Louis, ayons fondé une église en la paroisse de St Martin de la Corneille, au diocèse d'Evreux, et certains chanoines serviteurs et ministres en icelle ordonnés et establis et donné leurs certaines renttes et possessions, si comme en nos autres lettres sur ce faittes est plus plainement contenu, nous,

« Considérant et regardant que les chanoines, serviteurs et ministres de la ditte église ayent plus de liberté et de franchises, et ils feront plus curieusement, diligemment et dévotement le service divin, à quoy ils sont ordonnés et establis selon l'ordonnance de nostre fondement, avons octroyé, donné, quitté, octroyons, donnons et quittons en pure et perpetuelle aumosne audits chanoines, serviteurs et ministres en icelle église les libertés, quittances et franchises qui ensuivent :

« C'est à sçavoir, qu'ils seront francs, quittes dorsenavant à tousjours de toute coustume et redevances, de vendre et d'achepter quelqunques denrées que ce soit en touttes nos foires, marchés, ou quelque autre lieu ou lieux en toutte nostre terre, juridiction et seigneurie, èsquele l'on a usé et accoustumé payer coustume.

« Item, ils seront quittes et francs de tous panages, paturages, coustumes et autres redevances, en touttes nos forêts et bois des Mons le Compte et de la Sausaye, des pors, beufs, vaches ou quelqunques austres bestes ou nourriture, lesquelles bestes ne pourront aller, par vertu de ce don, ès taillis ny aux autres lieux desdits bois ou forests anciennement deffendues par paturage pour bestes.

« Item, paturer aux livrés ès dits bois et forests, pour en user et accoustumer, selon ce que chaque ordre de beste de sa nature peut et doit aller en paturage, en divers lieux à l'ancienne usage et coustume».

Cette charte se termine ainsi :

« Et voulons et octroyons de certaines sciences, pour nous, nos hoirs et tous autres ayant cause de nous, que lesdits chanoines, serviteurs et ministres et leurs sucesseurs en la ditte église, tous ensemble ou chacun pour soy, de touttes les libertés, quitances et franchises dessus dittes, et chacunes d'icelle use et puisse user perpetuellement, franchement et quittement, sans ce que nous y puissions dorsenavant y mettre débat, contredict ne empeschement contredict que ce soit, donnons en mandement, par la teneur de ces présentes lettres, à tous les senechaux, sergens, prevosts et fermiers de toutte nostre terre et juridiction, et à tous les verdiers et forestiers de nos dits bois et forests, qui ores sunt et qui seront au temps advenir qu'il, sans autre mandement attendre de nous et de nos hoirs, d'en autres ayant cause de nous, souffrent et laissent user lesdits chanoines, serviteurs et ministres des dittes libertés, quittances et franchises, si comme devant est dit.

« Et quant aux choses dessus dittes et chacunes dicelles tenir et garder, faire tenir et garder perpetuellement, nous obligons nous, nos hoirs et tous autres ayant cause de nous sur l'obligation de tous nos biens meubles et non meubles, sans ce que dorsenavant puissions aller ne venir par nous ou par autre contre l'ordonnance et don dessus dict.

« Et pour que ce soit chose ferme et stable et durable à tousjours, de certainne science avons fait mettre nostre seel à ces presentes lettres.

« Et nous Blanche d'Avaugour, femme dudit monsieur Guillemme, touttes les choses dessus dittes, et chacunes d'icelle, voulons, ratifions et approuvons, et de l'authorité et de gré et de l'assentiment de nostre très cher seigneur dessus dict, nous y consentons. En tesmong de ce, nous avons mis nostre seel à ces lettres avec le sien.

« Ce fust fait l'an de grâce mil et trois cents et dix neuf, le vendredy après la Conception Nostre Dame Vierge. »

Un arrêt de la Cour du Parlement de Paris du 30 janvier 1319 (1320 n. s.), concerne le procès intenté par Dreux de Mello, chevalier, à Jean, sire d'Harcourt, chevalier, héritier de feue la vicomtesse de Châtellerault, sa mère.

En cette même année, Guillaume d'Harcourt annexa la cure de Saint-Martin-la-Corneille, dont il avait le patronage, au doyenné de la collégiale de la Saussaye. Le doyen, élu par le chapitre, était de droit curé de Saint-Martin, mais il était obligé de faire exercer le ministère de cette cure par un vicaire perpétuel, à l'exception du manoir et du cloître de la Saussaye, sur lesquels l'administration des sacrements restait dans ses attributions personnelles.

L'hiver de 1321 fut excessivement long dans notre contrée. La gelée redoubla de vigueur le 5 janvier et continua pendant deux mois et demi. A la fin de février, la neige tomba en abondance et se maintint sur terre jusqu'au 15 avril.

En 1323, Guillaume d'Harcourt et sa femme firent à la collégiale de la Saussaye un nouveau don de 200 livres de rente, à prendre sur la vicomté de l'eau à Rouen.

L'été de 1325 fut sec. Cette année est citée comme remarquable par la quantité et la bonne qualité de son vin.

En 1326, eut lieu la bataille de Mont-Cassel, à laquelle se distingua celui qui, plus tard, devint le premier comte d'Harcourt et fut seigneur d'Elbeuf.

M. Le Prevost cite ce passage d'un ancien livre de la Saussaye, connu sous le nom de *Doctrinal glozé* :

« La déclaration des terres, cens, rentes et revenues du fief de Rommilly, ainsi qu'ils sont de présent mil quatre cent cinquante-six.

« En icelle parroisse de Romilly est assis un fief noble et illec environ appartenant à ladite église, anciennement appelé le franc fief de Cormeilles, et de présent le franc fief de la Saulsoie, tenu en omosne du Roy par sermens de feaulté. Et fut icelui lieu acquis par Mons. Guillaume de Harcourt, chevalier, fondeur de la dite église avec la saine d'Arifosse, assise en l'eaue de Seine, devant Ellebuef, et 4 l. 3 s. 5 d. t. de rente, assise en en plusieurs parties en la parroisse Saint Estienne d'Ellebuef, par eschange des religieux abbé et couvent de Cormeilles ; le tout amorti pour aultre tant, denier pour denier, que ledit fondeur leur en bailla, es fiefs amortis ou non amortis, es dicts fiefs desdicts abbé et couvent furent baillez par ledict fondeur. Et se montoient les rentes du dudit lieu pour lors 16 l. 3 s. 5 d. obole et un parisis, ainsi qu'il est plus à plain contenu es lettres dudit abbé et couvent sur ce faictes, passés soubs leurs seaulx le vendredy après la translation saint Nicolas, l'an 1324.

« Ledit fondeur bailla, transporta et omosna à ladicte église tout ledit eschange pour son anniversaire à estre fait chacun an en ladicte église, le jour de son trespassement, ainsi que plus à plain est contenu es lettres dudit fondeur annexées à celle dudit abbé et couvent, passées sous son seel d'armes, le samedy après l'Invention de la Sainte Croix (après le 3 mai) 1327. Tesmoings : Mons. de Mauquenchie, chevalier, seigneur de Blainville ; Maistre Jehan l'Abbé, chevechier en l'église de Lisieux, Mme Jehanne d'Avaugour et Michel des Champs. »

Nous avons dit que Guillaume d'Harcourt s'était marié trois fois, et n'avait eu d'enfants que de Jeanne de Meulan, sa cousine et sa première femme, baronne du Neubourg : Jean d'Harcourt, baron du Neubourg et d'Elbeuf, et Alix d'Harcourt, baronne de la Saussaye, qui moururent jeunes tous deux. Alix fut enterrée dans le monastère du Parc d'Harcourt.

Guillaume d'Harcourt, seigneur d'Elbeuf, de la Saussaye, du Neubourg, d'Asnebec, de Thorigny ; châtelain de Rais ; seigneur de la Corneille, de Charenton, de Charentonville, de Charentonnelle, de Tarqueville, de Morfaville, de Vareville, de Quineville, de Fouqueville, d'Escoquebugle, etc., mourut le mercredi avant la fête de l'Assomption (12 août) en 1327. Un ancien registre portant pour titre « Journal du Trésor » mentionnait qu'il laissait pour héritiers, Guy, évêque de Lisieux, son frère, et « monseigneur d'Harcourt, son nepveu »; que Blanche d'Avaugour, sa veuve, mourut le 10 janvier 1335 (1336 n. s.) et qu'elle gisait avec son mari en l'église de la Saussaye.

Ce dernier détail, qui nous est fourni par La Roque, nous semble inexact, car dans un acte du 2 août de cette même année, dont nous allons parler, Guillaume dit : « ... et je veux être inhumé dans l'église du Parc jouxte d'Harcourt ».

Guillaume d'Harcourt avait révoqué, le 2 août précédent, son testament daté du 8 juillet 1327, dans lequel il avait constitué des legs en faveur de sa collégiale de la Saussaye; mais par une transaction qui survint au sujet de ce testament entre le chapitre et Blanche d'Avaugour, celle-ci « pour bien de paix et pour la bonne affection que feu Guillaume d'Harcourt avoit à l'église de la Saussaye et que laditte Blanche y a et entend avoir », céda à la collégiale 1000 livres de la monnaie qui courait alors pour parfaire l'église, 1000 livres pour acheter des ornements, et 7000 livres destinées à acquérir pour le chapitre une rente perpétuelle et amortie. Cet accord fut ratifié par le roi Philippe de Valois, en juin 1328.

Guillaume et sa femme avait fondé un obit en la cathédrale d'Evreux, qui se célébrait en février, avec une distribution d'argent faite aux funérailles de chaque évêque et à l'avènement de son successeur. Le souvenir de cette création s'est perpétué jusqu'à nous par un vitrail représentant les fondateurs, que l'on voit encore dans l'église métropolitaine de ce diocèse.

Les armes de Guillaume d'Harcourt dont ses vêtements sont semés sur le vitrail d'Evreux, étaient : *De gueules à une fasce de deux pièces d'or, brisé d'un lambel componé d'argent et d'azur de trois pendants.* Celles de Blanche d'Avaugour étaient : *D'argent au chef de gueules.*

Avant de clore ce chapitre, notons encore une nouvelle et double erreur de M. Guilmeth, qui attribue à Guillaume d'Harcourt la fondation de l'hospice d'Elbeuf et celle de la léproserie d'Orival. On a vu par les textes authentiques que nous avons publiés précédemment, qu'au temps de Guillaume d'Harcourt ces deux établissements de charité étaient déjà anciens.

CHAPITRE XVII

Réglements pour la draperie. — Les tisserands, les courtiers, les teinturiers, les laineurs et les drapiers, au XIVe siècle.

Si le bourg d'Elbeuf n'avait pas encore de grande industrie drapière, peut-être, quoique rien ne soit moins démontré, que quelques-uns de ses habitants ou des environs, imitant en cela ceux de plusieurs localités des plateaux du Roumois et de la campagne du Neubourg, convertissaient déjà en étoffes les laines de leurs moutons et celles qu'ils pouvaient acheter, et ensuite vendaient leurs tissus aux drapiers de Rouen ou de Louviers, qui les livraient au commerce comme étant de leur propre fabrication.

Mais cet abus, car c'en était un alors, n'eut qu'un temps, ainsi que nous le voyons par les Réglements donnés aux drapiers de Louviers par le comte de cette ville, qui n'était autre que l'archevêque de Rouen.

Ces Réglements, dont l'original est aux Archives de la Seine-Inférieure, dans le Cartulaire d'Alençon, sont trop intéressants pour l'industrie qui est devenue la principale de notre ville, pour que nous nous abstenions de les reproduire. Nous y remarquerons, d'ailleurs que les brunettes, sur lesquelles M. Guilmeth a tant brodé et a édifié son « roman d'Elbeuf » étaient de fabrication courante à Louviers, qui, conséquemment, eût pu recevoir, avec plus de raison, le nom de Brunent, donné par cet auteur à notre ville.

Nous remarquerons encore d'autres particularités : par exemple, que ce n'est pas de nos jours seulement que la fraude s'exerce dans la fabrication par l'introduction de la bourre dans les draperies, et que les fabricants du XIVe siècle savaient aussi donner à leurs draps, dans les parties avoisinant les lisières, une qualité supérieure à celle du milieu de l'étoffe. Notons enfin la crainte des grèves ouvrières, et l'ancienneté de la corporation des courtiers drapiers, qui se développa considérablement au XIXe siècle ; mais, de nos jours, elle tend de plus en plus à disparaître :

« ORDENANCES FAITES ET PUBLIÉS EN LA VILLE DE LOUVIERS PAR MATH. CAMPION, SENESCHAL DE RÉVÉRENT PÈRE EN DIEU MONSEIGNEUR L'ARCHEVESQUE DE ROUEN, SUR LA DRAPERIE ET LES MESTIERS D'ICELLE DRAPERIE, APPELÉS A CE LE COMMUN DE LA DICTE VILLE ET TOUZ CEUZ A QUI IL POVOIT TOUCHIER, ET OYES PLUSEURS RAISONZ ET ALTERCATIONS DES DIZ MESTIERS ET EU ENSEMENT COLLATION ET REGART AS ORDENANCES FAITES EN LA VILLE DE ROUEN, DE CAEN ET D'AUTRES BONNES VILLES, ET EU CONSEIL ET DÉLIBÉRATION AS HABITANS D'ICELLES, COGNOISSANS ET SACHANS DES MESTIERS, AFIN QUE LA DITE VILLE DE LOUVIERS EN SOIT MIEX RENOMMÉE EN TEMPS AVENIR ET QUE LES BONS ET LOIAUX MAR-

CHEANS SOIENT LOIEZ ET AVANCIEZ DES BONNES OEVREZ, ET QUE CEUZ QUI VOUDRONT FAIRE FRAUDE, MALICE OU MAUVESTIÉ EN SOIENT PUNIS SI DEUEMENT QUE CE SOIT A L'HONNEUR DU DIT SEIGNEUR, ET AU PROFIT DE LA VILLE ET DES MARCHEANS DE DEHORS ET DU COMMUN DE TOUT LE PAIS.

« L'ORDENANCE DE LA DRAPERIE

« Premièrement, pour ce que les draps ne soient pas derrompus ès penteurs pour les faire venir à plus longue mueson que il ne devroient, & que les draps n'avoient nulle quantité certaine de longueur & de léeur, est ordené sur ce en ceste manière : Les draps de .xxx. alnes aront .xxxiiij. alnes de caënne de lonc ; les draps de .xxv. alnes aront .xxviij. alnes de caënne de lonc ; & seront touz en compte de .xviij^c ; les draps à saym ou blans de .xv. alnes aront .xvij. alnes de lonc & non de mains.

« Item, les draps de la petite mueson en xve demouront en leur estat, c'est assavoir que la caënne ara .xvj. alnes de caënne de lonc & ne seront pas de greigneur mueson.

« Item, il est ordené que nul ne pourra monter drap se il n'a son droit compte, sur paine de forfaiture, excepté el cas où il faudroit estaim par cas de fortune, & en icestui cas, le serement d'iceulz prins premièrement que il ne l'aient pas fait par malice, il aront congié de monter, combien que il en défaille .ij. portées & au dessous de .ij. portées ; & se plus de deuz portéez en y deffailloit, il n'aront pas congié de monter ; mes se il montoient, & il en deffailloit plus de deuz portées, le drap seroit forfait ; & pour ce que chascun soit plus tendu à faire les diz draps en leur droit compte, pour chascune portée qui sera trouvée faillant l'en poiera troiz soulz d'amende de la première portée, de la seconde .vj. soulz, & du plus plus & du mains mains, selonc la quantité des filz qui y faudront, ainsi toutez voicz que pour ce que la faute puisse être apercheue elle ne sera pas parmi euvre, mez au dehors ; & ceste ordenance est à entendre ès draps à saym tant seulement, quar es dras blans dont l'en puet tous jours trouver fil semblable ne s'estent elle pas, mes aront tout leur compte sur paine de forfaiture, & ainsi est ordené quant aore, sauf & retenu à y pourveoir autrement par le conseil de monseigneur se il li plaisoit ovec le conseil des bonnes gens de la ville.

« Item, pour ce que les marcheans dehors puissent trouver toutez manières de draps en la ville, & que les drapiers soient plus meuz à faire draps en bon & loial compte, & aquerre largement de la matière, si que se il leur demeure de la matière, il la puissent bien emploier, est ordené que quicumquez voudra faire biffes, il lez pourra faire en compte de xv^c, & selonc ce que l'en fait en la ville de Rouen, & ne fera l'en nulle autre euvre en la laine dez biffes.

« Item, pour ce que aucuns fraudeusement pourroient faire draps en mendre compte que de xviij^c, & afin d'eschiver que il ne forfeissent ou feissent amende, pourroient dire & afermer que il l'aroient fait pour leur vestir & usage, & en après le pourroient raporter pour vendre, est ordené que touz ycelz draps qui n'aront leur compte en xviij^c., sauf toutez voiez la temprance mise en l'article précédent, n'aront point de lisiére fors du drap meismez, afin d'être cogneus des autres sur paine de forfaiture.

« Item, pour ce que aucuns pourroient mesler bourre avecques la laine, en quoy il aroit moult grand decepte, est ordené que nul dore en avant ne face ne ne face faire drap ou il ait bourre, sur forfaiture dez draps où elle seroit trouvée, & seront ars se justice regarde que bon soit.

« Item, pour ce que aucunz pourroient tistre ou faire tistre leurz draps de meilleur file & plus fort en premier chief que en milieu ne en derrain, afin d'avoir meilleur monstre, est ordené que touz draps seront aussi bien tissus & de aussi bon file en milieu & en derrain chief comme en premier, sur grief paine.

« Item, pour ce que les tisserands soient meus à faire bon euvre & loial, il est ordené que se par leur deffaut aucun drap est mal tissu que il poieront amende à justice pour celui à qui le drap sera & les desdamagera, & semblablement le paréeur sera tenu à rendre l'amende à justice, & desdamagera celui à qui il aroit le drap mal paré.

« Item, pour ce que l'en a aucunes fois trouvé draps espaulléz ès quiex l'en avoit ourdi meilleur file ez lisierez que en milieu pour avoir meilleur monstre, est ordené que l'estaim de la caënne soit aussi bon en milieu comme as lisierez & tout ouniement, & que se le contraire y estoit trouvé le drap seroit forfait.

« Item, pour ce que aucunes fois les drapiers perdent de leur traime, ou il n'en ont pas assés à parfaire le drap, puis que il est monté, & il encourroient grant damage à atendre que il eussent traime ou tisture semblable, ou par aventure ne pourroit estre trouvée sanz dissimilitude, est ordené que se il n'ont trayme de la couleur du drap, un abroquement y sera tissu d'estrange couleur, & après l'en pourra tistre ce que len vouldra, & ne pourra le drap estre coupé jusques à tant que il sera vendu.

« Item, pour ce que les draps à seym ès quiex l'en metoit retrous ou engnelins se derrompoient & ne se povoient soutenir, est ordené que en nul drap à seym ne seront dores en avant mis retrous ne agnelins sur paine de forfaiture.

« Item, pour ce que aucuns pour eschiver que il ne soient trouvéz en la jurisdiction de monseigneur l'archevesque, afin que il ne soient punis de leur malefachonz font aucune fois faire tistre draps hors dez lieux où l'en a coustume à porter le bougeon, est ordené que nul ne tisse ne ne fasse faire tistre hors des lieus où l'en a acoustumé aporté le bougeon, sur paine de forfaiture.

« Item, pour ce que en temps passé la ville a esté diffamée de aucuns dehors de la ville & du territoire de monseigneur de Rouan eu quel l'en a acoustumé aporter le bougeon qui ont fait & fait faire drap ès quiex l'en ne povoit avoir eu regard, & encorez le pourroient faire en temps avenir, de quoy moult de inconvéniens sont ensievys & pourroient ensievir, se remède n'y estoit mis, est ordené que nul drapier de la ville ne pare ne ne face parer aucun drap fait hors du bougeon à nul quel que il soit, sur paine d'estre privé de la communealté de la ville & de la halle, excepté eu cas où lez draps seroient faiz pour le usage de ceulz qui lez apporteroient à parer, & que il n'eussent point de lisière en la manière que il est déclairié en une des ordenances dessus dictez, & se il estoit trouvé que aucun eust apporté drap pour vendre en la dicte halle qui n'eussent esté faiz souz le bougeon en l'ombre de ceus qui aroient esté fais souz le bougeon, leurz draps seroient forfaiz & ceuz qui les vendroient seroient banis an & jour de la communealté de la ville & de la hale, se il estoient de la ville.

« Item, ordené est que nul drap blanc ou camelins ne soient enflourés, encrées, ne ensauovrées sur paine de forfaiture.

« Item, ordené est que nul ne mecte en drap à seym tainture de noir sur paine de forfaiture.

« Item, que toutes foiz que aucuns draps seront pris ou recommandés par la justice ou par les gardez ne puissent estre gardéz plus de .viij. jours que il ne soient jugié à tele paine comme à ce sera commise.

« Item, que à juger les malefachons des draps seront apelés les deux mestiers de draperie chest asavoir lanéeurs & tisserans. »

« ORDENANCES
POUR LE MESTIER DEZ TISSERANZ.

« Premièrement, pour ce que la dite drapperie soit miex & plus loialement démenée, les tisserans jureront chascun de soy devant le bailly ou son lieutenant, & seront enregistrés que il feront bonnes euvrez & loiaux & que il ne feront nulles lainnes qui ne soient en leur droit compte & en droite mueson tant de longueur comme de léeur, & que bien & loialment tistront les draps ainsi bien en l'un bout comme en l'autre & en milieu & par tout le drap, selonc les ordenances dessus dictes.

« Item, que nul ne puisse tistre en la ville se il n'a fait le serement suz les ordenances dessus dictes, ce sauf que pour ce que lez tisseranz jurés ne s'en tiengnent plus chiers, les tisseranz qui vendront en la ville pourront tistre la semaine que il vendront jusques au premier dimenche ou le premier férie que il seront venus, & seront amenéz à faire le serement, & à eulz faire enregistrer par un des sergenz ou des gardez, ou des bougeonneeurs.

« Item, il est ordené que les diz tisserans jurés ne débouteront ceulz qui vendront de dehors ne ne prendront vins, bontéz, ne courtoisiez d'iceulz.

« Item, ordené est que si il soient trouvés faisanz le contraire de ces ordenances, ceulz qui en ce seront trouvez coupablez seront bannis de la ville & du mestier l'an & jour, & en amende au regart de justice. »

« ORDENANCES SUR LES COURRATIERS.

« Premièrement, pour ce que l'en ne puisse avoir aucune mauvèse présomption ou souspechon sur les courratiers, ordené est que aucun courratier dores en avant ne fera ne ne fera faire, ne achetera ne ne fera acheter draps à soy pour revendre en la ville ne hors, sur paine de forfaire lez draps & de perdre son office.

« Item, que nul courratier ne partira à drapier, ne drapier à courratier, sur paine de perdre les derrées qui seroient en parchonnerie.

« Item, que nul courratier de laine ne achate laine pour revendre, ne ne parte à nul, sur paine de perdre les derrées qui seroient en parchonnerie & son office.

« Item, pour ce que lez marcheans dehors & dedens la ville soient plus tost délivrés, que touz draps seront alnés le jour que eulz seront vendus.

« Item, que se aucun vendéeur ou achetéeur se douloit que aucun courratier ne alnast pas suffisamment son drap, un des haulliers le recourroit, & se le courratier est trouvé mésausnant, le hallier présentement po[r]tera la malfachon au baillif ou à son lieutenant qui punira la malfachon si comme raison donrra.

« Item, que un courratier ne puisse mener que un marcheant à une journée.

« Item, que se un courratier meine un marcheant par la ville pour draps acheter, que puis que il sera entré en une rue, il ne passera ostel à drapier que il ne maine le marcheant aussi bien chiez le povre comme chiés le riche.

« Item, que chascun courratier s'aplégera de cent libvres tournois.

« Item, que se un courratier fait croirtre draps à aucuns marcheanz le courratier en demourra debte & plége.

« Item, que le courratier ara pour son courretage, c'est assavoir : .iiij. deniers du petit drap ; .vj. deniers du drap de .xv. alnes en xviij^e ; .xij. deniers du grant drap & as autres muesonz.

« Item, le courratier de laine ara .ij. deniers de courretage de chascun pois.

« Item, il est ordené que nul courratier pour son courretage ne prendra don ne courtoisie, fors son droit salaire en la manière que il est ordené, sur paine de perdre le courretage, sanz rapel.

« Item, se aucun leur en donnoit plus, ou faisoit bonté, ou leur en donnoit vin, ou faisoit courtoisie, pour chascun denier que il seroit trouvé que il en aroit plus donné, ou fait courtoisie, il paieroit .xx. sous pour amende.

« Item, pour ce que les courratiers lennéeurs en leurz hostiex ne fussent plus meus à faire vendre les draps que il aroient parés en leurz hostiex que les autres par ce que il lez aroient parés, ordené est que nul courratier lennéeur ne pourra parer draps, ne tenir ouvréeur en son hostel sur paine d'amende & de perdre son office sans rapel, & semblablement les courratiers tisseranz ne pourront tistre, ne avoir ouvréeur en leur hostel sur paine d'amende & de perdre son office, sanz rapel.

« Item, pour ce que aucunes fois les courratiers receoivent lez deniers des marcheans qui achatent lez draps, pour poier à ceulz de qui il ont acheté, pour oster toute male souspechon, tant que il ne changent la monnoie ou que les marcheans qui vendent ne soient en aucun danger dez courratiers, ordené est que nul courratier, dorez en avant ne rechoive lez paiement des draps que il ara fait vendre, sur paine d'estre privé an & jour du courretage.

« Item que touz les courratiers jureront à garder les ordenancez dessus dictes devant le bailli ou son lieutenant, & seront enregistrés & applégiéz si comme dessus est dit. »

« ORDENANCES POUR LES TEINTURIEZ.

« Premièrement, pour ce que quant les draps burnetes estoient premièrement tains en rouge, il ne povoient soustenir le guesde

& se descouvroient laidement, est ordené que dorez en avant, nulz draps burnetes ne soient tainz en rouge, jusques à tant que premièrement soient tainz en guesde.

« Item, pour ce que les tainturiez soient meus à miex & plus diligeanment faire leur oevre, est ordené que se aucun drap est trouvé mal taint & tachié, le tainturier sera tenu à rendre le domage au regart des bonnez gens.

« Item, pour ce que aucuns de nouvel en préjudice de la ville & spécialment des ancienz tainturiers avoient levé & commencié à faire tainture de puys & d'autres yaues non pas suffizantes, est ordené que nul dores en avant ne face oevre de tainture fors de la rivière tant seulement.

« Item, pour oster toute matière de faire assemblées, hareléez, & conspirations, est ordené que dorez en avant nul mestier de quelque condition que il soit n'ara aucune confrairie, mes cherront du tout.

« Item, pour ce que plusieurs doutoient à entrer & mestre soy à aucun mestier & à lever marchandizes pour les griefz que l'en leur faisoit de payer vingnages d'entrée ou d'estre mestre, de quoy moult de mals périls & inconveniens se pourroient ensieurre, est ordené que pour quelconquez mestier ou marchandize de quelque condition qu'elle soit, nul ne poiera dores en avant vin d'entrée ne de marchandise, fors en la manière qui ensieut, c'est assavoir :

« Le tavernier pour lever taverne & avoir communealté avecques les taverniers............... x s.
« Le maistre tainturier pour lever tainture.................... x s.

« Le mestre drapier pour lever ou-
　　vréeur...................... x s.
« Le mestre tisserant pour lever
　　ouvréeur.................... x s.
« Le vallet teinturier⎫ pour le vin
« Le vallet drapier　　⎬ d'apprendre
« Le vallet tisserant ⎭ son mestier. v s.

« Et que dores en avant aucun sur paine de
de grant punition ne contraigne ne ne demande
en aucune personne de quelque mestier que
il soit, soit de la ville ou de hors, fors en la
manière que ci est ordené.

« Item, pour ce que nul ne puisse avoir
ignorance des ordennances dessus dictes, ordené est que chacun an, quant l'en establira
les gardes de la draperie, il seront leues &
publiés en plaine halle.

« Item, il est ordoné que les gardes et les
bougeonneurs de la draperie, toutez fois que
il seront establis, jureront que bien & loialment, de point en point garderont les ordenancez & aront copie sous le séel du bailli.

« Item, ces ordenances tendront dores en
avant & aront fermeté, se par le conseil de
monseigneur l'archevesque avecques le conseil
des bonnes genz de la ville l'en ne y veoit
aucune chose à soustraire ou à adjouster, corriger ou amender.

« Ces ordenances furent faites & publiés,
& escriptes en la présence des gardes des bou-
geonnéeurs, des tainturiés, drapiez & des tisseranz & de tout le commun de la ville de Louviers en pleine halle & de leur acort, en l'an
de grâce mil ccc xxv, le diemenche jour de
Pasques flouries. »

Sauf ceux de Montivilliers, qui datent de
1321, les Réglements que l'on vient de lire

sont les plus anciens concernant la draperie en Normandie. Les premiers Réglements des drapiers de Rouen, dont on n'a ni original ni copie, étaient antérieurs cependant, et ils servirent de bases pour la rédaction de ceux de Louviers, publiés dans le Cartulaire de cette ville.

M. Th. Bonnin a eu l'heureuse pensée de les faire suivre d'une Ordonnance par laquelle le juge délégué de l'archevêque de Rouen, à Dieppe, qui appartenait également à ce prélat, réglementa l'industrie de la draperie, qui venait de s'établir dans cette ville. « Les actes de l'administration du moyen âge, dit avec raison M. Bonnin, ne s'expliquent le plus souvent que les uns par les autres, et rapprocher ces deux documents, d'origine, de nature et d'époque semblables, a semblé être le meilleur moyen de les faire apprécier par les personnes qui voudraient faire une étude spéciale de l'industrie de la draperie dans la province de Normandie. »

L'affluence des tisserands en draps à Dieppe, que constatent les Ordonnances et qu'à notre tour nous allons reproduire, eut peut-être pour cause les Règlements de Louviers, de Rouen et d'autres villes. En effet, les tisserands forains — parmi lesquels, nous l'avons dit, il put y en avoir d'Elbeuf — ne pouvant plus vendre leurs tissus dans ces centres drapiers, se réunirent à Dieppe, où ils créèrent une nouvelle industrie.

Ceci dit, sous toutes réserves, voici le texte de ces Ordonnances, un peu long peut-être, mais qui mérite de figurer dans une notice sur Elbeuf, aujourd'hui chef-lieu de l'industrie drapière en France :

« LA COUSTUME ET ORDENANCE
DES LANNEURS ET DRAPIERS [DE DIEPPE].

« A tous ceulz qui ces lettres verront ou orront, Guillaume Caperon, lieutenant du bailli de Dieppe, salut.

« Comme, tant de la partie de pluseurs & grand foison de tiesserens de draps qui en ladite ville estoient venus demourer de nouvel & s'estoient habituez pour ouvrer de leur mestier, que de pluseurs sages bourgois & habitans de ladite ville, nous eust esté donné à entendre que, pour eschever aux grans faulcetés & mauvestiez qui pouvoient estre faitez & commises en leur dit mestier à cause et sur les ouvrages d'icellui que ilz faisoient de jour en jour, et affin que icelle ville ne feust renommée de telles faulces & mauvaises oeuvrez faire, par quoy en icellui cas toute la drapperie de la dite ville eust esté foulée & desprisée par tous les lieux où l'en en eust eu congnoissance, par quoy tous les dis tiesserens & autres qui dudit mestier de drapperie s'entremetoient que les marchans qui iceulx draps faisoient faire peussent avoir esté exilliéz ou gravement dommagéz en icelle ville, ville marchande, en quoy ensement monseigneur l'archevesque de Rouen, ses successeurs, les dis bourgois & habitans & le pais d'environ peussent avoir esté préjudiciés & deppendans en plusieurs manières, il est de necessité que certaine provision ou ordenance fussent miscz & faitez sur ce & gardéez telles & selon ce que on verroit que bien fust pour le commun proffit du peupple & de eulx entièrement, sanz enfraindre sur certaine paine, comme par toutes les bonnes villes du royaume de France où l'en usoit de drapperie estoit, en nous requérant que ainsi le voulsissions faire, ou aultrement ne vouent pas que de iceulx tiesserens peussent exercer leur dit mestier en la dite ville à l'onneur ne au profit d'iceulx, des marchans ne du peupple.

« Sur laquelle requeste nous, eu consultation & advis à plusieurs sages, méesmement aux gens & conseil dudit monseigneur l'archevesque estans en la dite ville; par lesquelz, d'accord & sanz aucun contredit, nous eussons trouvé la chose faisable & pour le mieulx, par quoy, afin de estre mieulx en ce instrus, eussions fait assembler tous les dis tiesserens devant nous à la cohue du lieu, à certain jour & heure, avec aultres sages ad ce congnoissans; par lesquels tiesserens, après que nous les eusmes enchargiéz & par sérement à nous aviser sur les dites ordenances & chascun de soy, selon sa concience, selon ce que ilz verront que il fust à faire pour le plus proffitable, eussent esleu six d'entre eulx qui en diverses villes avoient ouvré dudit mestier comme à Rouen, à Mousteviller, Neufchastel, Aufay & ailleurs, pour nous en faire relacion de par & pour tous les dis tiesserens. Lesquelz, après que sur ce orent en advis & délibéracion par grant intervale de temps affin de la chose faire plus justement, nous eussent baillé par cédule tous les poins & articles que il leur sembloit estre à tenir & garder sur ce.

« Sur lesquelz poins & articles nous eussions eu advis avec pluseurs sages au conseil desquelz nous les eussions corrigés en y adjoustant & ostant selon que il nous sembloit que à y adjouster & sourtreire en feust.

« Savoir faisons que aujourd'ui, après que les diz tiesserens se furent tous représentés devant nous eu lieu dessus dit & en jugement, & que de l'acort de eulx & au conseil des sages illec estans, les dis poins, articles ou ordenances orent esté peupliéez & desclairéez jouxte & selon que cy après est contenu : c'est assavoir :

« Premièrement, que ou dit mestier ne courra nulle plate laine à moins de seize cens tenante-neuf quartiers, les cordeaux frans. En laquelle laine l'en pourra faire tous draps, excepté les tains en woide & par une, deux ou trois portéez, mains se il escheoit, en poiant pour le deffault de chascune portée : c'est assavoir, pour la première ourdie à seize cens, deux soulz ; pour la seconde et pour tierce, pour chascune d'icelles douze deniers. Et tous draps qui y seroient fait de mains ou en quoy il deffauldront plus de portées seroient forfais.

« Item, que ou dit mestier courra aultres platez lainez de dix & huit cens & au dessus ; celles de dix-huit cens tenantes neuf quartiers & demi, les cordeaux frans, & les aultres au dessus tenantes à la cantité, selon ce que ilz seroient ; esquelles l'en pourroit faire draps par trois portées mains & par l'amende paiant comme dessus ; & se plus y deffailloit, ilz seroient forffais.

« Item, il courra aultres laines de quartorze cens tréseles tenant deux aulnes demi quartier, les cordeaux frans, esquelles l'en ne pourra faire fors que roussais, blanches & gardeaulx, par trois portées mains & par ladite amende paient comme dessus est dit ; & se plus y deffailloit, ilz seroient forfais ; sauf que ce il y escheoit aucune mauvaise oeuvre que on ne peust faire sanz perdre la moitié, l'ouvrier qui le feroit seroit quitte pour perdre ce que fait en aroit. Et est à savoir que cil à qui l'ouvrage seroit, la pourroit faire tistre à la journée, se il lui plaisoit.

« Item, l'en ne pourroit hourdir en quelque draps point de trayme ne adoitier point d'estain, ne tistre sengle, sur paine de estre perdus ; mais les pourroit l'en bien tistre doubles

« Item, l'en ne pourra tistre ne adjouster en quelque draps semblable trayme de plus grosse layne que celle des draps, se merque n'y avoit, sur paine de couper les draps & de estre forfais & acquis au dit seigneur.

« Item, l'en ne peurra mettre en quelques draps point de gratisez ne de bourre sur paine de les forfaire.

« Item, l'en ne pourra ourdir de plus fine layne aux costéz des draps que ou milieu, sur paine de forfaire semblablement.

« Item, l'en ne pourra faire draps tains en moulée, en feul ne en fostet, soit en laine ou fille, sur la dite paine.

« Item, l'en ne pourra tistre ne noer de nuit, sur paine de soixante soulz d'amende.

« Item, l'en pourra faire draps sans lizière en quelque conte que l'en vouldra, par paier l'amende, par ce que iceulx draps sont diffaméz & non marchans.

« Item, les diz tiesserens pourront avoir establiez en leur hostieux pour arréer & parfaire de tous poins leurs propres draps et non aultres. Et aussi les laneurs en leurs hostieulx, mestier à tistre & faire leur propre draps & non aultres.

« Item, nul qui s'entremette dudit mestier ne pourra avoir ne tenir plus d'un aprentif ensemble, pour cause de faulces oeuvres que les deux y pourroient faire se ensemble estoient.

« Item, nul apprentif dudit mestier ne seroit qu'il ne servisist trois ans.

« Item, qui il vouldra ses draps ourdir, ou balbiner, il le pourra faire par ainsi que ceulx à qui les diz draps seroient en paieroient les amendes, se ilz y escheoient.

« Item, nul ne pourra porter hors tistre oeuvre qui soit labourée en la ville, pour les maulx & faulcetez que l'en y pourroit faire, sur paine de soizante soulz d'amende ; & en cas que portée y seroit, ceulx du mestier la pourront poursuir & arrester en la terre & juridicion dudit seigneur & ailleurs en tant que de raison seroit.

« Item, ou chimetière de l'église Saint-Jacque de ladite ville de Dieppe, à une crois estante en icellui vers soleil de tierce, assempleront de jour en jour à l'eure que l'on oevre les portes de la ville ceulx dudit mestier qui pour labourer d'icellui vouldroient estre mis en oevre ; ou quel lieu ou place les personnes qui de eulz aroient à faire, les yroient ou envoyeroient querre & aloer à leur oeuvre faire.

« Item, l'en commenceroit à ouvrer tous les jours dès soleil levant ou enchiez se estre povoient bonnement que l'en y peust veoir suffisanment pour faire ouvrage deu & loyal & laira l'en à ouvrer à soleil couchent.

« Item, nul ne pourroit labourer dudit mestier jusques à tant que il ait fait foy & sérement à tenir & garder ces présentes ordenances ; auquel sérement faire chascun en icellui faisant paieront douze deniers pour le droit du juge pour recevoir ledit serement, & deux soulz aux jurés establiz sur ledit mestier ; lesquelx jurés y seront ordenéz & mués de an en an, ou plus ou moins se à justice plesoit ; par lesquelz chascun nouvel venu ou soy mettant au mestier seroit admené pour ledit sérement faire, anchiez que il se meist à ouvrer, comme ailleurs est accoustumé.

« Les dictes ordenances & chacune d'icelles, jouxte et en la fourme dessus dite, furent concordablement tenues & rapportées pour bonnes, & les promistrent les dis tiesserens tenir & garder chascun de soy & par sérement loialment à son povoir sanz aucun deffaut, selon que dit est.

« Et pour le temps de present furent ordenéz & establis pour jurés sur ce Ricart Lami, Guillemme Estienne & Guillemme Hébert, jusques à un an prochain à venir du jour d'ui, & de l'acort & volenté de tous les autres tiesserens dessus dis. Lesquelz jurés furent enchargéz de tenir & faire tenir & garder lesdites ordenances loialement & entièrement, de point en point, jouxte & selon qui dit est, sans enfraindre, & de rapporter tous les deffaults que il y appartiendroient. En leur donnant povoir & aultorité de faire & exercer tout ce que audit office povoit & pourroit appartenir pour ledit temps, selon ce que dessus & que en aultres bonnes villes est accoustumé à faire.

« En enjougnant aux aultres tiesserens dessus dis que à eulx en ce faisant obéissent & entendissent diligamment, & leur responsissent & avisassent de tout ce dont question leur seroit faite à cause d'eux par les dis jurés, toutteffois que il escherront. Et pour la paine & labour d'iceulz jurés & affin de entendre plus curieusement à ces choses, fu ordené que eulx aroient la moitié des dites amendes & ledit seigneur l'autre.

« Et nous, en tesmoing de ce, nous avons fait mettre à ces lettres le séel de la dite balliie de Dieppe, sauf tout autrui droit.

« Ce fu fait l'an mil ccc. cinquante & huit, le dimanche nuef jours ou mois de décembre. »

Enfin, avant de terminer ce chapitre, qui n'a qu'un rapport indirect avec l'histoire d'Elbeuf, nous mentionnerons une sentence prononcée par le sénéchal de l'archevêque de Rouen, le 27 février 1327 (1328 n. s.) obligeant les maires et gardes de la draperie de Louviers de rendre compte annuellement, devant les officiers et gens de l'archevêque, des malfaçons et des forfaitures de draperie. — L'original de cette sentence se trouve dans le Cartulaire de Philippe d'Alençon, aux Archives de la Seine-Inférieure ; mais elle a été également publiée par M. Th. Bonnin.

CHAPITRE XVIII
(1327-1346)

Jean IV d'Harcourt. — La haute justice et le chateau d'Elbeuf. — La Rigole. — Trahison de Guillaume, frère de Jean IV. — Invasion anglaise. — Elbeuf brulé. — Bataille de Crécy.

Richard d'Harcourt étant mort sans enfants ses biens seraient devenus la propriété de Jean III d'Harcourt, son neveu ; mais comme ce dernier était lui-même décédé l'année précédente, ce fut Jean IV fils aîné de Jean III qui hérita des domaines laissés par Richard.

Jean IV, baron d'Harcourt, vicomte de Châtellerault, baron d'Elbeuf, de Brionne, de la Saussaye, de Bonnétable, d'Arscot, de Mézières, seigneur de Lillebonne, de Montfort, de Vibraye, de la Corneille, de Gravenchon, des Trois-Pierres, etc., prit part à la bataille de Montcassel, le 22 août 1328, assistant Louis, comte de Flandre, contre ses sujets révoltés.

La même année, avec d'autres seigneurs, il fut envoyé par le roi, qui était alors à Arras, pour défendre les habitants de Tournay contre les Anglais et les Flamands, ces derniers commandés par le fameux Jacques Artevelle.

En 1329, Jean IV d'Harcourt fut envoyé en Angleterre, par le roi de France, pour régler un différend qui s'était élevé avec le roi Edouard III, au sujet de l'hommage à rendre pour la Guyenne.

L'année suivante, le roi d'Angleterre fit hommage au roi de France pour le duché de Guyenne et les comtés de Montreuil et de Ponthieu, en présence de plusieurs rois et du comte d'Harcourt.

Avant la fin de l'année, le roi de France envoya une ambassade en Angleterre ; parmi les ambassadeurs se trouvait Jean IV d'Harcourt.

En 1332, le seigneur d'Harcourt était au nombre des chevaliers qui firent lever le siège de Tournay mis devant cette place par le roi d'Angleterre,

Nous avons parlé déjà des landes et des marais qui, dans l'antiquité, couvraient une grande partie du sol elbeuvien. Ces landes et marais avaient été donnés, par un duc de Normandie, aux habitants d'Elbeuf et de Caudebec, et ils constituaient au xive siècle, des terrains communaux où les paysans des deux localités menaient paître leurs bestiaux.

Cette concession obligeait les bénéficiaires à payer chaque année une redevance au roi de France, représentant des donateurs ; mais les rentes n'ayant pas été remplies pendant plus de quarante ans, Philippe de Valois fit saisir les terrains communaux en 1333.

Les habitants d'Elbeuf et de Caudebec protestèrent ; le Parlement fut saisi du différend. Après un procès, qui dura huit années, intervint un arrêt portant que « es mains des habitans et manans de Ellebœuf et Chaudebec seseroient incontinent remiz les ditz terrains, lendes et maretz, les ditz manans et habitans paiant au Roy les redevences deues et arrierages ».

En 1334, une épidémie enleva une grande quantité de personnes tant à Elbeuf que par toute la contrée.

En 1336, Pierre Roger, archevêque de Rouen, qui devint pape sous le nom de Clément VI, Jean IV d'Harcourt et plusieurs autres grands seigneurs de Normandie firent divers voyages à la cour du roi Philippe VI pour obtenir la conservation des privilèges de notre province. Suivant une ancienne chronique, ils travaillèrent si activement que les nouvelles impositions et tailles excessives, que le roi avait résolu de lever, furent révoquées.

L'histoire rapporte qu'Edouard III, roi d'Angleterre, surnommé le marchand de laine, eut assez de 20.000 sacs de laine, qu'il obtint de son Parlement comme subsides et qu'il vendit aux Flamands, pour faire la guerre à la France en 1337. Les laines anglaises, en effet, jouissaient alors d'une très grande réputation, et il s'en produisait des quantités énormes.

Plus tard, après la prise de Calais, le roi Edouard établit une douane dans ce port. Il est presque incroyable, disent les vieux historiens, « combien rapporte la gabelle de Calais deux fois par an ; et sont là les laines d'Angleterre attendant que les marchands viennent, et leur principale décharge est en Flandre et en Hollande, pays qui en achètent le plus. »

A cette époque, la draperie française languissait ; quant à celle de Rouen elle était presque anéantie. Plus tard, on remplaça les laines anglaises par celles d'Ecosse, d'Irlande, d'Espagne et quelques autres provenant des rares moutons de notre province.

En 1337, Jean Lebrun vendit à une rente de deux sols, à prendre sur Estienne Trochu, à cause d'une masure sise à Elbeuf.

La baronnie d'Harcourt fut érigée en comté par Philippe de Valois, en mars 1339, en faveur de Jean IV d'Harcourt, vicomte de Châtellerault, seigneur de Brionne, d'Elbeuf, de la Saussaye, d'Arschot, de Mézières, de Lillebonne, de Gravenchon, etc. ; voici à la suite de quelles circonstances :

Philippe de Valois, désirant s'allier les seigneurs normands pour soutenir une lutte qu'il préméditait contre le roi d'Angleterre, assembla les barons et chevaliers français à Vernon, où chacun d'eux donna son avis, dit le chroniqueur Pierre Cochon :

« Et quant vint as Normans, les barons de Normandie furent assemblés et firent leur collation qu'i respondroient ; et en fu le sire de Harecourt carchié de la response ; car adonc n'avoit point de compte à Harecourt ne à Tancarville, lesquelz furent fais comptes l'an mil .ccc xxxix.

« Là fut le sire de Harecourt à Vernon, ou leu ordené, devant le roy et tous ses barons, et dist :

« Sires, les barons de Normandie, comme
« au plus petit et non sachant, m'ont chargié
« de dire leur volenté ; et ce que je diray, c'est
« par eulz et par leur accort.

« Très souverain, sires, votres ancesseurs le
« roy Saint Loys et Philippe le Beaulz et
« autres nous ont tenus paisiblement en nos
« franchises de Normendye, et donné lettres

« pendantes seelléez en las de soye et chire
« verte du grant sel roial de France que vechy.
« Plaise vous, de vostre begnigne grace, à
« nous reconfremer et renouveler et tenir pai-
« seblement en nos franchises et libertés et
« nouvelle chartre, et pour le seel nous vouz
« donrrons chent milles livres, et oultre vous
« promettonz sur tous nos biens meubles et
« heritages que, se le roy Englois vient sur
« votre terre, car il ne peut descendre sur
« vous que ce ne soit par nos metes de Bre-
« taigne, Normandie et Picardie, que à nos
« propres cous nous le combratonz, et vous
« rendonz le roy Englois mort ou pris en vos
« prisons à Paris, ou nous y mourrons tous ».

Par ce traité donc, conclu le 4 avril 1338, entre Philippe de Valois et la noblesse normande, le roi promettait de maintenir la Normandie dans ses libertés, et la noblesse s'engageait à l'aider, même, contre les Anglais pour une nouvelle conquête de l'Angleterre. Cet acte fut signé par Raoul, comte d'Eu, connétable de France ; Jean IV comte d'Harcourt et seigneur d'Elbeuf ; Godefroy d'Harcourt, son frère puîné ; Jean Malet de Graville, Robert d'Esneval et autres chevaliers.

Edouard, roi d'Angleterre, assiégea Cambrai en 1338 ; mais il fut contraint de se retirer devant les forces françaises, qui comprenaient 50.000 hommes de pied, 25.000 cavaliers, et 40.000 hommes des communes. Parmi les trente-six comtes présents, se trouvait Jean IV d'Harcourt qui avait été mandé par lettre du roi de France. La solde que toucha le seigneur d'Elbeuf pendant cette campagne fut fixée à 79 livres 17 sols 6 deniers par jour, et celle de son fils Jean à 56 livres 5 sols.

Nous retrouvons Jean IV à l'armée que le roi réunit à Amiens la même année, aux appointements de 42 livres 18 sols par jour.

Quelque temps après, le roi Philippe de Valois assembla plusieurs fois à Pont-Audemer les prélats, les barons, les nobles et les principaux habitants des villes de Normandie pour établir un impôt destiné à couvrir les frais de la guerre :

« Et y furent Raoul le conte d'Eu connestable de France, le conte de Harecourt, monseigneur Godefroy de Harecourt, le mareschal Bertran, » etc., lisons-nous dans la *Chronique des quatre premiers Valois.*

« Les collecteurs ordonnez et deputez pour le roy cueillirent en Normendie les dictez imposicions et males toutes. Si avint que monseigneur Godefroy de Harecourt, le sire de la Roche-Tesson et Rogier Bascon dirent, tant pour eulx que pour leurs enfans de Navarre, quil ne courroit nulles males toutes en leurs terres. Pour quoy ilz furent adjournés à Paris. Monseigneur Raoul Tesson et Rogier Bascon, chevalier, y alerent et là ourent les testes couppées. Mais monseigneur de Harecourt n'y ala point, ains s'en ala à refuge au roy Edouart en Angleterre. Pourquoi il fut banny du royaume de France. »

Suivant les *Chroniques de France,* Godefroy ne fut banni du royaume qu'au mois d'août 1344. Nous verrons, à cette date, le passage que consacre Froissart à cet évènement qui eut des suites si malheureuses pour notre contrée et pour la France entière.

La maltôte — males toutes, de *mala tolta,* en latin du moyen âge — que refusa de payer et de laisser lever Godefroy d'Harcourt, était une « mauvaise taille » que les rois imposèrent parfois sur les villes, Le premier impôt de ce genre avait été établi par Philippe le Bel.

La baron Jean IV d'Harcourt demeura fidèle au roi de France, et ce fut pour le récompenser de sa fidélité que Philippe de Valois érigea ses terres en comté, en mars 1338 ou plutôt en 1339, suivant la nouvelle manière de compter :

> En l'an mil trois cens trente et neuf,
> A Harrecourt fut conte neuf

Par une charte royale, datée de Vincennes, donnée à cet effet, et ratifiée par le prince Jean, son fils, duc de Normandie, Philippe de Valois déclara qu'il adjoignait et réunissait à la baronnie d'Harcourt, pour en former le comté, la châtellenie et la terre de Lillebonne, les terres des Trois-Pierres, de Gravenchon, de la Saussaye et d'Elbeuf *(de Salceia et Eleboto)* avec leurs dépendances et appartenances, et un grand nombre d'autres fiefs, biens et ténements.

Il ajoutait qu'à l'avenir le nouveau comté aurait droit de haute justice, avec sièges particuliers à Harcourt, à la Saussaye et à Elbeuf, et que, dans chacun de ces sièges, la justice serait exercée simultanément et d'une manière mixte, sous la condition d'un seul acte de foi et hommage.

Voici quelques notes, sur les juridictions d'Elbeuf, écrites par François Dupont, en 1782 :

« En 1338, dit-il, la seigneurie d'Harcourt fut érigée en comté par Philippe de Valois. C'était la dignité éminente de ce temps-là, et pour rendre cette comté aussi noble et aussi illustre que les autres, le roi y unit les seigneuries d'Elbeuf, la Saussaie, Lillebonne et Gravenchon, des Trois-Pierres, etc., lui accorda haute, moyenne et basse justice ainsi que tous les honneurs et attributs appartenant à comté, et encore aujourd'hui Elbeuf, qui par les lots et partages faits de la succession de Jean VII, comte d'Harcourt, en 1493, entre Marie et Jeanne d'Harcourt, ses filles, a été le lot de l'aînée, jouit de l'honneur d'être la première haute justice de province.

« Avant cette union de la seigneurie d'Elbeuf avec celle d'Harcourt, Elbeuf avait ses juridictions particulières, ainsi qu'on le voit dans les chartes de la Saussaie, depuis 1311 jusqu'à 1328, où Guillaume d'Harcourt, sire d'Elbeuf et de la Saussaie, renvoie les contestations qui pouvaient naître pour raison des donations qu'il faisait à la collégiale de ce lieu, qu'il fondait, par devant son prevost et ses verdier et forestier d'Elbeuf.

« Ainsi la prevosté a été la première juridiction de ce lieu jusqu'en 1338, que le sire d'Harcourt ayant été élevé à la dignité de comte, son prevost ou preposé, pour rendre la justice, prit la qualité de vicomte.

« Jusqu'à l'ordonnance des Etats généraux tenus à Orléans en 1560, qui réduit à un seul les deux sièges de justice qui se trouvent dans une seigneurie qui n'est pas royale, il y a eu, dans Elbeuf, trois jurisdictions, d'abord la prevosté à laquelle fut substituée la vicomté, le bailliage et la verderie. On appelait du vicomte au bailli, et du bailli à la grande sénéchaussée ou à l'Echiquier. Le verdier connaissait, comme aujourd'hui, des eaux et forêts. »

Le comte Jean IV d'Harcourt, en vertu des lettres-royaux, fit ériger des fourches patibulaires près du grand chemin d'Elbeuf au Neubourg, au sommet de la côte dite de la Justice, et dont une des pierres de soubassement se voyait encore il y a une trentaine d'année. A partir de cette époque, l'antique chemin des Echelettes ou Eclettes prit le nom, dans certains actes, de sente de l'Esquelette ou de « sente aux Pendus ». Nous trouvons cette dernière dénomination dans un acte de 1433.

La prison seigneuriale était située rue Saint-Jean ; une impasse existant encore aujourd'hui en a gardé le nom. Le comte Jean fit aussi établir un pilori sur la place de la Halle, près de l'endroit connu actuellement sous le nom de place du Coq.

C'est peut-être vers cette époque que le seigneur d'Elbeuf songea à une dérivation du Puchot, afin de circonscrire le terrain dans lequel il se proposait d'établir le château destiné à être le chef-moi de la baronnie d'Elbeuf.

Un large bassin fut creusé entre les deux bras du cours d'eau seigneurial, le long de la rue de « la Rigole ». Au bout de la Rigole, du côté de l'église Saint-Jean, les eaux du fossé regagnaient le cours naturel du bras oriental du Puchot.

La chute plus grande qui se produisit en cet endroit fut utilisée au profit du moulin à blé ; il reçut le nom de Moulin de la Chaussée, à cause de la levée de terres assez considérable qui retenait et retient encore les eaux du bief. C'est là l'origine du bassin de la Rigole. Un acte de 1415 mentionne le « moulin de la Cauchée » comme étant situé sur la paroisse Saint-Jean. Un autre, daté de 1431, concerne une masure sise en la paroisse Saint-Jean, « auprès du molin de la Cauchée, bornée par le pavement, les fossés du castel d'autre ».

Aucun titre ne nous permet de fixer la date de la construction du château du Glayeul ; nous croyons même qu'elle traina en longueur et que les édifices qui en firent partie n'eurent jamais une très grande importance. Nous avons déjà parlé de la prison ; nous verrons plus tard que la chapelle seigneuriale ne fut construite qu'en une année voisine de 1414, et qu'on y employa 37.260 tuiles fabriquées à la Saussaye.

Les « fossés du castel », de ce côté, n'étaient autres que le bras du Puchot passant au bout des cours et allées communes situées sur les cotés ouest de la rue Saint-Jean et nord de la rue de la République. Voici deux abornements qui nous fixeront à ce sujet :

1433. — Masure de la paroisse Saint-Jean, bornée « d'un bout les fossés du castel et les halles d'autre ». — Les halles étaient rue Saint-Jean.

1433. — Masure de la paroisse Saint-Etienne, bornée « d'un bout la rue et les gardins du castel d'autre ».

Ces jardins, dont la rue du Glayeul traverse maintenant l'emplacement, étaient, au moins en partie, clos par des murs, que nous trouvons mentionnés dans des actes de 1433 et 1435.

Un sentier courait sur le bord des fossés du château ; il est également mentionné dans des pièces du xve siècle.

Ce fut dans ce château seigneurial que les officiers des barons tinrent les assises de la haute justice d'Elbeuf.

M. Barabé, dans son ouvrage sur *le Tabellionage*, cite un manuscrit postérieur au xive siècle, indiquant les sièges de justice relevant du Parlement de Normandie. En voici quelques-uns : « Quatre Mares ; Elbœuf au siège de Boissey le Chastel ; Ellebœuf est dans la vicomté du Pont de l'Arche ; le verdier d'Ellebœuf retourne à Ellebœuf par appel, à raison que c'est bois de seigneur ; Ellebœuf au siège de la Haye du Theil et Leteil ; la Haye Malherbe à la Cour ; Harcourt, le bailly de la haulte justice de Garencey relève ; Routot ; Lalonde ; Briosne... »

M. Ballin, dans sa *Notice sur la ville d'Elbeuf*, dit qu'il y existait, dès 1338, deux hospices pour vingt-cinq à trente malades chacun : c'est une erreur.

A proprement dire même, il n'y avait à Elbeuf qu'un seul hopital ; nous verrons par la suite qu'il était fort mal tenu et incapable de recevoir un aussi grand nombre de malades.

Le second établissement dont parle notre auteur était certainement la léproserie sise sur le territoire d'Orival, à très peu de distance d'Elbeuf, il est vrai. Dans les titres, il est souvent mentionné, du reste, sous le nom de léproserie de Sainte-Marguerite d'Elbeuf ; mais nous ne croyons pas que cette maladrerie ait été occupée simultanément par plus d'une dizaine de malades, appartenant à différentes paroisses de la seigneurie d'Harcourt.

C'est donc à tort que M. Ballin conclut, par l'importance qu'il donne gratuitement à ces deux établissements, que notre ville était peuplée, au XIVe siècle, de plus de 2.000 habitants. En estimant sa population à 500 ou 600 personnes, on serait beaucoup plus près de la vérité.

Philippe de Valois rassembla une nouvelle armée, en 1339, à Vironfosse. Jean IV commandait en chef sous le roi. Ses gages furent fixés à 227 livres 8 sols par jour.

L'année suivante, Jean IV d'Harcourt tint le premier rang dans l'armée que commanda Charles de Valois, frère du roi.

En 1340 également, il eut une violente querelle avec le baron de Briquebec, maréchal de France, au sujet de Jeanne Bacon, fille du seigneur du Mollay, que Jean voulait faire épouser par Godefroy d'Harcourt, son frère, et que le baron de Briquebec réclamait pour son fils. Les deux adversaires mirent l'épée à la main, sans respect pour le roi qui assistait à cette querelle. — Jeanne n'épousa ni l'un ni l'autre : mariée d'abord au vicomte de Roncheville, elle contracta plus tard un second mariage avec Jean de Luxembourg.

Jean, fils aîné du roi, duc de Normandie, décida, par une charte donnée à Paris en juin 1340, que les religieux de Bonport, moyennant le payement de 400 livres tournois, jouiraient à l'avenir paisiblement de leurs possessions, rentes et héritages situés dans les fiefs du roi, sans qu'on pût les obliger à les vendre ou à en payer finances. Parmi ces biens est mentionnée une rente de 24 sols « que doit la déguerpie Jaques d'Eulebeuf ».

Jean, duc de Normandie ; Philippe d'Evreux, roi de Navarre ; Charles de Valois, frère du roi, et Jean IV d'Harcourt furent mis à la tête de l'armée de 50.000 hommes que Philippe VI envoya à Nantes, en 1342, pour secourir Charles de Blois, attaqué par Edouard, roi d'Angleterre.

En février 1342 (1343 n. s.), la Seine déborda et causa de grands dégats sur son passage. L'inondation dura du 8 des ides de février au 16 des calendes de mars (du 6 au 15 février).

Au mois d'août 1344, on payait le blé 50 sols la mine et plus ; mais à la fin du mois, par suite de la récolte, il tomba à 10, 8, 7 et même 6 sols la mine.

« En ce temps, dit Froissart, eschéy en l'indignation et haine grandement du roi de France, un des grands barons de Normandie, messire Godefroy de Harecourt, frère au comte de Harecourt pour le temps de lors, et sire de Saint Sauveur le Vicomte et de plusieurs villes de Normandie ; et tout par accuse et par envie, car un peu paravant il étoit si bien du roi et du duc qu'il vouloit.

« Si fut banni publiquement de tout le royaume de France ; et vous dis que si le roi de France l'eût tenu en son aïr, il n'en eût pas moins fait qu'il fit de messire Olivier de Cliçon et des autres qui avoient été l'année passée décolés à Paris. Si eut le dit messire Godefroy amis en voie, qui lui dénoncèrent comment le roi étoit dur informé sur lui et mal mené.

« Si partit le dit chevalier et vida le royaume de France, le plus tôt qu'il put, et s'en vint en Brabant delez le duc Jean de Brabant son cousin, qui le reçut liement. Si demeura là un grand temps, et dépendoit là sa revenue qu'il avoit en Brabant ; car en France n'avoit-il rien ; mais avoit le roi saisi toute la terre de Cotentin et en faisoit lever les profits.

« Ainsy eschéy le dit chevalier en danger, et ne pouvoit revenir en l'amour du roi de France, pour chose que le duc de Brabant sçut ni put prier.

« Cette haine coûta depuis si grossement au royaume de France et par especial au pays de Normandie, que les traces en parurent cent ans après, si comme vous orrez recorder avant en l'histoire. »

Jean IV d'Harcourt avait été nommé commandant de Rouen, c'est-à-dire de la principale place du royaume après Paris, avec Pierre de Dreux ; mais celui-ci étant mort en 1345, Jean en eut seul le gouvernement.

Isabeau de Parthenay, femme de Jean IV d'Harcourt, étant à Aumale, le 3 février 1345 (1346 n. s.) donna le jour à deux fils ; l'un fut Philippe d'Harcourt, baron d'Ollonde, de Bonnétable et de Beuvron ; l'autre Robert d'Harcourt, auquel son père donna en naissance la baronnie d'Elbeuf. Ce dernier ne vécut que quelques années.

L'année précédente, Godefroy d'Harcourt avait fait hommage à Edouard III pour les biens qu'il possédait en France. Vers la Saint-Jean (24 juin) de 1346, Godefroy prit le commandement d'une partie de l'armée anglaise, et s'embarqua, le 2 juillet, avec le roi d'Angleterre et le prince de Galles, dans l'intention de descendre en Gascogne.

Mais des vents contraires étant survenus, Godefroy conseilla à Edouard de débarquer en Normandie. Froissart rapporte le discours qu'il tint au monarque :

« Sire, le pays de Normandie est l'un des plus gras du monde ; et vous promets, sur l'abandon de ma tête, que si vous arrivez à, vous y prendrez terre à votre volonté : ni jà nul ne vous viendra au devant qui rien vous dure; car ce sont gens en Normandie qui oncques ne furent armés et toute la fleur de la chevalerie qui y peut être gît maintenant devant Aiguillon avec le duc ; et trouverez en Normandie grosses villes et bastides qui ne sont point fermées, où vos gens auront si grand profit qu'ils en vaudront mieux vingt ans après ; et vous pourra votre navie suivir jusques bien près de Caen en Normandie. Si vous prie que je sois cru et ouï de ce voyage. Et pour certain vous et nous tous en vaudrons mieux ; car nous y trouverons or, argent, vivres et tous autres biens à grand'plenté ».

Le roi d'Angleterre se rendit aux conseils de Godefroy, qu'il appelait son cousin. Il ordonna aux capitaines des navires de gouverner vers nos côtes, et l'armée débarqua à la Hogue, le 12 juillet, assez près de Saint-Sauveur-le-Vicomte, héritage de Godefroy d'Harcourt.

Ainsi que l'avait prévu Godefroy, les places fortes normandes étaient mal gardées. Cherbourg, Montebourg, Carantan, Saint-Lô, tombèrent entre les mains des Anglais, conduits par le frère du seigneur d'Elbeuf, qui se fit le fourrier de l'armée ennemie. L'on vit alors ce seigneur normand piller la province qui lui avait donné le jour et dans laquelle ses parents et alliés naturels possédaient la plus grande partie de leurs biens.

Lui et les 2.500 hommes qu'il commandait, se répandirent à sept ou huit lieues du gros de l'armée anglaise. Ils trouvèrent « le pays gras et plentureux de toutes choses, les granges pleines de blés, les maisons pleines de toutes richesses, riches bourgeois, chars, charrettes et chevaux, pourceaux, brebis, moutons et les plus beaux bœufs du monde que on nourrit en ce pays. Si en prirent à leur volonté desquels qu'ils voulurent, et amenèrent en l'ost du roi. Mais les varlets ne donnoient point, ni rendoient aux gens du roi l'or et l'argent qu'ils trouvoient, ainçois le retenoient pour eux.

« Ainsi chevauchoit messire Godefroy de Harecourt chacun jour d'encoste le grand ost du roi, au dextre côté, et revenoit le soir en toute sa compagnie à où il savoit que le roi devoit loger ; et tel fois étoit qu'il demeuroit deux jours, quand ils trouvoient gras pays et à fourrages. »

Les Anglais s'emparèrent de Caen ; mais quand ils furent dans la ville, les habitants en tuèrent en un seul jour plus de cinq cents, à coups de pierres et de matériaux lancés du haut des maisons.

Edouard en fut tellement courroucé qu'il ordonna à ses officiers de faire mettre le feu à la ville. Mais Godefroy d'Harcourt eût quelque pitié de ses anciens compatriotes et tint ce langage au roi d'Angleterre :

« Cher sire, veuillez refrener un petit votre courage, et vous suffise ce que vous en avez fait ; vous avez encore à faire un moult grand voyage, ainçois que vous soyez devant Calais, où vous tirez à venir ; et si a encore en cette ville grand'foison de peuple qui se défendront en leurs hostels et maisons, si on leur court sus ; et vous pourroit trop grandement coûter de vos gens ainçois que la ville fût exilliée, par quoi votre voyage pourroit dérompre... »

Il parla longuement et avec tant d'autorité que le roi consentit à ne pas incendier la ville.

« Adonc, ajoute Froissart, le dit messire Godefroy de Harcourt fit chevaucher sa bannière de rue en rue, et commanda, de par le roi, que nul ne fût si hardi, sur la hart, qu'il boutât feu, occît homme, ni violât femme ».

Avant de quitter Caen, Edouard renvoya en Angleterre sa flotte, chargée d'or et de riches marchandises. Alors il se dirigea vers Evreux, mais comme cette place était très forte et bien gardée, il prit à gauche et gagna la plaine du Neubourg.

Le roi français avait envoyé Jean d'Harcourt, pour secourir la ville de Caen. Le seigneur d'Elbeuf était accompagné de Jean V, son fils; mais lorsqu'ils arrivèrent, la place était déjà aux Anglais, et ils durent opérer leur retraite. Alors Jean IV courut s'enfermer dans Rouen, avec l'intention de sauver cette ville des désolations anglaises.

Pendant qu'une partie de l'armée d'Edouard s'emparait de Louviers, « ville de Normandie où l'on faisoit grand plenté de draperie, et étoit grosse, riche et marchande » et qui fut pillée de fond en comble, une autre se dirigeait sur Rouen, en passant certainement par Elbeuf et environs. Voici ce que dit à ce sujet l'auteur anonyme de la *Chronique des quatre premiers Valois :*

« Comme le roy Edouart oult desconfit ceulx de Caen, il chevaucha jusquez à Rouen et vint devant la ville vers la Quesnoye, le sixième jour daoust. Et estoit monseigneur Godefroy de Harecourt, guideur, conduiseur et gouverneur de lost du dit roy Edouart. A Rouen estoit jà venu le roi Philippe de France, le deuxiesme jour daoust. Et devant la ville oult ung pongneys, et alors navoit point encoires assemblé le roy Philippe ses hostz. Le roy Edouart se parti o son host devant Rouen et chevaucha vers Paris et vint au pont de Poissy... »

Si l'armée que conduisait Godefroy ne tenta point de s'emparer de Rouen, c'est « qu'il y avoit grand'foison de gens d'armes de Normandie, et en étoit capitaine le comte de Harecourt, frère à messire Godefroy ». Il répugna peut-être aussi à ce dernier d'entrer dans une lutte fratricide ; dans tous les cas, les troupes revinrent sur leurs pas par la presqu'île de Couronne, qui fut pillée ; passèrent par Elbeuf, propriété du comte Jean IV d'Harcourt, capitaine de Rouen, qui subit le même sort et de plus fut brûlée. « Et après, dit encore Froissart, les Anglois ardirent Vernon et tout le pays d'environ Rouen, et le Pont de l'Arche ».

Ce dernier passage du chroniqueur ne laisse aucun doute sur la destruction au moins partielle d'Elbeuf en 1346. C'est entre le 5 et le 8 août que notre localité fut livrée aux flammes, car c'est le 6 août que les Anglais se présentèrent vers le faubourg Saint-Sever de Rouen, et le 8 qu'ils saccagèrent et brûlèrent Louviers. Le 15, le roi d'Angleterre était à Poissy.

Suivant le chroniqueur Pierre Cochon, les troupes anglaises ne se seraient point répandues dans la presqu'île de Couronne. Godefroy, d'Harcourt y serait allé avec seulement neuf chevaliers:

Ayant laissé Caen et emmené leurs prisonniers, dit-il, les Anglais « chevauchèrent oultre tant qu'ils furent entre Mouliniax et Rouen. Et Godeffroi, lui .x^e., chevaucha oultre vers Rouan pour savoir l'estat de la ville, et s'il encontrerent aucun qui li deist. Si s'en vint oultre la forest, et passa par devant un hostel apellé la Salle as Puchellez, et ne trouva que une folle fame qui estoit au bout du bois vers Rouen à demander l'omosne à cheus qui passoient le chemin. Et Godeffroi s'aresta à elle, et li demanda des nouvelles et où le roy estoit : elle lui dist que le roy Philippe et toute sa forche estoient ou chastel et en la ville, et que l'en abastoit .ij. arches du pont de Rouen, pour che qu'il avoient seu la venue du roy Edouart.... »

L'armée anglaise passa la Seine à Poissy, le 17 août, et se dirigea vers la Picardie :

« Ainsi que le roi d'Angleterre chevauchoit et qu'il alloit, son ost traînant, messire Godefroy de Harecourt chevauchoit d'autre part d'un côté, et faisoit l'avant-garde atout cents hommes et douze cents archers ». Il rencontra une troupe de bourgeois d'Amiens qui se rendaient à Paris, à l'appel que leur avait adressé le roi de France. Godefroy les combattit et presque tous les Amiennois furent tués ou faits prisonniers. Froissart dit qu'il en resta douze cents morts sur place.

Le roi Philippe de France se mit enfin à la poursuite des Anglais. Alors Edouard III commanda à Godefroy d'Harcourt et au comte de Warvick d'aller tâter et regarder à quel endroit l'armée anglaise pourrait traverser la Somme. Leurs recherches furent vaines, mais le passage de Blanche-Tache fut indiqué au roi d'Angleterre, et c'est là que son armée traversa la rivière, malgré les efforts d'une troupe nombreuse de Français qui voulait les en empêcher.

Ce fut le 26 août qu'eût lieu la terrible et funeste bataille de Crécy. Godefroy d'Harcourt faisait partie du corps d'armée placé sous les ordres du prince de Galles. Son frère Jean IV d'Harcourt, baron d'Elbeuf, combattit dans l'armée française. Les deux frères luttèrent donc l'un contre l'autre : le sort fut fatal au chevalier qui était resté fidèle à son pays.

Il est bien vrai, dit Froissart, « que messire Godefroy de Harcourt qui étoit delez le prince et en sa bataille, eût volontiers mis peine et entendu à ce que le comte de Harecourt son frère eût été sauvé ; car il avait ouï recorder à aucuns Anglois que on avoit vu sa bannière et qu'il étoit avec ses gens venu combattre aux Anglois. Mais le dit messire Godefroy n'y put venir à temps ; et fut là mort sur la place le dit comte, et aussi le duc d'Aumale son neveu». Plus de 30.000 Français restèrent sur le champ de bataille !

Le lendemain, les Anglais eurent encore à combattre les bourgeois de Beauvais, arrivés trop tard pour prendre part à la journée de Crécy, et qui ignoraient même le désastre éprouvé par les Français : « ...et de rechef eut grand bataille et dure ; et furent tantôt ces François déconfits et mis en chasse ; et ne tinrent nul conroy. Si en y eût morts sur les champs, que par haies, que par buissons, ainsi qu'ils fuyaient, plus de sept mille ; et si il eût fait clair, il n'en eût jà pied échappé ».

Le roi d'Angleterre fit inhumer le comte d'Harcourt, baron d'Elbeuf, dans l'église de Montreuil.

Jean IV d'Harcourt s'était mariée en 1338 — son contrat de mariage est daté du 22 juillet de cette année, — avec Isabeau de Parthenay, qui lui avait apporté les seigneuries de Vibraye, de Montfort-le-Rotrou, d'Apremont et de Bonnétable.

De ce mariage était né Jean V d'Harcourt, dont nous avons déjà parlé, deux autres fils, et deux filles. Le baron Jean IV eut aussi une fille née hors mariage, Catherine, bâtarde d'Harcourt, dame de Ronnes.

CHAPITRE XIX
(1346-1356)

Jean V d'Harcourt. — La peste. — Les ossements humains de la côte Saint-Auct. — Jean le Bon et Charles de Navarre. — Supplice du comte d'Harcourt. — Confiscation de la baronnie d'Elbeuf.

Jean V d'Harcourt, baron d'Elbeuf, avait combattu vaillamment à Crécy, sous le nom de comte d'Aumale. Il y fut blessé et même si grièvement qu'il avait été mis au nombre des morts, avec son père.

Quant à Godefroy d'Harcourt, la mort de son frère l'avait jeté dans la plus grande douleur :

« ... Et adonc out monseigneur Godefroy de Harecourt sa paix et vint au roy Philippe. Car quant monseigneur Godefroy vit son frère occis, il ne voult plus demourer avec le roy Edouart, et le roy Philippe le retraist et mist en sa garde », dit un vieux chroniqueur rouennais.

Par suite de la pernicieuse influence de Jeanne de Bourgogne, femme du roi de France, Calais tomba entre les mains des Anglais après un siège de dix mois. La chronique raconte que Jeanne détourna Godefroy d'Harcourt et plusieurs autres seigneurs d'aller combattre Édouard pendant qu'il assiégeait Calais.

Jean V d'Harcourt, baron d'Elbeuf, eut à soutenir contre Alix d'Harcourt, sa tante, un procès qui se termina par un appointement environ dix-huit mois après.

En 1347, il eut un second procès contre Olivier de Clisson, depuis connétable de France, et contre Othon, seigneur de Saint-Flour.

L'épidémie de 1347 fut une des plus terribles dont l'histoire fasse mention. Elle fit de tels ravages que des villages entiers furent dépeuplés. Les habitants, effrayés, abandonnèrent leurs masures pour aller vivre dans les bois, où la faim et le froid en firent périr un grand nombre. Les chroniques de cette époque rapportent que, dans certaines paroisses de Normandie, il ne restait plus personne ; dans d'autres, on n'y compta après la fin de la contagion, que quelques feux seulement, se réduisant parfois à deux ou trois.

M. Frédéric Morin a fait le tableau, malheusement trop vrai, du « mal des ardents » qui s'abattit sur l'Europe entière : « La chair, tout d'un coup calcinée ou pourrie, se détachait des membres qui tombaient en lambeaux ; et l'on se consumait sous le feu d'une gangrène intérieure, dans de longues et atroces souffrances.

« Epouvantées par ce mal extraordinaire et contagieux, les populations, qui n'avaient plus confiance aux choses humaines et qui s'affaissaient de plus en plus dans les inertes consolations des miracles légendaires, se mirent à quitter les villes et les villages, éperdues, affamées, demi-mortes, à la recherche des reliques préservatrices. Sur toutes les routes des sanctuaires en vogue, on rencontrait de pâles troupeaux humains amoncelés les uns sur les autres et se communiquant à plaisir le virus fatal. Ils arrivaient tellement épuisés par la faim au bout de leur pèlerinage, que souvent on les voyait tomber sur la châsse des martyrs, râler, se tordre et ne plus se relever ! »

Une note de M. François Dupont consigne une ancienne tradition locale assurant que les pestiférés d'Elbeuf furent enterrés sur la pente de la côte Saint-Auct, un peu en contrebas de la chapelle Saint-Félix. Ce qu'il y a de certain c'est que, de nos jours encore, quand on bêche un peu profondément les jardins de ce triège, on met à découvert une grande quantité d'ossements, et il n'y a aucune apparence que les hommes auxquels ils ont appartenu aient été placés dans des cercueils, ce qui implique des inhumations très précipitées. A plusieurs reprises, on a transporté des chargements de ces débris humains dans le cimetière actuel de Saint-Etienne.

La chapelle Saint-Auct et Saint-Félix, fort en vogue au moyen âge, fut très certainement un but des pèlerinages dont parle M. Morin, et il se pourrait que les ossements de la côte Saint-Auct provinssent d'une foule de malheureux, morts autour de la chapelle dans laquelle ils étaient venus implorer l'assistance divine, car il paraît probable que les habitants d'Elbeuf continuèrent à enterrer les corps de leurs concitoyens dans les cimetières entourant les églises Saint-Etienne et Saint-Jean.

Les Juifs, que l'on accusait d'être la cause de cette épidémie, furent arrêtés et brûlés vifs: « En ce temps furent généralement par tout le monde pris les Juifs, et ars, et acquis leurs avoirs aux seigneurs, excepté en Avignon et en la terre de l'Eglise dessous les clefs du pape ». Car à cette époque il y eut deux séries de papes : l'une à Rome, que la France et plusieurs autres nations ne reconnaissaient point pour légitime, et l'autre à Avignon. Le pape d'Avignon était alors Clément VII.

Geuffroy de la Boissière, accusé d'assassinat, traversa le territoire de notre localité, après son arrestation, en 1349. Les Actes Normands de la Chambre des Comptes contiennent un article relatif à la dépense faite pour son transfèrement : « Pour les despens du viscomte de Pont de l'Arche, de Guillotin le Pertrieur, Estienne le Favier, Guiffroy d'Artois, Robert l'Uillier et Michiel le Fèvre, pour mener de la prison du Pont de l'Arche au Pont Audemer Guiffroy de la Boissière, pour occasion de ce qu'il avoit tué messire Thomas du Quemin, pour euls, leurs chevauls et varlés pour III jours, LX s. par jour, valent IX l. »

Le 18 mars 1351, naquit au château d'Aumale, Charles d'Harcourt, qui porta le titre de baron de la Saussaye et était le fils de Jean V, comte d'Harcourt.

En 1353, à Aumale également, naquit Ferrand d'Harcourt, auquel fut assignée la baronnie d'Elbeuf. Cet enfant mourut jeune ; le fief d'Elbeuf resta dans le domaine de son père.

Jean V d'Harcourt prêta serment de fidélité en 1353, à Charles, duc de Normandie, fils aîné du roi de France. Godefroy d'Harcourt, Charles d'Evreux, roi de Navarre, et une foule de seigneurs normands étaient présents à cette cérémonie, qui eut lieu à Rouen.

A cette époque, dit M. Guilmeth, les curés des différentes paroisses qui avoisinent Elbeuf, à trois ou quatre lieues à la ronde, jouissaient du privilège de faire vendre, aux marchés et foires de notre localité, sans payer aucunes espèces de droits ni de redevances, tous leurs légumes et denrées. En échange de cette singulière exemption, ces mêmes curés étaient tenus de venir chaque année à Elbeuf, le premier mardi de carême, célébrer un service solennel pour le repos de l'âme des seigneurs de cette ville.

Une dissension s'éleva à la cour du roi de France entre le roi de Navarre et son frère Philippe, d'une part, et « Charles d'Espaingnes, connétable de France », de l'autre. Charles et Philippe de Navarre se retirèrent dans leurs terres de Normandie, suivis du comte d'Harcourt, de Guillaume d'Harcourt et de plusieurs autres chevaliers.

Le connétable Charles de Lacerda, prince de Castille, cousin de Marie d'Espagne, alors baronne de Laigle, confiant en la puissance du roi, se rendit lui-même à Laigle ; mais il fut pris par Philippe de Navarre. Le connétable se jeta à ses genoux, et, les mains jointes, le pria « quil eust merci de lui : il seroit son serf racheté et de son pesant dor il se raenconneneroit et oultre sa terre quitte lui clamoit et que outre mer s'en yroit sans jamais retourner ».

Le comte d'Harcourt, présent à cette scène, eut compassion de Charles ; et, se tournant vers Philippe, lui dit : « Sire, se de ce vous veult bailler bons hostages, ayes pitié de lui ». Mais Philippe « estoit tant yré et enflammé que en rien ne le vouloit ouir ou escouter ». Le connétable eut la tête tranchée. — On a retrouvé, en novembre 1893, la chapelle funéraire souterraine où avait été placé le corps du connétable après son exécution.

Une guerre était inévitable ; aussi Philippe de Navarre et Godefroy d'Harcourt assemblèrent-ils une armée. Cependant, des avis furent donnés au roi Jean, auquel on fit entendre qu'il « estoit bon et pour le meilleur qu'il saccordast au roy de Navarre ».

Nous avons vu que ce fut le refus, par Godefroy d'Harcourt, de payer des maltôtes au roi Philippe VI qui avait causé la guerre de 1346 : l'impôt du sel qu'établit le roi Jean, en 1355, fut le point de départ d'une nouvelle série de malheurs pour notre province. Nous laissons parler Froissart :

« En ce temps, il y avoit un comte en Harecourt, qui sied en Normandie, qui étoit si bien de ceux de Rouen qu'il vouloit. Si que il dit, ou dût avoir dit, à ceux de Rouen, qu'ils seroient bien serfs et bien méchans, si ils s'accordoient à cette gabelle, et que, si Dieu le pouvoit, elle ne courroit jà en son pays, ni il ne trouveroit si hardi homme de par le roi de France qui la dût faire courir, ni sergent qui en levast, pour la inobédience, à amende, qui ne le dût comparer du corps ».

L'impôt sur le sel fut également repoussé par le roi de Navarre qui, à cette époque, était dans sa ville d'Evreux. Les barons et chevaliers de notre contrée s'opposèrent aussi à la gabelle, dont l'impopularité amena les bourgeois à faire cause commune avec le prince de Navarre.

« Ces nouvelles vinrent jusque au roi Jean, qui estoit chaud et soudain, comment le roi de Navarre, le comte de Harecourt, messire Jean de Graville et plusieurs autres chevaliers de

Normandie étoient contraires à ces impositions et les avoient defendues en leurs terres. Le roi retint cette chose en grand orgueil et grand'présomption, et dit qu'il ne vouloit nul maître en France fors lui.

« Cette chose se couva un petit, avec autres haines qu'on y attisa, tant que le roi Jean fut trop malement dur informé sur le roi de Navarre et le comte de Harecourt et aussi messire Godefroy de Harecourt qui devoit être de leur alliance et un des principaux ; et fut dit au roi de France que le roi de Navarre et celui de Harecourt devoient mettre les Anglois en leur pays et avoient fait de nouveau alliance au roi d'Angleterre ».

Froissart ne croit pas que le comte d'Harcourt et son oncle Godefroy « si vaillans gens et de si nobles et de si haute extraction voulurent oncques consentir que elle courût en leurs terres. Le roi Jean qui étoit léger à informer, et dur à ôter d'une opinion puis qu'il y etoit arrêté, prit les dessus dicts en si grand'-haine que il dit et jura que jamais n'auroit parfaite joie tant que ils fussent en vie ».

Nous reviendrons tout à l'heure sur l'accusation de trahison que le roi de France fit peser sur les seigneurs d'Harcourt. Dans tous les cas, Jean le Bon se rendit aux conseils qui lui furent donnés pour ce qui concernait le roi de Navarre.

Ce fut le cardinal de Boulogne qui traita de l'accord. Le roi Jean pardonna à son gendre Charles de Navarre, à Philippe son frère, à Godefroy d'Harcourt, à Jean V, comte d'Harcourt et baron d'Elbeuf, et à tous ceux qui avaient pris parti pour le roi de Navarre, qui reçut, par un traité signé à Mantes, le comté de Beaumont-le-Roger, la vicomté de Pont-Audemer, etc.

En cette même année 1355, Jean le Bon donna la Normandie à Charles, son fils aîné. Le chroniqueur rouennais auquel nous avons fait de nombreux emprunts, déjà, rapporte en ces termes deux curieuses cérémonies et de très intéressants détails qu'on ne trouve pas dans les autres auteurs contemporains sur la lutte de la grande féodalité, représentée par Godefroy d'Harcourt et son neveu Jean V, comte d'Harcourt, contre le pouvoir royal, représenté par le duc de Normandie :

« Et alors furent à acort le roy de Navarre et monseigneur et Philippe de Navarre son frere au roy Jehan, et jurerent paix lun à lautre sur le corps de Nostre Seigneur Jhesu Crist consacré, lequel fut parti en trois parties dont chacun ot sa part et lusa corporelment. Et lors vint le roy Jehan à Rouen, et là vint à lui le roy de Navarre auquel le roy de France Jehan fist très grant feste.

« Apres ce, vint Charles duc de Normandie ... à Rouen, où il fut receu a duc et à seigneur. Et avec lui vint le roy de Navarre, le conte de Harecourt et des plus grands barons de Normendie. Et là par le duc fut mandé à monseigneur Godefroy de Harecourt et à autres nobles quilz venissent à Rouen pour lui faire hommaige de la terre quilz tenoient de lui en Normendie.

« Lequel Godefroy manda au duc quil lui envoiast saufconduit et seurté de sauf aler venir et le garantir de tous arrestz et encombriers. Et ainsi fit le duc.

« Et lors vint à Rouen monseigneur Godefroy de Harecourt pour faire hommaige au duc. Et apporta de lEglise Nostre Dame de Rouen la chartre aux Normans où sont contenus les privilèges de Normendie. Laquelle chartre il apporta sur sa teste pardevant le duc et dit oyant tous : « Mon seigneur naturel, « vecy la chartre des Normans. En la fourme « quil est contenu dedens sil le voust plaist à « jurer et tenir, je suy tout prest de vous « faire hommaige. »

« Sur ces paroles, le conseil du duc de Normendie voulust veoir et avoir la dicte chartre. Et monseigneur Godefroy respondit que la dicte chartre il avoit promis rendre et restablir presentement en la dicte église et quil lui porteroit. Mais se copie ou vidimus en voulloient, bien le pourroient avoir.

« Ainsi se partit monseigneur Godefroy de Harecourt, sans faire hommaige, de la court du duc et prinst congié du duc, quil lui convenoit estre brief en sa terre. Moult voulentiers lescoutoit le duc parler et grant plaisir eust eu quil fût demouré de sa retenue de son conseil pour le tres grant sens de lui. »

Le duc Charles de Normandie tint un parlement en 1356. Charles le Mauvais, roi de Navarre ; Jean V, comte d'Harcourt et seigneur d'Elbeuf ; le baron du Bec-Thomas ; le sire de Tournebu, seigneur de la Londe, et beaucoup d'autres chevaliers s'y rendirent.

« Monseigneur Godefroy vint assez pres de Rouen pour estre à icelluy parlement ; mais onc ne voult venir sans le sauf conduit du roy Jehan et du duc Charles son filz, car moult se doubtoit dencombrier. Et par icellui par qui il mandoit le sauf conduit, il mandoit à son nepveu le conte de Harecourt que toutes choses laissies, il venist parler à lui.

« Ainsi comme lescuier de monseigneur Godefroy vint au chastel de Rouen, le conseil estoit continué à lendemain. Lors vint lescuier de monseigneur Godefroy au conte et lui dist ce que son oncle lui mandoit. Adonc demanda le conte de Harecourt ses chevaulx pour partir du chastel.

« Et lors vint à lui Robert de Lorris, lequel lui dit : « Sire, monseigneur le duc natent fors « que vous à disner ». Et brief, il lui osta son mantel et donc renvoia le devant dit escuier ».

Ces préliminaires du terrible drame qui allait se dérouler ne sont rapportés, croyons-nous, par aucun autre chroniqueur ; nous continuons à le citer pour la suite :

« Et lors assistrent à disner monseigneur le duc, le roy de Navarre, le conte d'Estampes, le conte de Harecourt, le sire de Graville en une table, et par les autres tables les autres barons, chevaliers et bourgois.

« Et comme ilz furent en my le disner, le roy Jehan entra eu chastel de Rouen par la porte des champs et vint au disner, avec lui le conte Jehan d'Artois et de Jehan de Meleun, conte de Tancarville, et le mareschal d'Andrehen o plusieurs gens darmes.

« Et lors ouy la frainte le chancelier de Navarre, lequel sen yssy hors de Rouen et trouva ledit escuier de monseigneur Godefroy. Et donc alla à lui et lui compta comme le roy Jehan estoit soudainement venu et entré eu chastel de Rouen. Lors dist monseigneur Godefroy : « Jen pensaye bien autant ». Et donc s'en partirent errant et s'en allèrent en Costentin.

« Le roy Jehan entra en la salle du chastel de Rouen et vinst en la table de son filz et là prinst de sa main le conte de Harrecourt, et le roy de Navarre fist prendre et mettre en prison et le dit conte de Harecourt, le sire de Graville et ung chevalier nommé Maubue de Ménesmares et ung escuier nommé Colinet Doublet, et à yces quatre fist trencher les testes dehors le chastel de Rouen. Et puis furent penduz au gibet lan mil trois cens cinquante six, le jour de la saint Ambroise (5 avril). Et ainçoiz quilz fussent mis hors du chastel pour les décappiter, le roi Jehan se saizy de toutes les clefz des portes de la cité et les fist toutes fermer. Et avec ce fit dire par les rues que chacun fermast son huis et que nul ne yssist hors de son hostel.

« Après ce fait, se partit le roy Jehan de Rouen et ala au Pont de l'Arche... Puis ala le roy Jehan à Paris, et le roy de Navarre fut mené en prison à Paris et puis au chastel de Gaillart jouxte Andeli et puis à Crevecuer ».

Froissart donne d'autres détails sur ce lugubre drame, qui jeta la terreur à Rouen, à Elbeuf et, du reste, dans toute la Normandie. Nous croyons devoir reproduire la narration qu'il en a faite, bien qu'elle fasse double emploi avec ce qui précède :

Charles duc de Normandie « tenoit son hostel ens ou châtel de Rouen, et ne savoit rien des rancunes mortelles que le roi son père avoit sur le roi de Navarre et le comte de Harecourt et messire Godefroy son oncle, mais leur faisoit toute la bonne compagnie qu'il pouvoit par l'amour et le vicinage. Et avint que il les fit prier par ses chevaliers de venir dîner avec lui au châtel de Rouen.

« Le roi de Navarre et le comte de Harecourt ne lui volrent mie escondire, mais lui accordèrent liement. Toutefois si ils eussent cru messire Philippe de Navarre et messire Godefroy de Harecourt, il n'y fussent jà entrés. Ils ne les crurent pas, dont ce fut folie ; mais vinrent à Rouen et entrèrent par les champs au châtel où ils furent recus à grand'joie.

« Le roi Jean, qui tout informé étoit de ce fait et qui bien savoit l'heure que le roi de Navarre et le comte de Harecourt devoient être à Rouen et dîner avec son filz, et devoit être le samedi, se départit le vendredi à privée mesnée ; et chevauchèrent tout le jour ; et fut en temps de la nuit de Paques fleuries. Si entra ens ou châtel de Rouen, ainsi que cils seigneurs séoient à table, et monta les degrés de la salle, et messire Arnoul d'Andrehen devant lui qui traist une épée et dit : « Nul ne « meuve, pour chose qu'il voie, si il ne veut être mort de cette épée ! »

« Vous devez savoir que le duc de Normandie, le roi de Navarre, le comte de Harecourt et cils qui séoient à table furent émerveillés et ébahis quand ils virent le roi de France entrer en la salle et faire telle contenance, et voulsissent bien être autre part. »

Les *Chroniques de Saint-Denis* nomment, parmi ceux qui étaient présents, Louis et Guillaume d'Harcourt, frères de Jean V comte d'Harcourt, les seigneurs de Préaux et de Clères, Friquet de Friquans, chancelier du roi de Navarre, Jean de Vaubatu, le sire de Tournebu, seigneur du Bec-Thomas, fief situé dans la vallée de l'Oison au sud d'Elbeuf, et ceux que nous avons précédemment cités. — Nous reprenons Froissart :

« Le roi Jean vint jusqu'à la table où ils séoient. Adonc se levèrent-ils tous contre lui et lui cuidèrent faire la révérence, mais il n'en avoit du recevoir nul talent. Ainçois s'avança parmi la table et lança son bras dessus le roi de Navarre et le prit par la keue et le tira moult roide contre lui en disant : « Or sus, « traître, tu n'es pas digne de seoir à la table « de mon fils. Par l'âme de mon père, je ne « pense jamais à boire ni à manger tant comme « tu vives ! »

« Là avoit un écuyer qui s'appeloit Colinet de Bléville et tranchoit devant le roi de Navarre. Si fut moult courroucé quand il vit son maître ainsi demener ; et trait son baudelaire, et le porta en la poitrine du roi de France et dit qu'il l'occiroit. Le roi laissa à ce coup le roi de Navarre aller et dit à ses sergens : « Pre- « nez-moi ce garçon et son maître aussi ».

« Maciers et sergens d'armes saillirent tantôt avant, et mirent les mains sur le roi de Navarre, et l'écuyer aussi, et dirent : « Il vous « faut partir de ci, quant le roi le veut. » Là s'humilioit le roi de Navarre grandement, et disoit au roi de France : « Ha ! monseigneur, « pour Dieu merci ! qui vous a si dur informé « sur moi ? si Dieu m'ait, oncques je ne fis, « sauve soit votre grâce, ni pensai trahison « contre vous ni monseigneur votre fils, et, « pour Dieu merci ! veuillez entendre à rai- « son. Si il est homme au monde qui m'en « veuille amettre, je m'en purgerai par l'or- « donnance de vos pairs, soit du corps ou « autrement. Voir est que je fis occire Charles

« d'Espaigne qui étoit mon adversaire, mais
« paix en est, et j'en ai fait la pénitence. »

— « Allez, traître, allez, répondit le roi de
« France, par monseigneur Saint Denis, vous
« saurez bien prêcher ou jouer de fausse men-
« terie si vous m'échappez. »

« Ainsi en fut le roi de Navarre mené en une
chambre et tiré moult vilainement et messire
Frichet de Frichans un sien chevalier avec lui,
et Colinet de Bleville ; ni pour chose que le
duc de Normandie dit, qui étoit en genoux et
à mains jointes devant le roi son père, il ne
s'en vouloit passer ni souffrir. Et disoit le duc,
qui lors étoit un jeune enfant : « Ah ! monsei-
« gneur, pour Dieu merci ! vous me déshono-
« rez : que pourra-t-on dire de moi, quand
« j'avois le roi et ses barons prié de dîner
« delez moi et vous les traitez ainsi ; on dira
« que je les aurai trahis. Et si ne vis oncques
« en eux que tout bien et toute courtoisie. »

— « Souffrez-vous, Charles, répondit le roi,
« ils sont mauvais traîtres, et leurs faits les
« découvriront temprement : vous ne savez
« pas tout ce que je sais. »

« A ces mots passa le roi avant, et prit une
masse de sergent et s'en vint sur le comte de
Harecourt, et lui donna un grand horion entre
les épaules et dit : « Avant, traître orgueilleux,
« passez en prison à malestrene. Par l'âme de
« mon père, vous saurez bien chanter, quand
« vous m'échapperez. Vous êtes du lignage le
« comte de Ghines. Vos forfaits et vos trahi-
« sons se découvriront temprement. »

« Là ne pouvoit excusance avoir son lieu,
ni être ouïe, car le dit roi étoit enflammé de
si grand aïr qu'il ne vouloit à rien entendre
fors à eux porter contraire et dommage. Si

furent pris, à son commandement et ordonnance, les dessus nommés, et encore avec eux messire Jean de Graville et un autre chevalier qui s'appeloit messire Maubué, et boutés en prison moult vilainement. De quoi le duc de Normandie et tous les autres furent durement troublés, et aussi furent les bonnes gens de Rouen, car ils aimoient grandement le comte de Harecourt, pourtant qu'il leur étoit propice et grand conseiller à leurs besoins : mais nul osait aller au devant ni dire au roi : « Sire, « vous faites mal d'ainsi traiter ces vaillans « hommes. » Et pour ce que le roi désiroit la fin des dessus nommés, et qu'il se doutoit que les communautés de Rouen ne lui fésissent force car bien savoit qu'ils avoient grandement à grâce le comte de Harecourt, il fit venir avant le roi des ribauds et dit : « Délivrez-nous de tels « et de tels. » Celui-ci fut tout appareillé au commandement du roi ; et furent traits hors du châtel de Rouen et menés aux champs le comte de Harecourt, messire Jean de Graville, messire Maubué et Colinet de Bleville et furent décolés sans ce que le roi voulut souffrir que oncques fussent confessés, excepté l'écuyer ; mais à celui fit-il grâce, et lui fut dit qu'il mourroit pour tant qu'il avoit trait son badelaire sur le roi : et disoit le dit roi de France que traitres ne devoient point avoir de confession.

« Ainsi fut cette haute justice faite dehors le châtel de Rouen, au commandement du dit roi, dont depuis avinrent plusieurs grands meschefs au royaume de France, ainsi que vous orrez recorder avant en l'histoire.

« Encore était le dit roi Jean ens ou châtel de Rouen quand autres lettres de défiance lui vinrent de monseigneur Louis de Navarre, de monseigneur Godefroy de Harecourt, du jeune fils ains-né le comte de Harecourt, qui s'appeloit Guillaume, du sire de Graville, de monseigneur Pierre de Sakenville et bien de vingt chevaliers... »

Le roi partit de Rouen et retourna à Paris.

Jean le Bon chercha à se justifier du crime odieux qu'il avait commis. Matteo Villani assure que le roi de France produisit un acte d'où pendaient plusieurs sceaux, par lequel il était prouvé que le roi de Navarre, le comte d'Harcourt et plusieurs autres seigneurs normands dont les noms étaient cités, avaient traité avec le roi d'Angleterre pour ôter la vie au roi Jean et au dauphin son fils, et mettre ensuite la couronne de France sur la tête du roi de Navarre, qui devait céder à Edouard III la Gascogne et la Normandie.

Des lettres du roi d'Angleterre, datées du 14 mai, adressées au pape, à l'empereur et à plusieurs autres princes, confirmaient l'assertion de Matteo Villani, bien qu'elles aient eu pour but de la contredire :

« Personne n'ignore, dit Edouard dans ces lettres, que Jean de France après avoir pardonné au roi de Navarre et à ses adhérens, a fait arrêter ce prince, le comte de Harecourt et plusieurs autres, et les a traités d'une manière que je voudrais pouvoir cacher, pour l'honneur de la profession des armes. Mais comme Jean pour justifier cette action, prétend, à ce qu'on dit, avoir entre les mains des lettres du roi de Navarre et de ses amis, par lesquelles il paraît qu'ils ont conspiré contre lui, et nous ont promis de se joindre à nous et nous livrer la Normandie ; considérant que ces discours blessent notre honneur, et voulant laver le roi de Navarre, quoiqu'il soit notre ennemi, du reproche de trahison dont on le charge à tort, nous déclarons sous parole de roi et nous protestons devant Dieu que, ni lui ni ses amis n'ont jamais fait d'alliance avec nous contre la France, » etc.

Aussitôt après le terrible drame de Rouen, les conjurés pourvurent leurs châteaux et leurs villes de garnisons, car ils s'attendaient à combattre le roi Jean. Louis d'Harcourt, frère du comte Jean V, avait continué à demeurer auprès du jeune duc de Normandie ; son oncle Godefroy lui écrivit qu'il eût à revenir avec ceux de son sang pour venger la mort de son frère. Mais Louis d'Harcourt opposa qu'il relevait du roi de France, et qu'il lui conservait la foi qu'il lui avait jurée, ainsi qu'à son fils le duc de Normandie.

A cette réponse, Godefroy fut vivement irrité ; il fit dire à son neveu qu'il le considérait comme « un homme failli et que jamais il n'avoit que faire de tendre ni de penser à l'héritage qu'il tint, car il l'en feroit si exempt que il n'en tiendroit denrée ». Mais cette menace d'être déshérité n'ébranla pas Louis d'Harcourt, qui continua à servir le duc de Normandie et son père, le roi de France.

Jean V, comte d'Harcourt et d'Aumale, vicomte de Châtellerault, baron d'Elbeuf, de la Saussaye, de Brionne, de Bonnétable, d'Arscot, de Montgommery et de Mesle-sur-Sarthe, seigneur de Lillebonne, de Gouffer, de Vignas, d'Aubigny, de Noyelle, de Noyellette, de Crotoy, de Nemons, de Conteville, de Montreuil-sur-Mer, de Saint-Vast, de Vatan, de Vailly, d'Abbeville, de Patigny, de Moncollan, etc., chevalier, capitaine de Granville, avait épousé Blanche de Ponthieu, descendante des rois de Castille et de Léon ; elle blasonnait : *D'or à trois bandes d'azur, ecartelé des armes de France : D'azur à trois fleurs de lys d'or.*

De ce mariage étaient nés Jean VI, comte d'Harcourt et d'Aumale, baron d'Elbeuf, de la Saussaye et de Brionne ; Robert d'Harcourt, baron d'Elbeuf ; Charles d'Harcourt, baron de la Saussaye ; quatre autres fils et quatre filles.

A la suite du terrible drame que nous venons de rapporter, Jean le Bon confisqua à son profit les biens du comte d'Harcourt ; le duc de Bourbon lui conseilla même de les garder toujours entre ses mains et de ne les donner à aucun autre. La terre d'Elbeuf rentra donc dans le domaine royal ; mais comme elle fit plus tard retour à la maison d'Harcourt, nous parlerons tout de suite de l'héritier direct du supplicié de Rouen.

CHAPITRE XX
(1356-1363)

Jean VI d'Harcourt. — Réhabilitation de la mémoire de Jean V. — Pillage d'Elbeuf par les Anglais. — Le baron d'Harcourt donné comme otage.

Nous avons dit que Jean V d'Harcourt avait assigné la seigneurie d'Elbeuf comme patrimoine à son quatrième fils, Robert d'Harcourt ; mais ce jeune homme étant mort, la terre d'Elbeuf était rentrée dans le domaine de Jean V. Par suite du décès de ce dernier, le comté d'Harcourt y compris Elbeuf, revenait légitimement à l'aîné de la maison, Jean VI, né à Harcourt en 1342, et conséquemment âgé de quatorze ans.

Philippe de Navarre et Godefroy d'Harcourt mirent leurs châteaux et places fortes en bon état de défense, puis ils demandèrent au roi d'Angleterre des lettres de sauf-conduit ; elles furent signées le 24 juin. Ces deux seigneurs passèrent alors la Manche et allèrent trouver Edouard, qui les reçut avec une grande joie. Philippe et Godefroy offrirent au roi d'Angleterre de le reconnaître comme leur suzerain pour les biens qu'ils possédaient en Normandie.

Edouard III ne se fit pas prier. Il envoya son fils Henry, duc de Lancastre, avec une petite armée qui débarqua à Cherbourg, et s'augmenta de troupes levées en Cotentin. Quand ces forces arrivèrent à Evreux, elles se composaient de 1.200 lances, 16.000 archers et 2.000 « brigans à lances et pavais ». Là se trouvaient, avec beaucoup d'autres seigneurs normands ou anglais, Godefroy d'Harcourt, le jeune Jean VI d'Harcourt, Louis de Navarre, Pierre de Sacquenville, qui se mirent sous les ordres du duc de Lancastre et de Philippe de Navarre.

L'armée se dirigea sur Acquigny, Passy-sur-Eure et Vernon, en détruisant et brûlant tout derrière elle. Pour la seconde fois, Godefroy d'Harcourt conduisait une armée anglaise dans notre contrée, où elle ne laissa que des ruines et la mort !

On rapporta au roi de France « que le duc de Lancastre, Anglois et Navarrois, chevauchoient vers Rouen mettoient le pays en grand'tribulation, et que les Anglois du temps passé n'y avoient point fait tant de dépits que ceux qui à présent y étoient y faisoient, par l'ennort confort des Navarrois...

« Le duc de Lencastre et les Navarrois qui chevauchoient en grand'route et qui ardoient tout le plat pays, s'en vinrent à Vernon, qui étoit bonne ville et grosse : si fut tout arse et toute robée ; oncques rien n'y demeura que le château. Et puis chevauchèrent vers Vernueil et firent tant qu'il y parvinrent. Si fut ladite ville toute arse et aussi furent les faubourgs de Rouen ».

Le roi de France s'émut. Il vint à Mantes, où il apprit que les Anglais étaient aux environs de Rouen et qu'ils continuaient leurs dévastations. Il poussa jusqu'à cette ville, où il séjourna trois jours avec 10.000 hommes d'armes. Alors, les Anglais se retirèrent vers Cherbourg, suivis de l'armée française ; mais Jean jugea à propos de revenir à Rouen, où il ne demeura que le temps nécessaire pour réunir les engins devant servir au siège d'Evreux, qu'il projetait.

Il se mit donc en route, en passant probablement par Elbeuf et Caudebec, où il prit la « voie chartraine », c'est-à-dire la route qui conduisait de Caudebec-lès-Elbeuf à Chartres, par Evreux, principale ville du roi de Navarre en Normandie et dans laquelle se trouvait une forte garnison ennemie. Evreux fut pris après plusieurs assauts.

Jean le Bon vint mettre le siège devant Breteuil ; son armée comptait toujours 10.000 cavaliers. Froissart rapporte que « ceux de la garnison étaient pourvus de canons jetant feu ». Remarquons à ce propos que Villani, mort en 1340, mentionne que les Anglais s'étaient servis de bombardes à la bataille de Crécy ; mais ce fut à Breteuil que, pour la première fois, croyons-nous, des assiégés employèrent des canons pour leur défense.

Pendant le siège de Breteuil, Jean le Bon fit sortir de prison Charles de Navarre, son gendre, et le fit amener devant lui. Là, il le somma de remettre en ses mains les châteaux-forts qu'il possédait.

Charles y consentit. Mais les capitaines de ces places se refusèrent à reconnaître son autorité et dirent qu'ils ne feraient que ce que

Philippe de Navarre leur commanderait. « Et lors, par le commandement du roy Jehan, fut ramené le dit roy de Navarre plourant en prison à Paris ».

Le roi d'Angleterre envoya son fils aîné, le prince de Galles, en Gascogne. On sait que Jean le Bon courut pour le combattre, mais qu'il fut fait prisonnier à Poitiers, le 19 septembre de cette même année 1356. Quelque temps après, Charles de Navarre fut délivré de sa prison, la nuit même que les Anglois prirent Pont-Audemer, qu'ils pillèrent et brûlèrent. Honfleur subit le même sort.

« Et lors monseigneur de Cleremont, de par le duc, et monseigneur Louis de Harecourt, de par le pais de Normendie, alèrent à Rouen, et là assemblèrent les gens darmes, et firent là deux armées.

« Aprez ce que le roy de Navarre fut délivré de prison, il s'en vint à Paris moult grandement accompagnié de nobles hommes comme monseigneur de Coussi, monseigneur Ieritier de Harecours..., monseigneur de Tournebut », etc. Charles de Navarre harangua le peuple parisien et fit alliance avec « les gouverneurs des trois estas ».

Pendant ce temps, Godefroy d'Harcourt tenait la campagne dans le Cotentin, à la tête des Navarrois. Les Français allèrent l'attaquer.

« Adonc Mgr Godefroy de Harecourt fit sonner ses araines pour combattre les Francoiz et mist pié à terre et cuida que ceulx qui estoient o lui fissent comme lui. Maiz quand Mgr Pierres de Saquainville et maistre Robert Parti aperçurent la force et la puisdes François, ilz s'en fuirent.

I 26

« Quant Mgr Godefroy vit de toutes pars ceulx de son parti fuire, il fit le signe de la croix et dist : Au jour duy en suaire darmes « sera mon corps ensevely. Doulx Jhésu Crist, « je tent à mourir en deffendant et en vengant « la cruelle mort dont à tort on a fait mourir « mon sang villainement ».

« Puis se affentra contre une ente et prist son glaive et dit : « A ! Dieu Jhésu Crist, je te « mercye de lonnourable mort que tu men- « voyez ».

« Le Baudrain, Cleremont et les autres nobles hommes estoient rengiés en bataille devant lui et luy disoient quil se rendiest. Et donc leur dist Mgr Godefroy de Harecourt : « Par lame de Aelis ma mere, jà le duc ne me « tendra vif ».

« Donc luy coururent sus huit hommes et ne sçay quans archiers. Maiz tres efforcéement et viguereusement se deffendi tant que de son glaive en navra tres fort les aucuns, maiz en la fin fut mort et occiz le dit Monseigneur Godefroy de Harecourt ».

Le même jour, 11 novembre 1356, Philippe de Navarre survint et vengea la mort de Godefroy en tuant ou noyant cent cinquante hommes de l'armée française ; puis il fit emporter le corps de son ami en l'abbaye de Saint-Sauveur le Vicomte, où on l'inhuma.

La terre de Saint-Sauveur devint anglaise, car Godefroy, de son vivant, l'avait vendue au roi d'Angleterre pour en jouir après sa mort, afin d'en priver son neveu Louis d'Harcourt, ainsi qu'il le lui avait annoncé, quand ce seigneur avait refusé « de contrevenger la mort du comte de Harecourt son frère, que le roi Jean avoit fait mourir honteusement à Rouen ». Le roi d'Angleterre fit prendre saisine de Saint-Sauveur, terre très importante alors, puisqu'elle rapportait, au dire de Froissart, « seize mille francs de revenue par an ».

La paix qui suivit la bataille de Maupertuis et la mort de Godefroy eurent pour résultat de rapprocher les membres de la famille d'Harcourt, si profondément divisés. La noblesse se trouva, d'ailleurs, dans la nécessité de se soutenir mutuellement pour combattre la Jacquerie.

Nous retrouvons le jeune comte d'Harcourt, l'année suivante, au siège de Longueville en Caux, en compagnie de Charles de Navarre et du baron du Bec-Thomas, puis nous le voyons aller, en 1358, au devant des Jacques du côté de Clermont en Bauvaisis; mais, dans cette expédition, il était en compagnie de Louis d'Harcourt. Un nombre considérable de paysans furent mis à mort par la noblesse normande et picarde.

La Jacquerie fut suivie d'un soulèvement du peuple de Rouen, commandé par Jacques le Lieur, qui s'empara du château de cette ville. Des gentilshommes se réunirent aux environs d'Elbeuf, et allèrent attaquer les Rouennais du côté de Saint-Sever. Le combat dura longtemps, mais les bourgeois de Rouen eurent le dessus. Alors les gentilshommes se retirèrent en dévastant, pillant et brûlant les biens que des Rouennais avaient dans les campagnes environnantes; à quoi les bourgeois répondirent en traitant de même les maisons que la noblesse possédait à Rouen.

Louis d'Harcourt figure au nombre des seigneurs qui prirent les armes sous les ordres du duc de Normandie, pour combattre les

Parisiens, qui avaient appelé Charles de Navarre et son frère Philippe. Le dauphin entra dans Paris.

Philippe de Navarre guerroya alors en Normandie ; il prit Bernay, Marbeuf près Louviers et plusieurs autres places. Le jeune Jean, comte d'Harcourt, se trouvait avec Philippe de Navarre et trois mille hommes devant Rouen ; ils s'emparèrent de plusieurs habitants de cette ville, sortis des murs pour les combattre.

Cette année-là, les Anglais furent rappelés en Normandie par Charles-le-Mauvais, roi de Navarre. Ils pillèrent Louviers et ruinèrent son industrie, de sorte que beaucoup de fabricants quittèrent la place pour aller s'abriter et travailler à Rouen.

On pourrait peut-être supposer que quelques-uns d'entre eux vinrent se fixer à Elbeuf ; il n'en fut rien, par cette raison que les manufacturiers n'auraient pas été plus en sûreté dans notre localité qu'à Louviers.

Nous devons noter ici l'inhumanité et l'égoïsme des drapiers de Rouen, qui, au lieu de compatir aux malheurs des fabricants lovériens et les accueillir avec empressement parmi eux, les repoussèrent avec dureté et demandèrent leur expulsion, en s'appuyant sur un article de leurs statuts qui défendait de fabriquer du drap à Rouen si l'on n'y avait fait son apprentissage.

Les drapiers de Louviers luttèrent ainsi contre les Rouennais pendant près de quinze ans ; enfin le roi de France, prenant leurs peines en considération, leur accorda l'autorisation de travailler à Rouen, à condition que leurs draps seraient marqués d'une empreinte spéciale.

On conçoit combien en ces temps troublés l'industrie dut être inquiète. Il arriva même que beaucoup de producteurs quittèrent la Normandie pour se rendre en Flandre, où régnait l'opulence, et notamment à Gand, dont la draperie était alors célèbre dans le monde entier.

M. Ch. de Beaurepaire a publié le récit de la réhabilitation du comte d'Harcourt, baron d'Elbeuf, d'après un manuscrit de la Bibliothèque nationale. Nous en détachons ce passage :

« L'an mil .ccc lvij., ce dit an au mois de janvier (1358 n. s.), le dit roy de Navarre veint à Rouen avec grand compaignie de gens tant armez que desharmez où ceulx de la ville les receurent.

« Et, ce dit jour les Navarrois ardirent ung bel hostel que le duc de Normandie avoit à trois lieues de Rouen [à] Couronne, et mercquedi ensuiant que il fut arrivé, il envoia despendre les corps des quatre qui avoient esté décapitez. Mais on ne trouva rien du conte de Harecourt ; car ses parents l'avoient osté secretement.

« Et furent les dis corps ensevelis par tróis Beguines, et mys en troys coffres et amenez en trois charotz couvertz de noir. Et alla ledit roy de Navarre jusquez au gibet avec grand nombre de gens, et y avoit cent hommes revestuz de noir, lesquelz portoient cent grandes torches, et furent les diz corps arrestez au lieu où ils avoient esté decapitez, et illec chanté vigilles, et aprez portés en l'eglise cathedrale de Notre Dame et furent mis soubz une chapelle de bois peinte de noir nommée *Castrum doloris*, toute couverte de cierges de cire.

« Et estoit en l'ung des chariotz les corps des seigneurs de Maubue et Colinet Doublet. Apres ledit chariot, marchoient sur deux chevaux, deux escuiers armez de leurs armes, et leurs amys après. Au second chariot estoit le corps de messire Jehan Mallet, seigneur de Graville, et après marchoient deux hommes qui portaient deulx bannieres de ses armes, et deux autres sur deulx chevaulx armez l'un pour la guerre et l'autre pour le tournoy.

« Au tiers chariot ne avoit point de corps ; mais il faisoit representant dudit conte de Harecourt. Et après avoit deux banieres, et deux hommes armez, le dit de Navarre et les amys après.

« Le lendemain, le dit roy de Navarre feit assembler le peuple de la ville de Rouen devant l'abbaie de Saint Ouen, et illec leur prescha, et deist moult de choses, voulant demonstrer que il avoit esté prins sans cause et detenu prisonnier l'espace de dix neuf mois, et puis parla des quatre decapitez, et les appeloient *vrais martirs*. Puis alla à la dicte eglise de Notre Dame où il feit mettre les quatre heaulmes en la chapelle des *Innocens*, voulant dire que ils estoient innocens des cas pour lesquelz on les feit mourir. »

Le roi de Navarre fit rendre au jeune comte d'Harcourt les domaines que le roi avait confisqués sur lui. La terre d'Elbeuf rentra donc dans les mains de Jean VI.

En cette même année 1358, pendant le siège du château de Gamaches, Philippe de Navarre arma chevalier Jean VI d'Harcourt, que nous retrouvons quelque temps après à la prise d'Amiens, ville qui fut pillée par les troupes de Philippe de Navarre.

Une trève étant survenue, Louis d'Harcourt, oncle de Jean d'Harcourt, fut nommé lieutenant du duc de Normandie. La paix fut signé, à Pontoise, à la fin d'août 1359, entre le régent de France et le roi de Navarre.

Pendant la négociation de ce traité, le dauphin de France, duc de Normandie, qui devint roi sous le nom de Charles V, entama des pourparlers avec la maison d'Harcourt, à laquelle il voulait faire oublier la mort odieuse du comte Jean V, et proposa de donner pour femme à Jean VI d'Harcourt, son fils, Catherine de Bourbon, fille de Pierre Ier de Bourbon et d'Isabelle de Valois, sa propre belle-sœur :

« Et pour demourer à tous jours amy du duc, fut pour lors donnée à mariage au dit hoir de Harecourt la seur de la duchesse de Normendie, fille du duc de Bourbon, laquelle estoit la plus belle créature de femme que l'en sceut en France, excepté madame Jehanne de Navarre ».

« Pour faciliter les pactions du mariage de Jean VI d'Harcourt avec Catherine de Bourbon, dit la Roque, il fut passé un titre le huictième avril 1359, qui est conservé au thrésor de France, qui contient une promesse du Régent Charles, fils aisné du Roy, d'asseoir douze mille livres de rente sur la Chastellenie de Mortemer en Normandie à ce comte, son cousin, et à Catherine de Bourbon, sa belle-sœur, et cette chastellenie fut depuis rachetée pour vingt mil francs d'or, par ledit Charles, en l'année 1366, estant parvenu à la Couronne ».

Le mariage du jeune seigneur d'Elbeuf ne fut célébré que plus tard

L'alliance du roi de France avec la puissante maison d'Harcourt était d'autant plus nécessaire que les Anglais se préparaient à une nouvelle expédition dans notre pays. En effet, Edouard III, roi d'Angleterre, débarqua à Calais, le 31 octobre 1359, avec une armée de 100.000 hommes. Il s'avança sur la Picardie et la Normandie qui furent ravagées.

Louis et Jean d'Harcourt combattirent ensemble les Anglais en Caux, en Picardie et assiégèrent Blangy, où le jeune seigneur d'Elbeuf se distingua et fut blessé :

« La ville de Blangi assaillirent moult efforcément un grand nombre de Françoiz, monseigneur le conte de Harecourt qui estoit jeune de laage de quatorze ou quinze ans. Pour sa hautesse des plus suffisans sestoient mis soubz sa baniere, laquelle fut portée dung bon homme darmes et fut ce jour là plus avant des autres. Le dit conte, quand il vit sa baniere montée la douve des fossez, il ala es fossez. Si tenoit l'en à bien esprouvé qui se osoit tenir sur les fossez sans devaller, tant efforciement gettoient les Angloiz grans pierres, et fort et espessement traioient !

« Apres le jeune conte de Harecourt devallerent moult de haulz hommes et de bonnes gens darmes pour prouesse faire et honneur conquester. Maiz en present vint ung chevalier à monseigneur Louis de Harecourt, de par le roy de Navarre, qui lui mandoit qu'il seroit lendemaint avecquez eulx et que len latendist à assaillir.

« Et donc fist monseigneur Louis de Harecourt sonner la retraicte des gens darmes. Et fut le conte de Harecourt à grant peine retrait et mis hors des fossez, car une pierre lavoit blechié en la jambe. En ce dit assault moult ouyssiez hautement crier « Harecourt » pour lamour du jeune conte qui avoit un tel hardement ».

Des Anglais venus de Honfleur, se répandirent aux environs de Rouen et d'Elbeuf, puis allèrent s'installer au Château-Fouet, à Orival, qu'ils réparèrent et mirent en état de défense. Cette troupe était commandée par Thomas Hurcz et Jean de Marle.

M. Siméon Luce a publié une relation fort intéressante de ces évènements ; en voici un extrait :

« Les Anglois se boutèrent en ce viel chastel, et l'emparèrent en petite saison, et est de présent la place nommée Orival, et siet sur une haulte roche assise sur la rivière de Seine, à trois ou quatre lieues de Rouen, près Ellebeuf sur Seine.

« Près d'icelui lieu prindrent les diz Anglois moult de petits bateaux qu'il amenèrent par devant le fort, et ladite ville (Elbeuf) pillèrent car, avec eulx vint Thomas Kain à grosse route d'Angloiz dont le païs fut moult effrayé de leur venue.

« Ceulx de Rouen, qui n'avoient cure de telz hostes et voisins, si firent une armée en gallies et en fousses et vindrent, par nuyt, devant Orival.

« Les Anglois si gardoient leurs navires, mais ceulz de Rouen vindrent sur eux et couppèrent les cordes des batiaulx, et là oult une forte escarmuche. Les Angloiz ne sosoient tenir en leurs bateaulx, car ilz nestoient point duiz de la rivière. Par quoy ceulx de Rouen leurs hosterent leurs bateaux excepté deux ou trois que les Angloiz avoient sur terre ».

Elbeuf eut donc beaucoup à souffrir, à cette époque, des incursions des Anglais. La Chronique dont nous venons de citer un passage prouve que le château-fort du Glayeul — s'il fut jamais construit — n'existait déjà plus, car il est évident que nos ennemis l'eussent occupé, ce que le chroniqueur n'aurait pas manqué de rapporter.

Pierre Cauchon nous fournit d'intéressants détails sur notre contrée :

« En ce temps couroit tel temps en France et en Normandie, que nul de Paris, de Rouen, de toutes les bonnes villes du royaume n'osassent yssir hors de la ville le quart d'une leue, s'il n'eussent sauf conduit des Navarrois ou des Englois, que estoient en leur ville et forteresches ; et aussi semblament nul des villes au roy de Navarre comme Evreeux, Conches et autres villez, s'il n'eussent sauf conduit de Franchois.

« Et estoient tout le plat païs sans forteresches ; les Franchois raenchonuz as Navarrois, et les Navarrois as Franchois, et les gens d'armes d'un costé et d'autre, de greigneix maistres, estoient à accort que, se l'un prenoit l'autre en aucun pongneis, il étoient quittez pour certain pris de raenchon fait entr'eulz par foy et par fianche. Et prenoient, chacun d'un costé et d'autres, praiez l'un sur l'autre souvent et menu ; et semblait qu'il jouassent as barres ». — A noter, en passant, l'ancienneté du jeu des barres dans notre contrée.

« Et quant le terme des raenchonz as gens du plat pais estoit passé, chascun couroit sur sa proie, et quan il trouvoient il prenoient prisonniers, et les amenoient prisonniers en leur forteresche ; et prenoit le pere le filz, et le filz le père, l'oncle le nepveu, et le cousin le cousin, et s'entrevendoient, et trahissoient ainssi l'un l'autre ; n'omcques, puis que Diex fu mis en crois, n'estoit nul qui omcques eust veu, ni leu, en romans, ne en croniquez tel temps comme il courait en ce temps. »

Après avoir raconté le mal que faisaient les loups, si nombreux alors que nul n'osait s'aventurer seul dans les campagnes, Pierre Cauchon rapporte que les partis prenaient les forteresses par trahison « et guidèrent prendre le Pont de l'Arche, lequel leur avait vendu Hanehequin Lucas.

« Si fu apercheu, et fu pris, et fu amené à Rouen, et out le col trenchié, et puis escartellé, et les .iiij. membres mises à .iiij. portes de la chité en signe de mémoire.

« Et aussi les diz Navarrois pristrent Roulleboise sur Saine, et l'enforchèrent tres fort, et le tindrent grant temps, et aussi enforcherent une vielle muraille emprez Eullebuef sur Saine, nommé Orival et le firent très fort ; et ne povoit rien monter n'avaller, de Paris à Rouen pour ces .ij. forteresches, et faisoient grant destourbier à la marchandise ; et convint que les genz d'armez, arballestriers et autres, gardassent l'eaue en droit les fors ; et cousta grandement à Rouen. Et, après ce, pristrent le chastel de Mouliniax au dessouz de Rouen ; et ne povoit monter n'avaller ; et venoient tous les jours as barrieres de Rouen ».

C'est peut-être de cette époque que datent les boulets de pierre et le crâne humain que l'on conserve au musée d'Elbeuf, trouvés par M. Noury, au pied du Château-Fouet ; bien qu'aucun texte ne prouve que des faits de guerre notables, autres que ceux que nous avons rapportés, aient eu lieu à la forteresse d'Orival.

En effet, peu après 1359, l'artillerie avait fait assez de progrès pour qu'il fût possible de lancer, au moyen de canons, des pierres d'une certaine grosseur ; l'usage des boulets de pierre cessa au milieu du siècle suivant. A ce sujet, nous croyons qu'on ne lira pas sans intérêt ce certificat, qui date du premier tiers du xve siècle :

« Nous, vicomte de Gisors, certiffions que Phillebert de Morlens, comanda à Pierre Faucon, tailleur de pierre et carrier, de faire hastraire des carrières de Vernon, cent pierres pour fère pierres à canon, et que icelles il feist arrondir en tenant haulteur de chascune .xxvj. poulces selon le kalibre que sur ce lui bailla...»

Les Anglais ne restèrent que peu de temps au château de la Roche-Fouet, d'Orival. Avec d'autres compagnies, ils se répandirent dans le Roumois et se dirigèrent vers Lisieux. Louis d'Harcourt appela les gentilshommes normands qui se mirent à la poursuite de l'ennemi. Arrivés au Bec-Hellouin, ils apprirent que les Anglais étaient aux environs de Thiberville, où eût lieu une rencontre.

Malheureusement, Louis d'Harcourt tomba entre les mains des ennemis avec la plupart des vaillants chevaliers normands qui l'accompagnaient. Louis fut conduit à Honfleur, où les Anglais l'emprisonnèrent ; ses compagnons se rachetèrent en payant une rançon.

La détention de Louis d'Harcourt privait la Normandie de son gouverneur. Les nobles de la province se réunirent à Rouen, et nommèrent Philippe d'Alençon, archevêque du diocèse, « général cappitaine de toute la Normendie ».

Instruits par les leçons du passé, et afin d'assurer le ravitaillement de la place, des soldats de la garnison de Rouen « allerent à grant armée de cheval et par la riviere de Seine ceulx de pié, devant le chastel d'Orival, pour garder la riviere. Et firent en une ysle, devant ledit Orival, une garnison de gens darmes et d'arbalestriers qui gardoient la riviere de Seine pour la marchandise. »

L'île où les Français s'installèrent n'est donc point, ainsi que nous l'avons cru un moment, celle de la Bastide, située devant Elbeuf, laquelle ne reçut de garnison que plus tard, ce que nous verrons par la suite.

Voici dans quels termes le chroniqueur rouennais raconte l'évènement qui rendit la liberté à l'oncle du baron d'Elbeuf :

« Monseigneur Louis de Harecourt, qui estoit prisonnier fiancé à ung Angloiz de petit estat, si promist à son maistre lui faire moult de bien. Son dit maistre, qui estoit simplez home, et pour doubte des cappitaines Angloiz quilz ne lui toilissent son prisonnier, fu à acort à monseigneur Louis. Et comme ilz faisoient semblant daler jouer, ilz sen vindrent sur deux coursiers vistement tant quilz furent hors des mains des Angloiz. Puis vint monseigneur Louis à Rouen, et fut establi de par monseigneur le duc de Normendie comme eu paravant. Et monseigneur Philippe dAlençon sen demis qui avoit esté fait archevesque de Rouen »

Quelque temps après, un bourgeois de Londres, nommé Henry Picart, partit d'Angleterre avec 80 vaisseaux et 10.000 Anglais. L'armée débarqua à l'embouchure de la Seine :

« Les nouvelles en vindrent à monseigneur Louis de Harecourt, qui estoit à Rouen. Et adonc fit monseigneur Louis sa semonce bien en haste et manda le conte de Harecourt, son nepveu, qui vint là à grant compaignie de nobles hommes. »

L'armée normande fit si bien que les Anglais ne purent se ravitailler ; beaucoup furent pris et tués.

Le roi Jean le Bon fut rendu à la liberté, en 1360, après l'odieux traité de Brétigny. Il était de retour à Paris le 13 décembre ; mais pour assurer les conditions du traité conclu avec le roi d'Angleterre, ce dernier réclama des otages, choisis par les plus vaillants chevaliers français. Au nombre de ceux qui traversèrent la Manche pour se livrer à Édouard III, furent le jeune comte Jean d'Harcourt et son oncle Louis d'Harcourt. Des bourgeois habitants les grandes villes de France firent aussi partie des otages : beaucoup d'entre eux moururent en Angleterre, notamment Amaury Filleul et Jean Mustel, bourgeois de Rouen.

Au XIVe siècle, les vastes terrains s'étendant entre Elbeuf, Caudebec et la Seine étaient en grande partie asséchés, car on y récoltait des foins en abonnance. Un contrat de 1361, publié dans le Bulletin de la commission des Antiquités de la Seine-Inférieure, stipule que Jean Perrai, de Poses, maître d'une nef appartenant à un bourgeois de Saint-Leu d'Esserent, fit marché avec Jean Langlois, de Caudebec, pour le transport à Paris de 32.000 bottes de foin, à raison de quatre florins royaux par mille.

En 1363, une armée anglaise, conduite par Jean Joël vint ravager notre province; Bernay fut le quartier général du commandant et la base de ses opérations.

Philippe de Navarre, autorisé du roi de France, appela à lui la noblesse de la Normandie. Le sire de Blainville accourut à la tête de troupes recrutées à Rouen et dans le pays de Caux, passa par Elbeuf, et alla rejoindre Philippe aux environs du Bec-Thomas.

Un dîner qui fut fait au Bec-Thomas à cette occasion fit époque dans cette paroisse. Philippe de Navarre ordonna qu'on versât le contenu de deux barils de vin dans une fontaine du jardin qui entourait le manoir seigneurial, et les chevaliers firent si bonne chair qu'ils n'oublièrent jamais ce repas. Malheureusement, Philippe de Navarre fut saisi par le froid après avoir eu très chaud, et contracta dans cette soirée une maladie dont il mourut quelques jours après, à Vernon.

L'hiver fut très rude et la Seine gela ; c'est ce qui permit aux Anglais de Bernay de la traverser et de se répandre dans le Vexin, qu'ils dévastèrent. Alors, le duc de Normandie leva une armée, dont partie fut placée sous les ordres du sire de Blainville, lequel se joignit à Duguesclin et, avec son aide, pacifia la contrée.

Outre leurs luttes contre les Anglais, nos populations eurent encore à combattre contre les « grandes compaignies », provenant des troupes licenciées après le traité de Brétigny, et qui se constituèrent en bandes, parcourant le pays et ne vivant que de pillage.

On conçoit que le commerce de notre localité ne pouvait être brillant pendant cette époque troublée, et que le mouvement commercial devait à peu près se borner à l'embarquement de quelques denrées que les négociants de Rouen trouvaient à acheter ou à échanger au petit port d'Elbeuf.

CHAPITRE XXI
(1364-1388)

Jean VI d'Harcourt (suite). — Faits de guerre. — La mesure d'Elbeuf. — Retour de Jean VI. — Comment on fabriquait le drap au XIVe siècle.

Pendant l'hiver de 1363 à 1364, les Rouennais, sous la direction de Jacques Le Lieur, organisèrent une armée de galiotes à rames pour garder la rivière en amont de leur ville, jusqu'à Roleboise, où étaient les troupes de Jean Jouel avec les Navarrais. La *Chronique de Duguesclin* estime à 10.000 le nombre des Rouennais qui passèrent devant Elbeuf :

> Yssirent bien dix mille armez suffisamment ;
> Contremont Seine alèrent esploictant tellement
> Que devant Rouleboise le noble mandement
> Se logièrent....

Quelques jours après, Bertrand Duguesclin prenait Meulan (7 avril 1364).

Ce vaillant capitaine parcourut tout le pays environnant la Seine ; grâce à lui la navigation était redevenue sûre en amont de Rouen. Il se trouvait dans cette ville quand un espion vint le prévenir que le captal de Buch était à Evreux, capitale d'une contrée dans laquelle les Navarrais avaient vingt-trois châteaux forts — la *Chronique de Duguesclin* dit trente-trois.

Le célèbre chevalier assembla une armée à Rouen ; quelques jours après, elle avait quitté cette ville et se trouvait réunie au Pont-de-l'Arche, puis se dirigea sur Cocherel où eut lieu, le 16 ou le 23 mai 1364 — on n'est pas d'accord sur la date — la bataille mémorable dans laquelle le captal de Buch fut fait prisonnier. Après ce brillant fait d'armes, l'armée française regagna Pont-de-l'Arche et Rouen.

Charles V, le nouveau roi de la France, était à Reims pour les cérémonies de son sacre, quand il apprit la victoire de Cocherel. Il vint de Reims à Rouen, où il fit don à Duguesclin du comté de Longueville en Caux ; en outre, il le nomma maréchal de Normandie. Les lettres de donation sont du 27 mai 1364.

Duguesclin passa bientôt la Seine et alla prendre l'abbaye du Bec-Hellouin sur les Bretons, puis Bernay fut mis sous la protection du baron de la Fère. Peu après, les barons de Caux, avec d'autres seigneurs normands, allèrent mettre le siège devant Acquigny ; les Anglais et Navarrais de la garnison se rendirent après une lutte énergique.

Alors le sieur de Beaumesnil, le baron de la Ferté, le baron du Bec-Thomas et autres allèrent mettre le siège devant Evreux et Echauffour ; mais pendant qu'ils y étaient occupés, une bande de Gascons et de Navarrais, commandée par Pierre du Saut, se dirigea sur notre contrée et entreprit d'entrer dans le château-fort de Moulineaux. Il mirent leur projet à exécution, un matin, à la faveur d'un épais brouillard, au moyen d'échelles.

Jean de Belengues, capitaine de la forteresse, était au siège d'Evreux, quartier général des « Ecorcheurs » ; cependant la garnison du Château-Robert tint bon et tenta de repousser les assaillants. Voici comment l'auteur anonyme de la *Chronique des quatre premiers Valois* rapporte les faits qui s'y passèrent :

« Quant les Gascons eschelerent ledit Moulineaux, il faisoit ung tres grant bruilas. Parquoy ilz ne furent oncques apperceux jusques ad ce quilz furent dix Gascons montés. Et lors commença le soleil à lever, et leschauguette qui estoit monté pour le jour commença à crier : « Trahi ! trahi ! Alarme ! »

« Et lors les Gascons crierent « Saint George ! » et coururent à la porte à haches et congnies. Et rompirent les serreures et ouvrirent la porte et le pont et coururent sus à ceulx du chastel et par force les prindrent.

« Pierron du Saut fit sortir les dames de dedens le chastel, ma damoiselle de Harecourt, laquelle ne voult oncques avoir espoux, et les autres dames conduire par les gentilz hommes mesmes qui estoient ou chastel avecques elles. Maiz il leur fit jurer prison. Et fut conduite ma damoiselle de Harecourt o les trois dames et damoiselles à Rouen.

« Moult fut le pais troublé de la prinse de de Moulineaux. Ceulz de Rouen, qui moult haoient le voisinage de leurs ennemis, envoierent messages à monseigneur le duc de Bourgoingne comme il lui pleust mettre siège devant Moulineaulx, lequel avoit esté prins des ennemis du roy leur souverain seigneur.

« Monseigneur le duc de Bourgoingne, desirant debouter les ennemis de la terre du roy son frere, moult hastivement sappliqua pour venir devant Moulineaulx, avec lui le conte Dampmartin, monseigneur le mareschal Boussicaut, monseigneur de la Ferté et tous ceulx qui avoient tenu le siège de Eschauffou.

« Ceulx de Rouen vindrent avec monseigneur le duc de Bourgoingne moult efforciement de gens darmes, archiers, arbalestriers. Et firent mener grant foison dengins, bricolles et pierres, et moult efforciement emprist le siege. Car nul jour ne fut tant comme le siege fut devant le chastel que les engins ne gettassent et quilz neussent assault et forte escarmuche ».

Tout le pays, à six lieues à la ronde, espérait sans doute que la forteresse de Moulineaux allait revenir entre les mains des Français ; mais pendant le siège de la place, Louis de Navarre s'était approché de la Charité-sur-Loire en ravageant tout sur son passage :

« Alors manda le roy à monseigneur de Bourgongne et à tous les haulz hommes de France quils alassent encontre la venue de monseigneur Louis de Navarre. Par quoy monseigneur Philippe de France duc de Bourgoingne, se parti de devant Moulineau et leva son siege ».

Ces troupes passèrent par Elbeuf et allèrent attendre sur les bords de la rivière d'Eure « les nobles hommes qui tenoient le siege devant Evreux et qui se adjoustèrent à l'ost de monseigneur le duc de Bourgogne à la Croix Saint Lieuffray ».

Voici un passage de l'itinéraire de Philippe le Hardi, duc de Bourgogne, qui précise la date du siège de Moulineaux, en 1364 :

« Septembre, 3 mardi, monseigneur devant Passy. — 4 mercredi, mons. devant Louviers.

— 5 jeudi au Pont-de-l'Arche. — 6 vendredi, mons. tout le jour à Pont-de-l'Arche. — 7 samedi à Albeuf. — 8 dimanche, mons. au siège devant Moulineaux. — 9 lundi, 10, 11, au siége devant Moulineaux. — 12 jeudi, devant Moulineaux, gister à Louviers. — 13 vendredi, mons. gister à la Croix Saint Lieufroy. — 14 gister à Dreux ».

Les Gascons du Château-Robert eurent donc le champ libre. Ils occupèrent le Château-Fouet d'Orival, et, cette fois encore, partirent de là pour rançonner et piller Elbeuf, les campagnes des environs et s'emparer des marchandises qui circulaient sur la Seine en aval et en amont de Rouen. Mais, le 17 septembre, le sire de Blainville parvint à s'emparer du château de Moulineaux et purgea la contrée des « Ecorcheurs ».

Au 12 janvier 1364 (1365 n. s.), le comte Jean d'Harcourt, baron d'Elbeuf, était encore prisonnier en Angleterre, car on a une procuration de lui, écrite à Londres ce jour-là, par laquelle il donnait pouvoir de rendre hommage de ses fiefs.

Dans le traité qui fut signé au mois de mai 1365, entre Charles V et le roi de Navarre, il est dit que le « chastel de Molineaux, et plusieurs autres » seront rendus paisiblement et franchement, par les deux rois, à ceux à qui ils appartenaient.

Les actes particuliers sont rares, pendant cette malheureuse époque, et nous ne trouvons guère que celui-ci à citer : En mai 1364, Michel le Blassonnier vendit à Jean Dubuisson et à Eudelinne, sa femme, vingt sols de rente, en deux parties, savoir: treize sols sur Gilles

Allain, à cause d'une masure sise à Elbeuf, et sept sols sur une autre masure.

Le marché d'Elbeuf avait déjà sa mesure particulière, tout comme le Neubourg, Bourgtheroulde, Louviers, Rouen et autres localités dont les marchés étaient les plus fréquentés. L'existence de cette mesure est constatée dans un acte par lequel le prieur de Notre Dame du Parc prit à rente perpétuelle, des religieux de Bonport, les dîmes de Thuit-Signol, que nous reproduisons, bien que n'ayant aucun intérêt direct pour notre ville :

« A tous ceulx qui ces presentes lettres verront, frere Pierre, humble prieur du moustier de Notre Dame du Parc de Harcourt, de lordre de Saint Augustin du Val des Ecoliers, et tout le convent dicelui lieu, salut en Notre Seigneur. Sachent tous que nous, prieur et convent cy dessus dits, congnoissons avoir prins à rente perpetuel de religieux hommes et honnestes labbe et prieur et convent du moustier de Notre Dame de Bon Port, toutes et telles dixmes, comme ils avoient accoutume aprendre et lever en la paroisse de Saint Ouen du Tuit Signol, et dailleurs, à cause dune chapelle etant es mettes de ladite paroisse, nommee la chapelle Ringuet, apartenant alors à loffice du prieur de Bon Port dessusdite ; cest assavoir pour douze septiers ; nous, prieur et convent dessusdits et nos successeurs sommes tenus à payer à toujoursmais, auxdits religieux, dan en an, ou à leur commandement, au porteur de ces lettres, cest assavoir à deux termes, moitié à la fete Saint-André, et lautre moitie à la mi caresme ; ainsi et avec ce il auront par chacun an et prendront sur ladite grange un cent de vesche, si se seront quites par cest contract à toujoursmes de quinze soulz tournois de rente qui nous etoient dus, dan en an, à cause des oblations de ladicte chapelle. Et pour les choses dictes paier et continuer bien et duement de nous devant dicts prieur et convent, de nos successeurs aux dits abbes, prieur et et convent du Bon Port, et à leurs sucesseurs, nous obligeons tous les biens de nous et de notre dit moustier pour vendre et exploiter par deffaut denteriner le contenu de ces presentes lettres.

« En tesmoing de ce nous avons scellees lesdites lettres des seaulx de quoi nous usons. Donne lan de grace mil trois cens soixante six, le cinquième jour du mois de juillet. »

Nous citerons encore un acte des 11 et 12 mai 1359, de Pierre de Tournebu, baron du Bec-Thomas, en faveur du chapitre de la cathédrale de Rouen, auquel il donna un certain nombre de rentes assises à Fouqueville, notamment : 53 chapons à quinze deniers la pièce, 2 gélines à 10 deniers l'une, 13 oies à dix-huit deniers, 16 setiers et 7 boisseaux de blé à vingt-quatre sols le setier, 8 setiers et 10 boisseaux de seigle à seize sols le setier, 77 setiers et demi et 4 boisseaux d'avoine, mesure du grenier, valant « à la mesure d'Elbeuf 71 setiers, 10 boisseaux et trois quarts » à douze sols le setier, et 120 œufs valant ensemble deux sols six deniers.

« Le Registre pour la confrérie de Monseigneur saint Jean Baptiste » imprimé au XVIIe siècle à Rouen, et des statuts datant de 1627, disent que les porteurs de grains d'Elbeuf, dont nous avons déjà parlé, étaient érigés en confrérie avant l'année 1377. L'association aurait eu des « ordonnances » qui furent perdues pendant les guerres du xve siècle.

Cette confrérie avait saint Jean-Baptiste pour patron ; elle le fêtait le 24 juin, jour de sa naissance, et le 29 août, jour de sa mort. En outre, l'association célébrait les fêtes de saint Jean l'Evangéliste et de saint Jean dit de la Porte-Latine. Son siège était dans l'église Saint Jean.

Les porteurs de grains, avons-nous dit, avaient le monopole du déchargement des céréales venant embarquer à Elbeuf. Ils étaient dans l'obligation de faire partie de la confrérie de Saint-Jean ; le droit d'entrée fut fixé, plus tard, à 50 sols ; les commis des porteurs de grains payaient 20 sols. La confrérie avait aussi des associés, recrutés en dehors de la corporation.

Le comte d'Harcourt recouvra sa liberté en 1365 ; car, d'après la Roque, il assistait le roi dans une assemblée tenue à l'hôtel Saint-Paul à Paris, le 21 janvier 1365 (1366 n. s.)

Cependant, Froissart ne mentionne le retour du comte Jean VI d'Harcourt qu'après un séjour de sept années en Angleterre, ce qui nous porte à l'an 1367 :

« ... Aussi messire Jean de Harecourt étoit retourné en son pays, et lui avoit ledit roi d'Angleterre fait grâce à la prière de Monseigneur Louis de Harecourt son oncle, qui étoit de Poitou et pour le temps des chevaliers du prince [de Galles] ; lequel comte de Harecourt eut une maladie qui trop bien lui chut à point ; car elle lui dura tant que la guerre fut toute renouvelée pourquoi onques puis ne rentra en Angleterre ».

En cette année, l'abbaye de Bonport fut mise en état de défense. Une pièce en parchemin, de la Bibliothèque nationale, porte quittance donnée par Jean, abbé du monastère, à Richard de Brumairs, garde du clos des galées de Rouen, de « deux milliers de virtons pour metre en lostel et fortreche dudict hostel et moustier de Bon Port, pour la seurté et deffense d'iceluy hostel ».

D'après les Grandes Chroniques de France, « l'an 1368, le lundi septiesme octobre, retourna le Régent de Rouen à Paris, et le lundi quatorsiesme jour d'octobre, Jean de Harecourt, fils du comte de Harcourt qui eut la teste coupée à Roüen, espousa Catherine, sœur du duc de Bourbon et fille du duc qui estoit mort en la bataille de Poitiers, et sœur de la duchesse de Normandie, de la Reine d'Espagne et comtesse de Savoye, et furent faites les nopces au chasteau du Louvre et y furent presens le Roy de Navarre et cinquiesme Régent ».

En 1369 « les Angloiz prindrent la mere à la royne de France, dont son fils le duc de Bourbon, et son gendre le comte de Harecourt, alerent mettre siège au lieu où les Angloiz l'avoient mis, maiz ilz s'en retournèrent ».

En 1370, « fut ars à Rouen ung herese qui se faisoit appeler Jehan Dieu, lequel maintenait moult de faulses opinions contre la foi catholique ».

Pendant les noces de Robert d'Alençon et de Jeanne de Navarre, « le doien de Therouenne se saizi de la ville du Pontaudemer et du chastel, en mist hors les gens du roy de Navarre et sa sœur Jeanne, et fut amenée à Jumiéges. Et lors hastivement ledit roy de Navarre, le comte du Perche, le comte de Harecourt, monseigneur Jacques de Harecourt et plusieurs autres nobles hommes alerent au dit Pontaudemer » pour rétablir l'ordre.

En 1373, Louis d'Harcourt et le sieur de Partenay prirent ou firent revenir à la France quatre cents forteresses en Poitou, en Saintonge et pays des environs. « Puis s'en vindrent les frères du roy de France à Paris, avec eulx ledit monseigneur Louis de Harecourt. Lequel paravant estoit en l'indignation du roy de France par ung souppeçon que le roi ouït sur lui et la royne de long temps paravant, et du temps que la terre de Guienne fut livrée aux Angloiz, et paravant aussi que monseigneur le dauphin fut né.

« Le roy de France, qui bien sceut que sans cause il avoit eu cette folle suspicion sur ledit monseigneur de Harecourt, le reçut moult agreablement et joyeusement. Et fut tres bien venu à court, et lui donna le roy grans dons ains quil partit de Paris, et au gré du roy s'en retourna ledit monseigneur Louis en sa terre. »

Cette même année fut marquée par des inondations terribles, qui emportèrent les maisons, moulins et ponts situés dans les vallées de la Seine et de la Loire.

L'*Histoire de la maison d'Harcourt* mentionne que le comte Jean VI exerça la charge de maréchal de France en 1373 « dont il ne prit jamais la qualité, n'estimant pas qu'elle deust relever ny ses mérites, ny sa naissance ».

Jean le Feron dit qu'il fut « grand maistre et gouverneur de France, charge singulière et personnelle, et de si grande considération que ce fut le prix et les intérests de son père ».

Le 2 octobre de cette année 1373, le comte

Jean d'Harcourt, assisté de onze chevaliers et de trente-six écuyers, « fit monstre à Sées, où il reçut 627 livres tournois ».

Le comte de Saint-Pol et Jacques d'Harcourt, frère du comte Jean VI, furent faits prisonniers, en Flandre, par un parti d'Anglais, en 1374.

En cette même année, la place de Saint-Sauveur le Vicomte, qui appartenait légitimement aux hoirs de Godefroy d'Harcourt, mais qui depuis longtemps était occupée par les Anglais, fut reprise sur nos ennemis.

Nous retrouvons le comte Jean VI d'Harcourt, à Saint-Lô, le 1er juillet 1375, avec six chevaliers et treize écuyers, recevant la somme de 375 livres.

En 1377, au mois de janvier (1378 n. s.), Jean VI d'Harcourt fut envoyé au devant de Charles IV, empereur et roi de Bohême, oncle maternel de Charles V, roi de France, qui désirait pacifier la France.

Notre contrée fut le théâtre d'évènements de guerre en 1378, à la suite d'un différend qui avait éclaté entre Charles V, roi de France, et le roi de Navarre. Evreux fut pris par les sires de Coucy et de la Rivière, qui traitèrent de plusieurs places appartenant au roi de Navarre.

Nous lisons dans les *Chroniques* de Froissart : « Si prirent Karentan, ville et châtel, et le rafraîchirent de nouvelles gens, et puis s'en partirent et vinrent devant le châtel de Moulineaux ; et n'y furent que trois jours quand par traités ils l'eurent : et puis vindrent devant Conches : si se logèrent sur cette belle rivière de l'Orne qui court à Kaen, et se rafraîchirent jusques à tant qu'ils sçurent la volonté de ceux de Conches, lesquels par traités se rendirent ». Passy fut pris par assaut quelques jours plus tard.

« Après ces conquêtes, le sire de Coucy, le sire de la Rivière, messire Jean le Mercier et tous les capitaines de l'ost se trairent vers Rouen, où le roi de France se tenoit... »

Le comte Jean d'Harcourt prit part à cette expédition, comme commandant d'une partie des troupes de Charles V.

Le 16 juin 1378, Jean VI d'Harcourt accompagna le roi au Parlement. Il tenait le premier rang après le chancelier et les présidents, et précédait les archevêques de Rouen, de Sens, et autres.

Le 9 décembre de la même année, il assista encore le roi, dans une séance du Parlement de Paris.

La Bibliothèque nationale conserve un ancien pouillé du diocèse d'Evreux, où nous trouvons mentionnés dans le doyenné de Louviers, dépendant de l'archidiaconé du Neubourg :

« Eglises paroissiales : ... Caudebec *(Calido Beco)* à la présentation de l'abbé et du convent de Saint-Taurin. — Elbeuf *(Heleboto)* à la présentation des mêmes ».

Peu de jours après la mort de Charles V, roi de France, le 3 septembre 1380, Jean d'Harcourt se trouva à l'assemblée des grands du royaume, à Beauté-sur-Marne, puis à Melun, où il fut décidé que le roi Charles VI, bien qu'âgé de douze ans seulement, serait sacré et couronné à Reims. Cette cérémonie eut lieu le 1er novembre suivant ; le comte d'Harcourt y assista.

Le comte Jean VI d'Harcourt et son frère

Jacques étaient présents au long parlement qui se tint à Rouen en 1380.

Au printemps de 1382, le jeune roi Charles VI vint dans notre contrée, afin de réprimer des troubles qui s'étaient élevés à Rouen. Parti de Vincennes, il arriva à Pont-de-l'Arche, où il resta une partie du carême. Les Rouennais vinrent là s'excuser auprès du roi. Charles VI entra à Rouen pendant la semaine « peneuse ». Six Rouennais furent mis à mort, comme étant les plus coupables. Le roi quitta Rouen après les fêtes de Pâques.

Les mercredi et vendredi avant la Pentecôte de cette année, un tremblement de terre épouvanta nos populations.

Au mois d'août, les ouvriers drapiers de Rouen, se soulevèrent par suite de l'imposition que l'on voulait mettre sur les draps ; les boutiques de la halle aux draps furent brisées. Le sieur de Blainville fit emprisonner un certain nombre d'émeutiers, et la taxe fut perçue.

Le comte d'Harcourt fut l'un des chefs de l'armée que le roi envoya, en 1382, contre les Flamands, révoltés contre le comte Louis. Suivant La Roque, cette armée « estoit si merveilleuse qu'elle se montoit à plus de cent mille combattans ». Elle prit Avic, Cassel, Bourbourg, Ypres, Commines et livra bataille aux rebelles près Rossebecque, en novembre.

Le comte d'Harcourt reçut 650 livres tournois pour avoir servi le roi en Flandre « et devant Bourbourg l'an 1383, à cause des cent lances qu'il amena en sa compagnie au service du roy en la ville de Paris pour certaine rebellion qui avoit esté faite ».

Suivant La Roque, le comte d'Harcourt, s'ennuyant du repos que la paix lui procucurait, « et convoiteux d'acquérir de la gloire par les armes, se croisa, en 1383, pour aller en Barbarie contre les Infidèles, avec Louis de Bourbon, son beau-frère et huit cents autres seigneurs ».

Nous avons dit qu'un moulin à foulon existait à Louviers dès la première année du xiiie siècle ; mais c'est tout ce que nous en savons.

En 1384, Guillaume de Bigars, dont les descendants furent jusqu'à la Révolution seigneurs de la Londe, d'Orival et autres lieux, fonda un nouveau moulin, à Louviers également, sur le bras de l'Eure qui porte encore aujourd'hui son nom. Pour ne pas nous répéter, nous ne dirons rien de ce moulin pour le moment, nous réservant d'y revenir lors de sa destruction.

Nous avons également, dans notre chapitre relatif à la période mérovingienne, parlé de la fabrication des draps dans les monastères. Malgré le développement de cette industrie dans les villes, notamment à Rouen et à Louviers, les couvents n'avaient pas cessé, à l'époque où nous sommes arrivés, de fabriquer des étoffes de laine, au moins celles qui étaient nécessaires à leur propre consommation.

Dans son *Histoire des Français*, Monteil traite de la fabrication monacale des draps au xive siècle ; mais comme il parle de moulin à foulon et qu'à cette époque il n'existait, à notre connaissance du moins, que celui de Louviers, c'est sans doute de lui dont il s'est inspiré, et partant, la description qu'il fait du détail de la fabrication des draps ne peut s'appliquer qu'à celle de notre contrée. De sorte que nous nous trouvons presque dans l'obligation de reproduire Monteil, quoique sa description soit bien connue ; mais elle est si curieuse que ceux qui la connaissent déjà la liront de nouveau sans déplaisir.

Il est à noter que la manière de travailler le drap, à la fin du XIVe siècle, devait ne subir presque aucune modification pendant quatre cents ans encore, c'est-à dire jusqu'à l'emploi d'outils mus automatiquement :

« .... Maître Vincent, lui dis-je, parlons maintenant du travail des étoffes ; c'est le plus important. Je viens d'apprendre que les laines de la ferme de l'abbaye sont arrivées hier. Nous allons examiner quelles opérations elles doivent subir depuis l'instant où les brebis en sont dépouillées jusqu'au moment où elles sont posées sur les épaules des respectables dames de ce couvent. Je vous suppose déjà reçu frère convers de la maison. Voyons un peu, qu'allez-vous faire ?

« Vincent me répondit : Je porterai d'abord les laines dans les chaudières, pour les dégraisser, les laver ; ensuite, je les étendrai au séchoir. Dès qu'elles seront sèches, je les battrai, je les trierai ; j'en ferai deux parts : d'un côté, je mettrai les laines longues, propres à la chaîne ; de l'autre, les laines courtes, propres à la trame. Je graisserai ensuite les laines de la chaîne avec du saindoux ou du beurre, après quoi je les peignerai ; et puisque main-maintenant le roi trouve bon que nous cardions celles de la trame, je les carderai. Je ferai ensuite filer à la quenouille les premières, et seulement au rouet les dernières.

« — Maître Vincent, lui dis-je, combien de marches mettez-vous à votre métier ?

« — Mon frère, me répondit-il, deux pour les étoffes à pas simple, comme le drap ; trois, quatre, pour les étoffes croisées.

« — Combien de fils de portée à la chaîne de vos draps ?

« — Suivant le genre ou la qualité des draps, tantôt quatorze cents, tantôt dix-huit cents.

« — Votre chaîne est collée ; vous la tendez sur l'ensouple ; vous tissez, vous avez tissé toutes vos pièces de draps ; quels sont les apprêts que vous leur donnez ?

« — Je les foulerai au moulin pour les dégorger et les feutrer. Je leur donnerai un trait de chardon pour tirer le poil de la laine ; je les foulerai encore, et quelquefois je les soufrerai ; quelquefois aussi je les tondrai avec de grandes forces. Je leur donnerai encore un léger trait de chardon lorsqu'on me demandera des draps tout prêts. Je répéterai une, deux fois ces opérations ; enfin si je ne veux pas laisser mes draps en blanc, je les enverrai au teinturier ; sinon je les presserai, je les calendrerai.

« — Combien de longueur donnerez-vous à votre pièce de drap ?

« — Quinze aunes.

« — Et de largeur ?

« — Sept à huit quarts.

« — Si le tisserand donnait des dimensions moindres à ses pièces, que lui arriverait-il ?

« — Il aurait le poing coupé, et c'est bien fait. Tant pis pour les voleurs ; les honnêtes tisserands ont toujours voulu conserver leurs deux mains pour dire le chapelet. »

« ... Voici les prix que m'a donnés ce bon tisserand ; il les connaît mieux que personne :

la livre de laine, quatre sous ; l'aune de drap, quarante sous ; l'aune de blanchet, six sous. »

Sous Charles V, les villes de Normandie surtout Rouen et Montivilliers, fabriquèrent une sorte de draps de fantaisie qui fit gagner des sommes considérables aux drapiers. C'était un drap rayé, obtenu par un effet de chaîne, qui devint fort en vogue. Il fut d'abord porté par les jeunes gens de familles nobles qui faisaient leur apprentissage auprès des grands seigneurs ; plus tard, les secrétaires du roi, ayant voulu imiter les pages, il se trouva des moralistes pour représenter au roi que ces étoffes étaient indécentes : Charles V leur défendit de s'en vêtir et la mode disparut.

Nous retrouvons le comte Jean VI, en 1385, avec l'armée que commandait son oncle, le duc de Bourbon, au siège de Taillebourg. Son fils aîné se distingua dans cette entreprise :

« Et là fut fait chevalier à cet assaut l'aisné fils au comte d'Harecourt, Jean, et bouta bannière hors ; et le fit chevalier son oncle le duc de Bourbon. »

Les registres de l'Echiquier de Normandie, de l'année 1386, mentionnent le procès que Jean d'Harcourt soutenait alors, avec sa mère, d'une part, contre les abbés et moines de Jumièges et du Bec-Hellouin, de l'autre.

M. Guilmeth dit qu'en 1386, « et par suite d'un ancien usage qui ne pouvait remonter qu'aux pratiques superstitieuses du paganisme, les paroissiens de Thuit-Anger venaient chaque année à Elbeuf en grande procession. Ils déposaient dans l'église Saint-Jean, près de l'autel Saint-Nicolas et contre l'image de sainte Catherine, un énorme cierge,

« faict de chire vierge et blenche ». Ils prétendaient mériter par là l'intercession de saint Jean Baptiste, à l'effet de détourner les orages et les grêles qui détruisent les moissons. Ces paysans affirmaient, en outre, que depuis qu'elle se livrait à cette dévotion, leur paroisse n'avait jamais éprouvé les ravages de la grêle :

« A toutes les grandes fêtes de l'année, leur cierge était soigneusement allumé dans l'église Saint-Jean. Cette cérémonie se pratiquait encore au commencement de la Révolution ».

Un passage d'une charte de Charles VI, datée du 14 août 1387, peut nous laisser entrevoir dans quel état se trouvait notre contrée :

« Savoir faisons que pour consideration des grans pertes et dommages que noz bien amez les religieux, abbé et convent de lesglise de Bon Port estant de fondation royal, ont eu et soutenu pour le faict de nos guerres... par lesquelles ils ont perdu tous leurs biens, meubles et les maisons dicelle esglise et des manoirs et granches à icelles appartenantes, lesquelles ont esté arses, destruictes et gastees par nos ennemis qui par le pais sont passez et demourez lonc temps... » Le roi donna aux moines de l'abbaye 500 francs d'or pour les aider à reconstruire leur cloître.

Le dernier fait de guerre auquel prit part le comte Jean VI, fut le siège de Bécherel, où il se trouvait au mois d'octobre 1388, avec de nombreux seigneurs normands et bretons.

Le dernier jour de février 1388, suivant le P. Anselme, (1389 n. s.) mourut Jean VI, comte d'Harcourt, à l'âge de 47 ans. Il fut inhumé dans le chœur du prieuré du Parc d'Harcourt. Trente-sept ans après, la princesse Catherine de Bourbon, sa veuve, fut enterrée dans le même prieuré. Pierre Cochon fixe la mort du comte au 11 mars :

« Et, en ce temps, mourut le compte de Harecourt, lequel avoit espousée l'ante du roy ; et mourut joedi .xje. jour de mars ensuiant, en demoura de lui .ij. fils qui estoient cousins frareus du roy ».

Jean VI, comte d'Harcourt et d'Aumale, était vicomte de Saint-Sauveur, baron d'Elbeuf, de la Saussaye et de Brionne, sire d'Arscot et de Fauquemberghe, seigneur de Lillebonne, de Calleville, de Beauficel, d'Auvers, de la Ferté, de Mortemer, etc.

Il blasonnait : *De gueules à deux fasces d'or*. Sa femme, Catherine de Bourbon, portait d'abord : *D'azur semé de fleurs de lys d'or divisé par une bande de gueules*. Mais, à l'exemple de Charles VI, elle réduisit les les fleurs de lys au nombre de trois.

De leur mariage naquirent neuf enfants, parmi lesquels Jean VII, comte d'Harcourt, baron d'Elbeuf, et Louis d'Harcourt, archevêque de Rouen. Jean VI eut aussi deux filles nées hors mariage.

CHAPITRE XXII
(1389-1415)

Jean VII d'Harcourt. — Les registres des tabellionages de Thuit-Signol et d'Elbeuf. — Noms de fonctionnaires publics et d'habitants d'Elbeuf. — La première industrie elbeuvienne. — Curieux actes particuliers.

Avant de commencer ce chapitre, nous devons prier nos lecteurs de nous excuser, pour l'avenir, de passer, sans transition, d'un sujet à un autre. Tenant avant tout à respecter l'ordre chronologique, et ce travail n'ayant aucune prétention littéraire, nous insérerons les faits dont nous avons connaissance suivant leur date, presque toujours sans considérer s'ils se rattachent l'un à l'autre.

Les détails vont, d'ailleurs, devenir si abondants, au moins pour quelques années de la première moitié du xve siècle, que l'on pourrait presque considérer les chapitres qui vont suivre comme des parties de la collection d'un journal local.

Le comté d'Harcourt et la baronnie d'Elbeuf passèrent donc au fils de Jean VI et de Catherine de Bourbon.

Malgré sa jeunesse, le nouveau baron d'Elbeuf s'était plusieurs fois signalé dans des combats, notamment au siège de Taillebourg, alors qu'il n'était âgé que de quinze ans. Quelques mois après, il prit part à la guerre de Flandre. Enfin, il avait accompagné Jean VI au siège de Bécherel, en Bretagne.

Il se maria, à 19 ans, un an après la mort de son père (son contrat est daté du 17 mars 1389 (1390 n. s.), avec Marie d'Alençon, petite-fille de Charles de Valois et du roi Louis IX, alors âgée de seize ans. Entre autres biens, Marie apportait à son mari les seigneuries de Quatremares et de Routot. Elle était fille de Pierre II le Noble, comte d'Alençon et du Perche.

Jean de Sailly était alors administrateur de l'Hôtel-Dieu d'Elbeuf, qui, suivant un acte de cette époque, était en « grande et bonne tenue ».

En 1390, le jeune Jean VII d'Harcourt fut accusé d'avoir reçu, sans le consentement du roi, l'ordre de la Jarretière. Il courut s'excuser auprès de Charles VI, qui lui fit bon accueil.

Le nouveau comte d'Harcourt, en compagnie du duc de Bourbon, du comte d'Eu, des sires de Coussi, de Graville, d'Esneval et autres nobles « et tres grant quantité de chevaliers et des escuiers alerent en Barbarie », en 1390. Après cette expédition, il aida à prendre plusieurs places en Sardaigne, pays qui fournissait des vivres aux Turcs.

En l'année suivante, nous le retrouvons à Tours, assistant à l'hommage rendu au roi par le duc de Bretagne.

Guillaume du Val (fief sis à Sotteville-sous-le-Val), signa une transaction, en 1392, avec « Crespin du Bosc, vicomte d'Elbeuf, relative à une rente de 36 sols. »

C'est dans cet acte que nous trouvons, pour la première fois, le nom et la mention d'un vicomte à Elbeuf.

Les vicomtes étaient les représentants du seigneur. Ils exerçaient des fonctions civiles et judiciaires, et étaient aussi chargés de faire percevoir les revenus de la seigneurie et d'ordonner certaines dépenses d'entretien.

Suivant M. Parfait Maille, le pré Basile fut acheté par les chanoines de la Saussaye, en cette même année. Cet auteur assure que le pré Basile, maintenant place Bonaparte et alentours, avait d'abord été labouré, puis planté de vignes, et enfin converti en prairie, close par des fossés, des aunes et des osiers.

Par devant Guillaume de la Fontaine, tabellion à Elbeuf, Regnault Gourdel et Perrin son frère, reconnurent devoir, pour Ricard Dumoulin, « v sols pour une maison et masure, bornée d'un bout au pavement et au vivier de l'abreuvoir d'Elbeuf ; cest à cause du don et omosne fait par le dict Ricard sur tous ses biens et pour estre es prières et bienfais de ladicte église [Saint-Etienne], par lettre exécutoire passée le XXIXe dauril III^c IIII^{xx} XIII ».

Ce Guillaume Delafontaine ou de la Fontaine est probablement le même personnage que nous retrouverons par la suite ; dans tous les cas, son nom est à noter comme le plus ancien tabellion connu ayant exercé à Elbeuf. Il eut, comme bien on pense, une longue suite de successeurs, qui ne sont pas tous connus, et dont le dernier est M⁰ Fessard, actuellement notaire dans notre ville.

Le « vivier de l'abreuvoir » mentionné dans cet acte est vraisemblablement l'abreuvoir actuel de la fontaine Sud, rue de l'Hospice.

Le 8 septembre de cette année, Guillaume de Vienne, nommé archevêque de Rouen, fut reçu à la cathédrale, en compagnie du comte d'Harcourt, de Jacques de Bourbon, « et de moult grant chevaliers d'onneur, de prelas aussi et de grant nombre de bourgeois, de peuple, et fist grande feste riche et solennel ».

Un arrêt du Parlement, prononcé le 29 avril 1396, fut rendu au profit du comte d'Harcourt, contre Guillaume Larchevesque, sire de Parthenay.

Jean VII d'Harcourt était à Arques, le samedi 26 août suivant, en compagnie de Philippe-le-Hardi, duc de Bourgogne, et de plusieurs seigneurs français et anglais.

Le 27 octobre, le comte d'Harcourt était à Ardres, avec le roi de France, à l'entrevue que Charles VI eut avec le roi d'Angleterre. Il est à remarquer que le comte faisait fonctions de connétable de France à cette cérémonie, où il portait l'épée de son roi, pendant que l'office de connétable d'Angleterre était tenu par Guillaume Maréchal, dont nous reparlerons plus tard, descendant, ainsi que Jean VII d'Harcourt, de Bernard le Danois.

Vers le mois de novembre, Jean assista aux fiançailles de Richard, roi d'Angleterre, et d'Isabelle, fille de Charles VI.

Le comte d'Harcourt prit une part brillante aux tournois qui marquèrent l'année 1397. Le roi Richard d'Angleterre l'honora du titre de duc d'Aumale, qu'il perdit deux ans après, quand Richard fut « dégradé de la couronne ».

Marie d'Harcourt, fille de Jean VII, naquit au château de ce nom le 9 septembre 1398. Marie joua un grand rôle pendant les guerres de Lorraine ; nous verrons aussi, par la suite qu'elle occupa une place importante dans l'histoire de notre ville.

L'an 1394 avait été marqué par un débordement de la Seine et une épidémie qui dépeupla Paris. Le roi, pour échapper au fléau, s'était réfugié en Normandie ; mais, en 1400 et l'année qui suivit, aucune province ne fut épargnée par la peste, qui enleva une grande partie de la population, à Elbeuf, comme partout ailleurs.

M. Ch. de Beaurepaire a constaté l'existence, en 1401, d'un service de bateaux de Rouen à Elbeuf. Il existait, à cette même époque, des services par la Seine entre Rouen et La Bouille, Caudebec-en-Caux et Port-Saint-Ouen.

Les comptes de Nicolas de Bourc, trésorier de l'archevêque de Rouen, mentionnent en « receptes et mises faictes par luy au dit office depuis le jour de la feste de la Nativité Saint-Johan-Baptiste, l'an de grâce 1401 jusques au vingt-cinquiesme jour de décembre ou dit an » les deux dépenses suivantes :

« Le lundi 26e jour de septembre, pour le louage de deux chevalx, deux jours, qui chevauchèrent Jeclinz, fauconnier de Mgr, et un valet avesque lui, pour aller querie à Gamache le faucon de Mgr qui estoit perdui, 20 sols. — Item, le jeudi, sixiesme jour d'octobre, à Jehan Doumare, fauconnier de Mgr pour aller querier le faucon dessus dit à Ellebeuf lai où l'en disoit que il estoit, 20 deniers ». On sait que les faucons étaient souvent employés dans les chasses aux oiseaux, pendant le moyen âge. — A noter que l'Elbeuf dont il s'agit ici pourrait bien être Elbeuf-en-Bray, ou Elbeuf-sur-Andelle.

Parmi les titres que possédait la maison d'Harcourt, il y en avait un de 1403, disant « qu'en l'assise tenue à Elbeuf par Nicolas de la Fontoine, lieutenant général de Thomas Poingnant, bailly de Harcourt, Jacque et Jean Filleul, escuyers, fils d'Amaury Filleul, seigneur de Freneuse, s'estoient presentez, requerens qu'il pleust au comte de Harecourt, leur seigneur, ne leur donner empeschement au droit de pescherie qu'il pretendoient avoir, suivant l'information qui en avoit esté faite par feu Pierre de Valvandrin, bailly de Harcourt ».

Jacques Filleul dont il est ici parlé, fut enterré dans l'église de Freneuse. Sa pierre tumulaire se trouve au musée de Rouen. Le défunt, conduit par son patron, est représenté agenouillé devant la Vierge, laquelle tient le corps de Jésus sur ses genoux. On voit au bas l'inscription suivante : CY DEVANT GIST NOBLE HOME JACQUES FILLIEUL, ESCUIER, S^r DE FRENEUSE, LEQUEL TRESPASSA LAN MIL CCCC L. XIIII LE XXIIe JO^r DOCTOBRE, PRIES PO^r LUY.

Les Archives départementales possèdent plusieurs registres du commencement du xve siècle sur lesquels se trouvent consignés de nombreux actes concernant notre localité et les paroisses des environs : ce sont les anciennes minutes des tabellionages de Thuit-Signol et d'Elbeuf, sources considérables de renseignements sur notre contrée pendant la guerre de Cent ans. Nous y ferons de larges emprunts, et l'ensemble des notes que nous y puiserons montrera, mieux que le meilleur des discours, ce qu'était Elbeuf à cette époque.

Voici d'abord quelques extraits d'actes passés devant Jehan Levavasseur, clerc tabellion à Thuit Signol :

14 juin 1403. — Mention de Guillaume de la Fontaine, curé de Saint-Nicolas du Bosc-Asselin, personnage que nous croyons originaire d'Elbeuf et le même que le tabellion précédemment cité.

20 juillet 1403. — Frère Jehan Lebas, procureur du couvent de N.-D. du Parc d'Harcourt, afferme les dîmes du Thuit-Signol, moyennant 120 livres tourn. par an.

31 juillet 1403. — Jehan Avril, prêtre, « à présent fermier et cappellain de leglise de Boscrogier », prend à ferme la dîme de cette paroisse, appartenant au chapitre de la Saussaye.

30 novembre 1403. — « Le derrain iour de novembre, Pierre Honfroy, bourgeois d'Ellebeuf, demourant en la paroisse Saint Jehan, achète une mene de blé fourment même qualité que le chois du meilleur de la halle du Neufbourg ».

Il est aussi fait mention des assises d'Elbeuf, présidées par Colin de la Fontaine, lieutenant général de Thomas Poignant, bailli d'Harcourt, et de Guillaume Legrant, bourgeois d'Elbeuf.

Si Elbeuf eût possédé des fabriques de draps, à cette époque, on en aurait trouvé certainement quelques traces dans les actes concernant la halle de la Vieille-Tour à Rouen, puisque c'était là que se vendait la draperie de toute la région. Voici, à ce sujet, un passage emprunté à une savante étude de M. Ch. de Beaurepaire, archiviste du département :

« Certains corps de fabricants forains avaient leurs halles couvertes à côté de celles de leurs confrères de Rouen : tels étaient les drapiers d'Auffay, de Darnétal et de Pavilly ».

Nous avons dit que le tissage du drap se pratiquait dans un grand nombre de villages ; c'était, au moyen âge encore, une industrie domestique presque générale. Nous en trouvons une preuve dans l'ouvrage de M. Ch. de Beaurepaire, à propos d'une plainte faite, en 1403, par les drapiers de Rouen, contre certains marchands :

« ...Ceux-ci se transportent par les villages et marchiés du pays, achetent draps de toutes couleurs et façons, les rafreschissent et amenuisent et font muer les couleurs à leur plaisir, viennent vendre en ladite halle près et joignant les drapiers de Rouen, qui n'oseraient, eux, vendre des draps ainssi rafraischis sous peine d'estre bannis an et jour de la draperie de Rouen, fors seulement les draps faits par eux ».

Il fut décidé « qu'une cloyson seroit establie entre les six postées occupées par les drapiers de Rouen et la place assignée aux drapiers forains ».

4 avril 1404. — Mention de « Jehan Fontayne, canoyne de la Sauchoie ».

Voici la copie d'un autre acte de 1404, conservé aux Archives de l'Eure :

« Guillaume Leboursier soulloit devoir VIII sols 1 cappon de rente pour une pièce de terre assise au Mont Duve, contenant deux acres et plus ; d'un côté Pierres Gourdel et Monsieur le conte d'Elbeuf et d'un bout, et la sente du

Mont Duve d'autre bout, pieça demourée en la main de l'Eglise et baillée à ferme à Robin Busquet par iiii sols vi deniers. Cest à cause de fieffe faite audit Boursier par léglise, par lettre exécutoire passée le ix° dauril après Pasques iiii^c iiii. Guillaume Rouxel, tabellion à Elbeuf ».

Cet acte nous fournit donc le nom d'un autre tabellion et mentionne le promontoire situé entre les vallons des Ecameaux et du Thuit-Anger, au pied duquel est la source qui donne l'eau à la plupart des fontaines publiques d'Elbeuf, au moyen d'une machine à vapeur établie à cet endroit, laquelle monte les eaux dans les réservoirs des côtes Saint-Auct et du Neubourg.

6 février 1404 (1405 n. s.) — « Jehan Coulombe et autres heritiers de feu Sevestre Lambert, vendent 6 sols 6 deniers de rente à Guillaume de la Fontaine d'Eullebeuf, pour soixante et chinq souls ovec chinc sols t. au vin ».

Antérieurement, la somme stipulée pour le « vin du marché » était dépensée au cabaret par le vendeur et l'acheteur ; plus tard, dans certaines contrées, « le vin » fut payé en monnaie au vendeur, en plus du prix de la chose vendue. L'usage de payer « un vin » n'a pas disparu complètement dans les campagnes.

« Le samedy dernier febvrier 1404 (1405 n. s.), en suitte de ce que avoit esté fait et arresté le 18e jour précédent devant le vicomte du Pont-de-l'Arche, fut fait un accord entre le comte de Harcourt et Louis de Harcourt, son frère, touchant la succession de Jean, comte de Harcourt, leur père ». Cet accord mit fin à un procès porté devant le Parlement par les deux frères.

2 avril 1404 avant Pasques (1405 n. s.) — Mention des terres « de la Maison-Dieu d'Eullebeuf », sises à Thuit-Signol.

8 mai 1405. — Jehan Desperrois, de la Neufville sur Harcourt, reconnait devoir à Anguerran Martel, de la Saussaye, 32 sols tournois « pour la vendue et livrée de deux aulnes de drap ».

Voilà le premier acte commercial que nous trouvons dans les plus anciens registres concernant Elbeuf et ses environs.

On remarquera que c'est à la Saussaye que Desperrois achète le drap dont il a besoin et qu'il le paye à raison de 16 sols l'aune. — On sait que l'aune représentait à peu près 1 mètre 20 cent. de notre mesure actuelle.

Son vendeur, Anguerrand Martel, n'était cependant pas fabricant de drap ; c'était un négociant-banquier, doublé d'un usurier, qui faisait des spéculations sur toutes sortes de marchandises et prêtait de l'argent aux cultivateurs de la contrée. Nous le retrouverons dans plusieurs autres actes ; dans le premier, il vendra de la laine à un habitant de la Harengère, nommé Leduc, qui était fabricant de drap probablement.

12 octobre 1405. — Mention du « hamel des Escamalx en la paroisse du Bosc Normand ». On sait que le hameau des Écameaux appartient maintenant pour une partie à la ville d'Elbeuf, et pour l'autre à la commune de Saint-Ouen-du-Tilleul.

6 janvier 1405 (1406 n. s.) — Pierre Revel, demeurant « au Bust Servin, en la paroisse Saint Estienne d'Eullebeuf ».

6 mars 1405 (1406 n. s.) — « Guillaume Delalyer, de Saint Jehan d'Eullebeuf vend à

dame Marie Auber, religieuse à Poissy », dix livres de rente.

13 juin 1406. — Nicolas Lecourant, barbier du comte d'Harcourt, vend un cheval pour le prix de 17 livres tourn.

5 septembre 1406. — Robert Leduc, de la Harengère, reconnaît devoir à Enguerrand Martel, quatre écus d'or pour une vente et livraison de laine.

La misère était très grande à cette époque. M. Ch. de Beaurepaire a fait la remarque que des paysans de notre contrée furent réduits à découvrir leurs maisons, afin d'en vendre la tuile ; d'autres vendirent la charpente de leurs étables.

10 mai 1407. — « Pierre Honfroy, bourgoiz d'Eullebeuf, quitte et délaisse à tousjours à Bonamy Hardy, escuier, demourant au Bosc Roger, 20 sols de rente ».

Un acte du même tabellionage, daté du 2 février 1430, mentionne l'existence de « messire Jean du Molin, prestre, lors tabellion d'Ellebeuf », au 29 juin 1407.

23 septembre 1407. — Guillaume de la Fontaine, « demourant à Saint Estienne d'Eullebeuf, achète deux chevaulx, avec un charete ferrée, les colliers et harnoiz, plus une vache, le tout pour le prix et somme de 8 livres tournois ».

24 septembre 1407. — Contrat de mariage entre « Raoulin Bacheler, bourgoiz d'Eullebeuf, paroisse Saint Estienne, et la fille de Jehan de Quievreville ». Dot : « ching septiers de blé et xxii sols de rente par an, le blé à la mesure d'Eullebeuf, la rente assise sur un jardin situé au Bosc Normant ».

12 octobre 1407. — Louis de Tournebu, seigneur de la Londe et de Tourville la Campagne, nomme un procureur, en la personne de Richard de Tournebu, seigneur de la Londe Commin, pour le représenter dans un procès contre le comte d'Harcourt.

Jean d'Harcourt assista au lit de justice tenu au Parlement de Paris, le 26 décembre 1407, par Charles VI, ordonnant que les affaires du royaume, pendant la minorité des rois, seraient administrées en leur nom, mais par l'avis des reines leurs mères, ou, à défaut, par les plus proches parents du mineur.

18 janvier 1407 (1408 n. s.) — Mention de « Jehan Lefebvre, prevost de Monsieur Monseigneur le conte de Harecourt, à la prevosté de la Saussaye... »

Le chroniqueur Pierre Cochon nous apprend qu'en l'an 1407, quinze jours avant Noël « commenchèrent unes gellées que, depuis l'an mil .ccc. Lxiij ne furent si grandes. Et l'endemain de Noel, la rivière de Saine fu si gellée que, le dimence après la Thiphagne (Epiphanie) ensuiant, les gens aloient ribler, chouller, en traversant la rivière de costé en autre, tant qu'il fu deffendu, de par le roy, que plus n'y allast. Et estoit la terre as chanz gellée de .ij. piés en la terre. Et, après ce, en la my jenvier, commencha sur celle gellée unez regez si granz qu'i n'estoit nul mémoire d'omme qui si granz les eust veuez en son temps. Et pour ce que il gelloit tousjours et que la terre se soustenoit la noif estoit si fort gellée, la noif poudroit comme la poudre à la Saint-Jehan d'esté ».

Cette année fut appelée l'année des grandes gelées, lisons-nous dans la *Vicomté de l'Eau*. A l'approche du carême, des chariots de marchandises expédiées de la Fosse de Leure et destinées à l'approvisionnement de Rouen, traversèrent la Seine sur la glace, à Heurteauville, au lieu dit le Port-Jumièges.

Après les gelées, vinrent les inondations ; nous continuons à citer notre choniqueur :

« Si advint que le vendredy .xxvij⁰. jour du mois de jenvier, après disner, commencha à desgeller ; et le samedi ensuiuant, si fort et si soudeinement que la terre estoit si fort plombée de gellée que l'eaue ne povoit entrer ens ; et convenoit que l'eaue trouvast son cours. Si vint si grant ravine ès vallées et rivieres, par toute France et Normendie, qu'il n'estoit plus de pitié, de jour en jour, oir les plaintez de par tous pais que les dictez eaues faisoient, tant de moulinz, maisons, chaussiez, pons, bestez, hommez, enfanz, tout alant à val l'eaue. Et fu enchiés la vegille de la Candeleur que la glace fut demonie. Et furent les .iij. ponz de Paris et les moulins depechiez, et s'en aloient à val l'eaue, et n'est nul qui peust proisier le dommage qu'il firent, ny n'est trouvé en nullez croniques c'omcques les eaues faissent si grant dommage ou royalme de France, nonobstant les eaues qui furent en l'an mil .cc. iiij^{xx} et .xvj., ne chellez qui furent l'an mil .ccc. et Lxiiij, lesquelles furent plus hautez que icellez sans comproison ».

Suivant des lettres de collation du personnat de Mireville, données à la Saussaye le 13 octobre 1408, l'un des frères du seigneur d'Elbeuf, Louis d'Harcourt, troisième fils de Jean VI d'Harcourt et de Catherine de Bourbon, chanoine de Rouen, fut déclaré capable d'administrer les droits archiépiscopaux de Rouen. Quelque temps après, il prit possession de l'archevêché avec le titre de prince de la Normandie ; il était alors âgé de 28 ans.

Jean d'Harcourt fut autorisé, en 1409, à se faire rembourser, par les villes voisines et sur ses propres sujets, des dépenses qu'il avait faites au service du roi pendant la guerre des Flandres, ce qui fit murmurer nos populations, déjà fort éprouvées par les mauvaises récoltes, les maladies, les pillages continuels des gens de guerre et les lourds impôts du roi de France.

Le 2 décembre, le comte d'Harcourt assista au conseil du roi, à l'hôtel Saint-Paul, avec les ducs de Berry, de Bourgogne et de Bourbon. L'objet de ce conseil était d'examiner « les concussions qui se faisaient sur le peuple et les finances royales, lors goudvernées par gens avares qui se faisaient riches aux despens du Roy et du public ».

L'ordre chronologique nous oblige à dire ici quelques mots d'un évènement qui ne nous paraît pas étranger à la création de l'industrie drapière à Elbeuf :

Nous avons établi qu'un moulin à foulon existait à Louviers dès l'année 1201 ; mais il est probable qu'il ne subsista pas longtemps, car, jusque vers la fin du XIV° siècle, le foulage des draps se faisait à Louviers, à Rouen et partout ailleurs en Normandie, exclusivement au pied. Cependant, vers 1384, Guillaume de Bigars, à la requête des fabricants de draps de Louviers, fit transformer un moulin à blé, qu'il possédait en cette ville, en moulin à fouler les draps.

Pendant vingt ans et plus, beaucoup de fabricants de Louviers envoyèrent leurs draps dans ce foulon, qui rapportait 80 livres de bénéfices nets par an à son propriétaire. Mais, dans les premières années du xve siècle, les fouleurs au pied, qui voyaient toujours diminuer leur travail, se concertèrent avec les laineurs et s'efforcèrent d'empêcher les fabricants de donner leurs draps au foulon mécanique et menacèrent même de détruire le moulin.

Guillaume de Bigars se plaignit au roi, qui manda au vicomte de Pont-de-l'Arche de procéder à une enquête, mais ordonnant par avance que, si ce moulin existait depuis plus de vingt ans et que depuis on y ait foulé sans empêchement, il fût fait défense de lui porter préjudice.

Le vicomte de Pont-de-l'Arche fit publier l'ordonnance du roi et convoqua la population de Louviers à une assemblée générale, où se trouvèrent environ mille personnes, parmi lesquelles les foulonniers, laineurs et marchands de draps de la ville. A la presque unanimité, il fut dit que « l'ouvrage dudit moulin n'estoit bonne, loyale, ne profitable et que moult d'inconvéniens et repreuches en estoient advenus ».

D'une autre enquête faite auprès de quatre-vingt marchands de draps et autres personnes expertes, il ressortit que « l'ouvrage de fouler draps au moulin estoit contre le bien de la chose publique, ... aucuns estoient plus larges en l'un endroit que de l'autre, et les autres escochés, rompus, cassés et creux... et il y avoit grant déception au préjudice du peuple ou des marchans contre le bien, honneur, estat et prouffit de la marchandise et des marchans et de la chose publique, jà soit ce que l'en eust à meilleur marchié et plus foullés de draps au dit moulin que l'en avoit au pié, mais auxi valoit mielz de tant et plus grand foison un drap foullé au pié que il ne faisoit au moulin ».

Bref, avec l'appui de Louis d'Harcourt archevêque de Rouen, seigneur de Louviers il fut interdit à Guillaume de Bigars de recevoir des draps dans son moulin. On peut supposer que Guillaume, ayant conçu une certaine irritation de cette défense, ait pu songer, dès lors, à créer une concurrence aux fabricants de Louviers ; mais la guerre l'empêcha de mettre tout de suite à exécution le projet auquel il s'arrêta.

Voici quelques autres extraits des registres du tabellionage de Thuit-Signol :

2 mars 1408 (1409 n. s.) — Mention de Guillaume Lesage, « canoine de la Saussaye et curé de Berville en Roumois ».

17 août 1409. — Simonet de Semelaigne reconnait devoir à Jehan Lemonnier, bourgeois d'Elbeuf, 11 livres 12 sols 6 deniers pour vente et livrée de vins.

4 septembre 1409. — Mention des terres de la Maison-Dieu d'Elbeuf sises à Thuit-Anger.

8 septembre 1409. — Mention de Robert Pépin, chanoine de la Saussaye et curé des Essars.

18 octobre 1409. — Guillaume Connain, doyen du chapitre de la Saussaye, abandonne ses meubles à Perrinot Connain, clerc.

12 mars 1409 (1410 n. s.) — Mention de « Me Jehan Pseaume, presbtre, tabellion d'Eullebeuf ».

25 août 1410. — « Laurens Le Sachiere de Saint Estienne d'Eullebeuf, vend aux presbtres de l'esglise N.-D. de Rouen, 60 sols de rente ».

9 septembre 1410. — « Robert de Roenneville, escuier, demourant à Saint Denis du Bosguerard, recognoit avoir receu 100 sols tournois de Colin Le Sachiere, d'Eullebeuf ».

25 janvier 1410 (1411 n. s.) — « Guillaume Leboursier, de Saint Estienne d'Eullebeuf, plège envers le Roy maistre Jehan Leboursier et Pierre Devoste, fermiers des impositions et quatriemes de la ville et paroisse de Tuitsignol ».

5 avril 1410 avant Paques (1411) — « Pierre Legrant, de Saint Estienne dEullebeuf, vend à Pierre de Seglas, escuier, 10 sols de rente, moyennant 7 livres 10 sols ». — Seglas était un fief sis à Boscroger.

Un catalogue publié en mars 1888 mentionne un reçu de l'an 1411, par lequel J. Lorfèvre, charpentier des deux moulins d'Elbeuf, reconnaît avoir reçu de Jean Guillaume (?) vicomte d'Arques, 70 sols tournois pour réparation au moulin royal d'Elbeuf, consistant en quatre soliveaux, une poutre et douze ais avec broches, et deux ais doubles pour revêtir ledit moulin en aval. Ce travail avait été commandé par Enguenet, maître des œuvres royales au baillage de Caux.

En cette même année, Karados des Quesnes, bailli de Rouen, fit amener à Rouen les bateaux d'Elbeuf et « tous autres bacs et vaisseaux étant en la riviere de Saine ès mettes du bailliage de Rouen, en quoy l'en peut passer aucunes gens et chevaux pour que inconvénient ne pust en suivre au Roi ».

Le 17 octobre 1411, « Jehan Hellouin, de Saint Desier, vendist à Jehan Lemonnier, bourgoiz dEullebeuf, trois septiers de blé fourment de rente par an, à la mesure dEullebeuf, au prix de xii deniers sur le septier moins que le chois de la halle dudit lieu... Cette vendue faicte pour le prix et somme de trente livres tournois ».

Une pièce de cette année concerne une maison et masure situées « entre le mur du grand jardin et les halles de la boucherie d'Elbeuf ». — Lefebure, tabellion à Elbeuf.

Nous retrouvons le même abornement dans un autre acte de 1453.

Le second registre des tabellionages conservé aux Archives départementales date de l'année 1412. Les premiers actes furent passés devant « Guillaume Leforestier, clerc tabellion, commis soubs Bertin Helouin, clerc tabellion d'Ellebeuf ». Nous en relèverons un assez grand nombre concernant, pour la plupart, des habitants de notre ville.

Le 20 décembre 1412, « Jehan Viart, de la paroisse Saint Estienne, vendist à Raulin Bacheler, de la paroisse Saint Jehan, cinq sols de rente assise sur une masure, jouxte d'un bout le petit molin, dautre costé Guillaume Viart, dun bout le pavement ».

On voit, par cet acte, que « le pavement » d'Elbeuf était encore bordé de masures, du moins sur une partie de son étendue.

Dans d'autres actes de cette même année, nous voyons figurer le nom de la Fontaine le jeune, Pierre Heuffroy, Robert le Plastrier et Thomas Cabot, tous habitants d'Elbeuf.

14 juin 1412. — « Bertin de Saint Pierre, de Caudebec, s'obligea à mons. de Harcourt en la somme de .xxviii. livres .xii. sols tournois pour la despeuille de lerbe de lille Leconte », c'est-à-dire l'île au comte.

Jean du Busc, gendre d'Enguerrand Martel,

de la Sausaye, vendit au comte Jean VII d'Harcourt, seigneur d'Elbeuf, le 7 février 1412 (1443 n. s.) le fief de Pescheveron qui constituait la totalité de la seigneurie de Criquebeuf-la-Campagne. — Jean du Busc continua le trafic de son beau-père, mais sur une moindre échelle. On le voit, en cette même année, acheter des rentes à sa vie et à celle de sa femme, à des voisins obérés.

10 février 1412 (1443 n. s.) — « Jean Lemercier, bourgois de la paroisse Saint Jehan, recongnut avoir vendu à Jehan Le Bresie... vergée et demie de terre, assise en ladite paroisse près la terre de la Maison Dieu dune part et labbé et convent de Bonport dautre... aboutant au chemin du Roy... pour 8 livres 10 sols avec 10 sols au vin du marchié ».

19 février 1412 (1443 n. s.) — « Venerable et discrepte personne maistre Jehan de Freville, soy portant pour fateur et procureur de venerables et discreptes personnes mess. le doyen et chappitre de leglise colegial monsieur Saint Loys de la Saussaye, et en soy faissant fort pour eulx qu'ils auront pour agreable ce qui enssuit, en la présence de mes. Robert Pepin, presbtre et mes. Olivier Godin, tous chanoyne dudit lieu... » Il s'agit d'une terre sise à Thuit-Anger, soumise à des rentes envers « Me Thomas Poignant, escuier, en fieu du Tuitanger, et Me Guillaume Morin, escuier, sieur dudit lieu. »

3 mars 1412 (1443 n. s.) Mention de « Simon de Pasquies (?) prêtre, demeurant à Quatremares, et de Guy Cottart, curé de Thuit-Simer.

21 avril 1443. — Mention de « Ricart Ysore, tenneur, bourgois de Saint Estienne d'Elbeuf ».

Il est à noter que c'est la première fois que, authentiquement, il est fait mention d'une industrie à Elbeuf, et que cette industrie consistait dans le tannage des cuirs.

7 mai 1413. — Laurent Le Sachière, bourgeois d'Elbeuf, prit à ferme pour trois ans, du comte d'Harcourt, vicomte de Chatellerault, la campagne de Caudebec, moyennant 32 livres 12 sols par an.

21 mai 1413. — Nouvelle mention de Guillaume de la Fontaine, curé de Saint-Nicolas-du-Bosc-Asselin.

1er août 1413. — Mention de Guillaume Le Tabletier, curé de Saint-Denis des Monts.

27 août 1413. — « Guillaume de la Fontaine le Jeune, et Blanche sa femme, bourgeois de Saint Jehan, vendirent à Jehan du Bois, de Quesigny, escuier, treize acres de terre à Quesigny ».

25 août 1413. — « Colin Pillon, de Tuit-Signol et Simon le Bermen, du Tuit Angier, congnurent devoir… à Jehan Morin, bourgois de Saint Jehan d'Elbeuf, fermier de la prévosté dudit lieu, la somme de vingt cinq livres et dix sept sols six deniers pour cause de la ferme et coustume et de la foire Saint Gille prochain venant séant aud. lieu d'Ellebeuf, que les dis Pillon et Bermen disoient avoir prinze à ferme et à louage pour trois jours commenchans vendredi au matin prochain venant et finissans le dimence au soir… avec tout les franchises appartenant à ladite foire, excepté les guèdes, la fruiterie et la boullengerie de la ville, et semblablement vin, vuidages et coustumes des breuvages de la ville, sauf que les dis Pillon et Bermen auront les vuidages et coustumes des breuvages du

pré, et avec ce ledit Morin aura et fist retenue de la moitié des forfaiturez et estourmiez se aucunez en y a. Et se aussi estoit que les dis preneurs ou lun deuls occupast ou arrestast aucunez personne ou personnes à tort et sans cause, icellui Morin sen demest et deppart... »

29 août 1413. — « Jehan Morin, fermier de la coustume d'Ellebeuf, bailla jusques à trois ans commencant le vj^e jour de may derrain passé, à Drouet Durée de Caudebec... le mesurage des guedes de la paroisse de Caudebec et la coustume des guedes des deux foires d'Ellebeuf et tendra le... de ceux qui ont imposition... pour la somme de xv l. xij s. vj d. t... »

Entre autres détails, ces deux contrats nous apprennent que la foire Saint Gilles durait alors trois jours. Le prix, assez considérable pour l'époque, de l'affermage, prouve l'importance que cette foire avait au commencement du xve siècle. Nous remarquons également que la guède ou pastel était l'objet d'une grande culture à Caudebec ; elle était expédiée à Rouen pour l'usage des teinturiers. C'était l'indigo de l'époque.

6 septembre 1413. — « ...plusieurs des seigneurs du chappitre de la Saussaye dont les noms ensuivent, cest assavoir : mess. Guillaume Cauvain, doyen ; maistre Jehan de Freville, mess. Ernoul de Brucourt, mess. Nicolle de Caullières, mess. Jourdain du Gardin... »

L'année 1413, dit le chroniqueur Pierre Cochon, « fu la plus plantureuse de touz biens qui omcques à ce jour homme vivant n'avoit omcques veue, tant de blez, vinz, fruitage, nonobstant tribulations, guerres, qui lonc temps avoient esté au royalme.... Item, en icelle année régna une grant maladie de ryeume par tousserie... et de celle en mourut mout de peuple, tant de grans comme de moiens ».

Les registres de l'ancien tabellionage d'Elbeuf nous fournissent également les prix du blé à cette époque : « 25 juillet 1413, blé, mesure d'Elbeuf, 13 setiers, 12 livres ; 22 octobre 1413, 4 setiers, 12 deniers moins que le choix, 4 livres 10 sous ; 29 mars 1415, 6 setiers à payer par 2 setiers par an pendant trois ans, 4 livres, 10 sous ; 12 avril 1415, 3 setiers, 12 deniers moins que le choix, 60 sous ; 10 décembre 1415, 30 sous le setier.

D'ordinaire les terres destinées à la culture du blé étaient soumises à quatre ou au moins à trois labours (areures), et les jachères (gasquières) à deux.

Les tremois, quelquefois appelés *mars*, dont le nom paraît signifier le troisième mois de l'année, comprenaient généralement la vesce, les pois et l'avoine.

La vesce et les pois avaient donc une large part dans la culture à cette époque ; la vesce n'était pas seulement un fourrage, sa graine servait à la nourriture des porcs et de la volaille.

Par contrat passé à Rouen, en 1413, Jean d'Harcourt acheta la seigneurie de Menneval et la ville de Bernay, pour le prix de 8.000 livres tournois, à Roger de Bréauté, chevalier.

14 octobre 1413. — « Pierre Becquet, maistre es ars, demourant à present en la paroisse de Saint Jehan, quitta et delessa à Jehan Morin, prevost de la prevosté d'Ellebeuf, tout et tel marchié comme il avait eu par justice des hoirs de deffunt Jean Le Bonnetier, comme il

peust apparoir par le mémorial du bail sur ce fait... »

20 octobre 1413. — « Colin Fleurie, de Saint Pierre des Serqueulx, congnut devoir à Pierre Honfroy, bourgois de Saint Jehan d'Ellebeuf, la somme de quinze livres pour cause de argent sec presté et pour vendue de futaille et despence de taverne ».

9 janvier 1413 (1414 n. s.) — « Comme Guillaume Roussel dit la Haize, receveur d'Ellebeuf pour hault et puissant seigneur, monseigneur le conte de Harrecourt auroit fait demande à Michaut le Camus de .xlij. milliers de tieulle du volume de la tieullerie de la Saussoie, que ledit receveur disoit icelui Camus devoir pour et à cause de la ferme de la tieullerie dud. lieu de la Saussoie, de laquelle tieulle led. Michaut disoit avoir paié aux gens et officiers de mondit seigneur .xxxvij. milliers et .ij. cens et soixante soulz... pour le pavement de la chappelle de mondit seigneur, lesquelles choses lui devoient estre rabatues sur lad. somme de .xlij. milliers, et pour ce que il nen portoit aucune descharge, ne que ils ne avoient esté donez es comptes dudit reveur, icellui recepveur eust fait mettre en prison le corps dudit Camus... messire Jehan Pseaume, prestre, plega ledit Michaut jusques à un mois à venir du jour dui de bien paier la dicte somme de tieulle en cas que il ne monstreroit pas lesd. descharges, ou de restablir le corps dudit Michaut prisonnier dedens ledit temps... obligea ses biens et jura en conscience de prestre.

« Ledit Michaut promist à desdomager ledit prestre de tous les despens et... quelxconques que il pourroit avoir à cause dudit plege, ledit

Michaut les lui promist rendre et payer ou len desdommager frenchement et absolutement. Et en oultre promit et gaiga de rendre et restituer et restablir son propre corps prisonnier es prisons d'Ellebeuf, à estre sur ce apprehendé toutes et quantes fois que il plaira audit prestre... »

Où était située cette chapelle que le comte d'Harcourt faisait bâtir ? A Elbeuf, cela paraît à peu près certain ; et si c'était à Elbeuf, ce ne pouvait être que dans l'île actuelle du Glayeul, c'est-à-dire vers l'extrémité de l'impasse de la Prison, à l'occident de la rue Saint-Jean, où le comte fit construire un château. Notons que les quantités considérables de tuiles que M. Guilmeth dit avoir été trouvées dans le Glayeul pourraient bien n'être autres que celles apportées par Michaux Le Camus en 1414.

M. Parfait Maille a contesté l'existence d'un château-fort à Elbeuf : c'est un tort, car nous trouverons bientôt plusieurs actes authentiques mentionnant cette forteresse, qui, à la vérité, ne fut probablement point achevée, ou dans tous les cas, ne resta pas longtemps debout.

17 janvier 1413 (1414 n. s.) « Jehan de la Liaue, de Caudebec, gaiga à maistre Pierres Becquet la somme de .xij. s. .vj. d. t. pour cause de lescolaige de son fils et pour la fachon de ce présent gaige et par compte fait entreulx dont et promist paier à la Notre Dame Chandeleur... » — C'est la première mention d'une école que nous rencontrons.

31 janvier 1413 (1414 n. s.) « Guillaume le Plastrier, bourgois d'Ellebeuf, gaiga à Guillaume Tolemer, de la paroisse Saint Jehan, la la somme de .xv. s. t. pour despence de ta-

verne... » — Le 16 avril de l'année suivante, Leplastrier reconnut devoir à Ricart Quemin, tavernier à la Saussaye, 10 sols tournois, également pour dépenses faites au cabaret.

6 février 1413 (1414 n. s.) « Colin Goret, bourgeois d'Ellebeuf, gaiga à honnestes et religieuses personnes l'abbé et convent de Saint Aurin d'Evreux la somme de sept l. t. pour cause de la dixme des lins et chanvres et des perelles, en la magniere que autres fois ont esté bailliés... »

13 février 1413 (1414). — « Comme certain descort et procès fut meu ou est prest à mouvoir entre messire Jehan Ysore, prestre, curé de Saint Estienne d'Ellebeuf, et Girot le Tourneur, bourgeois de Saint Jehan, pour cause de certaines paroles hainneuses et insensées que ledit Tourneur avait faictes et dites audit curé... il se submist et obliga paier la mise ou amende de court se aucune en entrevenoit, et avec ce se submist et obliga audit curé paier la somme de dix livres tournois... »

2 mai 1414. — « Robbin Galloppes, de la Saussaye, gaiga à Jehan Goudet, d'Ellebeuf, la somme de .xv. s. t. pour cause que icelui Goudet avoit les rentes du pré Basire, laquelle ledit Robin estoit tenu paier... »

25 mai 1414. — « Huet Dumoustier, d'Ellebeuf, gaiga à messire Jehan de Freville, chanoine de la Saussoie, pour et en la descharge de maistre Guillaume de Livarout, escuier, la somme de .lxv. s. t. pour cause de arrerages de rente. — Les sieurs de Livarot étaient alliés à l'une des branches de la famille d'Harcourt.

28 mai 1414. — « Guillaume Martin, de la paroisse Saint Laurens de Rouen, gaiga afaire

et parfaire de venin de libraterie à Mes. Jehan Pseaume, presbtre trésorier de leglise colegial Saint Louis de la Saussoie, c'est assavoir les livres que enssuit appartenant à lad. eglise, et premierement aux trois greaulz antiphoniers en six volumes, deux grans saultiers et trois petis, et avec ce ung brief, un colletanie (?) et trois professionnaulx, tous lesqueulx livres ledit Martin sera tenu faire et parfaire de son mestier, c'est assavoir relier, coller et clouer à ses propres coux et despens, le tout bien et suffisamment, sauf que icellui trésorier lui sera tenu trouver toute la matière qui afaire ladicte besongne sera neccessaire, excepté colle et fil, par le pris et somme de XII liv. ts, que ledit trésorier sera tenu paier ladicte besongne faicte et acomplie, et en oultre promist icellui Martin à venir faire ladicte besongne de xv jours du jour duy ».

Un autre acte, passé également devant le tabellion d'Elbeuf, quatre mois après, est une quittance donnée au trésorier de la Saussaye, par Guillaume Martin « de XII liv. ts pour la fachon et reliage de plusieurs livres de leglise ». — Guillaume Martin est probablement le plus ancien relieur connu de la ville de Rouen.

7 juin 1414. — « Venerable et discrepte personne messire Robert Pepin, presbtre, chanoyne de la Saussoie, quita, transporta et delessa à toujours à venerable et discrepte personne maistre Andreu Pepin, son frère, presbtre et escolier estudiant en la faculté du decrept... »

10 juillet 1414. — Jehan de Lestre, de la paroisse de Menneval, se submist et obligea à noble et puissant seigneur monseigneur le conte de Harcourt et d'Aubin, viconte du

Castel, en la somme de deulx cens liv. tx...
pour cause de damages, malefachon et injures
que ledit Delestre avoit commises... »

17 juillet 1414. — « Pierres de Saint Venant,
bourgois de Paris, congnut devoir à très noble
et puissant seigneur monseigneur le conte
de Harecourt et Aubin, vicomte de Chastellerault... dix huit cens livres tournois pour
cause de une vente de bois contenant chin-
quante arpens que illa au jour dui prinse de
mondit seigneur... aux Monts le Conte, sur
le Val Alleaume es parties de dessus Saint
Cir... »

25 juillet 1414. — « Jehan Viart, de Saint
Estienne d'Ellebeuf, vendit à Guillaume Viart,
une maison et masure assise en ladite paroisse
jouxte le chemin du Roy dun costé et le douet
du moulin dautre, et dun bout audit moulin
et dautre bout aud. acheteur, pour le prix de
neuf livres tournois et deulx ausnes de drap
du prix de .xxviij. s. t. pour les .ij. ausnes
avec .v. s. t. au vin du marchié... »

« Le « douet du moulin » était évidemment
le Puchot. — Il est à supposer que Guillaume
Viard fabriquait du drap : ce serait donc le
plus ancien fabricant d'Elbeuf connu. Cet
acte est le seul qui puisse se rapporter à une
industrie elbeuvienne drapière à cette époque.

11 août 1414. — « Colin Fourmage, de
Brionne, promit à Perrin Mauduit, sergant
d'Ellebeuf, de desdommager de toutes avances
que il pourroit faire pour cause de ung cry
de haro que avoit fait Colin Quiedeber... »

25 août 1414. — Guillaume Yvet, sergant
de la forest de la Haye du Teil, congnut
avoir receu de.... .xij. liv. ts. qui deubz
estoient à noble et puissant seigneur mon-

seigneur le conte de Harcourt... pour cause des caables de la forest dudit lieu ».

7 septembre 1414. — Michaut le Camus, de Saint Pierre des Serquieux, recongnut avoir prins à ferme du conte de Harecourt la tieulerie de la Saussaye pour la somme de neuf milliers de tieulle... »

7 septembre 1414. — « Comme descor fust prest à mouvoir entre Jehan le Bresier, bourgois d'Ellebeuf, et Thomasset Helluis, de Saint Desier, sur le fait de la ferme de l'imposition du mestier de tennerie et suourerie (cordonnerie ; sueur, de *sutor*) de la foire Saint Louis de la Saussaye derrain passé... se submirent en sentence et ordonnance de Guillaume le Cauchois et Raoullin Bacheler et promirent tenir tout ce qui par leurs arbitres de leur dit descort sera fait... » — Jean Le Bresier faisait aussi le commerce de grains.

9 novembre 1414. — « Jehan Hue, bourgois d'Ellebeuf, prist à ferme... de Guillaume Leforestier, fermier de la prevosté de la Saussaye... le mesurage et la coustume de grains vendus en la halle dudit lieu de la Saussaye... pour quinze l. t. pour iceulx trois ans et la moitié des forfetures se aucun en y a... »

15 novembre 1414. — « Jehan Sansson laisné, de Bonneville sur le Bechelluin, loua, avoua, ratifia quatre amendes faites par Jehan Sansson, son fils, devant Guillaume de la Lande, commis par très noble... le conte de Harcourt et d'Aubin, vicomte de Chastellerault, au gouvernement du bailliage de Harecourt, pour cause de certains excés et délis fais par led. Jehan Sansson, son fils... en la terre et haute justice de mondit seigneur...

« Ledit Sansson lainé se submist et obliga

dester et soutenir droit envers justice sur la demande de certaine trouveure dargent montant à la somme de trois à quatre mille livres tourn. que len disoit par lui estre trouvée en la terre et haute justice de mondit seigneur, dont le paieur de mondit seigneur entent à lui faire demande... et aussi de soy comparoir et respondre sur le cas aux prochaines assises d'Ellebeuf et aux autres subcéquences se mestier est... » — Sanson présenta deux personnes pour le cautionner.

9 novembre 1414. — « Jehan Hue, bourgois d'Ellebeuf, prist à ferme... de Guillaume Leforestier, fermier de la prevosté de la Saussaye... le mesurage et la coustume des grains vendus en la halle dudit lieu de la Saussaye... pour quinze l. t. pour iceulx trois ans et la moitié des forfetures se aucun en y a... »

23 décembre 1414. — Mention de Robert Levin, curé de Saint-Cyr et de Etienne Levin, prêtre, son frère, propriétaire à Pasquier.

29 mars 1414 (1415). — « Eudin Furette, de Crasville, vendit à poier pour une fois à Jehan Hue laisné, bourgois d'Ellebeuf... six sextiers de blé à la mesure d'Ellebeuf, en lostel dudit acheteur, aux propres coux et despens dud. vendeur... pour le prix de quatre livres dix sols tourn. » — Jean Hue fit d'autres marchés, mentionnés également sur les registres de tabellionage des environs; le 6 avril, il acheta, d'un cultivateur de Crestot, « six sextiers et quatre bouessiaulx de blé et deux bouessiaulx de pois blancs, le tout à la mesure de Neufbourt, pour six liv. t. »

2 juin 1415. — « Colin Boessel dit Goret, de Saint Jehan dEullebeuf, bailla à Cardin Ysore, tenneur, bourgois dEullebeuf, demou-

rant en la paroisse Saint Estienne, une masure plantée, sise en la paroisse Saint Jehan, jouxte dun costé ledit bailleur, dun bout Jehan le Jeune et a ruage de devant le moulin de la cauchée ». — Cette masure était chargée d'une redevance annuelle de cinq sols envers le comte d'Harcourt.

28 juin 1415. — « Guillaume Leconte, féron congnut avoir eu et receu de très haut et puissant seigneur le conte de Harcourt, la somme de xx livres tournois, sur ce que lui peut devoir mondit seigneur sur certain aleu et tasche de son mestier, qu'il a entrepris à faire en lostel que monseig^r le conte fait faire à Groslay ».

3 juillet 1415. — « Pierre Mauduit, bourgois dEullebeuf, vendist à Raulin Bacheler vingt sols de rente assise sur une masure où demeure ledit Bacheler devant lostel Dieu dEullebeuf, jouxte les hoirs de feu Cardot Maudui, dautre costé le gardin de lostel Dieu dun bout le vivier de la cauchée, et le pavement du chemin du Roy nostre sire dautre ».

36 juillet 1415. — « Jehan Dufour, de Berville, fut baillé à Pierre Mauduit, sergent d'Ellebeuf, pour le mettre ès prisons dudit lieu ». — Dufour fournit caution et recouvra sa liberté.

Août 1415. — « Pierre Mauduit, sergent d'Ellebeuf, promist acquitter et desdommager Sevestre des Monts, consierge à la Saussaye, pour très hault... conte de Harecourt... de ung lit que avoit prins ledit sergent pour la despence de mondit seigneur, que len disoit estre Laurens le Sachière... »

CHAPITRE XXIII
(1415-1421)

Azincourt. — Jean VII trahi et prisonnier. — Elbeuf ravagé par les Français. — Elbeuf passe a la maison de Lorraine. — Marie d'Harcourt et le comte de Vaudemont. — Nouvelle invasion anglaise. — Prise d'Harcourt, de Pont-de-l'Arche et de Rouen. — Le duc de Clarence, seigneur d'Elbeuf.

En 1415, le roi Henri V d'Angleterre, voyant un grand désaccord entre les seigneurs français, traversa la Manche et descendit devant Harfleur, dont il s'empara : Ce fut là le commencement de ses conquêtes en Normandie.

Jean VII d'Harcourt, ayant appris que le roi Henri se proposait de prendre aussi la place d'Abbeville, alla s'y jeter avec le duc d'Alençon, son beau-frère, et plusieurs autres seigneurs. Ce mouvement contribua à empêcher les Anglais de traverser la Somme, et l'armée ennemie dut remonter jusqu'à Saint-Quentin.

Les Français, commandés par les ducs d'Orléans et de Bourbon, les comtes d'Harcourt, de Vendosme et de Richemont, ayant poursuivi l'armée anglaise, la rencontrèrent près d'Azincourt, le 25 octobre 1415. On sait que cette journée fut fatale à notre pays. Le comte Jean VII d'Harcourt y fut blessé et fait prisonnier.

Henri V se rendit à Calais et de là retourna en Angleterre, remettant à une autre campagne ses projets sur le reste de la Normandie et de la France.

A la date du 19 mai 1416, « Johan Poetevin, de Criquebeuf-sur-Sayne, recongnut devoir à Raoul Bacheler, d'Ellebeuf, la somme de vingt livres tournois pour la vendue, baillée et livrée de cuirs tennés ». Quelque temps après, le même Bacheler se fit reconnaître, par devant le tabellion de Thuit-Signol, une somme de quinze livres que lui devait « Jehan des Hayes, du Bourgtheroulde, pour vendue de cuir en gros ».

La note suivante, que nous trouvons également sur l'un des registres du tabellionage de Thuit-Signol, nous laisse entrevoir l'état de notre contrée à cette époque ; elle porte la date du 26 juin 1416 : « Le sourplus de cest present mois est en registré au vi⁰ fouyllet après cestui, et pource que les registres sont entreposés pour le fait de la guerre ».

Ces deux dernières lignes ont une certaine importance au point de vue de l'histoire de notre province. En effet, en juin 1416, il n'y eut point, à proprement parler, de faits de guerre à Elbeuf, ni aux environs ; mais la tranquillité n'en fut pas moins fort troublée. Voici ce qui motiva cette note :

Après la bataille d'Azincourt, les débris de l'armée française se répandirent dans les campagnes, mettant tout au désordre et au pillage, dit M. Goube. « Partout on prit les armes pour repousser la soldatesque effrenée ; les villes même s'armèrent pour se préserver des brigandages. Rouen, malgré la présence de Charles VI, ne put contenir le peuple qu'avec peine ; dès que le roi fut parti, la sédition éclata ».

Notre région reçut donc la visite de soldats débandés, qui y exercèrent évidemment des ravages, puisque son tabellion crut devoir mettre ses registres en lieu de sûreté.

L'acte suivant, daté du 6 novembre de la même année, mentionne un habitant de notre localité, qui avait été emprisonné à Rouen :

« Comme Jehan Grispois, Jehan le Paisant, Guillaume Mauduit et Guillaume Soesseint, tous de la paroisse Saint Jehan d'Eullebeuf, se fussent ensembles, et chacun pour le tout, obligiés à Mahiet Godefroy, geollier des prisons de Rouen, en la somme de .xxiiii. liv. t. pour despence de pain et de vin et pour geollage, laquelle somme ils eussent promise poier par voie dexecucion, au pleige de Guillaume Le Fournier, à cause de laquelle pleigie ledit Guillaume Le Fournier ait esté contraint par ledit geollier tout ou partie de ladite somme, si comme toutes cez choses et chacune dicelles pevent plus clerement apparoir par lez lettres sur ce faites… savoir faisons, etc. »

C'est peut-être de vins récoltés sur les coteaux d'Elbeuf dont il est question dans cet autre acte, daté du 23 du même mois : « Jehanne du Fresnoy, femme veuve, deguerpie de feu Guillaume Campion, escuier, jadis seigneurs de la Cours, recongnut devoir à Jehan Hue, bourgois d'Ellebuef, iiii liv. x sols restant de la vendue de certains vins que feu messire Hutin Campion, prestre, en son vivant frère dudit escuyer, avoit eus et achetés dudit Hue ».

Une pièce du chartrier du Bec-Hellouin était la « sentence par laquelle Colin le Bresier et Guillaume Fresel furent condemnez envers l'abbaye du Bec à la faisance de 10 sols de rente, à cause de leurs heritages scis en la paroisse de Sainct Estienne d'Elbeuf ».

Voici un des très rares actes de cette époque où il est fait mention de drap, mais ne s'agit-il pas encore de fabrication :

14 février 1416 (1417 n. s.) — « Pierre Botrel, tuteur et curateur en la compagnie de messire Richart Botrel, prestre, de Raulin et Johan dis les Botraulx sousagés, aloua ledit Raulin à Guillaume Lefeuvre pour estre et demourer avec lui jusques au terme de chinc ans, afin de a prendre le mestier et marchandize de boucherie et aultres mestiers convenables dont ledit Guillaume se vouldroit entremeictre, et aussi ledit Raulin sera tenu servir en lostel de son dit maistre ou de son père es choses dessus dites et en tout ce quil sçaura et pourra faire à son pouvoir, pendant lequel temps on lui trouvera sa coucheure et chinc aulnes de drap rousset, bon et suffisant... »

Ce prêtre Richard Botrel est cité dans un autre acte. Il avait « le gouvernement » de « la Capelle Martel », comme fermier, et c'est en cette qualité qu'il vendit, deux ans après, les dîmes appartenant à cette chapelle, sise au Thuit-Hagron, à Robert Ledos, curé de Thuit-Signol. — Un Robert Botrel fut, quatre ans après, lieutenant du verdier des eaux et forêts d'Harcourt et d'Elbeuf.

Marie d'Harcourt, fille aînée de Jean VII, comte d'Harcourt — lequel n'avait eu qu'un fils, Jean VIII, tué à la bataille de Verneuil — se maria, en 1417, avec Antoine de Lorraine, comte de Vaudemont. Par suite de ce mariage, les seigneuries d'Harcourt, d'Elbeuf, de la Saussaye, de Brionne, de Routot, de Quatremares et autres, passèrent dans la maison de Lorraine.

Antoine de Vaudemont, seigneur légitime d'Elbeuf, ne jouit guère de ses domaines en Normandie, puisque, comme nous le verrons bientôt, ils lui furent enlevés en l'année qui suivit celle de son mariage. Cependant, à cause de Marie d'Harcourt sa femme, qui lui survécut de longues années, il appartient à l'histoire des seigneurs de notre localité ; aussi noterons-nous quelques particularités de sa vie, dans lesquelles du reste, Marie, plus tard dame d'Elbeuf, joua un grand rôle.

Disons d'abord qu'Antoine de Vaudemont quoique prince lorrain, était né en France, en 1392, et avait été élevé à la cour de Charles VI. Il jouissait de la réputation d'être heureux à la guerre, où il n'avait jamais été vaincu. Les historiens lorrains comptent huit batailles rangées dans lesquelles il se trouva : toutes se terminèrent par une victoire pour ses armes.

En cette même année 1417, Louis d'Harcourt, archevêque de Rouen, frère de Jean VII, baron d'Elbeuf, s'entremit entre le roi et le peuple de Rouen qui avait massacré le bailli de cette ville et s'était soulevé en faveur du duc de Bourgogne ; et quand Jean, fils aîné du roi, vint à Pont-de-l'Arche, avec une troupe pour menacer Rouen, l'archevêque s'employa en faveur des Rouennais, en remontrant au prince que leur mécontentement venait des lourds impôts dont ils étaient chargés et des excès commis par les officiers du bailli. Le dauphin ne pouvant faire mieux, car ses forces n'étaient composées que deux cents combattants, pardonna au peuple de Rouen.

Le nom d'un autre vicomte d'Elbeuf au moment du mariage de Marie d'Harcourt, nous est fourni par un acte du tabellionage de Thuit-Signol, daté du 19 août 1417 :

« Pierre Mauduit, de la paroisse Saint Jehan, vendist à monssr. le conte de Harecourt et d'Aubmalle cent sols de rente, à cueillir et lever sur les biens dudit Mauduit ». Cette vente fut faite au prix de 50 livres, somme qu'il devait à « Thomas Marmion, viconte et receveur dicelui lieu qu'avoit tenu icelui Mauduit que pour les amendes des assises qui par roulle lui avoient esté baillées à cueillir ».

La guerre allait recommencer entre la France et l'Angleterre. Le roi Henri V avait pris la mer, le 8 juillet 1417, avec une flotte de mille cinq cents vaisseaux, et était descendu le 1er août à l'embouchure de la Touques. Beaucoup de villes de la basse Normandie tombèrent en son pouvoir.

Les Bourguignons entrèrent à Rouen le 12 janvier 1417 (1418 n. s.) « Et adonc vivait le .iije. fils du roy d'environ l'aage de .xiiij. anz ou environ, auquel il desplaisoit que l'en lui tenoit sa ville et chastel de Rouen. Et vint, lui et sa forche, au Pont de l'Arche... » Après que le dauphin fut entré à Rouen, il « s'ala logier en son chastel, et en fist le compte de Harecourt chapitaine des ville et chastel. Et, après, le dit compte y mist, pour le dalphin et lui monsieur son filz [en qualité de lieutenant] ».

Après avoir laissé reposer ses troupes pendant l'hiver, en basse Normandie, tout en soumettant de nouvelles places fortes, Henri se dirigea, au printemps de 1418, sur notre contrée, et commença, dit Pierre de Fenin « à conquérir dans le pays force villes et forteresses : car elles se rendoient à luy sans faire grande résistance, parce qu'elles ne voyoient esperance en aucun secours, à cause de la dissension qui estoit entre les seigneurs de France ; car entres autres provinces, dans le duché de Normandie ceux qui devaient deffendre les bonnes villes et forteresses contre les Anglois estoient ou du party du Dauphin ou duc Jean, et avoient mesme guerre les uns contre les autres : parquoy chacune partie avoit à se garder de deux costez. Par telles choses fut le duché de Normandie conquis en peu de temps ».

Le comte Jean VII d'Harcourt avait été remis en liberté l'année précédente, sous la condition qu'il ne reprendrait pas les armes pendant plusieurs années. « Voyant combien Henry, roi d'Angleterre, estoit puissant en Normandie et qu'il ne se trouvoit personne qui lui fist résistance, depuis que les villes de Harcourt, de Caen, d'Evreux, de Fallaize, de Bayeux, de Lisieux, de Coustances, d'Avrenches, de Sainct Lo, de Cherbourg, de Touque, de Beaumont le Roger, du Bec Hellouin et plusieurs autres places et forteresses s'estoient mises en son obeissance, il se retira en son chasteau d'Aumalle, où il pensait recevoir du repos et éviter la guerre avec l'etranger ; il la trouva avec ses plus proches, avec ceux de son nom, de ses armes, de son sang », dit La Roque.

« Il arriva donc, comme il faisait sa retraite pour crainte de l'Anglois, que Jacques de Harcourt, son cousin germain, lequel avoit avec lui Christophle, son beau-frere, et soixante combatans vint descendre à la porte du chasteau d'Aumalle, sous couleur de vouloir faire la révérence au comte, son cousin...

« Les portes furent ouvertes, et les officiers du comte luy firent grand honneur. Il entra donc dans le chasteau, avec une partie de ses gens, et ayant ordonné au reste de s'y rendre lorsqu'ils auroient mis leurs chevaux aux écuries de la ville, il alla trouver le comte qui luy fit une joyeuse reception, et après avoir tenu avec luy plusieurs discours des guerres des Francois et des Anglois, voyant l'occasion d'exécuter ce qu'il avoit prémédité, prit le comte par la main, et luy disant : « Monsei-
« gneur », ainsi qu'il avoit accoustumé de luy parler en qualité de cadet de famille, « je vous
« fais prisonnier du Roy ».

« Le comte demeurant fort estonné et surpris, luy dit en sa manière accoustumée :
« Beau cousin, que dites-vous ; suis-je pas au
« Roy comme vous sçavez, et n'ay rien fait à
« son préjudice ny contre son service ». Mais nonobstant toutes sortes d'excuses et leur parenté ou autres circonstances, il fut détenu prisonnier et mis par Jacques de Harcourt sous bonne garde.

« Le lendemain, après que ledit Jacques de Harccourt eut pris tous les thrésors et biens portatifs de la forteresse, et qu'il eût commis des gens en son nom pour la garder, il repartit et amena le comte de Harecourt prisonnier au chasteau du Crotoy dont il estoit commandant, et Enguerrand de Monstrelet recite qu'entre autres choses, il eut un beau cheval fauve à courte queuë, fort excellent pour la guerre.

« Depuis ce jour-là le comte demeura prisonnier toute la vie de Jacques de Harcourt, qui ne réüssit pas si bien en voulant prendre le seigneur de Parthenay, son grand oncle, duquel il estoit presomtif heritier, puisqu'il y paya de son sang, n'ayant pas conduit si heureusement son entreprise.

« Le comte fut plusieurs fois transporté de chasteau en autre, et le bruit commun estoit qu'il estoit ainsi détenu prisonnier par le consentement de Jean d'Harcourt, comte d'Aumalle, son fils, qui estant mort avant le comte son père, ny luy, ny Louis de Harcourt, son fils, ne joüirent jamais de ses grands biens.

« Depuis cette entreprise de Jacques de Harcourt, sire de Montgommery et de Mezieres, qui ravit tous les meubles plus precieux de nostre comte, il en fit la poursuite au Parlement contre Guillaume de Harcourt, comte de Tancarville, fils et héritier dudit Jacques, et ses demandes, baillées par inventaire, se montaient à plus de quatre cent mil escus ».

Les Chroniques de Normandie disent que Thomas, duc de Clarence, frère du roi d'Angleterre, et le comte de Salisbury « vindrent devant Harcourt, qui leur fut rendu le sixieme may 1418, et que là estoient les richesses du comte de Harcourt, qui estoient merveilleusement grandes de toutes choses appartenant à un prince, desquelles le duc de Clarence s'empara par la prise cy-dessus desclarée, nostre comte estant lors retiré à Chastellerault ».

Ce fut le 9 mai 1418 que le territoire d'Elbeuf passa sous la suzeraineté du roi d'Angleterre, par suite de la capitulation d'Harcourt, dont voici le texte :

« Cy ensuit le traitée et appoinctement fait, prins et accordé le .ixe. jour de mai lan mil quatre cens et dix huit par entre nous Jehan Cornewaille, Rauff Cromwell et William Bowes, chivalers, et Richard Wideville, escuier, ad ce commis par le tres haut et puissant prince nostre tres reboubté sire le duc de Clarence d'une part, et d'autre part Ferand de Freville, capitaine du chastel et dongon de Harecourt, est dit, traité et accordé par la fourme et manière qui senssuit.

« Premièrement est dit, traitté et accordé par nous les suisditz capitaine et baillif dudit chastel et dongon de Harecourt, promys pour nous et nos compaignons de rendre et delivrer le suisdit chastel et dongon es mains de tres haut et tres puissant prince et nostre tres redouté sire le duc de Clarence ou à tel qu'il luy plerra commettre et le recepvoir, pour et en nom de tres excellent Roy de France et d'Engleterre demain .x[e]. jour de cest présent mois d'avril *(sic)* et à telle heure que il plaira au dit Mons. de Clarence, et que adonques il puisse mettre ou faire mettre ou dit chastel telle garnison que il lui plaira.

« Item est dit, traité et accordé que toutz les biens quelx conques, vivres et artillerie qui de present sont ou dit chastel et dongon de Harecourt y demouront au dit très haut et puissant prince, et promettent les ditz captein et baillif qu'ils ne les transporteront ne feront transporter en aucune maniere dehors, et aussi les suidits capitaine, baillif et autres gentilshommes du dit chastel et dongon ont promis que entre cy et la rendue ne sera fait ne souffert estre fait des dits biens, vivres et artillerie, gast ne destruction quelx conques, mais useront desdicts vivres raisonablement ainsi que soulions faire au devant de ceste presente composition.

« Item est dit, traité et accordé que toute l'artillerie du dit chastel et dongon de Harecourt, cest assavoir lances, arbalestres, fleches, virtons et toutz abillements pour arbalestriers, poudres, canons et aultres abillements pour la guerre, demourront au dit chastel et donjon sans rien d'iceulx estre rompus ne transportez hors. Et ce nous les susdit capitaine, baillif et gentilshommes du dit lieu avoir promys en bonne foy et sur nos honnours et aussi sur les plaiges et hostaiges, que de la dite artillerie et abillement de guerre ne sera fait ne suffert estre fait nulles bruleries, tromperies, transportement ne aultre destruccion quelx conques.

« Item est dit, traicté et accordé par nous les susdit capitaine et baillif de Harecourt de, entre cy et le jour et heure de la rendue, faire bailler et delivrer au susdit tres hault et puissant prince Monsr. de Clarence ou à aultre par luy commys les recepvoir, toutz les prisonniers anglois, subgez, vassaulx, obbéissans et autres tenans la partie d'Engleterre, qui de present sont ou dit chastel et dongon et d'acquiter et faire acquiter les ditz prinsonniers et leurs plegges, sans que ascun empechement lour soit mys à present ou en tems à venir par leurs maistres, soit par sommer, requerir ou demander ; mes finalement les maistres desditz prisonniers à eulx renonceront lour foy, promesses et seremens tant à eulx comme à lours plegges et ce sans fraude ou mal engin.

« Item est dit, traicté et accordé par nous le susdit capitaine et baillif de Harecourt que, au jour et heure de la rendue du dit chastel et dongon, baillerons et delivrerons au dit tres hault puissant prince Mons. de Clarence, ou à tel qu'il luy plaira, toutz Engloiz natifs, Galois, Yrois et Gascons qui aultre foiz ont tenu la partie d'Engleterre et aussi tous ceux qui ont esté jurez lieges au devant de ces heures de nostre souverain sire le Roy de France et d'Engleterre, qui de present sont oudit chastel et dongon de Harecourt, si ascuns en y a, lesqueux ne seront nullement comprins en cest present traicté.

« Item est dit, traicté et accordé par nous le susdit capitaine et baillif dudit chastel et dongon de Harecourt, que sur cest present traicté et appoinctement baillerons et delivrerons à susdit tres hault et puissant prince nostre tres redouté sire le duc de Clarence .XVII. gentils hommes pour hostages, affin que les promesses de nostre part soient mieux entretenues.

« Item est dit, traicté et accordé que Monsr. de Clarence de sa haulte grace a octroié à Mad^e. de Harecourt que elle aura toutes ses terres que elle a, ou par droit doit avoir en la seigneurie de Harecourt, faisant le serment et foyaultée à nostre souverain sire le Roy de France et d'Engleterre en fourme deue, et aussi qu'elle aura toutz ses biens propres que elle jurera sans fraude ou malengins estre siens, et comme il sera prouvé comme ils seront siens propres.

« Item est dit, traicté et accordé que toutz

les autres dames et damoiselles qui sont ou dit chastel auront toutz leur arroymens pour lour corps et pour lours testes quelx conques.

« Item est dit, traicté et accordé que .iiij. escuiers Bourgoignons qui sont ou dit chastel seront délivrés et baillés audit Monsr. de Clarence pour les envoyer devers le Roy nostre dit souverain sire et estre en sa grace.

« Item est dit, traicté et accordé que tous les Jannevoys qui sont oudit chastel seront bailliez et delivrez à mon dit sire pour estre et demourer en sa volenté.

« Item est dit et accordé que les ditz capitain, baillif et Droyn de Lycot sont demeurez prisonniers au dit tres hault et puissant Prince auxquelx pour leur obéissance a promis de faire et remonstrer bonne seigneurie.

« Item le dit très hault et puissant prince Monsr. le duc de Clarence, à la prière et request de Madame Dame de Harecourt et des aultres dames et damoiselles esteantes dedans le dit chastel et dongon, et auxi des sieurs chivalers et escuyers de sa compaignie, de sa benigne grace a ottroié de prier le dit tres excellent Roy de France et d'Engleterre que les dits .iiij. escuyers bourgoignons qui yront devers luy auront leurs vies seulement.

« Item est dit, traicté et accordé que toutz ceulx qui sont au dit chastel et dongon de Harecourt qui ne vouldront demourer ne venir à l'obbeissance de notre dit souverain sire le Roy de France et d'Engleterre auront leur vie et leur corps sans aultre chose, à départir franchement ovesques lettres de saufconditz du dit Monsr. de Clarence, pourveu que ils fassent assembler à lour departir en une meason toutz leur armures et artillerie et pareillement qu'ils fassent assembler en la basse court dudit chastel et dongon tous leurs chevalx.

« Item est dit, traité et accordé que jour et heure de la rendue du dit chastel et dongon de Harecourt seront rebaillez ausdit capitaine et baillif tous leurs hostaiges... »

L'original de cette intéressante pièce est aux Archives de Londres, où Bréquigny en prit copie, en 1764.

Lors de la prise du château, Marie d'Harcourt, avait déjà quitté la Normandie pour aller habiter la Lorraine, avec son mari, le comte de Vaudemont, avec lequel nous la verrons bientôt combattre.

Henri V était à Lisieux les 30 et 31 mai. C'est par un acte daté de cette ville qu'il donna à Jean de Bienfaite, chevalier, la terre de Bourgachard, valant 300 livres tournois de revenus. Le 1er juin, il était à Bernay et du 4 au 7 à l'abbaye du Bec-Hellouin.

Le Cartulaire de Louviers constate la présence du roi Henri d'Angleterre, du 9 juin jusqu'au 27 juillet, tant devant Louviers, qui fut pris après siège de quelques jours, que près de Pont-de-l'Arche. Avant le 1er juillet, il logea plusieurs jours à l'abbaye de Bonport. Inutile de dire qu'Elbeuf et ses environs eurent encore considérablement à souffrir de cette nouvelle invasion anglaise.

Le duc de Clarence écrivit la lettre suivante, au maire de Londres, le 5 juillet :

« Nostre chier et bien aimé, de tout nostre cuer vous saluons, et pour ces que nous espérons que vous soiés désirannt de savoir des novelx de par de sea ; veuilles savoir que, à la faconn de cestes, monnseignour le roy, ses autres lieges et nous, esteans par de sea en sonn service, esteonns en bone sainté et prospérité de noz personnes, mercy le tout puissant, qui ce nous octroit :

« Quant as novelx de par de sea, il est vray que despuis les derraignes lettres qe rescript vous avons, monseignour ad gayné un moult forte ville appelé Loviers et de present est devannt un aultre ville appellé le Pont de l'Arche, qui est sur la riviere de Sayne ; la quele rivière les gens de monseigneur passerent hier, et sonnt devant le chastell de la dite ville et esperonns que brièment seront rendus à l'obbeissance de monnseignur, car ils commencent jà à tracter... »

Enguerrand de Monstrelet raconte ainsi la prise de Pont-de-l'Arche par le roi d'Angleterre :

« Et en ces propres jours, Henry, roy d'Angleterre, vint à Louviers en Normandie, qui s'estoit mis en son obeïssance, et de là alla loger à l'abaye de Bomport, de l'ordre de Chitiaux, assis près du Pont de l'Arche, de laquelle ville et chastel dudit Pont estoit capitaine, de par le Roy de France, messire Jean de Graville, auquel fut envoyé de par le Roy Henry le seigneur de Cornouaille, pour luy signifier qu'il rendist ladicte ville en l'obeysance du susdict Roy Anglois ; auquel Cornouaille il fut respondu que ce il ne le feroit pas.

« Adonc ledict Cornouaille luy dict : « Gra-
« ville, je vous afferme sur ma foy que demain
« maugré vous et vos aydans passerai l'eau
« de Seine, et si je la passe vous me donnerez
« le meilleur coursier que vous ayez, et si je
« ne la passe, je vous donneray mon chapel

« d'acier, lequel je vous ferai valloir cinq cens
« nobles ».

« Après lesquelles paroles promises, se partirent assez contentz l'un de l'autre, et lors messire Jean de Graville manda gens hastivement de toutes parts pour garder lesdits passages, avec lesquels s'assemblèrent messire Jacques de Harecourt, qui pour ce temps se tenoit à Estrepaigny, et moult d'autres seigneurs et gentils hommes jusques au nombre de huit cens combatans et bien douze mille hommes du commun pays.

« Toutefois, le lendemain, comme ledit Cornouaille avoit promis vint pour passer Seine à tout huit petits naviaux dedans lesquels il se meit en l'eau accompaigné de son fils âgé de quinze ans, de soixante combattans, et un seul cheval avec petits canons et autres habillements de guerre, si feist nager en une petite isle qui estoit au milieu de l'eau, de laquelle ils pouvoient plainement tirer sur les Francois dessusdicts, qui gardoient le rivage, lesquels François estant au nombre que dit est dessus, sans faire aucune depence, se partirent en grand défroy, allant chacun où il pouvoit le mieux sans tenir ordonnance, et ledit messire Jean de Graville s'en retourna au Pont l'Arche, messire Jacques de Harcourt à Estrepaigny, et les communes s'enfuirent es bois. »

Inutile de dire que par ce nom de « communes » il faut entendre les habitants des villes et villages des environs.

La traversée de la Seine par les Anglais se fit donc près de Criquebeuf, à peu de distance de l'abbaye de Bonport.

Jacques d'Harcourt — le même que le Jacques d'Harcourt qui avait arrêté Jean, son cousin — qui sut si mal défendre le passage de la Seine, fit preuve, plus tard, de bien peu de bravoure, car il se sauva de toute la vitesse des jambes de son cheval, à l'approche des Anglais, quoiqu'il fût à la tête d'une force imposante. Plus tard encore, en 1422, se trouvant avec six ou sept cents combattants, les Anglais le rencontrèrent et le battirent ; mais il n'attendit pas la fin de la lutte, car il s'échappa de nouveau laissant ses amis entre les mains de l'ennemi.

Enfin, ce même Jacques d'Harcourt rendit la place du Crotoy aux Anglais, sans qu'il y fût forcé par un siège, mais volontairement, par trahison des intérêts de la France. Il fut tué par des paysans de Parthenay, un jour qu'il était entré au château de ce lieu, sous prétexte de le visiter, ainsi que nous l'avons dit précédemment.

Après la prise de Pont-de-l'Arche, dit Pierre de Fenin, « le roy s'en alla devers Roüen et se logea au mont de Saincte Catherine. Dedans Roüen y avoit grosse garnison des gens du duc Jean de Bourgongne : car s'y estoient mis messire Guy Le Bouteiller, un des principaux capitaines, le bastard de Tian, le seigneur de Toulongeon, messire Handré des Roches, Langy d'Arly, Gerard bastard de Brimen, et plusieurs autres de bonne estoffe, tant qu'ils faisoient bien douze à quinze cens combatans, qui fort bien s'y gouvernèrent. »

Voici quelques détails sur ce siège, qui eut un retentissement dans toute l'Europe ; car Rouen était alors la ville la plus considérable de France après Paris, et la lutte qu'elle soutint contre les Anglais est, avec raison, classée parmi les faits les plus dignes d'être cités comme exemples de patriotisme.

Rouen avait alors une population beaucoup plus nombreuse que de nos jours ; on l'évalue de 200 à 300.000 habitants, un poème anglais va même jusqu'à 400.000 ; mais il y a évidemment exagération ; notons cependant qu'une chronique en prose de la bibliothèque Harléienne l'estime à 310.000.

Les Rouennais, dès le commencement du siège, avaient fait couler toutes les barques et tous les navires qui se trouvaient entre leur ville et la Bouille, en aval, et Elbeuf, en amont, afin d'enlever à l'ennemi tout moyen de communication d'une rive à l'autre. Les habitants durent se munir de vivres pour dix mois ; il fut enjoint à ceux qui ne le pouvaient pas de quitter la ville, mais ces ordres ne paraissent point avoir été exécutés, par suite d'une double impossibilité.

L'armée anglaise avait avec elle des bandes d'irlandais, à demi-sauvages, qui couraient le pays en tous sens et ramenaient le soir au camp le butin de la journée. Il est évident que notre localité eut aussi à souffrir du pillage de ces maraudeurs.

Un corps de troupes était vraisemblablement revenu de Pont-de-l'Arche sur Elbeuf, pour aller occuper Emendreville, aujourd'hui faubourg Saint-Sever, où était situé le Clos aux Galères. Cette partie de l'armée anglaise était commandée par le comte de Huntington, sous les ordres duquel étaient Edmond Ferrers, Richard d'Arundell, Gilbert Hunfreville et John Nevyll.

Ce corps de troupes, sur la rive gauche, devait être considérable, à en juger par le nombre et la qualité des lieutenants du comte Huntington. Il avait pour mission d'assurer les communications de l'armée avec le Roumois et l'Evrecin et surtout de surveiller le fleuve en amont et en aval, car Honfleur et Quillebeuf tenaient toujours, et les Rouennais avaient encore une flotille de petits navires croisant au-dessus et au-dessous de leur cité.

Afin d'empêcher toute communication des assiégés avec Oissel, Elbeuf, et autres localités d'où les Rouennais pourraient tirer des vivres ou des secours, Henri V entreprit de bâtir un pont fixe, au moyen de poutres et de piliers en bois enfoncés dans la Seine, entre Lescure et Sotteville ; il reçut le nom de pont Saint-Georges, en l'honneur du patron de l'Angleterre.

Caudebec-en-Caux étant tombé aussi aux mains de nos ennemis, ils purent bientôt faire arriver leurs vaisseaux jusque sous les murs de Rouen.

Le roi d'Angleterre avait alors à sa portée des navires de guerre pour défendre le pont Saint-Georges, dit M. Léon Puiseux, « à une condition, cependant, c'était de les faire arriver sur la haute Seine. Il ne fallait pas songer à les faire passer à travers de la ville, sous le feu des assiégés. Ceux-ci, d'ailleurs, tenaient toujours le pont de pierre qui constituait un obstacle invincible.

« Henri V conçut alors un hardi stratagème, dont on serait tenté de révoquer en doute la réalité, si le fait ne s'était reproduit une seconde fois dans ce siècle, sur un théâtre plus fameux et dans des proportions plus gigantesques. Ainsi que le sultan Mahomet II l'accomplit trente-cinq ans plus tard, au siège de

Constantinople, le roi d'Angleterre fit traîner par terre plusieurs de ses navires entre Moulineaux et Orival, sur un espace d'environ six kilomètres... de sorte que par cette opération, les navires avaient tourné le pont de Rouen et se trouvaient transportés de la basse sur la haute Seine : « On vit alors les vaisseaux, par « un nouveau mode de navigation, traverser « à pleines voiles des plaines qui ne connais- « saient point l'humide élément », dit un auteur anglais ».

Nous ne retracerons point toutes les péripéties du siège de Rouen, et nous arriverons tout de suite aux conférences qui eurent lieu à Pont-de-l'Arche, pendant le mois de décembre, entre les ambassadeurs du roi d'Angleterre et ceux du duc de Bourgogne, pourparlers qui furent rompus sans arrangement.

La détresse augmentait sans cesse dans la capitale normande, au point que le prix d'une souris était évalué à environ 45 francs de notre monnaie actuelle ; un vieux cheval maigre valait de 6 à 8.000 francs ; les deux boisseaux de blé 6.400 ou 7.680 francs ; un chien se payait de 48 à 96 francs, un chat 87 francs.

Cinquante mille personnes périrent dans la ville pendant ce siège terrible. Rouen se soumit, et le 19 janvier 1419 (n. s.) la ville offrit ses clefs à Henri V, qui imposa aux habitants une rançon de 300.000 écus d'or, somme représentant plus de 18 millions de nos jours.

Le roi d'Angleterre devint donc le maître de toute notre province, par la suite de la prise de sa capitale.

Henri V fit la Normandie anglaise autant qu'il put, ajoute M. Puiseux, « il lui appliqua le procédé d'Edouard III à Calais, chassant les anciens habitants et y replantant des colons anglais... Ces malheureux déshérités s'en allèrent nus, mourant de faim, errant à l'aventure de ville en ville et reculant sans cesse devant les progrès de la conquête. On estime à 30.000 les familles qui passèrent en Bretagne seulement ».

Voici un curieux extrait de la charte du roi Henri V nommant les gouverneurs des principales villes de notre contrée, alors complètement soumise aux Anglais :

« At Loviers, mons^r le duc de Clarence; son lieutenant, s^r John Godard ;

« At Evreux, s^r Gilbert Halsall, knight ;

« At Pont de l'Arche, le duc de Clarens ;

« At the citie and castell of Rouen, the duc d'Excester et son lieutenant Mr de Willoughby, & sir John Kikelley, baillif dudit lieu...

« Sir John Fastolf fut commes lieutenant pour le roy et ledit s^r le regent en Normandie et les bailliages de Rouen, Evreux, Alencon et du pays d'environ la revère de Seyne, & avec le gouvernement des païs d'Anjou et du Mayne ».

C'est vraisemblablement après la prise de Rouen que le roi d'Angleterre acheta de Pierre Bachelet « l'isle d'Orifosse, assise en leaue de Sayne de tous bous et costez, devant Sainct Jehan d'Ellebeuf » — c'est-à-dire celle que nous nommons aujourd'hui encore « de la Bastide » — afin d'y faire construire une forteresse destinée à assurer la navigation de la Seine entre le marché d'Elbeuf et la ville de Rouen. Nous verrons bientôt que cette île, ainsi fortifiée, reçut une garnison anglaise.

Le second emprisonnement du comte Jean VII d'Harcourt fut de courte durée, car nous le retrouvons, en 1418, avec beaucoup d'autres seigneurs « faisant une merveilleuse poursuite et instance envers le Roy de France, du meurtre commis en la personne du duc d'Orléans son frère unique ».

Le 3 mars 1419, Henri V donna Elbeuf, Quatremares, Routot et l'hôtel d'Harcourt sis à Rouen, à son frère Thomas Plantagenet, duc de Clarence, pour lesquels il était tenu envers le roi d'Angleterre à lui présenter chaque année, le jour de la saint Jean-Baptiste, au château de Rouen, une fleur de lys d'or, et d'entretenir trente lances et soixante archers en temps de guerre. Ces biens avaient été confisqués tant sur Jean d'Harcourt que sur Marie d'Harcourt, sa fille, et le comte de Vaudemont, époux de celle-ci.

Un acte du 30 juin de la même année est relatif à la vente de « six boessiaux de blé de rente par an, à la mesure d'Ellebeuf, au prix de douze deniers sur le septier moins que le choix, moyennant cent sols tournois ».

Le 19 mai 1420, Henri V, étant au château de Vernon, donna à Richard de Warwich, son cousin, le comté d'Aumale et la terre de Pléville, confisqués sur Jean VII d'Harcourt.

Le 6 novembre 1420, « Perron Bacheler, fils de feu Colin Bacheler, de Saint Aubin jouxte Bulenc, vendist à Berthelot et Colin dis les Bachelers, ses frères, tout et tel droit, raison, possession et seigneurie quelconque comme il avoit ou povoit avoir en traversage et passage de leaue de Sayne, estant du cay d'Ellebeuf au port de Saint Gire ; *item* une bouche de gors assise en bras Main, en la falloize de bas, jouxte les hoirs Thomas Bacheleur ; *item* un gord assis audit bras Main, en la falloize de hault, jouxte Laurens Bacheler ; ceste vendue faite pour xx liv. t. avec chinq sols au vin ».

Le quai d'Elbeuf s'étendait alors, selon toute probabilité, de l'endroit où se trouve le pont suspendu actuel jusqu'à l'extrémité de la Brigaudière, au-delà de la rue Victor-Grandin. — Le bras Main, mentionné dans cet acte, était à l'extrémité du pont suspendu actuel. En cette année 1894, la commune de Saint-Aubin fait combler cet ancien bras de la Seine. Le bras Main devait son nom à la largeur et à l'importance qu'il avait autrefois : *main* signifiait grand.

Henri V partit de Paris pour se rendre à Rouen le 27 décembre 1420 ; il était accompagné de sa femme et des ducs de Bedford et de Clarence ; les plus grandes dames anglaises faisaient cortège à la jeune reine, fille de Charles VI.

C'est peut-être à ce voyage que se rattache un dénombrement de troupes à répartir dans certaines places de guerre ; on y lit : « Pount de l'Arge et l'eisle de Ellebeuff, .ii. lancee equestres, .xii. lancee pedestres et .xli. archiers ».

A cette époque, Martin de Bezu, gentilhomme français, sieur de Bezu, de Bosc-Bénard et du Troncq, administrateur de l'hopital d'Elbeuf, exerçait également les fonctions de vicomte d'Elbeuf, par nomination du roi d'Angleterre. Il avait donc, comme beaucoup d'autres, abandonné les intérêts de la France pour ceux de nos ennemis.

Richard Stratenhal remplissait les fonctions de bailli d'Elbeuf ; Jean Davy était verdier des eaux et forêts d'Harcourt et d'Elbeuf, et Robert Boterel était son lieutenant.

Le roi d'Angleterre étant à Rouen, le 28 février 1421, donna des lettres de pardon et rémission à Robin Le Tierre, âgé de 20 ans, et à Jeannin Le Tierre, son frère, âgé de 16 ans, « lesquels ayant esté à Montpoignant, près de la Saulsaye, voir leur sœur nouvellement mariée à Guillaume de Montpoignant, seigneur dudit lieu, furent emmenés prisonniers par la garnison de Dreux, de l'estendart de Milly, à la forteresse du Bechellouin ; d'où s'étant échapés et ayant été ramenés prisonniers par la garnison de Louviers, ils furent accusés d'avoir voulu prendre ladite forteresse du Bechellouin, ce qu'ils dénièrent, et duquel cas le roy les absoiet ».

CHAPITRE XXIV

La draperie urbaine et foraine de Rouen. — Les tisserands, les fouleurs, les laineurs et les tondeurs. — Le foulage mécanique des draps. — La teinture.

Les premiers Réglements ayant pu intéresser les tisseurs de draps d'Elbeuf — s'il y en avait à cette époque — et des campagnes environnantes où cette industrie existait dès le xiiie siècle, sont les statuts des drapiers-drapants, tisseurs, fouleurs, laineurs et tondeurs, donnés en 1423, par le roi d'Angleterre à la fabrique de Rouen et aux « drapiers forains », dans lesquels étaient évidemment compris les tisseurs de draps du Roumois dont la paroisse Saint-Etienne d'Elbeuf faisait partie.

Si notre localité n'était point encore un centre industriel lainier, c'était toujours le lieu d'embarquement des draps tissés à Bourgtheroulde et aux alentours.

Ceci dit, nous allons reproduire les statuts de 1423, d'après une copie conservée aux archives municipales de la ville d'Elbeuf :

« Cy ensuit les articles, constitutions et ordonnances parlées et accordées entre les drapiers de la grant drapperie de Rouen d'une part, et les drapiers de la grant drapperie foraine d'autre, afin que icelle ville n'ait au dit mestier que une seule ordonnance et qu'il se puissent regler et gouverner selon les articles qui ensuivent :

« I. — Que aucun drapier ou drappière de la dicte drapperie ne pourra faire ne faire faire draps ou drap en la dicte ville ou banlieue de Rouen, si ce n'est de franche laine ou pelures meslées ensemble ou chacune par soy, sans qu'il y mette aignelins, penez, bourres, surtontures, estain bâtard ou laines deffendues.

« II. — Les dictes frances laines et pelures peuvent et pourront estre mises en œuvre, soit blance ou teinte, selon la volonté du drappier ou drappiere à ce qui appartiendra ; c'est assavoir en graine d'escarlatte, voide, garance, vaude, escorce ou racine de nouier, selon les couleurs qu'ilz vouldront avoir, et le pevent ou pourront mesler ensemble ou faire teindre chacune par soy comme dit est. Se d'aucuns des dessus dits vouloient faire ou faire faire mabrez, ils y pourront mettre ou faire mettre de la tainture du Bresil sans préjudice ; et doivent estre toutes icelles laines ensaymées de clairs oing ou burre sans y mettre autres gresses. — Le nom de Brésil que nous rencontrons ici, 68 ans avant la découverte de l'Amérique, fera l'objet d'une observation à la suite de ces statuts.

« III. — En ne pourra aucuns ou aucunes dudit mestier ou autres faire ou faire faire drap ou draps de quelque longueur ou escence que ce soit, à moins de compte de .xviii^c. filz de largeur, mais à plus grand nombre pourra l'en bien faire jusques à .xxe. ou xxiie. ou plus, et ce estaings faissonne eulx pourront mettre au-dessus des nombres dessus dits sans préjudice.

« IV. — L'en pourra faire et faire faire draps en xvie filz de largeur de menues laines et sourtontures, lesquelz n'auront à l'un des côtez du drap ou draps que un cordel, en difference des bons et loyaux drap, et ne les pourra l'en faire teindre pour estre mis ou exposez en vente, sur peine de forfaicture.

« V. — Que les grans draps d'icelle drapperie tendront de .xxv. à .xxvi. aulnes, et le demi drap .xii. à .xiii. aulnes de drap escru ; lesquels draps, quant on les voudra mettre à la poulie, seront veuz et visitez par deux des gardes d'icelui mestier de drapperie ; et n'y pourra estre mis drap entier s'il ne contient .xvii. aulnes du moins et le demi drap .viii. aulnes et demie au moins ; et au cas que le drap entier ne contiendroit .xvii. aulnes et le demi drap .viii. et demie du moins, ils seront venduz mouillez et retraiz. Et se aucun veult faire drap entre drap et demi drap, il sera tenu mettre au bout du demi drap une boutiere ou passe, laquelle passe, au cas que ledit drap sera mis à la poulie, sera ostée et vendue mouillée et retraicte ; et au cas que aucun fera drap au dessoubz de la mesure dudit drap, faire le pourra pourveu qu'il sera vendu mouillé et retrait.

« VI. — L'en pourra faire draps de plusieurs fillez et couleurs, bons et loyaux, ourdiz et meslez bien loyaument, et tixus de traymes bonnes et pourveu que le drappier ou autres n'en pourra faire par chacun an de telle essence que dix aulnes de drap escru, et sera taint en tainture bonne et loyale ; et se en outre estoit trouvé que plus en feissent, ils l'amendront de .XL. sols au roy notre seigneur, et se la traime fault et l'en y mette traime de mendre valeur, l'en y sera tenu de mettre abroquement à travers ; et s'il estoit ainsi qu'il y eust deffaulte de laine de la valeur de onze sols moins pour aulne que le drap, il sera coupé par les boujonneurs et pour chascune coupe sera payé cinq sols d'amende au roy.

« VII. — Seront les drapiers ou autres tenus de apporter leurs draps tout escrus au scel, ainsi comme anciennement il a été accoutumé, pour estre veuz et visitez par les maistres dudit mestier, afin qu'ilz soient bons et de bonne façon. Et ne pourra nul ne mouiller les draps dessus dits jusqu'à ce qu'ils soient scellez tout escrus, ou qu'ils ayent prins congié aux boujonneurs de les esbrouer seulement, sur peine de cinq sols d'amende pour chacune fois que l'en sera trouvé faisant ou avoir fait le contraire, à appliquer au roy.

« VIII. — Et se aucun drap estoit barré au long du drap d'estain par aucune aventure, celui à qui le drap seroit sera tenu de faire taindre pour amener en bonne couleur et loyal sans préjudice.

« IX. — Se il y a aucun drap où il y ait barre ou raye à travers, pourveu qu'il n'en ait eu ung grant drap plus hault de quatre et ou demi drap de deux, et l'autre à l'équipolent, le marchand acheteur ne sera tenu de rabattre que douze deniers pour chacune raye, et sera tenu cellui à qui le drap sera de mettre un signe de fil blanc en la lisière du drap, à l'endroit de chacune barre, à la coignoissance du marchand, soit à droit sur laine ou retrait, sur peine de cinq sols d'amende pour chacune barre, à appliquer au roy.

« X. — Nul de la drapperie ou autre ne pourra faire taindre drap ne laine en tainture deffendue, c'est assavoir en seul ou moulée, sauf que s'il estoit aucun seigneur ou bourgeois qui feust trepassé, ses amis ou parents pourront bien faire taindre draps en telle couleur qu'il leur plaira, sans préjudice, pourveu que ce soit pour faire aumône pour le trepassé.

« XI. — Se aucun maistre ou ouvrier desdits mestiers, soit de tistre, fouler, lanner et tondre ne font leur mestier bien et loyaument et ilz soient trouvez en aucune faulte de non avoir bien ouvré, ilz l'amenderont à cellui à qui la faulte sera faicte, par le regard et ordonnance des boujonneurs.

« XII. — Et ne pourra nul maistre du mestier de tistre avoir en ladicte ville de Rouen que un apprentiz, lequel servira son maistre par l'espace de trois ans entiers, et sera menez ledit apprentiz par deux des boujonneurs, l'un lanneur et l'autre tisseran, devers justice pour faire le serement de servir bien et lauyaument et de garder les ordonnances dudit mestier ; et paiyera dix sols pour vin à ceux qui l'amèneront faire ledit serment ; et ne sera tenu le fils d'un maistre dudit mestier ou ouvrier de servir, et pourra demeurer chez un maistre avec un apprentiz, sans préjudice, et paiera cinq sols pour vin pour estre mené au serement, et laisseront ceulx du mestier de tistre à ouvrer à heure de complie, à peine de cinq sols d'amende au Roy, pourveu qu'il n'ait oy sonner complies, dont l'en sera creu par serement ou se l'on ne lui avoit annoncé.

« XIII. — Un maistre dudit mestier de lanner, fouler et tondre ne pourra avoir que un apprentiz pour apprendre les trois mestiers, lequel sera tenu servir trois ans pour avoir la franchise et liberté des dits trois mestiers. Et se aucun lanneur de ladite ville veult avoir la franchise de tondre, il l'aura pour servir un an ; et semblablement, s'aucun tondeur d'icelle ville veult avoir la franchise dudit mestier de lanner il sera tenu servir un an, et seront menez devers justice, comme dit est, pour faire le serment selon le contenu de l'article précédent ; sauf qu'un filz de maistre ou ouvrier ne sera tenu servir, mais paiera cinq sols pour vin à ceulx qui le meneront au serement, et pourra demeurer chiez un maistre avec un apprentiz, sans préjudice ; et avec ce, lesdicts maistres pourront avoir un varlet apprentiz sur la dernière demi année desdits trois ans, sans préjudice.

« XIV. — Que tous ouvriers estrangiers et vacabons, tisserans, foulons, lanneurs ou tondeurs pouront ouvrer en ladicte ville de Rouen pourveu qu'il appert qu'ilz aient servi par l'espace de trois ans, et aussi que lesdits drapiers de Rouen puissent semblablement en leurs dicts apprinses ou de ville où il y ait serment ou jurez, où qu'il aient servy bien et loyaument pour avoir apprins lesdits mestiers ou aucun d'iceulx, et pourront iceulx estrangiers ouvrer en icelle ville par huit jours ouvrables, sans préjudice ne pour aucun vin ; mais se plus y veulent ouvrer ou demourer pour ouvrer, ils seront menez devers justice par

deux des boujonneurs pour faire le serement
de garder les ordonnances, et après ce, seront
tenus paier dix sols à ceulx qui les auront
menez, et dix solz à l'eglise où il demourra, et
quarante solz à boire aux ouvriers dudit mestier. Et s'il etoit ainsi que aucun maistre ou
ouvrier n'eust servi que deux ans et après
eust labouré dudit mestier cothidiennement
l'espace de deux ans après, il serait tenu servir, et s'il a servy deux ans en ville de loi, il
servira la tierce année en ladite ville.

« XV. — Chacun maistre ou ouvriers des
mestiers dessus dits qui ont fait le serment en
la ville de Rouen, au devant de cest présent
an .M.CCCC et XXIII., seront tenus pers et compagnons sans ce qu'on leur puisse demander
ou faire demande d'aucun vin, et n'en seront
tenuz d'en paier en aucune manière, sauf que
s'aucun n'a esté autrefois en l'office de boujon,
il paiera le vin à son plaisir au regard de
quatre boujonneurs de la semaine dont il sera,
et non plus.

« XVI. — Tous les maistres et ouvriers des
dits mestiers pourront avoir en leur hostel mestier à tistre, vessaulx à fouler, table à tondre
et tous autres habillements appartenans au
mestier de draperie, sans préjudice ; et aussi
pourront avoir lasmes meslées à misses de fer
ou d'estain ou autres, pourveu qu'ilz soient
de bonne et loyale assiète, et boujon anciennement accoustumé en la draperie de Rouen ;
et s'il étoit aucun maistre ouvrier desdits mestiers qui voulsist estrecher la lame de vingt
ou vingt deux cents, il le pourra faire sans
préjudice, c'est assavoir : celle de vingt en
l'assiète de dix neuf ou de dix huit sans dimi-

D'APRÈS UN VITRAIL

TONDEURS DE DRAPS AU XVe SIÈCLE

D'APRÈS JACQUES DE CESSOLES

nution de compte, celle de vingt deux ou de vingt quatre à l'équipolent. Et pourront les ouvriers dudit mestier de listre empeser leur œuvre de fleur de froument et non d'autre chose, pourveu que ce ne soit œuvre mauvaise à faire et à œuvrer, et ce ne pourra faire sans le congié de cil à qui le drap sera ; et aussi ne pourront mettre ou faire mettre, en un drap qui sera de fort œuvre à fouler sunt ou lye de vin ou autre chose proieffitable pour le drap, par en prenant semblablement congié à cil à qui icellui drap sera, et se pourra l'en bouer par tant de foiz comme bon semblera à faire, et menront lesdits maistres et ouvriers leur seaux bien et deuement.

« XVII. — Tous ceulx des mestiers dessus dits qui vouldront lever, en leurs hostelz, ouvroirs pour ouvrer et labourer d'aucuns desdits mestiers, poierons pour vin dix solz aux ouvriers dudit mestier.

« XVIII. — Nul drapier ne autre ne pourra porter ne faire porter ses draps listres, fouler ne lanner hors de la dicte ville et visitation du boujon de Rouen, mais devront estre foulez, tondus et apprestez en la dicte ville, et par les ouvriers d'icelle ville, sur peine de cent solz pour drap et le demi drap à l'équipolent à appliquer au roy ; et si devront tous lesdits draps de la dicte ville estre foulez de la terre de la terrière de la dicte ville et par les ouvriers dessus dicts, sur peine de cent solz d'amende pour grant drap, et de demi à l'équipolent ; laquelle amende appartient à la ville de Rouen, à cause de la terrière que la dicte ville tient du roy notre seigneur.

« XIX. — Tous ceulx de la dicte drapperie

et autres doivent et pourront avoir pour dix deniers de terre blanche pour fouler un drap, et le demi drap à l'équipolent, et si doivent avoir sept mottes de terre rouge à l'echantillon de la terrière, et dont les boujonneurs ont et gardent un tel échantillon par devert eulx pour un denier, si comme anciennement a esté acoustumé pour curer, fouler et nectoyer leurs draps.

« XX. — Que nul homme de la dicte drapperie ne autre ne pourra mettre son drap en hale jusques à ce qu'il ait esté rapporté à l'ostel de scel, pour estre veu et visité s'il est bien et loyalement apresté, sur peine de cinq solz à appliquer au roy pour amende, se ce n'est par le congié des boujonneurs ou d'aucuns d'eulx. Et avec ce, auront les boujonneurs des dis mestiers à veoir et visiter sur tous les draps teints ou à teindre de leur dictes drapperies en la dicte ville et visitacion, pour les grandes fraudes et malices que y pourroient estre commises, se ilz estoient exposés en vente sans visitation.

« XXI. — Nul ne pourra poulier ne faire poulier drap tonduz au travers, si ce n'est par le congié de boujonneurs ou d'aucun d'iceulx, sur peine de cent solz d'amende et le demy à l'équipolent à appliquer au roy ; ne nul drap s'il n'a ses deux chiefs entiers, si ce n'est par le congié de boujonneurs, sur peine de quarante sols d'amende pour draps et le demy à l'équipolent à appliquer au roy, et se aucun aucun ouvrier estoit trouvé faisant ou avoir fait le contraire, il l'amenderoit pour chacune fois de dix solz, à appliquer comme dessus ; et s'il estoit ainsi que aucun drap rompist en poulie par aucune avanture à quelque endroit que ce feust, l'en le pourra recoudre de fil blanc à la congnoissance du marchand ; et ne pourra nul avaler son drap à la poulie plus aval que son compte au merc du boujonneur qui sera sur ce ordonné, sur peine de cinq solz d'amende au roy ; et s'il estoit ainsi que aucun tisseran eust aucun drap en poulie, il l'en pourra oster s'il lui plaist et brossier sans cardon, et aussi le pourra aider à soustenir à mettre en poulie, tant qu'il soit long et non plus.

« XXII. — Tous les ouvriers des mestiers dessus dicts entreront en besoigne à heure due et acoustumée en ladite drapperie, et prendront leur heure en la manière accoustumée selon la grant drapperie, et laisseront, tous les dits ouvriers journeeurs, œuvre à heure de complie, et semblablement laisseront œuvre la vigile de Noël, Toussaint et toutes les festes de Notre Dame à heure de nonne.

« XXIII. — Que les bourgeois, manants, habitants de la ville et banlieue de Rouen qui ne sont de mestier mecanique où il y ait garde et jurez, pourront drapper ou faire drapper en semblable manière que lesdits drapiers, et apporter audit scel leurs draps pour savoir s'ilz sont bons et loyaulx, auquel cas ilz seront scellez du dit scel ; et au regart de ceulx qui sont du mestier mécanique où il y a garde et jurez, ils pourront drapper à la lisière ancienne et acoustumée, sauf et réserve d'y pourvoir autrement, parties oyes, se mestier est, et tout sans préjudice.

« XXIV. — Tous tainturiers tant de voide, garance que autres ne pourront drapper, ne faire drapper en la ville et banlieue de Rouen, pour ce que les ordonnances de l'une et l'autre drapperie faictes d'anciennetés le portent, et pour les grant fraudes, malices et mauvaistiez qui en ce pourroient estre commises.

« XXV. — Semblablement ne pourront aucun courtiers de draps ou de laine drapper en ladicte ville, pour les grants fraudes et malices qui en ce pourroient commettre, à peine de forfaicture, et auront iceulx courtiers de draps trois deniers pour chacune aulne de drap, excepté de la demi graine dont ils auront six deniers pour aulne et d'escarlatte pour douze deniers ; desquels salaires de courtage appartient à la ville de Rouen le tiers, et le surplus aux dits courtiers, ainsi que anciennement a esté accoutumé, et se paiera icelui tiers à la ville par iceulx courtiers ; et se plus en demandent ou prennent, ils l'amenderont de cent solz applicables à la ville. Et aussi ne pourront iceulx courtiers mener marchants es hostels desdits drapiers ne autres de la ville, ne eux mesme y aler pour fait de marchandise aux jours de jeudi ne de vendredi, fors en plein marché, mais les y pourront bien mener après le marché de vendredi passé et non autrement ; et aussi ne pourront iceulx courtiers estre marchands de draps ou laines, sans avoir maistre à qui icelle conviegne, à peine de forfaire son office ; se le marchant vendeur paie audit courtier plus que les prix dessus dits, il l'amendera de soixante sols, et se paiera le vendeur s'il lui plaist par la main dudit marchant acheteur et non autrement.

« XXVI. — Et aussi seront tenus iceulx courtiers aulner loyaulment et selon la chaîne à ce ordonnée ; et le contrevenant sera privé de son office.

« XXVII. — Que nul hostes, courtiers ne autres participants aux dits courtiers ne soufrent que les marchandises dessus dites soient emportées hors de leurs hostels jusques à ce que les marchands vendeurs soient à plain paiez et contentez de leurs marchandises, à peine d'estre sur eulx recouverte, sans aucun procès, la valeur d'icelle marchandise.

« XXVIII. — Les varlez de draperie seront tenuz paiez dix sols pour laveure de piez aux ouvriers qui en ceste présente heure seront en ladite foulerie et quant ils seront quites, tant de tistre, fouler, lanner que tondre et auront faict le service bien et loyalement, ledit tisseran paiera, pour sa boisson d'icellui mestier aux maistres et ouvriers dudit mestier et deux des boujonneurs de l'année .LX. sols, desquelz seront paiez .XX. sols aux trésoriers de l'église où le maistre sera demeurant au temps que ledit apprentiz sera allouez pour le prouffit d'icelle église, et .XL. sols seront convertis à boire au dessus dicts maistres et ouvriers, desquels maistres et ouvriers il y aura .XII. ; et s'il est foulon, lanneur ou tondeur il payera .IV. livres, dont .XX. sols seront appliqués à l'église comme dit est et les .XL. (lire .LX.) sols à boire, et seront .XXIII. desdits trois mestiers ; et s'il n'est que l'un d'iceulx trois mestiers, il ne paiera que .LX. sols, dont .XX. sols seront à l'église comme dessus, et le surplus en boisson à .XIII. d'iceulx ouvriers ; et de deux mestiers à l'équipolent ; et un fils de maistre ne sera tenu paier que .X. sols pour toutes choses à la paroisse dont il sera natif, sans aucune autre chose paier, pourveu qu'il soit de la ville de Rouen ; et s'il étoit fils de maistre ou ouvrier et qu'il fust natif hors de ladicte ville, si sera quitte payer .x. sols à la paroisse où il sera demourant, pour le temps qu'il voudra demourer en la dicte ville.

« XXIX. — Quant iceulx varlets yront première fois à la place pour gagnier leur vie, ils seront tenuz paier ce qu'ilz gaigneront, pour icellui jour seulement, aux ouvriers avec lesquels ilz auront besogné pour icellui jour.

« XXX. — La plaine écarlate devra porter deux seaulx et ne pourra passer sans estre visitée par les .xxiii. boujonneurs de l'année, ou la plus saine partie d'iceulx ; et semblablement nulz draps blanc ne pourront estre tains en tainture de voide se ilz ne sont taint en tainture bonne et loyale, comme brun, vert ou brunette, en peine de .xl. sols d'amende à appliquer au roy notre seigneur.

« XXXI. — S'aucun maistre dudit mestier ou d'aucun d'iceulx alait de vie à trépassement ayant varlet, icellui varlet ou apprentiz perfera son service avec sa maitresse se elle se tient de marier, et se elle se remarie à homme qui ne soit du mestier, il perfera son service chez un des autres maistres, par le congié des boujonneurs.

« XXXII. — Nul ne pourra avoir aucun varlet ou apprentiz ouvrant ou besongnant plus haut de quinze jours en son hostel, qu'il ne soit tenu de savoir aux boujonneurs pour lui faire faire le serement des mestiers dicts, ainsi qu'il appartiendra, et se le maistre le tenoit oultre ledit temps sans lui avoir fait faire ledit serment, il sera puny au regard de justice, par le rapport des boujonneurs.

« XXXIII. — S'aucun drappier de ladicte ville de Rouen alloit de vie à trépassement ou leurs femmes, ou qu'ils eussent aucuns enfants de leur mariage, supposé que les pères ou leurs enfants n'eussent paié pour leurs dis enfants les droictures d'iceulx maistres, si seront ils receus aux mestiers dessus dis par payant le droit dessus déclaré à l'église, et non plus.

« XXXIV. — Nul ne pourra porter ne faire porter au scel de la dicte drapperie aucun drap s'il n'est sien ou de la façon d'un des maistres ouvriers des dis mestiers ; et, ou cas qu'il apportera audit scel aucun drap qui ne sera sien ou fait par les drappiers de Rouen, il le sera tenu annoncier et dénoncier la personne à qui il sera, sur paine d'amende arbitraire, à la volonté de justice, selon le cas.

« XXXV. — Que nul femme ne file ou fasse filer estain à rouet, sur paine de cinq sols d'amende ou de perdre son rouet, à appliquer au roy.

« XXXVI. — Que nul n'aura visitacion sur les draps de la façon du scel de ladite ville, sinon les boujonneurs d'icelle drapperie, et ne pourra nul enesser ne entabler drap retrait, sur paine de cent solz d'amende pour le drap et le demi drap à l'équipolent, à appliquer au roy.

« XXXVII. — Et pour ce que le roy nostre dit seigneur prenoit, paravant ces presents accords, sur chacun drap et demi drap qui estoit en icelle drapperie foraine, c'est assavoir : cinq deniers tournois pour draps et deux

deux deniers et maille pour demi drap, et non pas sur les drappiers de la dicte grant drapperie, et ce estoit appelé le domaine du roy, est accordé que doresnavant à toujours iceulx cinq deniers pour drap et deux deniers obole pour demi drap, seront paiez en tout et partout icelle draperie, ainsi et en la forme qu'ilz estoient en ladicte drapperie foraine paravant cedit accord.

« XXXVIII. — Tous ceux de la dicte ville faisant draps ou faisant faire au signe de merq d'icelle drapperie seront tenus pour le hallage anciennement accoustumé à la drapperie, lequel hallage se queult et assiet par les boujonneurs de l'année, et ne se pourront nue excuser de le paier sur peine de .xx. sols d'amende, laquelle amende appartiendra à la dicte ville, à cause du hallage.

« XXXIX. — Au scel de ladicte drapperie a un aignel d'un costé et à l'autre costé une F et un R et une couronne dessus, et deux fleurs de liz costians l'F et l'R en signe de conjonccion des deux drapperies.

« En temoing de ce, nous avons mis à ces présentes le scel dudit eschequier. Donné l'an 1424, par la court de l'eschiquier : G. SEBIRE. »

Au sujet de la « tainture du Brésil » dont il a été parlé dans l'article deuxième de ces Réglements, on peut croire que le copiste eût dû lire « tainture de brésil », abréviation du mot brésillet ou corruption de *braza* (braise), terme usité au moyen âge pour désigner la couleur vive que donne le bois de brésillet, employé en teinture longtemps avant la découverte du Brésil. Le nom de cet Etat, du reste, lui fut donné à cause de l'abondance de bois de brésillet que l'on y rencontra.

Il convient d'ajouter cependant qu'un ancien moulin de Caudebec, dont l'emplacement est maintenant compris dans le territoire de Saint-Pierre-lès-Elbeuf et qui était situé sur la rivière d'Oison, figure dans plusieurs actes sous les noms de Brécize, Brézy, Brésil et Brésille ; nous le trouvons sous cette dernière forme dans une charte de l'an 1319 que nous avons reproduite (page 327). Il est donc possible que ce moulin ait été anciennement employé pour le broyage, le brisage, le « brésillage » du bois de brésillet, et que par bois « du Brésil », on ait voulu désigner le bois provenant de ce moulin. Alors la leçon « tainture du Brésil » serait expliquée.

L'article 39e et dernier établit clairement que la draperie rouennaise s'étendait aux environs de la ville, et comme nous avons vu que les draps de Bourgtheroulde étaient embarqués à Elbeuf pour être apprêtés, visités et vendus à la halle de Rouen, il s'ensuit que les drapiers elbeuviens, s'il y en eût eu à cette époque, auraient aussi fait partie de la draperie foraine dont il est plusieurs fois parlé dans ces curieux Réglements, qui, plus tard, régirent la fabrique d'Elbeuf à ses débuts.

Les boujonneurs étaient les inspecteurs de la draperie. Après la vente des draps, ils leur appliquaient le « merc » ou boujon, c'est-à-dire un plomb dont la description est donnée dans cet article 39 également.

Il y aurait de nombreux commentaires à faire sur ces Réglements ; cependant nous nous bornerons à quelques-uns seulement concernant le foulage, parce que nous croyons que ce fut à cette opération qu'Elbeuf dût la création de son industrie lainière.

L'article 16ᵉ nous apprend que les fouleurs de Rouen se servaient encore de « vaisseaux » pour fouler les draps. Le foulage par moulin y était donc encore inconnu, ou, au moins, n'était pas pratiqué dans la draperie rouennaise urbaine ou foraine.

Nous avons dit que les premiers moulins à fouler les draps connus furent ceux de Pont-Audemer et de Louviers ; mais qu'ils furent abandonnés. Cent quatre-vingt-cinq ans plus tard, vers 1386 ou 1388 tout au plus, un autre moulin à foulon avait été créé à Louviers, par Guillaume de Bigars, qui eut pour descendants les seigneurs de la Londe, près Elbeuf.

Ce moulin avait été établi et disposé « pour fouler draps pour l'aisement et du consentement des drapiers d'icelle ville de Loviers qui encore firent le prest pour construire icellui moulin à foulon ». Depuis son établissement jusqu'en 1408, les drapiers de Louviers se servirent du moulin concurremment avec les fouleurs au pied.

Mais ceux-ci, voyant diminuer leur salaire, se plaignirent à Louis d'Harcourt, archevêque de Rouen, comte de Louviers, et en outre essayèrent d'empêcher les drapiers d'envoyer leurs draps chez le sieur de Bigars. La lutte dura deux ans. Il arriva même que des voies de fait furent près de se produire.

Nous ne nous étendrons pas longuement sur ce curieux débat dont nous avons déjà parlé et nous rappellerons seulement que l'archevêque de Rouen représenta au roi que l'ancienne renommée de la fabrique de Louviers était fort compromise ; que les acheteurs ne voulaient plus de draps de cette fabrique parce qu'ils étaient foulés au moulin, car ce travail mécanique faisait que les tissus étaient « les aucuns plus larges en l'un endroit que en l'autre et les autres escochés, rompus, cassés et creux et de très mauvais appareil et mal proffeitable pour ceux qui les avoient à user ».

Il ajoutait que la ville de Louviers était dépeuplée par suite de la baisse de la fabrication, et que le travail au moulin était « dampnale et contre le bien publique ». Et pour le prouver, il citait les villes de Rouen, Montivilliers, Caen, Harfleur, Evreux où l'exemple donné par le sieur de Bigars n'avait pas été suivi « parce que la marchandise de leurs draps en seroit grandement diminuée empirée et apétichée pour les mauvaisetiés et inconvénients qui y seroient fais et trouvés ».

La maison d'Harcourt, à laquelle appartenait l'archevêque de Rouen, était trop puissante, en 1409, pour que le roi ne se rendît pas à la requête du prélat. Aussi lui donna-t-il des lettres patentes l'autorisant à apporter au foulage des draps, à Louviers, « telle et si convenable pourveance et remède comme au cas appartient ». Et le remède fut la fermeture du moulin.

Le foulage mécanique fut donc supprimé une seconde fois après avoir été exercé pendant plus de vingt ans à Louviers, et il devait s'écouler encore une longue suite d'années avant sa réapparition.

Les Règlements de 1423 établissent également que le corps de la draperie comprenait quatre professions distinctes : les tisserands, les fouleurs, les laineurs et les tondeurs ; mais ces trois dernières catégories n'étaient en activité qu'à Rouen, qui ainsi monopolisait les apprêts de toute la région.

M. Parfait Maille croit que l'industrie de la teinture, mentionnée comme existant à Elbeuf dans une charte forestière et postérieure, venait incontestablement de Rouen, qui fabriquait déjà depuis trois siècles, « de Rouen, que quelques manufacturiers quittèrent, vers le même temps, pour s'établir au dehors ; de Rouen, qui envoyait teindre à Paris et jusqu'à Meaux ; de Rouen, enfin, pour qui, avant de fabriquer pour son propre compte, Elbeuf, comme on a fait depuis pour lui, a sans doute travaillé comme compagnon d'abord, puis comme teinturier, puis comme apprêteur, puis comme fabricant à façon : trois professions dès lors en usage dans la draperie... »

CHAPITRE XXV
(1422-1431)

Le duc d'Exester, puis le duc de Bethford, seigneurs d'Elbeuf. — Actes du tabellionage d'Elbeuf sous la domination anglaise. — Marie d'Harcourt en Lorraine.

Thomas Plantagenet, duc de Clarence, fut tué à la bataille de Beaugé le 22 mars 1421 (1422 n. s.) Par suite, Thomas, duc d'Exester, oncle de Henri V, reçut le comté d'Harcourt, ainsi que les domaines de Routot et de Quatremares.

Le 1er juillet 1422, Henri V, étant à Bonport, ajouta à cette donation le château et le domaine d'Elbeuf *(castrum et dominium de Alboum)* avec tout ce qui en dépendait sur la rive gauche de la Seine, ainsi que l'hôtel d'Harcourt, situé rue de la Vicomté, à Rouen.

Henri V, roi d'Angleterre mourut en 1422. Son jeune fils, Henri VI, fut proclamé à Paris, roi de France et d'Angleterre. Deux mois après, Charles VI mourut également ; le Dauphin prit alors le nom de Charles VII ; son royaume se bornait aux seules provinces du Dauphiné, du Languedoc, du Bourbonnais, de l'Auvergne, du Berri, du Poitou, de la Saintonge, de la

Touraine et de l'Orléanais ; le reste de France était aux mains des Anglais.

Le chroniqueur Pierre Cochon dit qu'en l'an 1422 « fu tant habundanche de tous bienz universelement, tant blez, vinz si bonz, et si fors que c'étoit grant merveille, et semblabement de tous frytages. Et fist si sec, cet esté, que les bonnes genz des haux villagez ne povoient avoir point d'eaue, s'il n'alloient es rivierez. Et ainssy se passa le temps jusques en la my octobre. Environ le Pardon Saint-Romain, commencha à geler et negier ; et fist si grant yver et si fel que, passé lonc temps, l'en n'en avoit vu si grant ne si long ; et dura ce tempz jusques à mois de may l'an mil .cccc xxiij. »

Guillaume Leforestier, lieutenant général du vicomte d'Elbeuf, reçut la procuration donnée à Guillaume Ravenel et Perrin Harel, par les habitants de la Saussaye, le 6 avril 1423.

Le comte Jean VII d'Harcourt était alors en Languedoc. Un compte de l'année 1423 mentionne que, suivant des lettres du roi, datées du 30 août de cette année, il lui avait été payé 10.000 livres tournois, « par grâce speciale de Sa Majesté, pour ayder à soustenir son estat et sa despence, pendant que les ennemis du royaume luy occupoient ses terres et seigneuries ».

Pendant un soulèvement contre les Anglais qui eut lieu parmi les villageois du pays de Caux, en 1423, Jean de Rieux prit Lillebonne, appartenant au comte d'Harcourt ; mais il ne conserva pas cette place longtemps, car les Anglais s'en emparèrent de nouveau peu après.

Le 2 juin 1424, Pierre le Jeune et Perrette, sa femme, fieffèrent, à Pierre Saunier, une maison sise à Saint-Jean d'Elbeuf, sur laquelle l'abbaye de Bonport possédait une rente.

C'est vers la fin d'août 1424 qu'eût lieu la bataille de Verneuil, gagnée par Henri VI, roi d'Angleterre, devant les murs de cette ville. Dans cette journée, un oncle du seigneur légitime d'Elbeuf, Jean VIII d'Harcourt, comte d'Aumale, perdit la vie. Son corps fut rapporté à la Saussaye et inhumé dans l'église collégiale ; mais il ne reste aucune trace de son tombeau.

Au 31 mai 1425, Jean Yus était tabellion juré à Brionne, sous Guillaume Boudin, garde du scel de la vicomté d'Harcourt-Elbeuf.

Au 27 octobre de la même année, Ricart Augustin était vicomte d'Harcourt, Robert Duval procureur de « messire Jean Le Roux conseiller es comptes de mon dit seigneur [d'Harcourt] ; Cardot Grison, avocat de mon dit seigneur », et Guillaume Boutin, lieutenant de Guillaume de la Londe, bailli d'Harcourt.

Le duc d'Exester, seigneur d'Elbeuf, mourut en 1426. Alors le comté d'Harcourt et la baronnie d'Elbeuf retournèrent au duc John de Bethford, son frère.

Des inondations désolèrent les habitants des rives de la Seine pendant l'été de 1426. Le fleuve grossit à partir de la veille de la Saint-Jean. Une grande quantité de grains et de foins furent « gastés et destruis : dont fu grant pitié et dommage ; et durèrent icelles eaues jusques à la translation Saint Beneet (11 juillet) après la dicte feste Saint-Jean-Baptiste ».

Le troisième registre des tabellionages d'Elbeuf et de Thuit-Signol porte pour titre : « Registre d'arrests et obligacions faictes et prinses devant Jehant Le Vavasseur, tabellion d'Ellebeuf, au mois de juin lan de grace mil .iiij^c xxix., et est Guillaume Boudin garde des seaulx et obligacions ez vicontez de Harecourt et d'Ellebeuf ». Nous y avons trouvé un certain nombre d'actes intéressant notre ville, dont voici les analyses :

17 juin 1429. — « Jehan Le Patellier et Pierre Sans Terre dit le Bailli, son pleige, recongnurent avoir prins, pour cest an seulement, à tenir de mess^{rs} labbé et convent de monsieur Saint Taurin dEvreux la grant ferme des diesmes à eulx appartenantes, à Ellebeuf et Caudebec, à prendre et cueillir en la manière acoustumée, pour .xxj. liv. tourn. à paier en trois termes egaux qui sont Noel, Pasques et la Saint Jehan Baptiste.... Si par fortune de guerre les ables des dites diesmes estoient perdues ou gastés ou partie diceux, il seroit sur ladite ferme deduit et rabattu au taux de justice, moyennant que ce ils soient tenus enssaigner suffisamment...

« Jehan Godefroy et Jehan Lesueur, son pleige et perchonnier, prirent la ferme des prais dEllebeuf, pour sept livres dix sols ».

5 juillet 1429. — Mention de Bertault Malfils, curé de Saint-Jean d'Elbeuf.

6 juillet 1429. — « Jehan Le Comte, malade de la maladrerie dEllebeuf, bailla à ferme à Guillaume Luce, bourgois de Saint Jehan », des terres sises à Caudebec.

Même date. — Mention de « Bertaut Dufour, prestre de Saint Estienne d'Ellebeuf ».

Même date. — Colin Quemin d'Elbeuf, acheta un pourceau, à Saint-Aubin, pour 22 sols 6 deniers.

20 juillet 1429. — Delalaue, de Caudebec, reconnut devoir à Guillaume de la Fontaine, de Saint-Etienne d'Elbeuf « la somme de cinquante sols et deux livres de lin prest pour filler, pource que ledit Fontaine lui a quité et delaissé tout et tel droit de ferme comme il avoit en la diesme des lins et chanvres du hamel du dit lieu de Caudebec. »

25 juillet 1429. — « Colin Luce nepveu, de Caudebec, bailla à ferme à Guillaume Tollemer, de Saint Jehan d'Ellebeuf, le gardin de labaye — de Saint-Taurin d'Evreux — assis en icelle paroisse en la rue de la Poterie, bornée d'un bout le pavement... pour la somme de 12 s. 6 d. par an. » — La rue de la Poterie était celles actuellement dites de la République et de la Barrière, qui n'en faisaient qu'une sous la même dénomination.

30 juillet 1429. — Mention d'une masure sise en la paroisse Saint-Etienne « rue Mulleuze, bornée... par les heritages de lostel Dieu d'Elbeuf, dun bout à rue et au vivier du molin de hault », et sur la paroisse Saint-Jean « des terres le Roy et du ruage. » — Les terres du roi étaient celles du Maurepas.

6 septembre 1429. — « Robin du Val, escuier, sieur dudit lieu du Val — à Sotteville-sous-le-Val, — pour lui et damoiselle Marion de Livarrout, fille de Guillaume de Livarrout, vendist à Colin Le Tort, de Saint Jehan d'Ellebeuf, quarante trois sols tourn. et ung cent despringues (épingles) de rente par an ».

14 novembre 1429. — « Pierre Duvivier, de Saint Jehan, prist à ferme de Jehan Grisel de Saint Estienne, trois pièces de terre; une bornée... d'un costé par les terres de lostel Dieu et d'un bout le chemin de la Justice ; la deu-

xiesme... dun bout par la sente de l'Esquellette » ; la troisième était sise au Melleret. Il en prit à ferme une quatrième, touchant d'un bout le chemin du Port. Le tout pour 40 sols pour la première année et 45 sols pour les suivantes.

4 décembre 1429. — « Jehan Le Ricardel, marchant dune vente de bois assize es Monts le Conte, sur le chemin du Neuf bourg (suite de la côte de la Justice), recongnut avoir eu et receu de Jehan Le Sueur di Marchandize, de Saint Jehan d'Ellebeuf, la somme de C sols tourn. pour le paiement de quatre quarterons de buche ».

Nous placerons ici le récit de quelques évènements qui se produisirent à cette époque :

L'Anglais Jean Falstolf, gouverneur de tout le pays situé sur la rive gauche de la Seine entre Pont-de-l'Arche et Rouen, était hardiment parti à la conquête de l'Anjou et du Maine, avec vingt hommes d'armes et soixante archers à cheval. Alors ceux des habitants de Louviers qui s'étaient enfuis de leur ville et erraient dans les campagnes sollicitèrent Guillaume de Bigars, seigneur de la Londe, de tenter la reprise de Louviers.

Guillaume de Bigars en prévint Poton de Xaintrailles, Jean de Vendôme, Vignoles dit La Hire et plusieurs autres chevaliers français, qui instruisirent les bourgeois de Louviers du maniement des armes ; puis, le 7 décembre, la petite troupe fondit sur la ville, dont ils s'emparèrent avec l'aide des habitants restés dans la place. Les Anglais de la garnison furent massacrés jusqu'au dernier.

La Hire fit de Louviers son centre d'action, malheureusement pour Elbeuf, Caudebec et toute la presqu'île de Couronne, ainsi que le rapporte Enguerrand de Monstrelet : « Si commencèrent La Hire et ses compaignons à dommager le pays à l'environ en plusieurs lieux et couraient souvent jusques bien près de Rouen ; et en estoit le pauvre peuple malement grevé et oppressé... »

Voici une série d'actes du tabellionage d'Elbeuf passés pendant la période que notre bourg, placé entre entre Louviers et Rouen, eut à souffrir des incursions des soldats français et anglais :

24 décembre 1429. — « Jehan le Ricardel, marchant dune vente de bois assize es mons le Comte, sur le chemin du Neuf Bourg, en la presence de Auber de Courcelles, son pleige, recongnut avoir receu de Jehan Le Suer dit Marchandize, de Saint Jehan dEllebeuf, cent sols tourn. pour le pourpoiement de tout ce quil lui povoit devoir à cause de ladite vendue et livrée de quatre quarterons de buche et pour compte fait entreulx ».

27 février 1429-1430. — « Pierre Bost Guillaume, de Saint Estienne, prist à ferme une masure sise paroisse Saint Jehan devant lez halles dudit lieu ».

19 mars 1429 (1430 n. s.) — « Jehan Le Comte, malade de la maladrerie d'Ellebeuf », en la présence de Jehan Mulot, son procureur, bailla à ferme « deux camps de terre à ladite maladrerie à lui appartenant, sises au Thuit Signol ».— Lecomte, bien qu'il eût fait don de ses propriétés à l'Hôtel-Dieu de notre ville, s'en était donc réservé l'administration.

L'acte suivant nous fournit une nouvelle preuve de la culture de la vigne à Elbeuf ; il est encore intéressant à un autre point de vue :

21 avril 1430. — « Comme Robert Lecauf, du Thuitanger, soit tenu poier par chacun an à messire Colin Morin, escuier, sieur du lieu Becquet assis en icelle paroisse, huit pos de vin de rente par an, à la moienne mesure dEllebeuf, ne du pire ne du meilleur dicelui lieu, et des quiex pos de vin icelui Morin ait puis nagaires donné et omosné à leglise dudit lieu du Tuitanger, c'est assavoir au thrésor de ladite eglise .ij. pos pour estre mis en terre en ladite eglise après son trespas, et .ij. pos pour celebrer chacun an une messe pour lame dudit Morin et qui sera mis en martreloge de ladite eglise... »

16 juillet 1430. — Les curés d'Elbeuf sont témoins du bail de prise à ferme, par Guillaume Auber, curé de « Saint Pierre Lierroux, des diesmes des prais du Becquet », appartenant à l'abbaye de Saint-Taurin.

Beaucoup d'actes de cette époque font allusion à la crainte de voir les immeubles détruits et les récoltes perdues par cause de la guerre. Nous donnerons comme exemples les deux suivants ; le second nous apprendra, en outre, qu'il n'y avait probablement alors à Elbeuf qu'une échoppe de barbier et qu'elle était tenue par une femme.

24 juillet 1430. — « Robin Galloppes dit Gallois et messire Robert Flambart, curé du Tuitanger, son pleige, recongnurent devoir à mess. lez doyen et chapitre de l'église Nostre Dame dEvreux la somme de xx liv. t. pour et à cause de la ferme dun tiers de diesme que mesdis sieurs ont en ladite cure, à prendre et cueillir pour cest present aoust seulement, et sera ladite diesme menée et mise à la grance dudit curé... Si la dite diesme ou partie

dicelle estoit perdue par la fortune de la guerre, entre cy et Noel prochain venant, il en seroit reduit et rabattu au taux de gens de ce aiant cognoissance... »

10 août 1430. — « Guillaume Honfroy, clerc, bourgois dEllebeuf, baille à ferme une porcion de son manoir dudit lieu dEllebeuf avec le gardin et enfruis dicelui, le dangier des chambres aisées et la soppe du devant où la barbière fait de présent son mestier, ainssi comme le tout se pourporte ; ... *item* une masure assize au carrefourt avec la franchize à icelle appartenante... Cest bail fait pour .cx. sols t. de ferme par an. Et si fu dit que si ledit preneur ne pevoit demourer endit manoir pour la fortune de guerre, il le pourrait delaisser et ne poier que porcion de temps... »

12 octobre 1430. — Guillaume de la Fontaine vendit une rente à « vénérable et discrecte personne messire Bertault Malfilx, prestre, curé de Saint Jehan ».

29 octobre 1430. — « Pierre Sans Terre dit le Bailli se soubmist et sobliga à messire Bertault Malfilz, prestre, curé de Saint Jehan, de lui faire et paier lamende de plusieurs injures par lui dictes à sa personne, puis an et jour, dont ledit prestre estoit plaintif dudit Bailli et que il entendoit dire et desclairer en temps et en lieu à prendre desclairer et lever du tout à la pure plaine volenté et consentance dudit prestre, toutes et quantes fois que il lui plaira, à en dire et desclairer sa dicte volenté devant juge aiant povoir ad ce. Et si se sousmist et sobliga ledit Bailli pour aucunes doubtes que icelui prestre a de lui et de sa force de lui aporter, bailler serment de paix... et oultre ledit Bailli promist et sobliga que il ne dira

ne ne fera dire pour le temps advenir audit prestre ne aux siens aucune injure ne parole par quoy il ait cause de se mouvoir, sur paine de xx liv. tourn. à poier moitié à justice et et lautre audit prestre... »

25 novembre 1430. — « Jehan Mulot, procureur de Jehan Le Comte, malade de la maladerie d'Ellebeuf, pour et au nom dicelui, afferma à Raoulin Pierres, de Saint Jehan, trois vergées de terre assises en la paroisse et diesmage de Caudebec au fourquet de Saint Cir ».

25 mars 1430 avant Pâques (1431). — Jehan Mulot, procureur de Jehan Le Comte, malade de la maladrerie d'Elbeuf, baille à ferme trois vergées de terre en la paroisse et diesmage de Caudebec ».

Au couronnement de Charles VII à Reims, en 1430, le comte d'Harcourt était assis aux cotés du duc de Clèves, des comtes de Charolais, d'Etampes, de Genève, de Saint-Pol et de Dunois.

Cependant, Henri VI, roi d'Angleterre, s'étant ému des « maulx, durtez et oppressions » que les Français de Louviers causaient dans les environs et de ce qu'ils faisaient prisonniers ceux qui avaient accepté la domination anglaise, résolut de s'emparer de Louviers, que tenait toujours La Hire. Pour en faire le siège, il réclama des ouvriers, des vivres et des voitures ; mais le pays environnant étant ruiné, il fallut que le roi s'adressât au vicomte de Caudebec-en-Caux pour obtenir les quatre charrettes, seize chevaux, six charpentiers, quatre maçons, six bûcherons et cent manouvriers qui lui étaient nécessaires pour assiéger Louviers, et qu'on n'aurait pu trouver dans notre contrée. On peut juger par là de l'état d'Elbeuf et des paroisses voisines à cette douloureuse époque.

Au 28 juin, les Anglais étaient devant Louviers. Comme les environs étaient totalement vides il leur fallut charger des archers et des varlets « d'aller assurer au loin la nourriture des chevaux. » Le baron d'Escales battit la campagne pour prévenir toute surprise que les Français pouraient tenter pendant le siège.

Une fausse nouvelle fit un jour partir les Anglais de devant Louviers ; mais ils y revinrent, et en revenant s'emparèrent du fameux Xintrailles, qui fut conduit à Rouen.

Le duc de Bethford, suivant M. Guilmeth, reçut, en 1430, de la part des habitants d'Elbeuf, de Caudebec et de la Saussaye, « d'assez énergiques réclamations, au sujet de la manière injuste et violente dont ils venaient d'être dépouillés tout à coup, par les propres officiers de ce prince, des droits de chauffage, pacage et panage qui leur avaient été concédés autrefois « par leurs seigneurs naturels », dans la forêt des Monts-le-Comte. Le duc de Bethford rejeta avec colère et dédain cette « insolente » manifestation, et les habitants de la ville et des environs d'Elbeuf ne purent rentrer dans la jouissance de leurs droits qu'en 1450, c'est-à-dire après l'entière expulsion des Anglais.

18 avril 1431. — « Jehan Letiais et Estiennette, femme de Robin Letiais, à présent prisonnier à Loviers pour la partist (?) de la ville de Tuit Simer, pour et au nom dicelui et afin de le delivrer de la dicte prison, vendirent à à messire Nicole Leblont, prestre dudit lieu du Tuit Simer, la moitié de la toussure et des-

pouylle dune pièce de terre en bois lui appartenant, à prendre et lever icelui bois pour une fois dedens trois ans, moyennant .lxx. sols tournois ». — Cet acte prouverait, à lui seul, que les Français de Louviers mettaient eux-mêmes d'autres Français à rançon.

23 juin 1431. — « Jehan Le Cherf, merchier, de Thuit Signol, vendit à Pierres Le Saunier, de Saint Jehan .xiij. boisseaux de blé, à la mesure d'Ellebeuf, au pris de .xij. deniers tourn., moins que le choix — c'est-à-dire d'une qualité moyenne — à rendre, mener et livrer en lostel dudit acheteur, pour .xxxv. sols tourn. » — Une autre vente de blé est mentionnée à la date du 7 juillet : six setiers à la mesure d'Elbeuf furent vendus moyennant six saluts d'or. — Le salut d'or d'Henri VI valait 22 sols 6 deniers, soit environ 11 francs de notre monnaie actuelle.

27 juin 1431. — Nicolas Leblont, curé de Thuit-Simer, prend à ferme les grosses dîmes du Thuit-Signol, appartenant aux religieux du Parc d'Harcourt, moyennant 82 livres pour l'année. Il fait ses réserves pour le cas où la guerre l'empêcherait de les recueillir. — Un autre acte daté du 29 juin, mentionne Jean Galoppes, docteur en théologie, comme possédant un manoir à Thuit-Signol.

10 juillet 1431. — « Estienne Manssel, de Saint Estienne d'Ellebeuf, prist à ferme pour un an seulement, de Jehan Bolenier et de messire Jehan Sanson, prestre, fermiers des diesmes de Caudebec et d'Ellebeuf, appartenant à l'abbaye de Saint Taurin, c'est assavoir la ferme du Gard, ainssi et par telle condicion que se par la fortune de la guerre ou autre fortune de temps, ledit preneur ne povoit jouir

exploicter à son proffit et que par ce elle fut perdue ou gastée... il lui sera déduit et rabatu au taux de gens à ce recognoissant ». — Le loyer pour l'année fut fixé à 22 livres. Le même jour, Jean Le Sueur dit Marchandise prit à ferme les prairies d'Elbeuf, moyennant neuf livres pour l'année.

23 juillet 1431. — Malfilz, curé, est témoin avec Robin Botel, avocat, le plus ancien des avocats connus du barreau d'Elbeuf.

8 août 1431. — « Jehan Ysore dit Legaaigneur, pour lui et au nom de Ricart Ysore dit Legaaigneur, son père, bourgois de Vernon sur Seyne, congnut avoir vendu, pour dix saluts dor, à Pierres Le Saunier, bourgois d'Ellebeuf, demourant paroisse Saint Jehan, une masure assise en icelle paroisse, auprès du molin de la Cauchée, bornée par le pavement et les fossés du chastel.... — Le comte d'Harcourt avait cinq sols de rente sur cette masure.

Cet acte indique clairement où était situé le château-fort bâti ou commencé par le comte d'Harcourt. Nous avons déjà dit que le moulin de la Cauchée était celui de Saint-Jean, et que la chaussée provenait des terres enlevées du réservoir de la Rigole et du canal d'amenée au moulin.

11 août 1431. — Mention d'une maison sise paroisse Saint-Etienne auprès du petit vivier de la Fontaine, sur laquelle l'église Saint-Etienne avait une rente. Jean Sanson était toujours curé, et le trésorier de la paroisse était alors Jean Leprevost.

27 septembre 1431. — « Jehan Leborgneis, boulenger, paroisse Saint Jehan d'Ellebeuf, et Perrin Le Saunier, fermiers de la prevosté et

coustume de ladite ville, firent marchié et apointement ensemble en la manière qui enssieut, cest assavoir que pour tout le temps à venir, que iceux fermiers ont à tenir ladite ferme, qui se monte trois ans ou environ tant passés que avenir, pour tout le blé que ledit Borgneis lui tout seul fera mouldre ez molins dudit lieu d'Ellebeuf, sera et demourra quitte ... moyennant vingt livres tourn. par an... Et aussi ne leur poiera point de coustume de la vendue de son pain en quelque manière que ce soit ».

27 octobre 1431. — « Robert Tassel, prestre natif de Thuit Signol, vendist à Sevestre le Gaingneur et Thomas de Saint Amand, son gendre, demeurant ensemble à Saint Estienne dEllebeuf » une terre sise à Thuit-Signol.

Un cheval acheté au Neubourg, par un habitant de notre localité, fut payé 65 sols.

21 décembre 1431. — Mention d'un jardin sis paroisse Saint-Jean, borné d'un bout par la rue de la Poterie et d'autre bout par le pavement. — Le pavement est très souvent cité comme abornement dans les actes concernant la paroisse Saint-Jean.

Par lettres royaux du 16 mars 1431, Henri VI ordonna d'asseoir sur les vicomtés d'Auge, Orbec, Pont-Audemer, Montreuil, Bernay, Falaise, Harcourt et Beaumont-le-Roger une imposition de 3.600 liv. st. Elle était destinée, dit M. Ch. de Beaurepaire, à payer trois mois de gages de « quarante lances et de six-vingts archers qu'on avait logés à Harcourt, sur la demande des habitants de la contrée, pour tenir en respect les garnisons françaises de Louviers et de Bons-Moulins et s'opposer à leur approvisionnement. D'autres troupes de renfort avaient été établies dans le même but à Evreux et à Pont-de-l'Arche.

On sait que Jeanne Darc fut brûlée vive à Rouen, le 30 mai 1431. Parmi ceux qui avaient siégé comme assesseurs dans son procès, se trouvait Richard de Grouchet, prêtre, maître es arts, chanoine de la collégiale de la Saussaye. Sans avoir fait preuve d'un courage civil bien remarquable, dit M. Le Prevost, « il peut être compté parmi les juges qui répondirent le moins aux passions anglaises, et il paraît honorablement comme témoin dans le procès de réhabilitation ».

Vers la fin de septembre, le bailli de Rouen manda au vicomte d'Auge que les Français étant en marche sur Louviers, il ait à commander à tous les chevaliers, écuyers, hommes d'armes et de trait, et à tous gens de guerre tenant fiefs nobles dans sa vicomté de se trouver à bref délai à Pont-de-l'Arche, afin d'être dirigés sur Louviers. Une partie de ces hommes de guerre passa par Elbeuf dans les premiers jours du mois d'octobre.

Quelques jours après, La Hire, étant sorti de Louviers pour aller chercher des secours, fut pris par les Anglais, qui, le 25 octobre, après un siège de plus de cinq mois, entrèrent dans cette place.

Le roi d'Angleterre ordonna la démolition des ouvrages de défense de Louviers, ce qui eut effectivement lieu. Nous trouvons dans un compte daté du 8 mars 1436, conservé aux Archives de l'Eure :

« A Martin de Bezu, viconte d'Ellebeuf, pour avoir esté à ladicte demolicion & abatement, & vacqué par semblable temps de .ix. jours entiers, lui et ung sergent, .ij. charpentiers, .ij. machons et .xxx. manouvriers qui, au pris dessus dit pour ledit temps, vallent .lxxij. livres. »

Nous allons laisser pour un instant Elbeuf et dire quelques mots de ce qui se passait en Lorraine, où Marie d'Harcourt et son mari Antoine de Vaudemont, seigneur de droit d'Elbeuf, luttaient pour la succession du duché de Lorraine.

Charles Ier, duc de Lorraine, au mépris de la loi salique, avait donné ses Etats à sa fille Isabelle, épouse de Réné d'Anjou. Antoine de Vaudemont, légitime et seul héritier direct du duché, fief masculin, le réclama à Réné.

Après avoir fait signifier, dit M. Parfait Maille, à la douairière et aux Etats, ses prétentions à la principauté, il se présenta devant Nancy, bien accompagné, pour y être reçu comme seigneur, soutenant que les filles n'héritaient pas en Lorraine, et qu'il était le vrai sccccesseur du mort.

« Mais le conseil et les Etats, gagnés par Réné, et de longue main préparés par son prédécesseur, firent une réponse équivoque qui indigna Antoine, et lui fit jurer, par son âme, qu'avant peu le fer ferait triompher ses droits : aussitôt il quitte les armes de Vaudemont et prend celles de Lorraine, se qualifie de duc, et vole en Flandre pour réclamer du duc de Bourgogne des secours qu'il obtint.

« En ce moment assemblés, les Etats de cette dernière contrée, redoutant un voisin aussi puissant que le deviendrait le futur roi de Sicile, votèrent à l'envi des subsides, pour aider son rival, et en commirent le soin au maréchal de Toulongeon, leur président, et en possession de la confiance de leur seigneur.

« De son côté, Réné avait imploré l'assistance du roi de France, et un de ses lieutenants, l'intrépide Barbazan, arrivait avec des troupes, pour combattre en sa faveur.

« Rassuré par ce renfort, il envoie à l'instant sommer Antoine de lui prêter foi et hommage, et, sur son refus, court assiéger Vaudemont, ville capitale de ses domaines.

« A cette nouvelle, Antoine et Toulongeon réunissent leurs soldats, et s'avancent pour faire lever le siège entrepris, mais Réné les prévient, et, accourant à leur rencontre, leur barre jusqu'au chemin de la retraite.

« Une entrevue qu'eurent les deux compétiteurs ne fit qu'envenimer leur querelle.

« Quoiqu'établi dans une enceinte palissadée, terrassée, fortement retranchée, Antoine se trouvait dans une situation périlleuse ; le retour lui était coupé, les vivres allaient lui manquer, et déjà Toulongeon parlait de décamper, quand arrivèrent selon l'usage les défis de Réné.

« On répondit qu'on était prêt ; le combat était pour Antoine la chance la plus désirée et la plus favorable.

« Ce fut alors que s'embrassèrent ceux qui avaient inimitié et ressentiment, et qu'Antoine courut, de rang en rang, attester la justice et la bonté de sa cause, et prendre tous et chacun à témoin de la spoliation dont on voulait le rendre victime.

« Barbazan, voyant la bonne contenance des ennemis, était, comme les sages de l'armée, d'avis de ne pas tenter la fortune, de ne pas assaillir des retranchements qui coûteraient trop de sang à emporter, d'attendre tout du temps qui militait contre Antoine et le livrerait à discrétion, mais Réné cédant à un emportement inconsidéré, se fiant trop à sa supériorité numérique, n'écoutant que la présomption d'une jeunesse inexpérimentée, quitta un excellent poste qu'il tenait et donna le signal d'une attaque téméraire.

« Au lieu de leur prêter l'oreille, que ne faisait-il taire de jeunes imprudents assez fous pour crier : « Il n'y en a pas pour nos pages ; on
« ne s'expose pas au soleil quand on craint
« son ombre ; nous les forcerons du premier
« choc ; il ne faut pas aller au bois, quand on
« a peur des feuilles ! »

« Ces étourdis allaient jusqu'à insulter au courage de l'illustre Barbazan qui se contenta de leur répondre : « On verra si la crainte ou
« la prudence me conseille, et qui a du cœur
« ou du babil. »

« En effet les jeunes fanfarons ne furent pas les derniers à chercher leur sûreté hors de la mêlée.

« La vaillance de Barbazan au contraire ne fut que trop attestée par sa mort.

« L'affaire ne fut pas longtemps indécise ; les bandes de Réné échouèrent à l'attaque des retranchements d'Antoine.

« Mitraillées par l'artillerie, décimées par les arbalétriers qui bordaient les retranchements, écrasées ensuite par la gendarmerie qui fondit sur elles, le découragement ne tarda pas à s'y répandre ; la débandade s'en suivit, puis une déroute précipitée.

« Réné reçut trois blessures et fut pris.

« Antoine, après avoir fait bravement son devoir de capitaine et de soldat, après avoir ordonné du sort de son adversaire, se mit à la poursuite des fuyards pendant deux jours qui devinrent sa perte.

« Ironie des choses humaines !

« La fuite de ses ennemis fut aussi fatale à Antoine qu'auraient pu lui être funestes leur sagesse et leur valeur.

« Acharné à les atteindre, dans le temps qu'il galoppait après eux, pendant son absence, le maréchal de Toulongeon lui enleva tout le fruit de la victoire de Bulgneville, en lui ravissant son prisonnier que ses gens emmenèrent avec eux, se faisant, tous, gloire et fête de le livrer au duc de Bourgogne qui, en effet, ne fut pas peu satisfait de tenir Réné entre ses mains.

« Antoine eut beau le réclamer depuis, il ne put jamais l'obtenir du duc de Bourgogne qui, le déclarant de bonne prise pour lui, en sut tirer une forte rançon.

« Ainsi frustré du prix de son triomphe, abandonné en outre des Bourguignons offensés de ses réclamations, délaissé par ses autres alliés, Antoine vit ses espérances s'évanouir et la fortune lui échapper au moment où il venait de la saisir.

« En effet, dénué de forces, Antoine ne put faire prévaloir ses prétentions contre les partisans de Réné, et fut dans l'impossibilité de triompher de leur résistance : le conseil et la régence de Lorraine surent toujours rendre vains ses plus grands efforts ».

Pendant la guerre de la succession de Lorraine, Marie d'Harcourt, dame légitime d'Elbeuf, seconda son mari dans ses entreprises par des prodiges de valeur.

Non seulement elle fit parvenir à Antoine les avis qu'intéressaient ses prétentions, mais encore lui ramassa des soldats, les rassembla dans sa principauté de Joinville, et trouva moyen de les faire rejoindre l'armée de son mari et triompher avec lui à Bulgneville, le 2 juillet 1431.

Bien plus, apprenant, pendant la durée de la guerre, que ses ennemis, profitant de l'éloignement de son époux, assiégeaient la ville de Vaudemont, capitale de sa seigneurie, et que cette place était sur le point de succomber, elle fit aussitôt armer ses vassaux, ses amis, ses alliés. Sans égard à l'état où elle se trouve par suite d'un accouchement récent, elle saute de son lit et court sur les assiégeants, les pousse vigoureusement, et remporte sur eux une victoire qui délivre la place.

La principauté de Joinville, dont il vient d'être parlé, resta dans la famille de Lorraine-Guise jusqu'à la fin du xviie siècle. — On sait que le troisième fils de Louis-Philippe porta le titre de prince de Joinville, qui lui venait des ducs de Lorraine, par Philippe d'Orléans et Mlle de Montpensier.

CHAPITRE XXVI
(1431-1436)

Le duc de Bethford, baron d'Elbeuf (suite).
— Nouveaux actes du tabellionage. —
Le bateau d'Elbeuf a Rouen. — La Maison-Dieu d'Elbeuf. — Contrats intéressants. — Retour de Marie d'Harcourt.

Les contrats de quelque importance sont assez rares au xve siècle : aussi avons-nous relevé le suivant, passé devant le tabellion d'Elbeuf et mentionnant plusieurs fiefs situés aux environs de notre localité, ainsi que le moulin aujourd'hui connu sous le nom de Silouvet :

« Le derrain jour doctobre mil .iiij^c xxxj., noble et puissant messire Jehan de Tournebu, chevalier, sire et baron dudit lieu de Tournebu, donna et bailla à Jacques de Tournebu, son filz, maistre es ars, toutes les terres, rentes et revenues quelxconques des fiefs, terres et seigneuries dont la desclaracion cy apres enssuit, avec tous les arrerages et redevences quelxconques generalement qui deubz en sont pour tout le temps passé. Premièrement le fieu et terre du Tuit Angier, les fiefs de la Quieze, du Brumen et de Douville assis en la paroisse du Tuit Signol et ez parties denviron, le fieu de la Trousseboutière, de la Galitrelle, le molin de Cynouvet et lez appartenences dicelui, le fieu et terre de la Vacherie, le fieu de Saugeuze, le fieu de Sermonville, de Cliage et de Gueteville, à tenir, avoir et percevoir icelles terres avec toutes les rentes... Cest don et bail ainssi fait pour et afin que ledit maistre Jacques puisse estre et demourer aux escolles à Paris, pour estudier en la stience de decrept et en autre ainssi quil verra bon estre, et que en ce faisant il puisse vivre et avoir son estat honnestement selon sa personne... ; en présence de messire Raol de la Varenne, prestre...

« Ledit maistre Jacques fist et constitua ses procureurs généraulx messire Massieu de Montosen, curé de la Vacherie... Jehan de Tournebu, escuier, Berthelot Bachéler, messire Raol de la Varenne, messire Denis Basset, messire Jehan Postel, prestre... » — Ces quatre derniers témoins habitaient ou étaient probablement originaires de la presqu'île de Saint-Aubin.

7 janvier 1432 (n. s.) — Mention des murs du grand jardin, paroisse Saint-Jean.

11 mars 1431 (1432 n. s.) — Mention de Jehan Letellier, vicomte d'Elbeuf.

1er avril 1431 avant Pâques (1432 n. s.) — Mention d'une masure sur la paroisse Saint-Jean bornée « dun costé le molin et douet de monseigneur et dun bout sur rue. »

8 avril. — Mention d'un lieu en masure, paroisse Saint-Jean, « dun bout le pavement et la sente des Fossés dautre. »

Le bateau qui, depuis longtemps déjà, faisait le service entre le quai d'Elbeuf et Rouen, était la propriété des comtes d'Harcourt. Il servait au transport des personnes et des marchandises ; ces dernières consistaient surtout en grains et en bestiaux. L'acte suivant nous apprend que ce bateau avait été confisqué, avec le reste du comté, sur son propriétaire légitime, par les Anglais, et donné au duc de Bethford. On pourra juger de l'importance qu'avait conservé ce service pendant ces temps si troublés, par le prix que le fermier y attachait :

12 avril 1431 avant Pasques (1432 n. s.) — « Julien de la Rive et Guillot Degoue, son pleige et perchonnier, recongnurent avoir prins à ferme jusques au terme et en la fin de trois ans commenchant à la Candeleur desrain passée, de très hault et excellent prince monseigneur le duc de Bethford et comte de Harecourt, la ferme du bateil de la vointure dEllebeuf, à tenir, avoir et gouverner aux drois, proffis et emolumens en la maniere acoustumée, par la somme de soixante et quatre livres tournois de ferme par chacun an ».

22 avril 1432. — Mention du Clos aux Moriaux, paroisse Saint-Etienne « d'un bout la forest de la Londe, la sente de lescalier Bonhete dautre ».

22 avril 1432. — « Colin Guieffroy dit Gallot, de la paroisse Saint Martin de Cléon, vendist à Pierre Ango, à present demourant à Saint Jehan dEllebeuf, une masure assise en icelle paroisse, bornée d'un bout le pavement et dautre le gardin qui fu Guillaume Sebire » sur laquelle le comte d'Harcourt avait dix sols de rente annuelle.

L'acte suivant, passé devant le tabellion

d'Elbeuf, montre combien la misère était grande à cette époque :

23 avril 1432. — Plusieurs « habitans, manans et paroissiens de la ville et paroisse de Saint Ouen du Tuit Heudeber — actuellement Saint-Ouen-du-Tilleul — pour eulx et touz les autres paroissiens dicelle ville, pour les reparacions de leur eglise et pour autres nécessités et affaires quilz ont de present, donnèrent congié, auctorité et licence à Estienne le Seneschal et à Colin Hertout, thésauriers et entremetiers de la dite ville et paroisse, quilz puissent vendre et transporter le calice de leur dite église, en prendre et recevoir les deniers naquissant dicelle vendicion pour estre mis et emploié ez chosez dessus dites ;... en présence de messire Henry Dussaussez, prestre, curé de la dite paroisse. »

Si aucun acte ne mentionne l'industrie drapière à Elbeuf, en revanche, on en trouve quelques-uns concernant la tannerie, qui comptait plusieurs représentants dans notre localité. Le suivant est intéressant à ce titre et à un autre point de vue, car il nous fournit un exemple de contrat d'apprenti et nous montre des usages de la vie industrielle au xve siècle :

« Le penultiesme jour davril mil .cccc.xxx. et deux, Pierre Regnaut, dAmfreville la Campaigne, bailla et alloua jusques au terme, fin et accomplissement de trois ans commenchant le premier jour de may prochain venant, à Jehan Lemonnier le jeune, marchant et ouvrier de tennerie en la ville et paroisse de Saint Jehan d'Ellebeuf, un sien filx de laage de .xviii. ans ou environs, pour estre et demourer avec lui afin daprendre ledit mestier et marchandize, pendant lequel temps ledit maistre aura tout et tel service comme ledit varlet scaura et pourra faire en ce et en autres chosez licites et convenables. Et si lui sera tenu poier ledit Pierre la somme de cent sols tournois, à poier en iceux .iij. ans à porcion par chacun an, tant que la dite soit du tout et à plain poiée. Et par ce ledit maistre sera tenu aprendre et monstrer bien et convenablement audit son varlet ledit mestier et marchandize, lui trouver boire, mengier, coucher et chausseure de sourliers. Et si aura icelui varlet les mois daoust escheans audit terme pour aider audit son père. Et si pourra meitre ledit varlet quant il entrera en dit mestier .lx. sols tourn. en marchandize de cuirs, lez quiez seront tennés et aprestez ovec ceulx de son dit maistre, à son seul et singulier prouffit. »

5 juin 1432. — Accord et transaction après un procès « meu es assizes dEllebeuf entre Jehenne, deguerpie de feu Robert Dubost, et Robin Dubost, cousin et heritier du deffunt ».

5 juin 1432. — « Guillaume de Rufflay dit Burnot, de Caudebec, confessa estre tenant de lostel Dieu dEllebeuf dung gardin borné par la ruelle du Port dun bout et le chemin du Roy dautre, et en promist rendre et poier à Martin de Bezu, administrateur dudit hostel, et à ses successeurs, trois sols six deniers de rente. Témoins : Jehan Lemonnier et Jehan Lecherf ».

Les deux actes suivants sont relatifs à des prisonniers de guerre dont les parents obtinrent la liberté par le paiement de leur rançon entre les mains des Français :

6 juin 1432. — « Jehan Louvet, de laage de .xxij. ans ou environ, et Jaquette la Fouyère

sa femme, deubment autorisée, recongnurent devoir à Toussaint Louvet, père dudit Jehan, demourant à Saint Jehan dEllebeuf, la somme de trente trois saluts dor à cause de pur prest à eulx fait pour la finance de sa raenchon à poier aux gens darmes de la garnison de Nogent le Rotru, qui avoient prins ledit Jehan leur prisonnier au jour de ses espouzailles, laquelle somme iceux mariés promistrent rendre et poier audit Toussaint... Et aussi et par telle condition que pour pitié et amour naturelle que ledit Toussaint a aux dis mariés, il leur accorda que en cas où ledit son filz vroit de vie à trespas avant ladite sa femme... il ne contendroit icelle femme audit poiement... »

24 juin 1432. — « Perrot Houvel, de Tuit Signol, et Jehan le Borgneis, dEllebeuf, son plege, recongnurent devoir à Lenfant et Estiennette sa femme, demourant au port Saint Gille à Saint Aubin jouxte Bulenc, la somme de vingt livres tournois pour et à cause de pur prest à eulx fait à leur grant besoeng, afin de poier la raenchon de Jehan Houvel, pere dudit Perrot, à present prisonnier à Gambes... »

25 juin 1432. — « Jean Jeune, de Saint Jehan d'Elbeuf, à cause de sa femme, accorda et consentist à Pierre Bostguillaume, de la paroisse Saint Estienne, que pour faire et asseer une maison en une wide place joingnant audit Jehan, il puisse meitre et asseer les posts et bois de sa dite maison joingnant aux posts de la maison desdis mariés, ainsi par telle condicion que ledit Bostguillaume, sera tenu porter lez eaues dicelles maisons pour tout le temps à venir, en telle maniere quilz ne puissent porter aucun dommage ou préju-

dice aux dis mariés ne à leurs hoirs, soit par goutieres, lermier ou autrement... »

28 juin. — Pierre Le Saunier acheta une vente de bois, sise au-dessus de la Justice, moyennant 7 livres tourn. l'arpent, qu'il « promist paier à hault et excellent prince monseigneur le duc de Bethford et conte de Harecourt ». Jean Heute et Clarot Luce étaient alors sergents de la forêt des Monts le Comte Témoins : « Jehan Lesueur, Jehan Goupil et Pierre Sans Terre, tous bourgois, manans et habitants de la dite ville dEllebeuf, lesquels pleigèrent ledit Saunier ».

Le « Registre des lettres passeez au siége d'Ellebuef, devant Guillaume Lefevre, clerc commis soubx Jehan Le Vavasseur, tabellion dudit lieu » contient un grand nombre d'actes que nous n'avons pas jugé nécessaire de relever, concernant des ventes de blé « à la mesure dEllebeuf ».

Les dîmes des prairies d'Elbeuf, appartenant à l'abbaye de Saint-Taurin, qui avaient été baillées à ferme, l'année précédente, moyennant quatre livres, furent de nouveau mises en adjudication le 30 juin 1432 ; Jehan Tallemer les prit pour cent sols.

20 août 1432. — Delalier, bourgeois d'Elbeuf, reconnut devoir à Raolin Brisemontier, tavernier à Port Saint-Gilles, paroisse de Saint-Aubin, une somme de 40 sols pour depenses de taverne.

23 août 1432. — Mention des biens des religieux du Parc d'Harcourt, à la sente du Melleret au triège de la Poterie, à Elbeuf.

30 août 1432. — « Colin Le Cordier, de Saint Jehan dEllebeuf, quita et delaissa à Aubin Lemire tout et tel droit, part et porcion quel-

conque comme il avait en la ferme de la grant diesme dudit lieu dEllebeuf, que icelui Colin avoit au pleige dudit Aubin de messeigneurs les religieux de Saint Taurin ».

5 octobre 1432. — Jean Duprey, de la paroisse Saint-Jean, achète à son père, demeurant à la Londe, quatorze pourceaux pour le prix de dix livres tournois.

27 octobre 1432. — Jean Le Borgneis, de Saint Jean d'Elbeuf, prit à ferme de « noble homme Robert Campion, escuier, seigneur du fieu de la Motte à Thuit Signol, une acre de terre sise en cette paroisse ».

2 novembre 1432. — Mention du « prey Basire, paroisse Saint Jehan ».

4 décembre 1432. — « Comme Guillaume Honffroy, clerc, ait devocion et volenté de parvenir es saintes ordres de prestre, pourquoi lui est chose necessaire davoir assignation de tiltre suffisant jusquà la somme de 15 livres pour son estat et sa vie avoir honnestement, en priant Dieu et la vierge Marie toute sa vie durant... » Il constitua un titre de rente sur diverses propriétés notamment sur « un manoir en la bourgoizie dEllebeuf, avec les gardins, prais et terres labourables à lui appartenans », valant 12 livres de revenu par an. Au nombre des témoins, se trouvaient Jean Sanson, Guillaume Fortin et Bertaut Dufour, tous trois prêtres, le premier de Saint-Etienne, le second de Saint-Aubin-Jouxte-Boulleng.

Martin de Bezu, administrateur de la Maison-Dieu d'Elbeuf, présenta au duc de Bethford « une très-humble et très-douce requeste et supplicque », au nom des pauvres et des pèlerins logés dans cet hopital, demandant de jouir des droits d'usage que les habitants d'Elbeuf avaient dans la forêt, et rappelant que les anciens seigneurs de notre localité avaient toujours fait payer par leur receveur de cette terre deux setiers de froment et quarante-cinq sols tournois par an ; que cette double rente avait été payée même au temps du duc d'Exester.

La requeste de Martin de Bezu, entre autres détails, mentionne que les administrateurs de l'hopital d'Elbeuf avaient eu, de tout temps, le droit de prendre leur chauffage dans la forêt des Mont-le-Comte, « tant pour eulx et pour leurs genz gouvernans ledit hostel, que pour les povres du lieu et les pellerins et passans y logez, à sçavoir la charge d'une beste cheva-line ou asine par chacun jour et par plusieurs foys quotidianement ; comme aussy de prendre dans ladicte forest tous les boys necessaires pour édiffier et reparer le moustier et les mai-sons dicelluy hostel ».

Cette réclamation fut renvoyée, pour être examinée, à Pierre Bail, receveur général des finances ; puis, après enquête, le duc de Beth-ford, par lettres du 24 juin suivant, ordonna à Jean Davy, écuyer, verdier d'Harcourt, ou à son lieutenant Robert Boterel, de faire immé-diatement payer « aux administrateurs et gu-vernateurs de lostel ou Maison-Dieu dudit Ellebeuf, vulgairement appelé le moustier a saint Lionard, toutes les rentes deues et me-sures les arrierages, et veut que liberté plaine leur soit donnée, à eulx et aux successeurs de eulx, de jouir et user de leurs droicts dans ladicte forests des Mons le Conte ».

Comme on le voit par cet acte, l'hôpital d'Elbeuf était dédié à saint Léonard, patron des prisonniers. Léonard était un ermite français qui vivait au vi^e siècle. Il s'était fait chrétien en même temps que Clovis, après la bataille de Tolbiac, puis avait fondé un monastère dans le Limousin. — Un certain nombre de léproseries étaient placées sous la dévotion de saint Léonard.

A partir du 21 décembre 1432, les actes du tabellionage d'Elbeuf furent passés devant « Me Jehan Viboure, prestre, commis à ce ». Nous croyons avoir dit que c'était l'un des chanoines de la Saussaye.

4 janvier 1432 (1433 n. s.) — Guillaume Guérin, de Caudebec, vendit à Jean Lucas, de Saint-Jean d'Elbeuf « deux septiers et deux boessiaux de blé bon suffisant à la mesure d'Ellebeuf, et sera sur chacun septier le dernier boessel comble, pour le prix de quatre livres et cinq sols au vin ». — Lucas figure assez souvent dans les actes du tabellionage d'Elbeuf de cette époque.

13 janvier 1432 (1433 n. s.) — Pierre Bostguillaume, de Saint-Etienne d'Elbeuf, baille à rente une masure sise en cette paroisse « auprès du molin de ville, bornée dun costée par le douet dudit molin ».

21 février 1432 (1433 n. s.) — Mention d'une terre sise près de « la fosse Lienart en la paroisse Saint Jehan d'Ellebeuf, en diesmage de Caudebec », livrée en échange d'une vergée de terre, à Caudebec, près « la vingne au Maignen ». — L'usine à gaz d'Elbeuf est partiellement située sur l'ancienne fosse Liénard ou de Saint-Léonard. L'acte que nous venons de relever constate, comme on le voit, l'existence de vignes à Caudebec.

1er mars 1432 (1433 n. s.) — Mention d'un jardin « à Saint Estienne, jouxte dun costé lostel Dieu dEllebeuf et Sevestre Legaigneur dautre, et des deux boux à ruage ».

3 mars 1432 (1433 n. s.) — Gueffroy Morin, de Saint-Jean d'Elbeuf, prit à fieffe une masure « bornée dun bout le pavement et le mur du gardin du castel dautre ».

23 mars 1432 (1433 n. s.) — Mention d'un jardin, paroisse Saint-Jean, rue de la Poterie, « borné dun bout le pavement et la sente des Fossés dautre ».

23 mars 1432 (1433 n. s.) — Mention d'une masure « au carrefour de la paroisse Saint-Jehan, bornée dun bout le pavement et la sente des Fossez dautre ».

25 mars 1432 (1433 n. s.) — Robin Delalier, bourgeois d'Elbeuf, bailla à rente à Colin Brisemontier « demourant au Port Saint Gille, paroisse Saint Albin jouxte Bulenc, trois vergées de terre en la paroisse Saint George d'Orival, bornées dun bout leaue de Seyne, le chemin du Roy dautre ».

15 avril après Pasques 1433. — Pierre Legautier, de Saint-Jean d'Elbeuf, prit à rente de « damoiselle Marion de Livarroult, déguerpie de feu Robin du Val, en son vivant seigneur du Val pres Pont de l'Arche, un jardin rue de la Poterie, borné dun bout la sente des Fossés dicelle ville et le pavement dautre ».

21 avril 1433. — Raoul Mahieu, de Saint-Jean d'Elbeuf, vend à messire Richard Osenne, curé de Cléon, « la moitié de la tonsure d'une acre de terre appartenant au seigneur du fieu de Grousset ».

26 avril 1433. — Mention de cinq vergées de terre en une pièce, « bornées dun costé la terre l'Ostel Dieu d'Ellebeuf et Guillaume de la Fontaine, dun bout le chemin du Neufbourg

et le chemin de l'Esquellette dautre » ; cette terre devait une rente de 15 sols à l'église Saint-Etienne et une autre de 8 sols aux chanoines de la Saussaye.

30 avril 1433. — Mention d'un jardin, situé rue de la Poterie, « borné dun costé Colin du Gard, le chemin de la Saussaye d'autre, dun bout le pavement... »

9 mai 1433. — Perrin Hesbert, de Saint-Etienne d'Elbeuf, prit à ferme « une masure, lez maisons et ediffices qui dessus sont, rue Mulleuze, bornée dun bout icelle rue, le petit vivier dautre ».

19 mai 1433. — Mention d'une masure rue de la Poterie, bornée d'un bout par « les murs du grant gardin, le pavement dautre ».

24 mai 1433. — Etienne Mansel, de Saint-Etienne d'Elbeuf, « gaiga à tenir à toujours de Martin de Bezu, maistre administrateur de l'Ostel Dieu d'Ellebeuf, un gardin rue Muleuze ».

26 mai 1433. — « Messire Jehan Viboure, prêtre, curé de Saint Chaux et de la maladerie d'Ellebeuf, à cause de sa clergie de leglise collegial monsieur Saint Louys de la Saussaye », baille à ferme pour six ans une pièce de terre à Saint-Martin-la-Corneille.

Mᵉ Viboure exerçait alors, de temps à autre, par intérim, les fonctions de notaire au tabellionage d'Elbeuf. A partir du 26 mai, un certain nombre d'actes furent passés devant « Colin Levavasseur, commis soubs Jehan Levavasseur, tabellion dEllebeuf ».

5 juin 1433. — « Guillaume de la Fontaine, sergent dEllebeuf, congnut devoir à Colin Levavasseur, commis et ordonné à faire la recepte dEllebeuf pour et au nom de Jehan Letellier,

viconte et receveur dudit lieu d'Ellebeuf, la somme de .vj. livres .xiiij. sols tournois ».

12 juin 1433. — Robin Galopes dit le Gallois « pour luy et soy faisant fort de Martin Galloppes, docteur en théologie, son aisné, bailla à rente, à Pierre Ango, de Saint Estienne d'Ellebeuf », une masure à Thuit-Signol.

Les dîmes que l'abbaye de Saint-Taurin possédait à Caudebec et à Elbeuf furent affermées le 23 juin. « Jehan Sanson, curé de Saint-Estienne », prit celles des prairies d'Elbeuf, moyennant quatre livres tourn.

30 juin 1433. — Guillaume Lux, de Saint Jean, « recognut devoir à venerable et discrecte personne messire Jehan Sanson, prestre, curé de Saint Estienne, la somme de cent dix sols pour le delais à lui faire de la diesme des prais d'Ellebeuf ».

4 juillet 1433. — Guillaume Honffroy, prêtre, fils d'un bourgeois d'Elbeuf, vendit 11 sols de rente sur une masure sise paroisse Saint-Jean.

7 juillet 1433. — « Ricard Anguetin, procureur de tres hault et puissant prince monseigneur le gouverneur et régent le royalme de France, duc de Bethford, comte de Harrecourt, lequel au congnu et plaisir de mondit seigneur et par le conseil de plusieurs de ses officiers, congnut avoir baillé à Guillaume Letourneur, de la paroisse Saint-Denis de Rouen, un gardin de present desclos, assis à Saint Mor les Rouen, lequel gardin a tenu par aucun temps Pierre Poolin, par fieffe faite par Henry Bernay, escuier, lieutenant de feu monseigneur le duc d'Excestre, en son vivant conte dudit Harecourt... »

Juillet 1433. — Vente d'une jument par

Pierre Le Saunier, d'Elbeuf, pour le prix de 65 sols.

10 juillet 1433. — « Jehan Godefroy, Guillaume Lefevre, Jehan Lemonnier le Jeune, Jehan Coulombe, Jehan Couldray, Perrin Roussel, Toussains Louver, Pollet Goupil et plusieurs autres, tant pour eulx que pour tout lez communs et habitans de Saint Jehan dEllebeuf, gaigèrent et promistrent rendre et poier dedens lundi prochain venant qui sera le treiziesme jour de juillet, à Henry Chambre, escuier, homme darmes de la garnison du Pont de lArche, la somme de quatre livres tournois, pour et à cause de certains deniers que Philippot Cavé leur demandoit, et avec ce promistrent poier à Jehan Lemonnier la somme de vingt sols six deniers, deubz pour la despence que avoit faite ou fait faire ledit escuier en la maison dudit Lemonnier ».

C'est le premier acte passé au nom des habitants de la paroisse Saint-Jean que nous rencontrons. En voici un second qui, comme le précédent, montre l'état misérable de notre localité à cette époque :

11 juillet 1433. — Un certain nombre de paroissiens, « tant pour eulx que pour tout le commun et habitans de Saint Jehan dEllebeuf, vendirent vingt sols de rente, avec le droit des arrérages de ce deubz, que euls, au droit de luminaire Nostre Dame de ladite eglise, avoient chacun an sur feu Guillaume de la Fontaine ; ceste vente faite pour treize livres et cinq sols au vin ».

13 juillet 1433. — Devant Colin Levavasseur, tabellion à Elbeuf, « Sevestre Legaaigneur et Pierre Le Saunier quittèrent à Jehan Le Sueur et Jehan Legoupil, de Saint Jehan

d'Ellebeuf, telle part et porcion quelconque comme ils avaient en une vente de bois à present estante en la forest des Monts le Conte sur le mont aux Pendus, à prendre ainssi et en tel estat comme elle est de présent, tant en buche, merrien que autrement ; cest quitement fait pour en rendre et poier tout ce qui est et peut estre deu à monseigneur le conte de Harecourt pour le temps avenir... »

17 juillet 1433. — Mention de Guillaume Mauduit, « héritier de la sergenterie de la basse justice d'Elbeuf ».

15 août 1433. — Jean Lescuier et Jean de Saint-Ouen, fermiers des Vingt-Acres, dans la forêt des Monts-le-Comte, « baillent à ferme à Colin Arragon, demourant à Ellebeuf, une partie des Vingt Acres, à prendre dans le Val Osmont, tout ce qui de présent est en fresque, excepté ce que Martin Legouge en tient, moyennant .xx. sols pour la première année, et .l. sols pour les autres ». — Un autre acte de cette même époque mentionne que les « Vingt Acres » contenaient au moins 40 acres.

18 août 1433. — Mention d'un « lieu en masure paroisse Saint Jehan, jouxte dun costé les hoirs Sandrin, dun bout les fosses du Chastel et les halles dudit lieu dEllebeuf ».

25 août 1433. — « Robert Chopin, de Saint Ouen du Thuit Heudebert (Saint-Ouen-du-Tilleul) vend à Pierre Le Saunier, d'Elbeuf, deux queuez de sydre pomme bon et suffisant, fais et ordenné sans y mettre point deaue, pour les quiex mestre et entonner ledit Saunier doit bailler et livrer les fustz de quesne. Ceste vendue pour la somme de 70 sols, lez quelles deux queuez de sydre icelui Chopin gaiga et promist poier, mener et livrer audit lieu d'Elle-

beuf, dedens le jour de la Toussains prochain venant ». — La queue valait deux muids.

12 septembre 1433. — « Messire Louys Malburny dit Perichon, prestre de la paroisse de Harecourt, pour lui et comme tuteur par justice de Guillaume Malburny, enfant de Jehan Malburny, en son vivant frère dudit prestre, bailla à Jehan Bollemer, de Saint Estienne d'Ellebeuf, une masure en ceste paroisse, bornée d'un bout la rue et le gardin du castel dautre ».

Une note inscrite sur le registre du tabellionage d'Elbeuf, vers le 22 septembre 1433, avertit que certains actes n'ont pas été mis à leur date « parce que les cédules avaient esté adirées et meellées parmi autres escriptures, pour la fortune de la guerre ».

17 octobre 1433. — « Estienne Le Roux, de Brione, vendist à Guillaume Mauduit, bourgois dEllebeuf, la tonsure et despoulle dune piece de terre, plantée en bois, assise en la paroisse et dismace de Saint Estienne dEllebeuf, jouxte les fosses des bois de Monseigneur et les hoirs Jehan Lebourssier dautre, du bout la sente du Mont... par .xlv. sols t. »

25 octobre 1433. — « Damoiselle Marion de Livaroult, veufve de Robin du Val, escuier, laquelle gaiga Jehan Letellier, à present viconte d'Ellebeuf, absent, la somme de .xxviij. liv. v. s. tournois, pour estre demourée quite envers le viconte de tous les arrérages que icelle damoiselle devoit à ladite recepte ».

Un autre acte, du même jour, mentionne que Marion de Livarroult, veuve du seigneur du Val, possédait à Elbeuf une maison qui « estoit en grant ruyne et dangier d'aller en decadence ».

3 novembre 1433. — « Messire Guillaume Honffroy, prestre, fils et seul héritier de Pierre Honffroy, bourgois d'Ellebeuf, vendist à Colin Letort, bourgoiz de ladite ville, vingt cinq sols de rente ».

8 novembre 1433. — Mention de la ruelle de la Geôle, paroisse Saint-Jean. — C'est l'impasse de la Prison actuelle.

19 novembre 1433. — « Jaques le Machon et Jehan Goupil son pleige recongnurent avoir pris à ferme, pour trois ans, de très hault et excellent prince monsseigneur le Regent goudvernant le royalme de France, duc de Bethford et conte de Harecourt, cest assavoir : la ferme de la prevostée et molins d'Ellebeuf, laquelle ferme est demourée aux dessus nommez aprez les criées sur ce deubment faites et acomplies comme aux plus offrans et desrains encherisseurs, à tenir, garder et cueillir en la maniere acoustumée. Ceste prise à ferme faite pour le pris et somme de treize vings .xiij. livres .xij. sols t. de ferme pour chacun an, à poier en deux termes egaux, cest assavoir lune moitié à la Madalegne et lautre moitié à la Nostre Dame Candeleur, à mondit seigneur, en sa recepte ordonnée audit lieu d'Ellebeuf ;

« Et sil estoit que lesdits fermiers ne peussent demourer en ladite ville, ils seroient quites de tant tenu tant poier, et de laisser ladite ferme à monsseigneur ;

« Les dessus nommés accordent de bonne foy lun à lautre eux goudverner bien, deubment et loialement en ladite ferme et de en poier chacun sa porcion, en telle maniere que lun deubs ne puisse avoir aucun destourbier ou dommage... »

23 novembre 1433. — Devant Levavasseur,

tabellion à Elbeuf « Guillaume Dertaing, du pais de Henault, recongnut devoir à Richart Ouelles, escuier anglais, la somme de 30 saluts dor, pour la vendue, baillée et livrée dun cheval de poil noir, quil gaiga et promist rendre et poier pendant et durant le temps que ledit Guillaume sera en compaignie dudit Richart et avant qu'il sen departe aucunement ; ce quil jura devant Raol Gosbout, Guillaume Coq et Robin Anssoult ».

10 décembre 1433. — « Colin Luce nepveu et Luce son fils, de Caudebec, baillent à rente à tousjours à Guillaume Marsal, de Saint Jehan d'Ellebeuf, un gardin comme il se pourporte, avec les arbres, etc., assis à la Burgaudière, en la paroisse Saint Estienne, jouxte dun costé Cardot Viard et les hoirs Sevestre Ysore dit Myrrault dautre, dun bout la ruelle aux Archiers et le chemin de Saint Chaux dautre, pour soixante dix sols t. de rente ».

Cet acte nous apprend donc qu'il existait ou avait existé, à Elbeuf, une compagnie d'archers, dont les réunions se tenaient probablement dans la « ruelle aux Archiers ».

A partir du 29 décembre 1433, on trouve des actes passés devant « Symon Allain, clerc, pour certain espace de temps qu'il a esté tabellion dEllebeuf ».

29 décembre 1433. — « Cardot Viart afferme une masure sise paroisse Saint Estienne, bornée par le curé de Saint Chaux et le pavement ». — Le curé de Saint-Chaux n'était autre que le titulaire de la chapelle Saint-Auct et Saint-Félix, et non celui de Saint-Etienne, comme l'a dit M. Guilmeth.

A la date du 11 janvier 1433 (1434 n. s.), commence « le registre des obligacions et arrestz passés en siège du tabellionage dEllebeuf depuis Noel lan mil .iiij°.xxx.iij., devant Guillaume Lefebvre, clerc commis juré et establi soubs Jehan Levavasseur, tabellion dudit lieu d'Ellebeuf ».

13 janvier 1433 (1434 n. s.) — « Colin Levavasseur, commis à la recepte d'Ellebeuf, pour et au nom de honorable homme et sage Jehan Letellier, vicomte et receveur dudit lieu, recongnut avoir reçu neuf livres tourn. de damoiselle Marion de Livarrout, déguerpie de feu Robin Duval... »

26 janvier 1433 (1434 n. s.) — « Raoul Cavelier dit Mahieu, de la paroisse Saint Jehan d'Ellebeuf, vendist à Robin Duteurtre, dOyssel, tout le mesrien et édiffices de bois de une maison couverte de tuille, séante à Saint Pierre Desserquiex, à mener, bailler et livrer sur le cay dudit lieu dEllebeuf, le tout aux perilz, coustz, frais et despens dicelui vendeur. Et aussi vendist la tieulle dicelle maison à mener et livrer semblablement pour le pris de .xv. sols chacun millier. Ceste vendue faicte, au regart dudit bois, pour la somme de .xxvij. livres tournois ».

27 janvier 1433 (1434 n. s.) — Jean Samson, curé de Saint-Etienne, achète une acre de terre à Caudebec.

1er février 1433 (1434 n. s.) — « Julien Dangrenie (?), prestre, curé de Saint Jehan dEllebeuf, bailla à ferme les maisons du presbitère dudit lieu, le gardin et la terre de derrière... pour quarante sols tourn. par an ».

13 mars 1433 (1434 n. s.) — Mention d'une masure de la paroisse Saint-Jean « jouxte dun costé la ruelle de geaulle et dun bout le pavement ».

21 avril 1434. — « Robin Hollaville recongnut avoir eu et receu de Jehan Letellier, viconte et receveur dEllebeuf, la somme de .lx. s. t. pour la paine d'avoir perchié une meule à molin et d'avoir assis et mis en ordonnance les deuz meules des molins d'Ellebeuf ».

Même jour. — « Coleicte, femme de Guillaume Marsal, marchande commune, gaiga et promist rendre et poier pour une fois à Martin Bezu, administrateur de lostel Dieu d'Ellebeuf, trente sols tournois pour la vendue dune queue de cydre ». Témoin : « le curé de Saint Estienne ».

3 mai 1434. — Mention d'un « gardin paroisse Saint Jehan, sis rue de la Poterie, borné dun bout au pavement et les terres le Roy d'autre ».

La rue de la Poterie, ainsi nommée parce que les potiers de la Haye-Malherbe venaient y étaler leur marchandise, comprenait alors la rue actuelle de la République et partie de celle de la Barrière, jusqu'à la rue Patallier, approximativement. Les terres le Roy, c'est-à-dire les terres appartenant au roi, étaient le triège du Maurepas.

25 mai 1434. — « Jehan Toullart, de Criquebeuf sur Sayne, prist à ferme pour trois ans, de tres hault et puissant prince monss. le duc de Bethford et conte de Harecourt, la ferme de la Seyne dudit lieu de Criquebeuf, ovec les fruis et revenus dicelle en la manière acoustumée, par la somme de cinquante solz par an, auquel pris elle est demourée audit preneur comme au plus offrant ».

2 juin 1434. — « Perrin Legantier, Jehan Lemonnier le jeune, Pierres Roussel, Jehan Lepatellier, Guillaume Lefevre et Jehan Du-

pray, tous de Saint Jehan d'Ellebeuf, ensemble et chacun pour le tout, congnurent avoir pris à ferme pour cest present an commenchant à present, de monseigneur les religieux abbé et convent de Saint Taurin d'Evreux, toutes les dismes quelconques quils ont et à eulx appartenant es paroisses de Caudebec, Saint Jehan et Saint Estienne d'Ellebeuf, à prendre et cueillir en la maniere acoustumé ».

15 juin 1434. — « Colin Botrel, lieutenant general de noble homme Jehan Davy, escuier, verdier de Harecourt » règle un différend qui avait éclaté entre « Jehan Dubost, marchant dune vente de bois seante en la forest Desmons le conte » et trois voituriers.

27 juin 1434. — Mention, en la paroisse Saint-Etienne, de « la Pierre Gisors et du chemin de la vallée des Trois Quesnes ».

L'acte suivant nous fournit d'intéressants détails sur l'hospice d'Elbeuf, dont l'administrateur était toujours Martin de Bezu :

27 juillet 1434. — « Robin Torqueillon et Marion, sa mère, prirent à ferme pour six ans, cest assavoir : le manoir, maisons, gardins, mainplans et edifices dudit hostel Dieu, ainssi comme le tout se pourporte, en ce compris le gardin de derrière ledit hostel, le gardin de lOsmone assis devant ledit hostel et la disme du Bouillon, ainsi que le tout a esté autreffois baillé à ferme. Cest bail fait pour la somme de cent solz de ferme par an. Et seront tenus les dis preneurs goudverner lospitalier dudit hostel au regart dez pauvres qui y vindront loger, touteffois que le cas soffre, bien et deubment, de trouver lit et aultres necessitez selon ce quil est acoustumé. Et si plus y sont que len ne la acoustumé, ce seroit aux despens

dudit administrateur ou dautres personnes. Pendant lequel temps ils seront semblablement [tenus] goudverner et garder ledit manoir, clore les gardins, maintenir les vignez et mainplans de dessus, blanchir le linge des dis povres, fere leurs lis et tout ce qui appartient pour acomplir les sept œuvres de miséricorde... »

13 août 1434, devant Levavasseur, tabellion. — « Jehan Ysore, bourgois de Vernon, baille à Sevestre Legaigneur, de Saint Estienne dEllebeuf, la moitié de tout et tel droit quelconque que son pere et lui ont ou peuvent avoir en une wide place en laquelle souloit estre et avoir un moulin à ten, ovec le droit de la riviere de laquelle ledit molin molloit, pour en jouir et user en temps à venir tout et en la propre forme et manière que len a fait acoustumé faire le temps passé... »

Cet acte nous apprend que le moulin à tan, qui fonctionnait encore en 1416, avait été détruit, probablement par suite de faits de guerre. Il était situé paroisse Saint-Jean, sur un terrain compris actuellement entre les rues du Glayeul et du Pré-Bazile, vers l'angle sud-ouest de la place Bonaparte.

17 août 1434. — Un grand nombre de bourgeois d'Elbeuf, « tant pour eulx que pour les autres manans et habitans en la ville dudit lieu d'Ellebeuf, promistrent et s'obligèrent ensemble et acordablement les uns as autres de poursuivre, jusques en fin de cause, certain procès et défence quils pristrent et entendent prendre et avoir vers monseigneur le conte de Harecourt ou son procureur, sur ce que les gens et officiers de mondit seigneur les ont contrains et contraignent de faire et eslire sur

eulx mesmes deux personnes à faire servage de prevosté pour chacun an, pour cuillir, recevoir, assembler, rendre et poier à son receveur lez rentes à lui deuez en la dite ville aux termes acoustumés, et contribuer chacun en portion en tous les coustz, frais, missions qui seront fais et mis... »

Cette résistance contre les prétentions du duc de Bethford et assez curieuse ; malheureusement nous ignorons quel en fut le résultat.

18 août 1434. — « Jehan Godefroy, de la paroisse Saint Jehan, prist à ferme pour trois ans, de très hault et excellent prince monsseigneur le duc de Bethford et conte de Harecourt, la ferme du bermenage d'Ellebeuf, à tenir et goudverner aux drois, pruffis et émolumens acoustumés, pour la somme de huit liv. quatre sols t. par an.

Le bermenage était le service du déchargement et embarquement des grains au quai d'Elbeuf. Les ouvriers qui y étaient employés, nous l'avons déjà dit, se nommaient « berments ».

20 août 1434. — Vente de bois en la forêt de la Londe, « auprès de Saint Chaux », c'est-à-dire de la chapelle de Saint-Félix et Saint-Auct et léproserie de Saint-Jacques.

24 août 1434. — Vente d'une coupe de 32 arpents de bois dans la forêt des Monts le Comte, au Val Osmont, près les Vingt Acres, faite par le duc de Bethford, moyennant 235 liv. 5 s. t., à la suite d'une adjudication en date du 17 du même mois, aux assises d'Elbeuf.

2 septembre 1434. — « Raoul Langers prist à rente et tenir à toujours de Martin de Bezu, maistre et administrateur de l'Hostel Dieu d'Ellebeuf » deux pièces de terre à Caudebec.

28 septembre 1434. — « Guillaume Lecarpentier dit Vincent, sergent de lune des quatre sergenteries des bois de la forest desmons le conte, vend à Jehan Lepatellier, de Saint Jehan dEllebeuf, tout et tel droit, raison, etc., comme il avoit ou pouvoit avoir en la dite sergenterie, selon ce que lui avoit esté, par tres hault et très excellent prince monss. le Régent et gouvernant le royalme de France, duc de Bethford et conte dudit lieu de Harecourt, ses gens et officiers... » Cette cession fut faite moyennant « cent sols tournois à poier pour une fois. »

Malgré les malheurs de cette époque, plusieurs actes mentionnent le souci qu'avaient certaines familles de faire instruire leurs enfants. Les deux suivants, cités déjà par M. Charles de Beaurepaire, nous apprennent qu'il y avait une école à Elbeuf :

Le 2 septembre 1434, Guillaume Le Gantier, de la paroisse de Notre-Dame de la Ronde de Rouen, bailla, pour six ans, à Pierre le Gantier, de la paroisse Saint Jean d'Elbeuf, « le corps de Henriet, son fils, âgé de douze ans, pour etre et demeurer chez lui, auquel le premier sera tenu trouver tous ses necessaires de boire, mengier, vestir, cauchier, coucher et lever bien suffisamment, selon son estat, lenvoier à lescolle et l'introduire en toutes bonnes doctrines tout au mieux qu'il pourra et sçaura faire ».

Le 2 novembre de la même année, les tuteurs et curateurs de Rogier Heudoin dit Cauvet, orphelin de cinq ans, d'après le conseil de ses parents et de ses voisins, allouent son corps à sa mère et à son beau-père, du même bourg d'Elbeuf, « pour icelui garder et gouverner jusques au terme et en la fin de six ans, en retenant que, dès qu'il sera en âge suffisant, on l'enverra et tiendra à l'école pour apprendre science ».

2 décembre 1434.— « Colin Letort baille à messire Guillaume Honffroy, prestre, une rente de quarante trois sols t. et ung cent despringues » qu'il possédait sur la masure de Pierre Legantier, d'Elbeuf.

3 décembre 1434. — « Messire Jehan Viboure, prestre, prist à ferme, pour trois ans, de venerable et discrecte personne maistre Jehan Rube, chanoine de Rouen, procureur general de venerable et discrecte personne maistre Jehan Legallois, chanoine et doyen de leglise collegial monss. Saint Louys de la Saussaye, chanoine dudit lieu de Rouen et curé de Saint Martin de la Corneille, cest assavoir la cure et gouvernement dicelle cure de Saint Martin, ovec tous les droiz, pruffis, revenus et appartenances dicelle… pour la somme de douze livres tourn. de ferme par an ».

9 décembre 1434. — « Jehan Dandelleu dit Bysson, de Saint Estienne d'Ellebeuf, prist à ferme pour six ans et six despeuilles, deux acres de terre assises à la Fosse Lienart bornée par les terres aux malades d'Ellebeuf ».

20 décembre 1434. — Devant le tabellion d'Elbeuf, « Ricart Leconte et Jehan Hariel, procureurs generaux de messieurs labbé et convent de monss. Saint Victor en Caufs, établirent Taurin Heurtaut, Jehan Delahaye et Jehan Legrant, pour porter lez reliques de la confrerie de monss. Saint Victor, exposer les biens fais et miracles qui sont fais en ladite eglise en lonneur dudit monss. Saint Victor, en recueillir et recevoir tous les dons

et omosnes qui sur ce seront fais pendant trois ans en levesché et dyocese d'Evreux... moyennant trois saluts d'or par chacun an ».

13 mars 1434 (1435 n. s.) — « Robert Mellier, de Marretot, recongnut devoir à Pierre Machon, de Caudebec, quatre saluts d'or que ledit Machon lui a prestés et poiés pour lui aux gens de la garnison de Montfort Lamaurry, tenans le parti des Frenchois, aux quiex il estoit prisonnier ».

26 mars 1434 (1435 n. s.) — « Cardin Legrant, Jehan Desmons et Pierres Bourdet, de Freneuze, recongnurent avoir pris à ferme, pour trois ans, de tres hault et excellent prince monss. le Regent le royaume de France, duc de Bethford et conte de Harecourt, c'est assavoir la ferme du bateil de la vointure d'Ellebeuf, ovec tous les droiz, pruffis et emolumens à la dite ferme appartenant... moyennant huit vingts livres tournois de ferme par an ».
— On sait qu'il s'agit du bateau qui faisait le transport des personnes et des marchandises entre Elbeuf et Rouen. Cette somme de 160 livres de ferme annuelle implique un grand mouvement commercial entre les deux points.

27 avril 1435. — Les doyen et chanoines de la Saussaye baillent à ferme, moyennant dix sols par an, une masure sise à Elbeuf, paroisse Saint-Jean « bornée d'un bout le pavement et le mur du grant gardin ». Témoin : « Jehan Darenton, escuier ».

29 octobre 1435. — Mention d'une « moitié de gardin, sise paroisse Saint Estienne, à la Burgaudière, bornée d'un costé la ruelle as Archiers et Jehan Lepatellier d'autre, d'un bout le douet du moulin à ten ». L'autre moitié était bornée « d'un costé la ruelle as Ar-

chiers et Jehan Lepatellier dautre, dun bout le chemin du Roy et le premier lot dautre ».

Il résulte clairement de cet acte que la Burgaudière, ancienne propriété d'une famille Burgaud, qui donna son nom au quai de la Brigaudière, était située entre la rue actuelle de la Rochelle, qui succéda au « chemin du Roy » et le cours du Puchot, en aval du moulin à tan, près de l'endroit ou « le douet » se jetait dans la Seine.

3 mai 1435. — « Jehan Guyant, de la Saussaye, promist rendre et poier à Jehan Hesbert, geollier d'Ellebeuf, la somme de .xxxj. s. viii. d. t. dedens huit jours prochain venant, ou lui rendre et ramener une vache noire qu'il avoit fait prendre et vendre ».

25 juin 1435. — Mention d'une masure située sur la paroisse Saint-Jean, bornée « dun costé Perrot Sansterre et la ruelle du molin dautre, Colin Leroux et le pray Basire dun bout, le pavement à la sente du molin à ten dautre ».

Si l'on rapproche ces derniers abornements de ceux mentionnés dans l'acte du 29 octobre 1434, on en conclut que le cours du Puchot servait, au moins dans cette partie de notre ville, de limite entre les deux paroisses d'Elbeuf.

26 juin 1435. — Etienne Mansel, de la paroisse Saint-Etienne, prend à ferme des religieux de Saint-Taurin d'Evreux, pour un an seulement, les dîmes de la ferme du Gard, moyennant la somme de 30 livres tournois. Ce contrat nous donne une idée de l'importance de cette terre, l'une des plus vastes d'Elbeuf — Caudebec à cette époque.

Le même jour, Jean Godefroy et Colin Lejeune dit Arragon prirent à ferme, de la même abbaye, la dîme des prairies d'Elbeuf, également pour l'année seulement, moyennant la somme de cinq livres tournois.

25 juillet 1435. — Mention d'une masure de la paroisse Saint-Jean bornée par « le pavement dun costé et le mur du gardin du castel dautre ».

L'acte suivant est un nouveau spécimen de contrat d'apprentissage, qui ne manque pas d'intérêt ; il va nous indiquer le prix du drap à cette époque :

17 juillet 1435. — « Jehan Faque, de Pontautou, est baillé à Toussaint Louver, mareschal, demourant en la paroisse Saint Jehan, pour estre et demourer ovec lui jusques au terme et en la fin de deux ans, affin de savoir et aprendre ledit mestier de mareschal, auquel aprentic ledit Louver sera tenu trouver boire, mangier et caucheure bien et convenablement, et en la fin des dis deux ans lui bailler deux aulnes de drap bon et suffisant ou pour poier la somme de .xv. sols tournois lequel quil lui plaira audit serviteur, et lui sera tenu ledit maistre aprendre ledit mestier bien et deubment de jour en jour continuellement. Et aussi ledit maistre aura tout et tel service comme ledit varlet saura et pourra faire ledit terme durant. Et pour et afin que ledit varlet puisse cueillir et assembler ez mois daoust, il aura quinze jours de temps, moiennant quen recompensacion de ce il sera tenu servir son dit maistre quinze jours après ledit terme accompli... »

Vers ce temps, le seigneur de Longueval prit Aumale avec sa forteresse « sous l'authorité du roy Charles et en faveur du comte Jean VII d'Harcourt. Les Anglois qui tenoient cette place furent mis à mort au nombre de cinq cents, et les habitants firent serment d'estre bon François ; laquelle forteresse fut depuis pourveuë de vivres et de gens de guerre par le comte de Harcourt, qui commença par ce moyen à mener forte guerre aux Anglois et à ceux du pays de Caux tenant leur party : ce qui depleut merveilleusement au duc de Bethfort... »

Le nombre des obligations passées devant le tabellion d'Elbeuf, pendant le mois d'août 1435, ne s'éleva qu'à huit seulement.

Le duc John de Bethfort « comte de Harrecort et baron de Helbef » mourut à Rouen, le 14 septembre 1435, et fut inhumé dans la cathédrale.

Il semble qu'aussitôt après ou même avant la mort du prince anglais, Marie d'Harcourt, légitime comtesse d'Harcourt et baronne d'Elbeuf, revint en Normandie. C'est, du reste, ce que l'on doit conclure de l'acte suivant :

17 septembre 1435. — « Jehan Lebermen, fils de Robin, qui detenu estoit prisonnier pour creances, fust eslargi par le moien quil se sousmist et obligea de se restablir à la prochaine assise d'Ellebeuf et à toutes les autres journées qui, par les gens et officiers de la justice de madame la comtesse de Harecourt, seront mises et assises pour ester à droit et répondre à tout ce que len lui vouddra demander et de se restablir corporellement à justice touteffois et quantes... »

20 septembre 1435. — « Jehan Mulot, procureur dez malades de la maladrerie d'Ellebeuf, quita et clama pour quite Goret Boquet des

fermes quil pouvoit devoir aux dis malades ».

6 novembre 1435. — « Cardin Espinet baille Guillaume son fils à Jehan Lebargueis, boulanger, de la paroisse Saint Jehan, pour estre et demourer en son hostel pendant deux ans, afin daprendre et faire le mestier et service de boulangerie. Cest bail fait pour cinq saluts dor, du pois de xx s. vj d. t. chacune piece, que ledit Bargueis pour et au nom dudit Espinet doit poier à Jehan Lemonnier le jeune qui de ce lavoit pleigé es prisons de Chartres ; et sera tenu ledit Bargneis trouver audit son varlet pendant ledit temps boire, mangier, caucheure, etc ». — Au 5 décembre suivant, Jean Lemonnier était toujours prisonnier à Chartres.

27 décembre 1435. — « Colin Lejeune dit Arragon, de la paroisse Saint Jehan, fermier du quatrième des menus breuvages de la dite paroisse », retrocède ses droits à deux sous-fermiers, moyennant « quils saquitent envers le Roy de la somme de .xxxj. liv. x s. t. à quoy ladite ferme avoit esté mise par ledit Arragon. » — Le 2 janvier 1435 (1436 n. s.) les sous-fermiers donnèrent à Arragon trente sols pour annuler ce marché.

Des lecteurs se demandent peut-être quelle est l'utilité de reproduire ces nombreuses obligations, dont l'intérêt n'est que très médiocre à première vue.

Nous répondrons que ces actes méritaient d'être publiés parce qu'ils contribuent puissamment à reconstituer l'Elbeuf du xv⁰ siècle, à montrer une partie des usages et coutumes de ses habitants à cette époque, et enfin à prouver que c'est à tort que tous les auteurs, sauf M. Parfait Maille, ont prétendu qu'une importante industrie lainière y était établie au moyen âge, puisque, dans ces contrats, il n'en est question ni de près ni de loin, pas plus que dans des milliers d'autres que nous avons parcourus.

Les actes des registres de l'ancien tabellionage d'Elbeuf sont donc précieux pour l'histoire de notre ville, et quantité d'autres localités plus importantes que la nôtre n'ont pas la bonne fortune de posséder une telle abondance de documents datant de l'occupation anglaise.

CHAPITRE XXVII
(1436-1449)

John de Somerset, baron d'Elbeuf. — La Hire. — Triste état du pays. — Fortification de l'île de la Bastide par les Anglais. — Prise de Pont-de-l'Arche par les Français.

Le comté d'Harcourt et la baronnie d'Elbeuf furent donnés au commencement de 1436, au duc John de Somerset, parent du roi d'Angleterre.

Le décès du duc de Bethford avait consterné les Anglais, car il avait toujours fait preuve d'une grande habileté, et avait su rallier à la politique anglaise un grand nombre de Normands, qui poussèrent Henri VI à frapper un coup décisif contre les Français, ou alors de traiter de la paix, car la province était épuisée d'hommes et d'argent, et partout les ruines s'amoncelaient sur les ruines.

La prise de Dieppe et d'Harfleur, par les Français, fit craindre aux bourgeois normands l'anéantissement de leur province. Des députés prièrent Henri VI d'envoyer à ses sujets de France des armes et des munitions, car ils étaient trop pauvres, disaient-ils, pour pouvoir en acheter. Ils lui représentèrent enfin que la Normandie était « durement foullée et abaissée par gens de petit estat comme la Haire (La Hire), Poton et autres. Mais l'Angleterre était elle-même fort appauvrie par les guerres de France, et ce fut encore la Normandie qui continua à payer la plus grande partie des dépenses occasionnées par l'occupation anglaise ; ses populations eurent en outre à supporter les déprédations que commettaient sans cesse les soldats anglais.

En France, l'autorité de Charles VII n'était pas encore affermie pour qu'il put mettre un terme aux dévastations de ses gens de guerre, mais encore lui-même se servait de bandes de pillards et de voleurs armés pour combattre les Anglais. Les troupes du roi parcouraient les campagnes sous prétexte de demander des vivres et se livraient à toutes sortes d'excès. Les plus vaillants capitaines, La Hire, Chabannes et autres, ne rougissaient pas de marcher à la tête de ces brigands et de partager leurs rapines.

La Hire fit, à diverses époques, de nombreuses incursions à Elbeuf, où son nom passa à la postérité et était encore prononcé avec effroi à Caudebec et à Saint-Pierre-lès-Elbeuf il n'y a qu'une trentaine d'années. Avec le temps, le peuple en avait fait un être surnaturel, moitié homme moitié animal, qui parcourait les campagnes pendant la nuit ; aussi les naïfs paysans de notre contrée et du Roumois s'enfermaient soigneusement à la tombée du jour dans la crainte de « la Haire ».

Pour excuser ses rapines, La Hire avait coutume de dire que « si le bon Dieu se faisait homme d'armes, il deviendrait pillard ». Il était très dévot et ne manquait jamais de faire une prière le matin, qui nous a été conservée par les chroniqueurs. La voici : « Dieu je te prie que tu fasse aujourd'hui pour La Hire autant que tu voudrois que la Hire fist pour toy si il estoit Dieu, et tu fusse la Hire ». Et La Hire était exaucé chaque jour, car il se faisait de larges parts dans les vols que commettaient ses troupes. On a dit aussi que La Hire est l'auteur de cette autre prière : « Je ne demande pas de bien, Seigneur ; envoie-moi seulement du côté de ceux qui en ont ». Quoi qu'il en soit, la réputation de la Hire était grande et c'est peut-être pour perpétuer son nom qu'on le donna au valet de cœur des jeux de cartes, fort à la mode déjà dans les camps.

Sous le roi Jean, il y avait eu les « écorcheurs », qui ne s'étant mis à piller que les derniers, se distinguaient par de plus grandes cruautés. On vit sous le roi Charles VII les « tard-venus » et les « retondeurs », qui ne laissaient pas même de vêtements aux malheureux que le sort faisait tomber entre leurs mains. Les noms de ces bandes sont encore populaires dans nos campagnes.

Les paysans, dépouillés de tout, abandonnèrent leurs champs, qui ne furent plus cultivés ; des pluies continuelles pendant les années 1437 et 1438 anéantirent presque entièrement les récoltes dans les contrées qui avaient échappé aux ravages ; les provinces furent dépeuplées, Paris perdit plus de 50.000 habitants, la plupart des autres prirent la fuite : et cette grande ville devint tellement déserte, qu'au témoignage des historiens du temps, des loups dévorèrent plusieurs enfants jusque dans le milieu de la rue Saint-Antoine.

Ce fut à cette époque que, pour la première fois en France, on promit une récompense de 20 sols à ceux qui apporteraient aux magistrats la tête d'un de ces animaux. La forêt des Monts-le-Comte et celle de la Londe en étaient infestées ; les comptes de cette époque mentionnent des payements faits pour des destructions de loups.

Cependant, la guerre se poursuivait avec autant d'acharnement que le permettait la faiblesse des deux partis. « Rien n'est plus étonnant, dit Hume, que la longueur des efforts que deux nations puissantes firent pendant plusieurs années, tandis que l'une défendoit son indépendance, et que l'autre aspiroit à à l'asservissement total de sa rivale ». Le roi de France ne pouvait disposer que de peu d'hommes et d'argent ; et l'Angleterre, ravagée elle-même par la peste, épuisée par une guerre longue et sanglante, était presque hors d'état de faire de nouvelles levées.

Nicolas Basin, évêque de Lisieux, fait un triste tableau de la Normandie à cette époque : « Cette noble contrée, naguère si pourvue d'hommes et de richesses, tomba dans une ruine complète et dans une profonde désolation. Nombre d'habitants, chassés par la guerre, la perte et la famine, émigrèrent en Bretagne et en Angleterre. L'agriculture fut abandonnée ; les champs se couvrirent de buissons et ressemblèrent bientôt à des forêts touffues ; on y retrouvait à peine la trace des chemins ».

« Au premier abord, dit M. Ch. de Beaurepaire, on serait porté à croire que les couleurs

du tableau tracé par les historiens contemporains de l'état de la Normandie sous la domination anglaise ont été assombries à plaisir dans un intérêt de patriotisme ; malheureusement de tous les documents de cette époque, des plus vulgaires, des moins suspects, nous entendons sortir un témoignage éclatant en faveur de la véracité de l'histoire. Dans tous les comptes se rencontrent des phrases funèbres analogues à celle-ci : « Nombre d'ha-
« bitans, les uns morts, les autres fuytifs et
« alés demourer en divers et loingtains païs,
« l'en ne scel où, à l'occasion de la guerre qui
« a cours ; partie des héritages et maisons
« démolies et abatues, tournez en ruyne et
« décadence, demourez en fresche et sans
« labour ».

« Une partie de ces maux était l'effet naturel et fatal d'une guerre prolongée, et ne devait être imputée aux Anglais que d'une manière indirecte. Mais voici un grief d'une nature plus grave, dont on ne saurait contester la justice, puisqu'il se trouve consigné dans une ordonnance du roi d'Angleterre :

« Puis nagaires de temps, dit le roi, avons entendu par très-grant et très pitéable clameur que, audit duchié et païs de Normandie de présent remis et réuny à nostre couronne de France et autres terres conquises par nostre très redoubté seigneur et père (cui Dieu pardoint), plusieurs eulx disans nos gens et officiers, baillis, capitaines et autres, ont fait et font grans tors, abus et excès, soubs ombre de leurs offices et estats et autrement de leur voulenté, au préjudice de la chose publique et de nous, comme rompre les églises et emporter les biens de dedens, prendre et violer femmes mariées et autres, batre inhumainement les pauvres gens, oster leurs chevaulx et autres bestes labourans, et leurs blefs avecques semences, soy logier ès hostels des gens d'église, nobles, bourgeois et autres contre leur gré et voulenté, exiger pour entrée et yssues des villes et passaiges dont se dient avoir la garde excessives finances et quentités de denrées et marchandises, lever et prendre pensions sur villes et paroisses à nous subgettes et obéissant, contraindre gens oultre leur deu à faire guets et gardes es villes et forteresses, extorquer de eulx grans et indeues sommes pour deffaulx et autrement, prendre nos povres subgiés des dicts païs et les batre et justicier à leur voulenté en les mettant en prisons fermées et en leurs hostels ou logeis et pillant leurs biens, ou iceulx prenant sans rien paier à moins que à leur taux et voulentés ».

Sans doute, ajoute M. Charles de Beaurepaire, le gouvernement anglais ne fut point complice de pareils désordres ; son intérêt, à défaut d'humanité, lui faisait une loi de les condamner et de les punir ; pour cela nous le voyons nommer des commissaires extraordinaires, enjoindre sous peine de mort aux soldats qui vivaient de pillage de se mettre aux gages et au service du roi ; s'efforcer, par de sévères exemples, de relever le principe de la discipline ; mais, en dépit de ces efforts, il fut clair pour tous que le roi d'Angleterre n'avait point la main assez ferme pour assurer aux Normands ce qu'ils étaient en droit d'attendre : une justice régulière et le respect de la part de ceux qui étaient chargés de les défendre.

« Après Bethford, dit encore le savant archiviste de la Seine-Inférieure, tout alla de mal en pis ; on achetait l'administration de la province, les charges de capitaines, tous les offices publics. L'argent des contribuables était absorbé par les chefs ; il n'en arrivait que peu entre les mains du soldat : privé de la solde qu'on lui avait promise, il se vengeait de l'avarice de ses supérieurs sur les habitants du pays, et avançait, en multipliant les vexations et les injures, le terme d'une domination qui, acceptée d'abord par un certain nombre, avait fini par devenir à tous souverainement odieuse ».

En 1440, Poton de Xaintrailles, La Hire et Amadoc de Vignolle se rendirent au désir du sieur de Bigars de la Londe qui leur avait proposé de reprendre Louviers. Ils partirent du Bec-Hellouin, entrèrent dans cette ville par surprise, tuèrent la garnison anglaise, puis réparèrent les murs de la ville assez fortement pour que les Anglais renonçassent désormais à la recouvrer.

Le roi d'Angleterre songea alors à prendre des mesures pour assurer la navigation entre Rouen et Elbeuf, car de ce dernier port arrivaient une partie importante des vivres nécessaires aux Anglais et à la population rouennaise.

Le 19 novembre 1440, le vicomte du Pont-de-l'Arche passa la revue de six lances à cheval et de dix-huit archers de la garnison de Château-Gaillard ; «lesquels sont du nombre de .cccxx. lances et .ccclxxvi. archers que monseigneur Talbot doit avoir tant des gens des garnisons, retenues ordinaires du roy nostre seigneur que d'autres gens qui nagair vivoient sans gaiges sur le pays de Normendie et n'estoient d'aucunes garnisons, ou retenues pour fournir le nombre de .cccc. lances et les archiers à lui ordonnez tenir au service du roy, ses adversaires estant à Louviers, Conches, prises receues à Ellebeuf le susdit jour ».

Le 30 du même mois, le roi d'Angleterre manda à Pont-de-l'Arche « plusieurs notables personnes, tant d'Eglise comme nobles et bourgeois de son obéissance, pour adviser la maniere de entretenir pour aucun temps les garnisons ordinaires de son obéissance de France, mesmement comme l'on pourroit briefment résister aux entreprises des ennemiz, qui puis aucun temps en ça estoient venus à puissance occuper la ville de Louviers ».

Le 19 décembre, un mandement du roi ordonna d'asseoir sur les vicomtés de Rouen, Pont-de-l'Arche, Gisors et Vernon, Harcourt, Beaumont-le-Roger, Pont-Audemer et Mantes, telle somme de deniers qu'il serait nécessaire pour fortifier l'île d'Elbeuf, et assurer la liberté de la navigation de la Seine. La vicomté de Pont-de-l'Arche fut imposée pour cela à 70 livres tournois.

Aux Etats tenus à Rouen, en février-mars 1441, Henri VI, roi d'Angleterre, demanda une nouvelle aide; on lui accorda 30.000 livres seulement, car le pays était épuisé et en en très grande partie dépeuplé. Sur cette aide, il fut remis à Richard Rodes, écuyer anglais, une somme de 86 livres 20 sols 8 deniers tournois, pour achever la fortification de l'île située devant Elbeuf.

Au mois de septembre suivant, les Etats se réunirent de nouveau. Les demandes d'argent, par le monarque anglais, furent renouvelées. On exposa aux députés, dit encore M. de Beaurepaire, « les très grans charges que Henri VI avoit eues à supporter pour le fait de la guerre, tant à l'occasion de la garde et deffence des villes, places et forteresses d'iceulx païs de Normandie et de conquest, pour résister à son adversaire, lequel en personne estoit entré à grant armée aux dits duchié et païs, et l'intention de y prendre villes et forteresses et dommagier ses bons et loyaulx subgets (que Dieu ne veuille !) comme aussi pour résister aux grans viollences que faisoient aux dits subgiez les ennemiz et adversaires estant à Louviers, Conches, Beaumesnil et ailleurs ».

Il est fort probable que la forteresse de l'île de la Bastide, à Elbeuf, était alors terminée. L'importance que les Anglais y attachaient était justifiée, car, ainsi que nous l'avons déjà dit, elle protégeait le ravitaillement de Rouen par eau, et le port d'Elbeuf.

Le fort qui a donné son nom à l'île de la Bastille ou de la Bastide était certainement contruit en bois, c'est ce qui explique la disparition de toutes traces. Cette île n'avait que 250 mètres de longueur ; sa plus grande largeur n'était que de 45 mètres. Elle est actuellement réunie à l'île Le Comte. L'extrémité occidentale de l'île de la Bastide était à quelques mètres en amont de l'endroit où est bâtie la maison de M. Romain Pauger, ancien maître baigneur ; car cette maison a été élevée sur l'ancien passage du Port-Saint-Gilles à Elbeuf, séparant l'île de la Bastide de l'île Le Comte. La pile du pont suspendu repose sur l'île de la Bastide, qui s'étendait, vers l'orient, jusqu'à une distance de 40 mètres environ en amont de cette culée.

Un mot sur les évènements de Lorraine :

Pour terminer le différend d'entre les maisons de Lorraine et d'Anjou, on avait arrêté, en 1436, les conditions de la délivrance de Réné, roi de Sicile et duc d'Anjou, emprisonné par Antoine de Lorraine, comte de Vaudemont, cousin germain de la reine Isabeau, femme de Réné. Il avait été convenu que Iolande d'Anjou serait mariée à Ferry de Lorraine, fils aîné d'Antoine et de Marie d'Harcourt ; mais comme cette princesse n'était alors âgée que de neuf ans, les noces n'en furent célébrées qu'en 1444, à Nancy, en présence de Charles VII, roi de France ; de Réné d'Anjou, roi de Sicile, de Dunois et d'un grand nombre de seigneurs. — Ferry de Lorraine mourut le 31 août 1470, avant Marie d'Harcourt, sa mère, et laissa une grande postérité de Yolande d'Anjou, qui succéda au duché de Lorraine, en 1478.

De ce mariage était nés six garçons et trois filles. Un seul des mâles parvint à l'âge de majorité ; ce fut Réné-Ferry, qui, nous le verrons plus tard, devint baron d'Elbeuf.

La guerre continuait toujours en Normandie ; mais les forces des belligérants s'affaiblissaient continuellement.

Le duc de Sommerset avait débarqué en France avec 5.000 hommes, ce secours était le dernier effort de l'Angleterre ; en le votant, le Parlement avait déclaré qu'il n'accorderait point d'autres subsides. Les ministres de Henri VI — car le roi était incapable de gouverner par lui-même — pensèrent à traiter de la paix.

« Le grand évènement de l'année 1444, dit M. de Beaurepaire, fut la conclusion d'une trève de vingt-deux mois, à partir du 1er juillet jusqu'au 1er avril 1446. On était si las de la guerre, que la nouvelle de cette suspension d'hostilités fut partout accueillie avec une allégresse extraordinaire. Epuisés et comme rapprochés par des misères communes, Anglais et Français s'offraient des fêtes, et semblèrent un moment plutôt des compatriotes que d'irréconciliables ennemis ».

Alors surgit un autre embarras pour le roi d'Angleterre : il lui fallut trouver des fonds pour licencier et au besoin désarmer par la force les bandes dangereuses dont l'énergie, ne pouvant plus être dirigée contre les armes françaises, allait maintenant se retourner contre les habitants des pays assujettis.

Une aide de 200.000 livres fut votée ; mais quand il s'agit de la percevoir à Elbeuf et dans d'autres localités de la contrée, le vicomte de Pont-de-l'Arche trouva beaucoup de mauvais vouloir, car les Français de Louviers encourageaient les populations à la résistance en faisant valoir qu'elles étaient de leur parti, et ne pouvaient, par conséquent, être soumises à une imposition levée au nom du roi d'Angleterre.

Le cas avait été prévu à Rouen, dans une assemblée des commissaires de Henri VI et de Charles VII, et il avait décidé que les impositions et les revenus des terres et des seigneuries en litiges seraient perçus par des officiers commis à cet effet par les deux souverains. Malheureusement, ajoute M. de Beaurepaire, « comme c'était à prévoir, ces officiers ne s'accordèrent pas toujours sur les limites du territoire des deux puissances. Ainsi, cette année-là, Jean de Louraille, qui avait été envoyé à Louviers pour conférer avec les Français, en qualité de commissaire de Henri VI, ne put rien en obtenir, et déclara qu'il se voyait dans la nécessité de renoncer à sa commission ».

En fait, si la Seine, devant Elbeuf, était réellement au pouvoir des Anglais, le territoire de notre ville, sur lequel les Français de Louviers faisaient fréquemment des incursions, afin d'enlever les denrées qu'on y embarquait à destination de Rouen, était plutôt sous l'influence des soldats de Charles VII que sous celle des Anglais.

Mais au 1er mars 1445 (1446 n. s.) la limite du territoire des belligérants fut « Quatremares, Neufbourc, Aquigny, Heudeboville et Ailly » ; ces localités formaient un territoire neutre sur lequel chacun des deux partis, Français et Anglais, levaient les impôts par moitié. Elbeuf avait donc été départi aux Anglais.

En cette même année, il y eut un nouvel arrangement entre les commissaires de France et d'Angleterre, relativement à la possession de divers lieux de notre contrée. Nous en relèverons un passage :

« Quant à la seigneurie de Quatremares, contenant cinq paroisses, la souveraineté en demeure au roy [de France] entièrement, et le domaine à monsieur de Harecourt, ce qui n'esté pas l'année passée au regart de monsieur de Harecourt. »

Notons, au passage, un des derniers actes notariés de cette douloureuse époque parvenus jusqu'à nous : Il fut passé « Le samedi après la saint Andrieu devant Aleaulme, tabellion à à Elbeuf », et concernait une masure située entre « le pavement et le chemin des Fosses ».

Quelques-uns prétendent, mais à tort, qu'Antoine de Lorraine, comte de Vaudemont, époux de Marie d'Harcourt et comme tel propriétaire légitime de la seigneurie d'Elbeuf, mourut en 1447.

Les historiens lorrains ont laissé d'Antoine de Vaudemont un portrait très flatteur.

L'un dit qu'il était hardi, excellent en esprit, de bonne stature, beau de corps et persévérant dans ses entreprises.

Un autre le peint comme un prince de valeur et de courage, passionné pour la gloire, très habile dans l'art militaire, grand et bien fait de corps, d'un port grave et majestueux, infatigable à la tête d'une armée, intrépide dans les travaux, constant dans ses entreprises, ami de la droiture et de la justice, d'un commandement ferme, sans en être moins sensible aux souffrances humaines.

Si Antoine de Vaudemont vint à Elbeuf, ce ne put être qu'à l'époque de son mariage avec l'héritière d'Harcourt.

La guerre avait repris en Normandie ; mais les deux partis, surtout les Anglais, voulaient la fin de cette lutte. Henri VI songea dès lors à une paix définitive et fit des ouvertures au roi de France.

Par une déclaration du 12 juin 1448, Charles VII fit connaître à Henri VI, qu'il acceptait le choix fait de la ville de Pont-de-l'Arche, par ce dernier, pour traiter d'une trève, et que, de son côté, il choisissait la ville de Louviers, où se rendraient ses fondés de pouvoirs.

Une entrevue eut lieu à Louviers, à l'hôtel du *Mouton,* le 24 août suivant. Une autre conférence fut tenue au Vaudreuil le 15 novembre. Ces entrevues n'eurent pas de résultat.

Jean Chartier et Mathieu d'Escouchy ont rapporté avec beaucoup de détails, dans leurs chroniques, la prise de Pont-de-l'Arche, par les Français, qui eut lieu le 15 mai 1449, pendant que les ambassadeurs du roi d'Angleterre étaient en de nouvelles négociations, à Louviers, avec ceux du roi de France.

Jean de Bressay, capitaine de Louviers ; le sieur de Mauny ; Robert Flocquet, bailli d'Evreux ; Guillaume de Bigars et plusieurs autres chevaliers s'ouvrirent de leur projet de s'emparer de cette place à un marchand de Louviers, qui menait souvent un chariot de vivres à Rouen, en allant par Pont-de-l'Arche. Ce même jour, le marchand passant par cette ville, pria le portier du pont-levis donnant du côté d'Alizay de lui ouvrir, le lendemain matin, la porte aussitôt qu'il se présenterait quelque matin qu'il fût, en l'assurant qu'il lui donnerait un bon pourboire pour son obligeance, car il avait besoin, disait-il, de revenir de bonne heure à Louviers pour charger des denrées, et comme il était connu de la garnison, personne n'eut de doute.

Des soldats français traversèrent discrètement la Seine, en aval de Pont-de-l'Arche, et vers minuit entrèrent dans une hôtellerie qui se trouvait en dehors du château, du côté d'Alisay, se saisirent de l'hôtellier et de ses serviteurs et les enfermèrent dans une chambre, afin qu'ils ne pussent donner l'éveil à la garnison.

Au petit jour, le marchand alla appeler le portier du château qui lui ouvrit ; mais ayant aperçu avec le marchand deux hommes qui sortaient de l'hôtellerie il exprima ses craintes. Le marchand lui répondit que ses compagnons étaient des habitants de Louviers. En même temps, il lui jetta trois pièces de monnaie ; et comme le portier se baissait pour les ramasser, le marchand le tua d'un coup et laissa sa charrette sur le pont-levis.

La garnison du château, réveillée par le bruit, se leva. Un soldat, en chemise, courut pour lever le pont, mais la charrette l'en empêcha ; le marchand se précipita sur ce soldat et le tua également. La petite troupe qui s'était logée dans l'hôtellerie entra aussitôt et s'empara du château, qui n'était gardé que par quelques hommes seulement.

Après avoir mis les Anglais dans l'impossibilité de leur nuire, les Français s'avancèrent sur le pont et entrèrent dans Pont-de-l'Arche, où tout le monde dormait encore. Cependant, un soldat qui gardait l'extrémité de ce pont se défendit vaillamment : il fut tué dans la lutte inégale qu'il eût à soutenir.

Alors les Français traversèrent la ville à la hâte et ouvrirent la porte donnant du côté de Louviers, par où entrèrent 400 soldats, qui attendaient les évènements au pied des remparts. 120 Anglais furent faits prisonniers et envoyés à Louviers ; parmi eux se trouvait le sire de Fauquemberge, l'un des ambassadeurs du roi d'Angleterre.

Quand le duc de Sommerset et les Anglais de Rouen apprirent ce qui venait de se passer à Pont-de-l'Arche, ils furent jetés dans la consternation, car cette place était de première importance pour nos ennemis, tant pour le passage de la Seine que pour l'approvisionnement de Rouen.

CHAPITRE XXVIII
(1449-1450)

Elbeuf territoire neutre. — Conférences pour la paix. — Reprise d'Harcourt. — Soulèvement des Rouennais. — Fin de la guerre de Cent ans. — Les droits des habitants d'Elbeuf dans la forêt.

La prise de Pont-de l'Arche avait placé, de fait, le bourg d'Elbeuf dans un territoire neutre. Le 16 juin, le duc de Sommerset, lieutenant général, et « gouverneur de France et de Normandie », écrivit aux ambassadeurs français, qui étaient toujours à Louviers :

« ...Nous sommes contens de ordonner gens : c'est assavoir Maistre Jehan l'Enfant et Messire Jehan Hanneford, pour communiquer et besogner avec vous, et iceux envoier à Ellebeuf ; et lors pourcz d'un commun assentement eslire et accepter lieu pour communiquer et besogner ez matieres qui seront ouvertes. Si nous vueilliez certifier de vostre voulenté sur ce. Très-chiers et bons amis, nostre Seigneur vous ait en sainte garde ». Signé : Somerset E.

Le lendemain 17, les ambassadeurs français répondirent :

« Haut et puissant prince, très-redoublé seigneur… Touchant la venue desdits Maistre Jehan l'Enfant et Messire Jehan de Hanneford audit lieu de Ellebeuf, pour communiquer et besogner avec vous, et aussi pour eslire et accepter le lieu pour besongner ez matières qui seront ouvertes audit lieu de Ellebeuf, vous savez comme le Roy nostre souverain seigneur disoit que son entencion estoit de envoyer aucuns des gens de son conseil en ceste ville de Louviers ou à Evreux…

« Mais néantmoins pour toujours mettre Dieu plus avant de la part dudit Roy nostredit souverain seigneur, nous sommes contens, se lesdit l'Enfant et Hanneford, ou autres de votre part, peuvent venir à l'abbaye de Bonport, qui est lieu d'Eglise et bien convenable pour telles matières, voire encore au Port-Saint-Ouen, jeudi à deux heures après-midi.. »

A cela, Jean Lenfant répondit, le 18, qu'il choisissait le Port-Saint-Ouen, et que la réunion aurait lieu le vendredi de 8 à 9 heures du matin. Les ambassadeurs français partirent de Louviers et allèrent loger à Pont-de-l'Arche, et les conférences de Port-Saint-Ouen commencèrent le 20 juin. M. Th. Bonnin en a publié les parties principales dans son Cartulaire de Louviers.

Les conférences de Port-Saint-Ouen n'ayant pas abouti, d'autres furent engagées dans l'abbaye de Bonport, à partir du 4 juillet, en présence de l'abbé du monastère.

Les Anglais demandaient la paix, à condition qu'on leur remit les places de Pont-de-l'Arche, de Conches et de Gerberoy, dont les Français s'étaient emparés pendant la trève,

INTÉRIEUR DU RÉFECTOIRE
DE L'ABBAYE DE BONPORT
(Monument du XIIIe siècle)

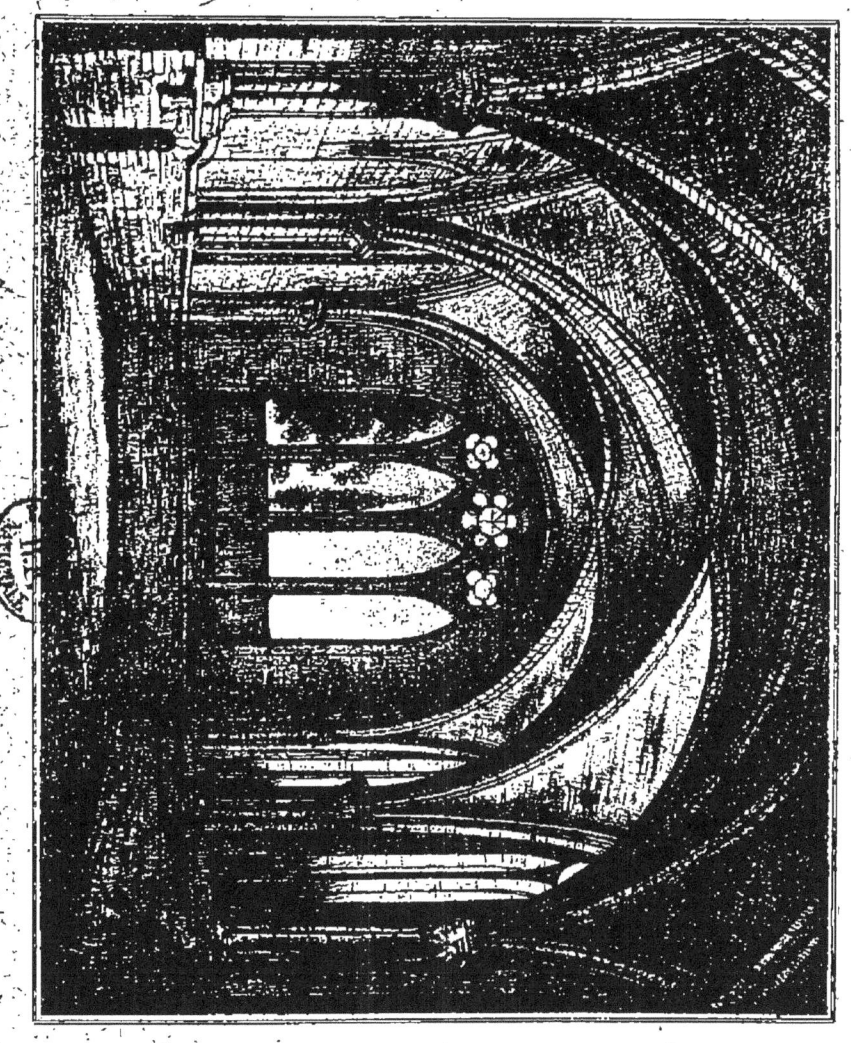

imitant en cela, du reste, les Anglais qui avaient surpris Fougères.

Le sire de Culant et Guillaume Cousinot, ambassadeurs français, répondirent qu'ils rendraient ces trois places douze jours après le départ des Anglais de Fougères. Mais leur but était de gagner du temps, car les forces anglaises s'épuisaient chaque jour et ils entrevoyaient la possibilité non seulement de garder Pont-de-l'Arche, Conches et Gerberoy, mais aussi de reprendre Fougères, ainsi que les autres places fortes encore aux mains de l'ennemi.

D'après M. Andrieux, Jean Hamon, abbé de Bonport dès 1419, était celui qui jura fidélité au roi d'Angleterre cette année-là. Nous croyons que cet abbé était originaire d'Elbeuf. C'est encore un Jean Hamon, abbé de Bonport, qui avait juré fidélité au roi de France, le 11 janvier 1431, et qui était à Louvres le 13 septembre 1449. Les auteurs de la *Gallia Christiana* pensent qu'il y a eu peut-être consécutivement deux abbés de Bonport du nom de Jean Hamon.

Vers la fin d'août, Charles VII quitta Verneuil, passa par Evreux, et se rendit à Louviers, en compagnie du comte du Maine, de Jean de Lorraine, de Juvénal des Ursins, du comte de Tancarville, de beaucoup d'autres seigneurs, et de 200 lances. En outre, quatre armées tenaient campagne sur la rive gauche de la Seine.

Le milord de Talbot, dit la Roque d'après des chroniques du XVe siècle, « estant couru par le comte de Dunois, nouvellement estably lieutenant général du Roy en ses armées, en 1449, depuis Bretheuil jusques près de Harcourt, le seigneur de Talbot, appercevant les Francois, se fortifia et ferma de haies et de chariots qu'il avait emmenez pour porter ses vivres, et sur la nuict se sauva dans Harcourt, d'où il ne voulut sortir, le comte Dunois le poursuivant pour le combattre.

« Depuis, le seigneur de Talbot sortant de Harcourt et sçachant que le comte Dunois s'estoit retiré à Évreux, il en laissa le commandement à Richard Froqueval, chevalier anglois, avec sept-vingts hommes de guerre, qui n'y fit pas long séjour.

« Le comte de Dunois l'estant allé assiéger, il demeura devant l'espace de quinze jours ; mais les Anglois redoutans le canon, et voyans qu'il avoit desjà percé les murailles de la basse-cour, ils composèrent de rendre le chasteau, en cas qu'ils ne fussent secourus ; à quoi ils satisfirent le 15 de septembre, et s'en allerent leurs corps, biens et bagues sauves.

« Ainsy la place demeura en l'obeyssance et subjection du Roy et de son légitime seigneur Jean de Harcourt, au nom duquel et sous l'authorité de Sa Majesté, y entra le seigneur de Brezé, seneschal de Poictou, qui en prit possession et demeura pour commander en cette place pour plus grande seureté ».

Au nombre des princes et seigneurs qui combattirent avec le roi Charles VII, se trouvaient Réné, duc d'Anjou, de Bar et de Lorraine, roi de Sicile, fils de Louis II, duc d'Anjou, roi de Naples et frère de Marie d'Anjou ; Charles d'Anjou, comte du Maine, frère de la reine ; Guillaume d'Harcourt, comte de Tancarville ; Ferry, gendre du roi de Sicile, époux de Yolande d'Anjou, comte de Vaudemont ; et, parmi ceux qui prirent Harcourt sur les Anglais, Jean, quatrième fils d'Antoine de Vaudemont et de Marie d'Harcourt, dame d'Elbeuf et de la Saussaye. Celle-ci se fixa définitivement dans ses domaines de Normandie, qu'elle avait quittés trente et un ans auparavant, et qu'elle retrouva dévastés par cette longue période de guerres et de pillages.

Après la prise d'Harcourt, les Français se formèrent en deux armées pour aller enlever d'autres places à l'ennemi. Beaucoup n'attendaient que leur arrivée pour se rendre, car les soldats anglais s'étaient rendus odieux par leurs déprédations.

En octobre 1449, Robert Blondel, poète et historien, écrivit au roi de France pour l'engager à poursuivre énergiquement la lutte contre les Anglais. Il lui remontra que l'occasion était bonne pour recouvrer la Normandie.

« Si votre majesté, ou bien son vaillant fils, voulait marcher sur l'ennemi, toute la province se lèverait en faveur de votre cause. Rouen, la grande ville, tête suprême du pays, peut être prise par la famine, de préférence à la force des armes. Déjà la garnison de Pont-de-l'Arche intercepte la navigation de la Seine et le ravitaillement par la voie de ce fleuve ; Louviers et Evreux, ainsi que vos autres points, lui coupent le voiturage des vivres de la campagne du Neubourg. Une forteresse de plus, placée en lieu convenable, suffirait pour assurer la complète interception des aliments. »

On conçoit que les Anglais de Rouen durent faire de grands efforts pour conserver la forteresse de l'île de la Bastide, placée devant le port d'Elbeuf, pour assurer les approvisionnements qui leur venaient de ce côté.

Les appels des Normands au roi Charles VII pour les aider à chasser les Anglais furent souvent répétés. Nous citerons à ce sujet quelques strophes de « La Complaincte des Normans » dont le manuscrit est conservé à la Bibliothèque nationale :

> Tres noble roy Charles François
> Entens la supplicacion
> Des Normans contre les Anglois,
> La désolée et male nation.
> Vueilliez avoir compassion
> De la duché de Normandie,
> Et le fay sans dilation
> Trestout le peuple si t'en prie.
>
> Tu nous metz en grant orphanté
> S'il te plaist nous desabvouer,
> Mais se c'estoit ta voulenté,
> Nous serions Angloiz couez
> Si avez droit y somes nomez
> Nous te serons fors ennemis
> Si te supplions à haulte voix
> Que tousiours cryons : Saint Denis !

L'auteur s'adressa aussi aux grands seigneurs du royaume :

> Noble comte de Tancarville,
> De Saint Pol et de Harrecourt,
> A vous serait chose moulte vile
> Nous séparer de votre court
> Vous supplions et brief et court
> Que nous vueillez donner secours..

Depuis quelque temps, le bruit circulait que les populations de notre contrée allaient se soulever contre les Anglais. Le signal éclata, le dimanche 14 octobre 1449, pendant la célébration de la messe, dans les églises de Rouen. Les fidèles s'élancèrent dehors ; on sonna le tocsin, et bientôt surgirent des barricades dans les principales rues de cette cité. Les Anglais, effrayés, se retranchèrent dans le château et le palais.

Jacques du Clercq a raconté, dans ses Mémoires, diverses particularités de cette campagne mémorable :

« Ceux de la ville de Rouen doubtant que la ville ne fust prinse d'assault, et pour ce pillée et destruite, et aussi pour éviter l'effusion de sang qui pourroit advenir, envoyerent l'official et autres au Pont de l'Arche devers le roy de France, pour avoir de luy un saulf-conduit afin que aulcuns des plus notables gens d'Eglise, nobles, bourgeois, marchands et aultres de la cité pussent aller devers lui ou son conseil, à l'effet de faire aulcun bon traicté et appointement ; il leurs feit delivrer le sauf-conduit, et ils vindrent : c'est à savoir pour ceulx de la cité, l'archevesque du lieu, avec plusieurs aultres ; et pour le duc de Sommerset, gouverneur du roy d'Angleterre, plusieurs chevaliers et escuyers au Port de Saint Ouen, à une lieue près du Pont de l'Arche : auquel port ils trouvèrent, pour le roy de France, le comte de Dunois, le chancelier, le sénéschal de Poitou, messire Guillaume Cousinot, et plusieurs aultres.

« L'archevesque et ceulx de la cité furent d'accords et contents de rendre la ville de Rouan, et la mettre en l'obeissance du roy de France, à condition que la ville et cité qui voudroient demourer eux et leurs biens sans rien perdre, et que qui s'en voudroit aller s'en iroit. Ainsi partirent les Anglois et François, les uns pour aller au Pont de l'Arche, les aultres à Rouan ; mais parce qu'ils y arrivèrent tard et de nuit, il ne peurent faire leur réponse que le lendemain, qui fut le dix-huitiesme jour d'octobre : lequel jour ceulx qui avoient été vers François s'en allèrent en la maison de la ville, pour relater devant le peuple l'appointement et les paroles qu'ils avoient eu avec les gens du roy de France : lesquelles paroles et appointement furent très-agreables à ceulx de la ville, et deplaisant aux Anglois.

« Quand ils apperçurent la volonté et désir que le peuple avoit au roy de France, ils partirent mal contens de l'hostel de ville, et se meirent en armes pour se retraire au Palais, au pont, sur les portaulx, et au chastel de la ville. Quand ceulx de la ville congnurent leur contenance, ils se meirent pareillement en armes, et feirent le guet, puis envoyèrent cette nuit un homme au Pont de l'Arche au roy de France, lequel y arriva au point du jour, pour qu'il vint hastivement les secourir, et qu'ils le mettroient dans la ville le dimanche au matin dix-neufviesme jour d'octobre.

« Ceulx de la ville qui estoient en armes s'esmurent contre les Anglois très-aprement : si bien qu'ils gaignirent sur eulx les murs et portaulx de la ville, et les chassèrent tous ensemble au palais, pont et chastel. Or à cette heure, le comte de Dunois et plusieurs aultres qui près de ladite ville étoient logiez, monterent à cheval pour secourir les habitans de la ville contre les Anglois ; ensuite partit le Roy, du Pont de l'Arche, grandement accompagné de gens d'armes, pour aller à Rouan ; et feit charger son artillerie pour faire assaillir Sainte Catherine, que les Anglois tenoient. Le comte de Dunois les feit rendre, voyant la ville estre contre eulx ; et on leur bailla un herault pour les conduire vers le Roy. Comme ils passoient le Pont Saint Ouen, le Roy leur dit qu'ils ne prinssent rien sans payer, et lui respondirent qu'ils n'avoient de quoy ; lors le Roy leur feit bailler cent francs puis les laissa aller, et le Roy se logea à Sainte Catherine.

« Le comte de Dunois et les aultres gens de guerre estoient à la porte Martainville, auquel lieu vindrent vers eulx les gens d'Eglise, nobles, bourgeois, marchands et habitans de la ville qui leur apporterent les clefs, en disant qu'il plut au seigneur de Dunois bouter dedans la cité tel et si grand nombre des gens d'armes qu'il lui plairoit. Après plusieurs paroles dites entr'eulx pour le bien de la ville, y entra le premier messire Pierre de Brezé, seneschal du Poitou, avec cent lances, et les archiers du comte de Dunois ; et les aultres bataillons s'en allerent ce soir loger aulx villages d'alentour de la ville : et estoit belle chose de voir les compagnies des rois de France et de Sicile et des autres seigneurs chevaliers et escuyers.

« Ce mesme soir, rendirent les Anglois le pont... Le duc de Sommerset, qui estoit au palais, voyant la puissance du roy de France, requist qu'il parlast au Roy : dont le Roy fut content. Adoncq il partit du palais, accompagné de certains nombre de ses gens, et des héraults du Roy, lesquels l'accompagnirent jusques à Sainte Catherine du mont de Rouan, où le roy estoit avec son conseil... Le duc demanda que lui, le seigneur de Tallebot et aultres Anglois s'en pussent aller seurement. Le roy de France respondit que la requeste n'estoit point raisonnable, et qu'il n'en feroit rien : car ils n'avoient voulu tenir le traicté, appointement precedent ; et pour ces causes, devant qu'il parteit du palais, qu'il rendroit Honfleur, Harfleur et toutes les places du pays de Caux qui estoient es-mains du roy d'Angleterre. Sur ces paroles, le duc s'en retourna, regardant dans les rues tout le peuple portant la croix blanche : dont il n'etoit pas joyeulx ; et il fut convoyé par les comtes de Clermont et d'Eu...

« Après que le duc de Sommerset se fut retiré, le Roy commenda mettre le siege devant le palais... Quand le duc de Sommerset apperceut ces approches, il fut moult esbahy... il requist à parlementer » La trève dura douze jours « pource que les Anglois ne voulloient consentir de laisser en otage le sieur de Tallebot... à la fin furent d'accords ensemble que le sieur de Sommerset, sa femme, enfans, et tous les autres Anglois du palais et chastel, s'en iroient où bon leur sembleroit en leur pays, leur corps et leurs biens saufs, réservés les prisonniers et la grosse artillerie ; qu'ils paieroient au roy de France cinquante mil escus d'or, et que le gouverneur rendroit les places d'armes de Caudebec, de Montiervillier, de Lislebonne, Tancarville et Honfleur... et demeureroit en hostage le sieur de Tallebot jusqu'à ce qu'icelles places fussent rendues et les cinquante mil escus payés... »

La fête de la Toussaint fut célébrée dans toutes les paroisses de la contrée avec allégresse, « moult grande joie et liesse ». Le roi fit son entrée à Rouen le 11 novembre. Elbeuf et toute la province de Normandie étaient à jamais délivrés des Anglais.

Le vieux comte Jean VII d'Harcourt eut donc la satisfaction de voir les Anglais chassés de notre pays. Voici ce que dit le sieur de La Roque des richesses de ce seigneur :

« Le comte d'Harcourt, qui estoit splendide en toutes ses actions malgré les disgrâces de la fortune, avoit, au récit des sieurs Le Feron et Boullenc, trois cent mil escus d'or en son trésor ; et entre autres richesses de son cabinet d'armes, il avoit des images d'or des douze apostres, pour avoir toujours devant les yeux les fondemens de la religion chrestienne ; et en outre, une poule avec douze poussins d'or, pour exprimer les mystères de l'Evangile : *Sicut gallina congregat pullos suos, etc.*, toutes lesquelles choses il faisait voir et monstroit par magnificence aux étrangers qui le visitoient. Il se faisoit servir par douze chevaliers, chacun faisant un mois. Il avoit aussi une chapelle de chantres et de musiciens, joüans de toute sorte d'instrumens ».

Jean VII d'Harcourt ne mourut qu'à l'âge de 82 ans, en 1452, à Châtellerault, où il fut inhumé dans le couvent des Cordeliers, qu'il avait fondé. Le corps de Marie d'Alençon, sa femme, décédée avant 1418, y fut également placé. Au temps de La Roque, les armes des deux époux s'y voyaient encore.

De leur mariage étaient nés Jean VIII d'Harcourt, gouverneur de Normandie, d'Anjou et du Maine, capitaine de Rouen ; Marie d'Harcourt, comtesse du lieu, d'Aumale et de Vaudemont, baronne d'Elbeuf et dame d'autres lieux ; Jeanne d'Harcourt, dame de Rieux.

Outre ses trois enfants légitimes, Jean VII avait eu deux fils et deux filles nés hors mariage ; l'une de ces dernières fut Marie, bâtarde d'Harcourt, dame de la Londe et de Tourville.

La plus ancienne et l'une des plus belles pièces d'écriture conservées aux archives municipales est une charte datée de l'année 1543, composée de deux grandes feuilles de parchemin assemblées et mesurant ensemble 1 mètre 24 de hauteur sur 66 centimètres de largeur.

Elle concerne les droits qu'avaient les habitants d'Elbeuf et autres dans la forêt des Monts le Comte, aujourd'hui connue sous le nom de forêt d'Elbeuf.

Nous y trouvons ce passage, qui s'applique à l'année 1450 :

« A TOUS CEULX qui ces lettres verront ou orront, Robert Hervieu, lieutenant general de de Guillaume Boyn, seigneur de Vallensay, bailly de Harrecourt, salut ;

« Comme en certaines assises de ce siege, depuis nagueres passez, toutes les franchises, droictures et libertez que les coustumiers des Mons le conte, des paroisses dEllebeuf, Caudebec et la Saulsaye, disoient avoir es boys des dictz Mons le conte eussent esté arrestez en la main de Monseigneur le conte de Harrecourt, à la requeste de Jehan Desmarest, procureur dicelluy seigneur, jusques à ce que les dictz coutumiers eussent faict aparoir de leurs dictes droictures par chartres ou escriptures saucunes en avoient, ou informer suffisamment les gentz et officiers de mondit seigneur de leurs dictes droictures.

« Et que lesdictz coustumiers en grand nombre, et eulx portant pour les autres coustumiers absens, ourrent requis temps jusques à ces presentes assizes d'apporter leurs dictes chartres, se recouvrer les pouvoient, ou de informer de leurs dictes franchises, droictures et libertez, se leurs dictes chartres recouvrer ne pouvoient ;

« Scavoir faisons que, es assises dEllebeuf tenus par nous lieutenant dessus nommé, le cinquiesme jour de juing lan de grace mil quatre cens cinquante, se comparurent iceulx coustumiers jusques au nombre de dix-huit, lesquelz tant en leurs noms privez que pour tous les autres coustumiers des dictes parroisses, disrent et affirmerent par leurs sermens quilz avoient tous parlé ensembles, mays pour present ne savoient recouvrer les chartres quils avoient de leurs dictes franchises, et fesoient doubte quilz ne feussent perdues, parce que à location de la guerre les plusieurs deulx avoient perdu de leurs lettres et escriptures, entre lesquelles doubtoient avoir perdu leurs dictes lettres.

« Pour laquelle cause, requerroient que nous voulsissions informer de leurs dictes franchises et droictures, pour les en souffrir joyr et par en faisant et paiant les rentes et droictures accoustumez danciennté ;

« Sur laquelle requeste eussions, de ladvys de : Martin Marguerye, procureur general de mondict seigneur le conte et gouverneur dicelluy conté de Harrecourt ; Guillaume Le Roux, viconte d'Ellebeuf ; des advocat et procureur de mondict seigneur audit lieu dEllebeuf, et à plusieurs des autres grandz officiers de mondit seigneur, estans es dictes assises ;

« Par l'oppinion desquelx trouvasmes la dicte requeste raisonnable, et pour icelle information faire, eussent faict venir en la presence de... *(partie tachée d'encre)*... viconte et procureur les personnes dont les noms enssuyvent, c'est assavoir :

« Pierre Pennier, âgé de soixante dix ans ou environ ; Berthelot Bacheller, âgé de soixante... *(partie tachée d'encre)* ...âgé de cinquante ans ou envyron ; Jehan Hazet, âgé de cinquante ans ; Guillemyn Hamon, âgé de trente ans ou envyron ; Thomas Le Maryé, âgé de soixante dix ans ; Guillaume... *(partie tachée d'encre)* ...de soixante douze ans ou envyron ; Julien Feron (ou Fortin), âgé de soixante dix ans, tous de la parroisse de Sainct Gille (Saint-Aubin-jouxte-Boulleng), non coustumiers es dictz boys des Mons le conte.

« Item Estienne de Preaux, âgé de soixante dix ans ou envyron ; Guillaume le Sellier, âgé de cinquante ans ; Michault Harent, âgé de trente ans ou environ, de la paroisse Saint Ouen de Thuitz Eudebert (Saint-Ouen-du-Tilleul), semblablement non coustumiers.

« Item Jehan Delalande, âgé de soixante dix ans ou environ ; Martin le Breton, dicelle paroisse, âgé de soixante ans ou environ non coutumiers.

« Item Marin Herbert, du Boscroger, âgé de cinquante ans ou envyron, et Perrin le Maignen, d'Orival, âgé de cinquante cinq ans ou envyron, semblablement non coustumiers ;

« Par le raport de tous lesquelx accordablement, apprez ce que nous avons deulx prins et receu deulz le serment en tel cas accoustumé, nous fut dit et tesmoigné quilz avoient oy dire plusieurs foys à leurs predecesseurs, et aussy eulx mesmes à leur veu et sceu, sans ce qui fut ramené en doubte, auroint veu joyr et user iceulx coustumiers d'Ellebeuf, Caudebec et la Saulsaye, des franchises et libertez ci aprez desclairez :

« Et premierement, ilz doibvent avoir en la dicte [forest] pasturage pour leurs bestes.

« Item doibvent avoir le secq bois estant et le bois vert en gesant, sil ny en a sept dune veue ou quil eut esté abatu par le sergent de mondit seigneur.

« Item ilz doivent avoir tout mort boys, excepté arbres fruictz portans, et le houx de la grosseur de plain poing avec la corde de larq estre ledit empongnement.

« Item les dictz coustumiers pourront coupper les branches de hestre et de chesne, dune hache de cinq piedz de long en fut, en fer et en achier.

« Item lesditcz coustumiers povent prendre tous arbres, tant chesnes que hestres, entre verd et secq, pourveu que tout le coup de la hache puysse entrer franchement au secq boys sans entrer au verd.

« Item sil y a troys arbres seans sur ung estocq, lesdictz coustumiers en pourront prendre, reservé le meilleur. Et s'il estoit ainsi que lesdictz coustumiers peussent abatre lesdictz troys arbres au bas des chouques sans esclater, le toult seroit aus dictz coustumiers, pour amende d'un arbre ; et au cas quilz esclateroient, lesdictz coustumiers feroient amande à mondit seigneur daultant darbres quil y auroit creu sur chouque ;

« Item les dictz coustumiers ne pevent à leurs dictes coustumes que entre soleil levant et soleil couchant ;

« Item, quand il y a panage, lesdictz coustumiers pevent avoir sept porcs en la dicte forest, pouveu que Monseigneur en aura ung, le meilleur apres le choix, et, se aucun en avoit traize, mondit seigneur nen auroit seullement que ung, le meilleur dappres le choix, et paiera celluy qui en aura traize six deniers pour chacun porcq ; Et se lesdictz coustumiers navoient que quatre à cinq porcs, lesdictz coustumiers seront quictes en paiant de chacun porcq six deniers ; Et sil y avoyt aucun coustumier qui envoyast ses bestes au boys à toult chiens, il doibt garder ses chiens et mener à laisse depuis lamy apvril à lamy juing ; et ne pevent lesdictz coustumiers mener leurs bestes, reverse bestes chevallines, en taillis jusques au bout de sept ans.

« Et pour les choses dessus dictes, lesdictz coustumiers chacun feu paie par an douze deniers tournoys, et à Caudebec et à la Saulsaye des resseans de Monseigneur ung denier, et les resseans du Roy trois deniers tournoys.

« Item, ceulx de Caudebec et la Saulsaye et aucuns d'Ellebeuf paient au verdier une gerbe, et qui na gerbe quatre deniers ; Item et à Pasques quatre oeufz et un denier, et le toult deu à Monseigneur et à son verdier.

« OY LEQUEL RAPPORT, du consentement des dictz Marguerye, viconte, et autres dessus nommez, congé fut donné ausditz coustumiers de joyr et user des franchises et libertez dessus dictes, sauf le droict de mondit seigneur en toutes choses, par ce aussi que sils pevent recouvrer leurs dictes chartres, ilz en seront tenu faire apparroir aux officiers de mondit seigneur.

« En tesmoing desquelles choses nous avons signé ces presentes de notre saing manuel et sellé du sel dont nous usons oudit office, et pour greigneure aprobation ont esté sellées du grand sel aux causes dudit bailliage.

« Ce fut faict lan et jour dessus dictz :
HERVIEU. »

On vient de voir que Guillaume Le Roux, dont les descendants bâtirent le superbe hôtel du Bourgtheroulde, à Rouen, fut le premier vicomte d'Elbeuf après le retour de notre contrée à ses seigneurs légitimes. Guillaume Le Roux, seigneur de Becdal, St-Aubin-d'Ecrosville, etc., portait : *D'azur, au chevron d'argent, accompagné de trois têtes de léopard d'or posées deux et une.*

Richard Stratenhal, bailli d'Elbeuf pendant l'occupation anglaise, perdit cet office quand notre localité rentra en possession des Français, en 1449. Tout fait supposer que son successeur fut Laurent de Franqueville, qui le remplit jusqu'en 1464, année de sa mort. Les de Franqueville possédèrent le fief de la Galitrelle, à la Saussaye, jusqu'à la Révolution. Leurs armes étaient : *De gueules, au chef d'or.*

Notons en passant que Jean de Lorraine, fils de Marie d'Harcourt, se rendit célèbre en 1449 et 1450, par ses combats contre les Anglais.

L'île de la Bastille ou de la Bastide, qui, à cette époque, était désignée sous le nom d'île d'Orifosse, devint la propriété des chanoines de la Saussaye : « L'isle de la Seine nommée Orifosse, acquise de l'abbaye de Cormeilles par échange, de présent baillée à ferme, par dix sols chacun an et la première alose ; l'isle d'Orifosse qui pieça fut Pierre Bacheler et par lui transportée au roi d'Angleterre, contenant une acre environ, fut adjugée à l'église Saint Louis de la Saussaye, comme au plus offrant, pour la somme et prix de dix-sept livres et une livre de rente à M. le comte d'Harcourt, d'après vente faite es assises de Pont-de-l'Arche, par les officiers royaux... et suivant lettres passées, annexées au *vidimus* du mandement royal, adressantes à MM. de Sternay, chevalier, et Jean Hardoin, tresorier généraux preposés aux confiscations. Donné à Mont Bazon, le 27 novembre 1450... »

Il est inutile de dire que la longue lutte entre la France et l'Angleterre avait anéanti l'industrie dans les bourgs et petites villes ouvertes. Nous citerons comme preuve et pour ce qui concerne la draperie seulement, un compte de la ville de Rouen, rendu à la Saint-Michel 1449 : « Les drapiez de Darnétal ont délaissé leur postée estant en la halle — celle de la Vieille-Tour — parce qu'ilz sont venus demeurer à Rouen à cause de la guerre ; ceux de Pavilly ont cessé également d'y établir ».

Nous venons de voir également qu'il ne s'était présenté que dix-huit coutumiers pour revendiquer les anciens droits des habitants d'Elbeuf, de Caudebec et de la Saussaye, dans la forêt des Monts le Comte : ce détail montre combien était devenue peu nombreuse la population de nos trois localités.

Le retour de la Normandie à sa condition naturelle, dit M. Ch. de Beaurepaire, fut sans doute un grand bien pour un pays si cruellement éprouvé ; mais ses plaies étaient trop profondes pour se cicatriser immédiatement. Pendant longtemps elle se ressentit dans son agriculture, son commerce, sa population, des coups que les Anglais lui avaient portés. Huit ans après, les ecclésiastiques de la province de Rouen, pour se soustraire à un dixième imposé par le pape Calixte III sur le clergé de France, à l'occasion de la guerre contre les Turcs, représentèrent que cette contrée avait été dépeuplée, désolée et presque anéantie par l'effet de la longue lutte de la France et de l'Angleterre. La pauvreté y était telle encore, que les églises étaient à peine restaurées ; le personnel du clergé était diminué de moitié ou d'un bon tiers ; un seul prêtre desservait plusieurs paroisses ; quelques-unes étaient complètement privées des offices divins.

Il ne faut pas croire non plus que les subsides aient été abolis, ainsi que quelques-uns sans doute en avaient conçu l'espérance, du moment que le pays eût été soumis à une autorité légitime et régulière.

Aux éloges qu'il décerne à Charles VII, l'évêque Thomas Bazin met une restriction. « On ne peut nier, dit-il, que dans les impositions que Charles VII leva sur le peuple, surtout lorsque, après l'expulsion des Anglais, il put tenir sous sa main tous ses Etats en paix et en tranquillité, ce prince ne se soit montré trop rigoureux et trop avide. Au lieu de décharger des impôts établis à cause de la guerre des peuples qui, pour lui conserver leur foi, s'étaient voués à tant de calamités ; au lieu de compâtir à leur affliction et aux maux infinis qu'ils avaient endurés pour lui, il maintint les subsides aux chiffres auxquels ils avaient été portés, si même il ne les éleva ».

Il y a assurément de l'exagération dans un pareil reproche, dit encore M. de Beaurepaire. Thomas Basin regrettait trop vivement un passé devenu impossible ; il était dominé par la crainte de fournir à la royauté des armes trop puissantes ; et, sous l'influence de cette préoccupation, il ne se faisait point une juste idée des besoins de son époque.

L'action de l'Etat tendait presque fatalement à devenir de plus en plus générale et énergique ; le système féodal s'écroulait, et par cela même les aides, qu'un siècle avant, Charles V regrettait d'avoir imposées, devenaient de plus indispensables, et tendaient à se faire accepter comme une institution nécessaire et permanente.

D'ailleurs, indépendamment de cette raison générale, il y en avait une particulière au temps où l'on se trouvait : il ne suffisait pas d'avoir expulsé l'ennemi, il fallait assurer la conquête et organiser une armée qui imposât le respect. Il fallait songer, comme le dit Charles VII lui-même, que le pays de Normandie était très voisin du royaume d'Angleterre, qu'en peu de temps on pouvait y débarquer de puissantes armées. Aussi décida-t-il, « par l'avis et délibération d'aucuns seigneurs de son sang et autres gens de son Conseil d'y établir 800 lances fournies et 800 petites payes, faisant ensemble 4.400 combattans », dont le paiement à la solde accoutumée monta à 400.000 liv. par an.

Les états dans une assemblée tenue à Rouen à la fin de l'année 1450, votèrent sans difficulté une somme de 75.000 fr. pour un quartier d'année commençant au 1er janvier de l'année 1450 (1451 n. s.)

Plusieurs fois ils furent appelés à renouveler cet octroi. Ils durent le faire sans regret, parce que si de telles impositions étaient lourdes, elles n'étaient pas sans fruit pour le pays et lui garantissaient une tranquillité que le gouvernement étranger lui avaient vainement promise pendant une domination de trente années.

Nous ne pouvions mieux terminer ce premier volume que par une citation du vénérable et savant archiviste départemental, qui a étudié avec tant de soin l'histoire de notre province pendant l'occupation anglaise, et à l'obligeance duquel nous devons la connaissance d'une multitude de faits concernant l'histoire de notre ville.

Fin du Tome premier

TABLE DES GRAVURES
DU TOME Ier

1. Essai de restitution du Territoire d'Elbeuf à l'époque gallo-romaine . . . . Au titre

2. Le Chêne à la Vierge. — Le monolithe préhistorique de Petit-Couronne. — La Pierre-qui-tourne, de Saint-Didier-des-Bois . . . . p. 32

3. Ancienne habitation gallo-romaine, découverte en 1890, dans la forêt de la Londe. — Etat du sol avant les fouilles. — Vue en perspective. — Plan de la construction . . . . p. 51

4. L'industrie lainière à l'époque gallo-romaine. — Ouvrier foulon. — Ouvrier dégraisseur. — Lainage à la peau de hérisson. — Le hérisson. — Appareil pour le soufrage des étoffes de laine . . p. 74

5. Légende de saint Félix et saint Auct, et vue de l'ancienne chapelle de la côte Saint-Auct, d'après les vitraux de l'église Saint-Etienne. . . . . p. 102

6. Monuments romans des environs d'Elbeuf. — Le portail de Saint-Cyr-la-Campagne. — L'abside de la Londe. — La tour de Caudebec-lès-Elbeuf p. 162

7 Essai de restitution du Château-Fouet. — Ruines de l'ancienne forteresse — La roche Fouet vue de Cléon. — Vue prise du sommet de la roche Fouet. p. 251

8. Première mention de la paroisse Saint Jean d'Elbeuf. — Charte des Archives de la Seine-Inférieure. p. 283

9. Eglise de Moulineaux . . . . p. 285

10. Costume de dame à la fin du XIIIe siècle. — Pierre tombale de l'abbaye de Bonport... p. 317

11. Tondeurs de draps au XVe siècle : 1º d'après un vitrail, 2º d'après Jacques de Cessoles... p. 496

12. Intérieur du réfectoire de l'abbaye de Bonport................ p. 576

Nota. — *Cette table servira d'avis au relieur.*

TABLE DES MATIÈRES

DU TOME Ier

I. — Temps préhistoriques. — Les fossiles de nos roches. — Animaux de l'âge du diluvium. — Antiquité de l'homme sur le territoire d'Elbeuf — Armes et outils de pierre. — L'âge du bronze. — La tourbière d'Elbeuf. — Le troglodyte d'Orival . . p. 1

II. — Les Gaulois. — Ce qu'était le sol elbeuvien. — Légendes du Chêne à Vierge et du dolmen druidique. — Les Thuits. — Monnaies et poteries gauloises. — Le Puchot. — Les Ecameaux. . . p. 22

III. — Période gallo-romaine — Influence des Latins sur la civilisation en Gaule. — La voirie elbeuvienne — Monnaies et édifices romains d'Elbeuf. — Un quai antique . . . . p. 47

IV. — Période gallo-romaine (*suite*). — L'industrie de la laine dans l'antiquité. — L'origine du drap. — Autres médailles et sépultures gallo-romaines trouvées à Elbeuf. — Invasion saxonne. — Destruction de l'ancien Elbeuf. — Etat de la société aux IVe et Ve siècles . . . . p. 67

V. — Le christianisme. — Les deux cimetières mérovingiens d'Elbeuf. — Les premiers oratoires chrétiens. — Saint Etienne. — Saint Félix et saint Auct. — Le clergé et le peuple. . . . . . . p. 91

VI. — La période franque. — Condition du peuple. — Les assemblées publiques. — L'industrie de la laine. — Elbeuf domaine royal . . . . . . p. 107

VII. (841-964). — Les Normands. — Faits de guerre. — Etymologie : Elbeuf, la rue Meleuse, la rue aux Bœufs, le Thuit-Bénard, etc. — Les premiers ducs de Normandie . . . . p. 125

VIII. (965-1035). — Premières mentions du nom d'Elbeuf. — L'église d'Elbeuf donnée à Saint-Taurin d'Evreux. — L'an mil. — Elbeuf détaché du domaine ducal. — Le manoir d'Elbeuf. — La rue et le moulin Saint-Jean. — Le comte Drogon, sire d'Elbeuf . . . . p. 155

IX. (1035-1096). — Gauthier III du Vexin, sire d'Elbeuf. — Faits de guerre. — Guillaume-le-Conquerant. — Raoul II de Crespy, sire d'Elbeuf. — Mœurs publiques. — Simon de Crespy, Adèle, puis Isabelle de Vermandois, seigneurs d'Elbeuf. — Le fief d'Elbeuf passe à la maison de Meulan. p. 174

X. (1096-1118). — Généalogie des maisons de Meulan et d'Harcourt. — Robert de Meulan, seigneur d'Elbeuf. — Mœurs publiques. — La première croisade . . . . p. 192

XI. (1118-1166). — Galeran II de Meulan, seigneur d'Elbeuf. — Mœurs du clergé. — Faits de guerre. — Création de la foire Saint-Gilles. — Premiers moulins à foulon. — Fondation de la chapelle Saint-Auct et Saint-Félix et de l'hopital Saint-Jacques d'Elbeuf . . . . p. 209

XII. (1166-1203). — Robert IV de Meulan. — Le Maurepas. — Galeran III de Meulan. — Les moines de Saint-Ouen et la foire Saint-Gilles. — La draperie au XIIIe siècle. — Elbeuf passe à la maison d'Harcourt. — Richard Cœur-de-Lion . . . p. 237

XIII. (1203-1241). — Généalogie de la maison d'Harcourt. — Réunion d'Elbeuf à la France — La condition du peuple au XIIIe siècle. — Donations religieuses. — Fabrication de draps en Normandie . . . . p. 258

XIV. (1241-1265). — Jean Ier d'Harcourt. — L'archevêque Rigaud. — Fondation de l'église et de la paroisse Saint-Jean. — Deux curés de Saint-Etienne. . . . . p. 279

XV. (1265-1288). — Richard II d'Harcourt. — Le commerce d'Elbeuf et la vicomté de l'Eau. — La rue des Traites. — Amaury d'Harcourt. — Encore Jean Ier d'Harcourt. . . . . p. 298

XVI. (1288-1327). — Guillaume d'Harcourt. — Mœurs seigneuriales. — Fondation de l'église et de la collégiale de la Saussaye. . . . . p. 309

XVII. — Réglements pour la draperie. — Les tisserands, les courtiers, les teinturiers, les laineurs et les drapiers, au XIVe siècle. . . . . p. 339

XVIII. (1327-1346). — Jean IV d'Harcourt. — La haute justice et le château d'Elbeuf. — La Rigole. — Trahison de Guillaume, frère de Jean IV. — Invasion anglaise. — Elbeuf est brûlé. — Bataille de Crécy. p 359

XIX. (1346-1356). — Jean V d'Harcourt — La peste. — Les ossements humains de la côte Saint-Auct. — Jean-le-Bon et Charles de Navarre. — Confiscation de la baronnie d'Elbeuf. . . . . . p. 380

XX. (1356-1363). — Jean VI d'Harcourt. — Réhabilitation de la mémoire de Jean V. — Pillage d'Elbeuf par les Anglais. — Le baron d'Harcourt donné comme otage. . . . . p. 398

XXI. (1364-1388). — Jean VI d'Harcourt (*suite*). — Faits de guerre. — La mesure d'Elbeuf. — Retour de Jean VI. — Comment on fabriquait le drap au XIVe siècle. . . . . p. 417

XXII. (1389-1415). — Jean VII d'Harcourt. — Les registres des tabellionages de Thuit-Signol et d'Elbeuf. — Noms de fonctionnaires publics et d'habitants d'Elbeuf. — La première industrie elbeuvienne — Curieux actes particuliers. . . . p. 436

XXIII. (1415-1421) — Azincourt. — Jean VII trahi et prisonnier. — Elbeuf ravagé par les Français. — Elbeuf passe à la maison de Lorraine. — Marie d'Harcourt et le comte de Vaudemont. — Nouvelle invasion anglaise — Prises d'Harcourt, de Pont-de-l'Arche et de Rouen. — Le duc de Clarence, seigneur d'Elbeuf. . . . . p. 466

XXIV. — La draperie urbaine et foraine de Rouen. — Les tisserands, les fouleurs, les laineurs et les tondeurs — Le foulage mécanique des draps. — La teinture. . . . . p. 490

XXV. (1422-1431). — Le duc d'Exester, puis le duc de Bethford, seigneurs d'Elbeuf. — Actes du tabellionage d'Elbeuf sous la domination anglaise. — Marie d'Harcourt en Lorraine. . . . . . p. 509

XXVI. (1431-1436). — Le duc de Bethford, baron d'Elbeuf (suite). — Nouveaux actes du tabellionage. — Le bateau d'Elbeuf à Rouen — La Maison-Dieu d'Elbeuf. — Contrats intéressants. — Retour de Marie d'Harcourt . . . . p. 529

XXVII. (1436-1449). — John de Somerset, baron d'Elbeuf. — La Hire. — Triste état du pays. — Fortification de l'île de la Bastide par les Anglais. — Prise de Pont-de-l'Arche par les Français . p. 560

XXVIII. (1449-1450). — Elbeuf territoire neutre. — Conférences pour la paix. — Reprise d'Harcourt. — Soulèvement des Rouennais. — Fin de la guerre de Cent ans. — Les droits des habitants d'Elbeuf dans la forêt. 575

Table des gravures du tome premier. . . p. 597

Table des matières du tome premier. . . p. 599

FIN DE LA TABLE.

Elbeuf. — Imprimerie H. SAINT-DENIS

www.ingramcontent.com/pod-product-compliance
Lightning Source LLC
Chambersburg PA
CBHW071241240426
43668CB00033B/1029